普通高等教育精品规划教材

高等学校图书馆学专业系列教材

简明古籍整理教程

李明杰 编著

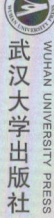

武汉大学出版社

图书在版编目(CIP)数据

简明古籍整理教程/李明杰编著.—武汉：武汉大学出版社,2018.12
高等学校图书馆学专业系列教材
ISBN 978-7-307-20457-7

Ⅰ.简… Ⅱ.李… Ⅲ.古籍整理—高等学校—教材 Ⅳ.G256.1

中国版本图书馆 CIP 数据核字(2018)第 183067 号

责任编辑:詹　蜜　　责任校对:李孟潇　　版式设计:汪冰滢

出版发行：武汉大学出版社　（430072　武昌　珞珈山）
（电子邮件：cbs22@whu.edu.cn　网址：www.wdp.com.cn）
印刷:湖北金海印务有限公司
开本：720×1000　1/16　印张:24.75　字数:442 千字　插页:2
版次:2018 年 12 月第 1 版　　2018 年 12 月第 1 次印刷
ISBN 978-7-307-20457-7　　定价:49.50 元

版权所有，不得翻印；凡购我社的图书，如有质量问题，请与当地图书销售部门联系调换。

作者简介

李明杰，男，江西丰城人，管理学博士，现任武汉大学信息管理学院教授、博士生导师。主要研究领域：文献整理与保护、中国图书文化史。近十年来主持完成国家社科基金项目3项、国家社科基金重大项目子课题1项、省部级人文社科项目多项。独立出版著作5种，其中《宋代版本学研究》（齐鲁书社2006年版）获第十届"华东地区优秀古籍图书"二等奖；《中国出版史（上册·古代卷）》（湖南大学出版社2008年版）入选教育部"普通高等教育精品教材"；《中国古代图书著作权研究》（社会科学文献出版社2013年版）获湖北省第十届"社会科学优秀成果"三等奖。在包括《中国图书馆学报》、*Journal of Documentation*等在内的国内外知名学术刊物上发表论文60余篇。

目　　录

绪论：古籍与古籍整理 ································· 1
　第一节　古籍的概念及数量 ····························· 1
　　一、"古籍"的词源及涵义 ··························· 1
　　二、现存古籍的数量 ································· 3
　第二节　古籍的结构及装帧形式 ······················· 3
　　一、古籍的结构 ····································· 3
　　二、古籍的装帧形式 ································· 9
　第三节　古籍的产生及流传方式 ······················· 15
　　一、古籍的产生方式 ································· 15
　　二、古籍的流传方式 ································· 17
　第四节　古籍整理的涵义及范畴 ······················· 24
　　一、古籍整理的涵义 ································· 24
　　二、古籍整理的范畴 ································· 27

第一编　古籍实体的保存性整理

第一章　古籍的聚散与采访 ··························· 33
　第一节　古籍的聚散 ··································· 33
　　一、先秦时期古籍的聚散 ····························· 33
　　二、汉魏晋南北朝时期古籍的聚散 ····················· 35
　　三、隋唐五代时期古籍的聚散 ························· 37
　　四、宋辽金元时期古籍的聚散 ························· 39
　　五、明清时期古籍的聚散 ····························· 41
　　六、民国以后古籍的聚散 ····························· 44
　第二节　古籍的采访 ··································· 48

一、古代文献采访思想 …………………………………… 49
二、古籍的采访方法 ……………………………………… 51

第二章 古籍的典藏与修复 …………………………………… 59
第一节 古籍的典藏 ………………………………………… 59
一、古籍的入库 …………………………………………… 59
二、古籍的排架 …………………………………………… 60
三、古籍的保管 …………………………………………… 62
第二节 古籍的修复 ………………………………………… 68
一、古籍修复的原则 ……………………………………… 68
二、古籍修复的程序 ……………………………………… 70
三、古籍修复的方法 ……………………………………… 72

第二编 古籍文本的复原性整理

第三章 古籍的版本 …………………………………………… 81
第一节 版本的涵义及类型 ………………………………… 81
一、版本释义 ……………………………………………… 81
二、古籍版本的类型 ……………………………………… 84
第二节 古籍版本的鉴定 …………………………………… 89
一、从外在形式入手 ……………………………………… 90
二、从文字内容入手 ……………………………………… 102
三、借助相关的工具书 …………………………………… 106
第三节 古籍版本源流的考订 ……………………………… 107
一、考察祖本情况 ………………………………………… 107
二、查考祖本之后的同书异本 …………………………… 109
三、梳析版本源流 ………………………………………… 111
四、比较和选择善本 ……………………………………… 112

第四章 古籍的校勘 …………………………………………… 115
第一节 校勘释义 …………………………………………… 115
一、什么是校勘？ ………………………………………… 115
二、校勘与校对的区别 …………………………………… 116
三、校勘与校雠的关系 …………………………………… 117

第二节　古籍致误的类型 ……………………………… 118
　　　　一、讹文 ………………………………………………… 119
　　　　二、脱文 ………………………………………………… 123
　　　　三、衍文 ………………………………………………… 124
　　　　四、倒文 ………………………………………………… 127
　　第三节　古籍校勘的依据 ……………………………… 128
　　　　一、同书异本 …………………………………………… 128
　　　　二、他书引文 …………………………………………… 132
　　　　三、其他文献资料 ……………………………………… 136
　　第四节　古籍校勘的方法 ……………………………… 139
　　　　一、"死校"与"活校"法 …………………………… 139
　　　　二、陈垣的"校法四例" ……………………………… 140
　　第五节　古籍校勘成果的表现形式 …………………… 148
　　　　一、校勘记的写法 ……………………………………… 148
　　　　二、校勘成果的表现形式 ……………………………… 150

第五章　古籍的辨伪 …………………………………………… 156
　　第一节　伪书与辨伪释义 ……………………………… 156
　　　　一、什么是伪书？ ……………………………………… 156
　　　　二、辨伪释义 …………………………………………… 157
　　第二节　伪书的数量与种类 …………………………… 158
　　　　一、伪书的数量 ………………………………………… 158
　　　　二、伪书的种类 ………………………………………… 159
　　第三节　古籍作伪的动机与手段 ……………………… 160
　　　　一、古籍作伪的动机 …………………………………… 160
　　　　二、古籍作伪的手段 …………………………………… 168
　　第四节　古籍辨伪的意义与方法 ……………………… 171
　　　　一、古籍辨伪的意义 …………………………………… 171
　　　　二、古籍辨伪的方法 …………………………………… 173

第六章　古籍的辑佚 …………………………………………… 180
　　第一节　辑佚的涵义及功用 …………………………… 180
　　　　一、什么是辑佚？ ……………………………………… 180
　　　　二、辑佚与辑录、拾遗的区别 ………………………… 181

三、辑佚的功用……………………………………………………… 181
第二节　古籍散佚的基本状况及原因………………………………… 182
　　一、古籍散佚的基本状况 …………………………………………… 182
　　二、历代古籍散佚的原因 …………………………………………… 183
第三节　历代古籍辑佚的成就 ………………………………………… 186
　　一、宋元的辑佚 ……………………………………………………… 187
　　二、明清的辑佚 ……………………………………………………… 188
　　三、民国的辑佚 ……………………………………………………… 190
第四节　古籍辑佚的程序与方法 ……………………………………… 190
　　一、佚书的认定 ……………………………………………………… 190
　　二、佚文的搜集 ……………………………………………………… 193
　　三、佚文的加工 ……………………………………………………… 196
　　四、佚文的编排 ……………………………………………………… 197

第三编　古籍语义的阐释性整理

第七章　古籍的标点 …………………………………………………… 201
第一节　古籍不重标点的原因 ………………………………………… 201
　　一、与书面语产生之初的特点有关 ………………………………… 201
　　二、与早期古籍的成书过程和流传方式有关 ……………………… 202
　　三、与古代文言文自身的特点有关 ………………………………… 202
　　四、与古时的学术风气有关 ………………………………………… 203
第二节　从句读到标点符号 …………………………………………… 204
　　一、先秦两汉的句读符号 …………………………………………… 204
　　二、宋元的标点符号 ………………………………………………… 206
　　三、明清的标点符号 ………………………………………………… 207
　　四、新式标点符号 …………………………………………………… 208
第三节　古籍标点致误的原因 ………………………………………… 211
　　一、不明文义而误 …………………………………………………… 212
　　二、不明语法而误 …………………………………………………… 215
　　三、不明专有名词而误 ……………………………………………… 216
　　四、不明引文而误 …………………………………………………… 218
　　五、不明文体而误 …………………………………………………… 220

六、不明音韵而误 ··· 220
　　七、不明史实而误 ··· 221
　　八、不明古代文化常识而误 ······································· 222
第四节　古籍标点的基本要求 ·· 222
　　一、文从字顺 ·· 223
　　二、通识语法 ·· 224
　　三、符合音韵 ·· 224
　　四、合乎情理 ·· 225

第八章　古籍的注释 ·· 227
第一节　古籍注释的名称 ··· 227
　　一、传（集传） ·· 227
　　二、注（集注） ·· 228
　　三、解（集解） ·· 229
　　四、笺（笺注） ·· 229
　　五、训、故（诂）、训诂 ·· 229
　　六、说 ··· 230
　　七、章句 ·· 230
　　八、音义 ·· 230
　　九、义疏（疏义）、正义 ·· 231
　　十、直解 ·· 231
第二节　古籍注释的类型 ··· 231
　　一、文字注释 ·· 231
　　二、语法注释 ·· 233
　　三、修辞注释 ·· 234
　　四、内容注释 ·· 235
第三节　古籍注释的术语 ··· 238
　　一、"某，某也""某者，某也""某也者，某也" ········· 238
　　二、"曰""为""谓之" ·· 239
　　三、"谓""言" ·· 239
　　四、"犹" ·· 240
　　五、"貌" ·· 240

  六、"之言""之为言" …………………………………………… 241
  七、"音某" …………………………………………………… 241
  八、"某某反""某某切" ……………………………………… 241
  九、"如字" …………………………………………………… 241
  十、"读如""读若" …………………………………………… 242
  十一、"读为""读曰" ………………………………………… 242
  十二、"当为""当作" ………………………………………… 243
 第四节 古籍注释的源流 ………………………………………… 243
  一、古籍注释的发展历程 ……………………………………… 243
  二、经书注释举要 ……………………………………………… 248
  三、史书注释举要 ……………………………………………… 251

第九章 古籍的翻译 ………………………………………………… 255
 第一节 古籍翻译的原则 ………………………………………… 255
  一、第一原则：信 ……………………………………………… 256
  二、第二原则：达 ……………………………………………… 261
  三、第三原则：雅 ……………………………………………… 262
 第二节 古籍翻译的方法 ………………………………………… 263
  一、直译法 ……………………………………………………… 263
  二、意译法 ……………………………………………………… 267

第四编 古籍内容的组织性整理

第十章 古籍的编目 ………………………………………………… 273
 第一节 古籍款目的著录 ………………………………………… 273
  一、书名项的著录 ……………………………………………… 273
  二、责任者项的著录 …………………………………………… 279
  三、版本项的著录 ……………………………………………… 291
  四、载体形态项的著录 ………………………………………… 295
  五、附注项的著录 ……………………………………………… 297
  六、提要项的著录 ……………………………………………… 298
 第二节 古籍目录的组织 ………………………………………… 303

一、古籍分类目录的组织 ·················· 303
　　二、古籍字顺目录的组织 ·················· 316
　第三节　古籍计算机编目 ···················· 320
　　一、MARC 格式 ······················ 320
　　二、DC 元数据格式 ···················· 325

第十一章　古籍的编纂 ························ 330
　第一节　古籍编纂的功用和价值 ················ 330
　　一、古籍的内容更为精粹 ·················· 331
　　二、古籍的内容更为集中 ·················· 331
　　三、古籍的内容更为有序 ·················· 331
　第二节　古籍编纂的类型 ···················· 332
　　一、编述 ·························· 333
　　二、抄纂 ·························· 334
　第三节　古籍编纂的体例 ···················· 339
　　一、编年体 ························ 339
　　二、纪传体 ························ 340
　　三、纪事本末体 ······················ 341
　　四、典制体 ························ 342
　　五、方志体 ························ 343
　　六、谱牒体 ························ 344
　　七、传记体 ························ 345
　　八、学案体 ························ 346
　　九、笔记体 ························ 346
　　十、文集体 ························ 347
　　十一、丛书体 ······················ 351
　　十二、类书体 ······················ 353
　　十三、索引体 ······················ 353
　　十四、图表体 ······················ 354
　第三节　古籍编纂的程序和方法 ················ 355
　　一、选题的策划 ······················ 355
　　二、凡例的拟定 ······················ 357

三、资料的搜集 …………………………………… 360
四、文献的选材 …………………………………… 362
五、正文的转录和加工 …………………………… 365
六、辅文的编写 …………………………………… 366
七、文献的编排 …………………………………… 373

余论：古籍知识的数据化整理 …………………………… 375

参考文献 …………………………………………………… 380

后记 ………………………………………………………… 385

绪论: 古籍与古籍整理

整理古籍首先要了解古籍的概念、结构及基本属性。绪论部分在考察"古籍"词源的基础上,辨析和界定了"古籍"的涵义,厘清了现存古籍的数量;对古籍的结构与装帧形式、古籍的产生及流传方式作了系统阐述;针对文史学界及图书馆学界对古籍整理的不同理解,提出了将两者融合在一起的新的"古籍整理"概念,并将古籍整理划分为实体的保存性整理、文本的复原性整理、语义的阐释性整理、内容的组织性整理、知识的数据性整理五个层次,总论了它们之间的关系。

第一节 古籍的概念及数量

一、"古籍"的词源及涵义

"古籍"一词最早见于南北朝时期的文献记载,如南朝刘宋时期谢灵运《鞠歌行》有"览古籍,信伊人"①之语。北齐魏收《魏书·陈奇传》载:"奇冗散数年,高允与奇雠温古籍。"《魏书·礼志二》又载:"(王澄等)辄访引古籍,窃有未安。"这里的"古籍"是从时间上来限定的,笼统地指先代典籍。

由于历史和文化的因素,今人对"古籍"概念的理解存在更多的不确定性。例如,有的以装订形式为标准,认为凡是线装书就是古籍;有的以语言形式为标准,认为凡是用古代汉语写成的书就是古籍;有的以著者时代为标准,认为凡是古人所著之书就是古籍。严格说来,这些认识都是有偏差的。

---

① 金牛江,金向银. 谢灵运山居赋诗文考释 [M]. 北京:中国文史出版社,2009:216.

首先，现存古籍虽多以线装形式存在，但线装并不是古籍唯一的装帧形式，还包括卷轴装、旋风装、经折装、蝴蝶装、包背装等。且线装书也不一定都是古代制作的，例如鲁迅、毛泽东等人的著作都出过线装书，显然不能将之归入古籍之列。其次，中国是一个多民族国家，除汉族外，其他少数民族也有自己的语言文字，中华古籍不应把少数民族文献排除在外。且今人也有用古汉语创作的作品，显然也不属古籍范畴。再者，如以著者为标准，则把今天出版的新版平装本也包括进去了，而这些新版平装本与古代抄写、印刷的图书在装帧形式、文物价值、保管要求等方面不可同日而语。因此，将古人所著之书视为古籍，是一种宽泛的理解，采用的是广义的"古籍"概念。

本书所讲的古籍整理采用的是狭义的"古籍"概念，即以图书出版（此取"大出版"的概念，包括抄写、拓印、雕版印刷、活字印刷、套印、石印等各种图书复制方式）年代为标准。受史学界的影响，对古籍出版年代的划分曾有三种不同的主张：一是主张以鸦片战争为界，凡1840年以前出版的图书都是"古籍"；二是主张以"五四"运动为界，凡1919年以前出版的图书都属"古籍"。前者把清代后期出版的大量图书排除在古籍之外，后者把宣扬近代资产阶级革命和早期无产阶级革命的著作都划入"古籍"之列，均有不妥。目前得到学术界普遍认可的是第三种划分方法，即以辛亥革命为界，凡1911年以前出版的图书都可看作"古籍"。这种划分方法是前两种的折衷，既包括了辛亥革命以前的卷轴装、旋风装、经折装、蝴蝶装、包背装、线装等各种装订形式的图书，又排除了1911年以后的古籍新版平装本；既包括了清代后期出版的图书和少数民族语言创作的古籍，又排除了近人用古代汉语写成的著作，以及宣扬近代资产阶级革命和早期无产阶级革命的图书。如国家标准局颁布的国家标准《古籍著录规则》（GB 3792.7—87）将古籍定义为："古籍：中国古代书籍的简称，主要指书写或印刷于1911年以前（笔者注：含1911年）、反映中国古代文化、具有古典装订形式的书籍。"文化部发布的《古籍定级标准》（WH/T 20—2006）的定义为："古籍：中国古代书籍的简称，主要指书写或印刷于1912年以前（笔者注：不含1912年）具有中国古典装帧形式的书籍。"这两种对"古籍"的定义已为学界普遍采用，两者表述虽略有出入，但含义实则相同。

综上所述，古籍整理所称的"古籍"，是指1911年辛亥革命之前抄写、印刷的图书。但在实际工作中，古籍划分的界限并没有那么严格。出于保管和利用的需要，民国时期出版的一些有价值的线装书通常也被当作古籍看待。而且，笔者相信，"古籍"如同"善本"的概念一样，是动态变化的，随着时间的推移，其年限也一定会随之下移。今天的普通图书，未来必将成为古籍；现在的普通古籍，将来可能就是善本。

二、现存古籍的数量

关于我国古籍存世的数量，一说8万种，一说10万种，还有12万种、15万种、20万种等说法。1992年，全国古籍整理出版规划领导小组（原国务院古籍整理出版规划小组）启动《中国古籍总目》的编纂工作，国家图书馆、北京大学图书馆、上海图书馆、南京图书馆、天津图书馆、湖北省图书馆、复旦大学图书馆、中国科学院图书馆、辽宁省图书馆、山东省图书馆、浙江省图书馆等11家图书馆参与其事，历时20年完成。《中国古籍总目》著录中国大陆及港澳台地区公共图书馆、学校图书馆、科研机构图书馆及博物馆等所藏汉文古籍（含少量汉文与少数民族文字合编、以汉文注释外国文字的古籍）之基本品种、主要版本及收藏信息，并采录部分海外公藏之中国稀见古籍品种，是目前收录古籍最全面的登记式书目，共收录正书名及附属书名187 000余条，其中包括2 274种丛书及不少同书异名的情况，如果将丛书名及同书异名剔除，不重复的单种古籍约有18万种。考虑到《中国古籍总目》主要由11家图书馆的馆藏书目汇编而成，失收漏收的当也不少，因此说现存古籍约有19万种是比较切合实际情况的[1]。而据统计，截至2012年我国整理出版的古籍接近2.5万种[2]。也就是说，约有16.5万种古籍尚未整理。由此可见，古籍整理任重道远。

第二节 古籍的结构及装帧形式

一、古籍的结构

古籍的结构由形式和内容两部分组成，而形式又包括整体外形结构和单页版式结构。

1. 古籍整体的外形结构

古籍整体的外形结构包括书衣、书签、书名页、书首、书根、书脑、书脊、副页、包角、衬纸、书帙、书套等构件（见图0-1）。

书衣：为保护书页在书的前后加的封衣，也称封皮、书皮，材料有布、

---

[1] 杨琳. 古典文献及其利用[M]. 3版. 北京：北京大学出版社，2014：321.
[2] 杜羽. 古籍整理出版是文化传承的基础伟业——新闻出版署署长柳斌杰谈《2011—2020年国家古籍整理出版规划》[N]. 光明日报，2012-11-05（005）.

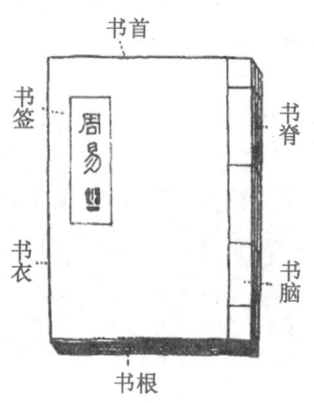

图 0-1　古籍的外形结构

纸两种。最常见的是用栗色毛边纸和青色连史纸做成的书衣；善本古籍则多选用布料、绵绫。明清内府图书常用黄绫做衣，以示尊贵。

书签：用以题写书名的长方形纸条或丝条，通常贴在书衣的左上方。

书名页：书衣之后载有完整书名信息的单页，也叫内封。多以半页（一块完整书版的半面）刻写书名，常伴有作者、出版者、刻版时间、藏版地点等信息。

书首：古籍立起来的上端部分，也叫书头。

书根：古籍下端的截面，插架时朝外，常题有书名、册数和册次信息，以便翻检。因为书根界面较小，书名多题简称。第一册和最后一册可用"凡×"和"×止"表示，中间的册次则直接题写汉语数字。如果全书只有一册，则只题一"全"字。

书脑：线装书装订线右边的部分。

书脊：线装书装订线右边部分的侧立面，也称书背。

副页：也叫护页、扉页，是夹在书衣与书名页之间的一张空白页，起保护里面书页的作用，由简策时代的"赘简"演化而来。

包角：古籍右侧上下两端称为书角，有的较珍贵的古籍在装订时常以湖色（淡青色）或蓝色的绫将书角包起，既美观又有保护作用。

衬纸：也叫衬页，指后期加入同版的两个半页之间的空白纸页，用于古籍的重新装订和修复。

书帙：用于包裹卷轴装古籍的书袋。卷轴装古籍往往一书有多个卷轴，为不使之散乱或与他书混杂，就用布帛或竹帘做成的书袋将同一部书的许多卷轴装在一起。卷数过多时，通常以十卷为一帙。

书套：又叫书函、函套，用以包装成套书册的封套，多以草板纸为里，外敷蓝布而成。书套有四合套、六合套之分。外露书首、书根，仅包封古籍前后左右的书套，叫四合套（见图0-2）；前后上下左右全部包封起来的书套，叫六合套（见图0-3）。

图 0-2　四合套

图 0-3　六合套

2. 古籍单页的版式结构

古籍单页的版式结构包括版框、界行、版心、鱼尾、象鼻、天头、地脚、书耳等（见图0-4）。

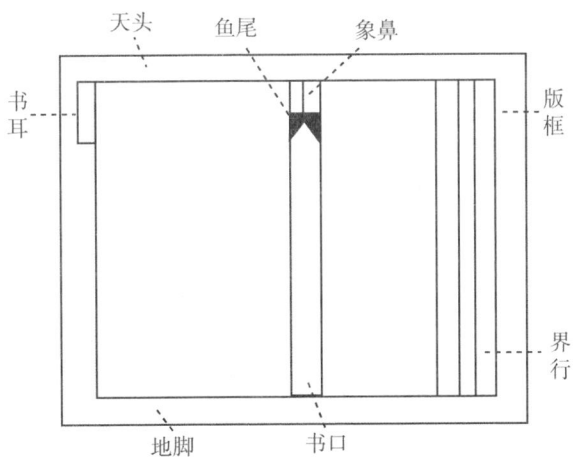

图 0-4　古籍单页版式结构

版框：也叫边栏，指古籍单张印页四周的围线，有四周单边、左右双边、四周双边等形式。四周边栏都只有一条围线的，叫四周单边；上下边栏有一条围线，左右边栏有两条围线的，叫左右双边；四周边栏都是两条围线的，叫四周双边，也叫文武栏。以栏线的图案分，有卍字栏（见图0-5）、竹节栏（见图0-6）、博古栏（用各种器物图案组成的栏线）等。

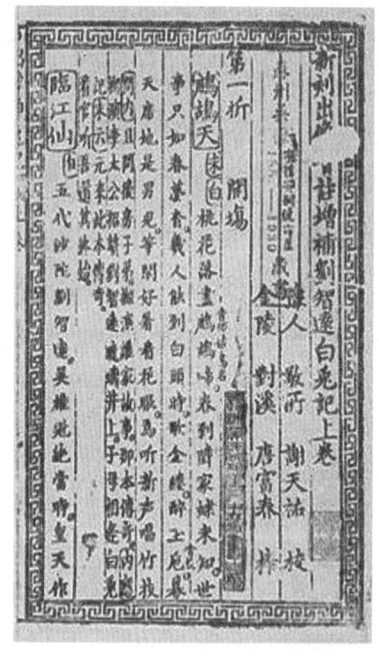

图0-5　卍字栏

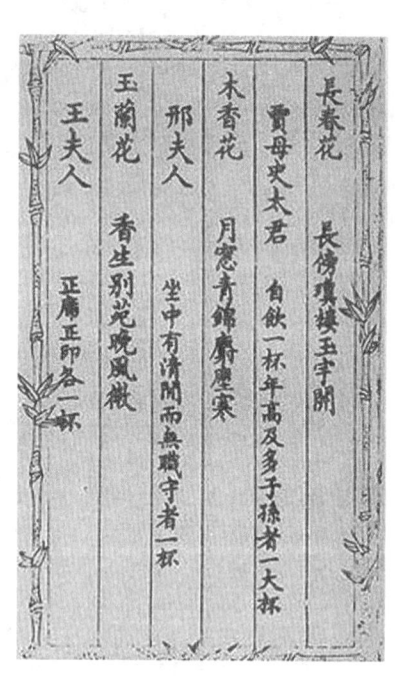

图0-6　竹节栏

界行：字行之间的分界线。源自帛书形制，唐人称作"边准"。界行和栏线有朱墨二色，红色的叫"朱丝栏"，黑色的叫"乌丝栏"。古籍中也有不分界行的，称为"白文"。

版心：也叫中缝、书口、版口，是每页正中较窄的一条长格。格内常刻有书名、篇名、卷次、页码、字数及刻工姓名等信息。

鱼尾：版心上、下两端四分之一处的鱼尾状图案。源于简策时代编简时的三角形契口，今天的书名号"《》"则由鱼尾演变而来。鱼尾按数量分，有单鱼尾、双鱼尾和三鱼尾；按方向分，有对鱼尾和顺鱼尾；按图案虚实和线条形状分，有黑鱼尾、白鱼尾、线鱼尾和花鱼尾等（见图0-7）。

象鼻：连接鱼尾和版框的线条。仅上端有象鼻的，叫"上黑口"；仅下

 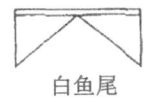 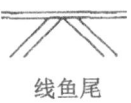 

黑鱼尾　　　白鱼尾　　　线鱼尾　　　花鱼尾

图 0-7　鱼尾的样式

端有象鼻的，叫"下黑口"。上下都有象鼻的，称为"上下黑口"。象鼻较粗的称为"粗黑口""阔黑口"或"大黑口"；象鼻较细的称为"细黑口"或"小黑口"。没有象鼻的叫白口。白口刻有文字的，叫花口。

天头：也叫书眉，指版框上栏以外的空白处。批语和校语一般写在天头。

地脚：指版框下栏以外的空白处。

书耳：也叫耳格或耳子，指版框外左上方的小方格，多用于书写篇名，常见于蝴蝶装的宋元版古籍，为阅读时方便翻检而设。

3. 古籍的内容结构

作为一部完整的古籍，其内容也是由一系列基本构件组成的，包括序言、目录、凡例、卷首、卷端、正文、卷末、跋文、附录、外集等。

序言：正文之前说明成书经过、介绍内容主旨、梳析版本源流、品评学术得失的文字。明吴讷《文章辨体序说》："序之体，始于《诗》之《大序》，首言六义，次言风、雅之变，又次言《二南》王化之自。其言次第有序，故谓之序也。"① 序言最初是放在书后的，如《淮南子·要略》《史记·太史公自序》《汉书·序传》《说文解字·叙》等。这是因为，作者是在写完全书之后，觉得有必要回顾一下全书内容，或交待一下创作经过，然后才确定写序的。但由于序言具有揭示全书的功能，汉代以后的抄书者或刻书者为方便读者，遂将序言移至书前，以后渐成惯例。

目录：正文之前用以揭示全书篇目名称和编排顺序的文字。古籍篇名目录的编排方式非常灵活：有先分卷，再在每卷之下列出篇名者；有先分卷，再分类，最后列出篇名者；亦有先分部类，再分卷，再列篇名者；还有不分卷直接编排篇名者，不一而足。对于多部帙的大型古籍而言，还有总目与分目、简目与详目之分。

凡例：关于全书内容主旨和编制体例的说明性文字。

---

① （明）吴讷. 文章辨体序说［M］. 北京：人民文学出版社，1962：42.

卷端：每卷正文之前两三行表示书名、著者、编纂校刊者姓氏、版刻情况的文字，是重要的古籍版本信息来源。

卷首：正文之前独立成卷的部分。古人编书时，习惯将皇帝的圣谕、先辈的著述或作者的生平资料（如行状、神道碑、墓志、史传等）置于卷首。把圣谕放在书前，可以光耀门庭，以示恩宠，如明代刘鹰为其祖父刘基所编的《诚意伯文集》，卷首冠以《翊运录》，集刘基一生所得御书诏诰及行状事实，取诰中"开国翊运"之语为名；将先辈著述置于书首，可表孝敬之意，如宋人戴复古《石屏集》，卷首录其父戴敏诗十首；把作者生平资料放在卷首，可方便读者了解作者身世和写作背景，如清朝朱次琦《朱九江先生集》，卷首有门人简朝亮所编的朱氏年谱。

卷末：正文之后独立成卷的部分。内容多是作者后辈的著述文字、同人的赋赠之作、著者生平资料及与正文相关的内容，在文献编纂上古人称之为"附骥而行"。附后辈著述者，如明人李显《草阁集》，后附李显之子李辕《筠谷集》一卷；附同人作品者，如明人谈修《惠山古今考》，卷末有同人酬答之作三卷；兼附后辈、同辈著述者，如宋代罗愿《鄂州集》，末附其兄罗颂、其弟罗颀、其侄罗似臣之文，以及明代罗氏后裔所著《月山录》一卷；卷末偶也有附录长辈作品者，如宋代黄庭坚《山谷集》，后附其父《伐檀集》；附著者生平资料者，如宋人穆修《穆参军集》，卷末附《穆修遗事》一卷。卷末和卷首一样，多是在作者身后由后人编纂时加入。

正文：作者独立完成创作或编纂作品的主体内容。

附录：正文之后的附加部分，与卷末的情况类似。

外集：与内集相对，也是正文的一部分。古人编纂文献时，可将作品按其重要性作适当的区分。它大致分为三种情况：第一，根据作者的身份或主要学术成就，将符合作者身份或主要学术成就的作品归入内集，其他不符者划入外集。例如，僧人以佛学为内学，以儒学为外学，因此释家别集均以佛教的经律论入内集，其他无关者入外集，反之亦然。清代释敏历《香域内外集》，内集五卷均为释家语录、偈语，外集七卷是无关佛理的诗文。清人江沅的《染香庵文集》则反过来，将入禅文字编为外集，诗文作品编入内集。第二，将有别于文集通常体裁的某类作品单独编入外集。如清陆陇其《三鱼堂文集》将奏议公牍六卷编为外集，叶昌炽《奇觚庼文集》外集一卷为寿序。第三，将补遗之作编入外集。一些汇编类的文献，在初编时可能遗漏了某些作品，再编时不好打乱原书的体例结构，只好另编入外集。如唐刘禹锡《刘宾客文集》，外集十卷为遗诗407首、遗文22篇。清孙星衍《芳茂山人文集》，其未刊杂文被编为外集五卷。

牌记：是出版商刻印在图书内的一种说明出版事项的特殊标记，也叫牌子、木记、墨围、书牌等。它在书中出现的位置并不固定，在序后、目录后、各卷之后到处可见。牌记形状也是五花八门，长方形、正方形、亚字形、鼎形、钟形、爵形、碑形、幡形等都有，但以长方形居多；字体篆、隶、草、楷、行各体都有，但以楷体居多；字数有长有短，内容多记图书刊刻时间、地点、刻书人姓氏、堂号以及刊刻经过，有的还有对刻书质量的宣传、刻书者的自我介绍等，详略不一。

二、古籍的装帧形式

古籍是图书的一种类型。按照曹之先生提出的构成图书的六个条件，即知识信息、著作方式、文字符号、物质载体、制作技术、装订形式①，图书最早的形态为简策。钱存训先生也说："古代文字之刻于甲骨、金石，印于陶泥者，皆不能称之为'书'。书籍的起源，当追溯到竹简木牍，编以书绳，聚简成篇，如同今日的书籍册页一般。"② 因此，古籍最早的装帧形式源于简策。

1. 简策的装帧形式

简策是由竹片或木板制成的。将竹子或木头裁截为段、剖析为片，经打磨、杀青之后称之为"简"；将简用丝绳、麻绳或皮条编连在一起，称为"策"（亦作"册"）（见图0-8）。简的宽度约为1厘米，厚度为0.1~0.2厘米，长度视所写书籍的等级而定。按照东汉郑玄的说法，先秦《诗》《书》《礼》《乐》《春秋》书于二尺四寸之简，《孝经》一尺二寸，《论语》八寸。也就是说，重要的典籍用长简书写，次要的典籍则用短简。由于简的长度不同，编连简的绳索也多少不一，常见的有两道和三道绳索，最长的甚至有五道编绳（如武威出土的《仪礼》简丙本）。为固定简不至于滑动，常在简的编连处用刀刻上一个三角形契口，后演化成雕版的鱼尾。简在编连时，开头常加两枚无字之简，称为"赘简"。它有两个作用：一是保护正文；二是利用简背书写篇名或篇数。

通常情况下，是先将简编连成策，然后再书写内容。这是因为，如果先写后编，一则容易错简，二则编绳会遮盖简上文字，影响阅读。但也有一些簿记性质的东西是先编后写的，或先编为短策，后将若干短策连成长策，如

---

① 曹之. 中国古籍编撰史 [M]. 2版. 武汉：武汉大学出版社，2015：4-5.
② 钱存训. 印刷术发明前的中国书和文字记录 [M]. 北京：中国印刷工业出版社，1988：59.

图 0-8 简策

居延汉简《永元器物簿》。简策的书写工具以笔、墨、砚为主,辅以刀、锯等。从考古发现来看,简策主要是用墨书写的,个别也有用丹朱的。至于古代记载的"漆书",尚未发现,故有人猜测"漆"即为墨。古时的书刀曾有人误认为是用来刻字的,实则是用来删改竹简的工具。缮写后的简策,还要经历切边、卷起、加帙的工序。切边就是把简片上端对齐,将下端多出不齐的部分裁去;卷起是以最后一枚简片为中轴,将简策收卷起来,使有字的一面朝里,简背朝外;加帙就是在卷起的简策外面裹以书衣,盛在书箧、书笥内。书衣通常用浅黄色或淡青色的竹帘和丝帛制成。浅黄色的称为"缃帙",淡青色的称为"缥帙"。

2. 帛书的装帧形式

缣帛质地细密轻软,便于书写和携带,但因价格昂贵,一般只用于缮写整理好的书籍定本,或书写祭祀场合的文书。由于其幅面宽阔,还可用来绘制图画。为节约起见,帛书都是先写后裁,其长短视文章篇幅而定。帛书有两种装帧形式:一是卷轴装。裁剪下来的帛书为方便收存和展阅,可在左侧末端加粘一木棍为轴,阅完由左向右收成一卷。因每卷都是一篇内容完整的文章,故帛书一卷即为一篇。帛书的书写格式源自简策,行文由上而下、自右向左。界行有朱、墨二色,是事先画好或织上去的,红色的称为"朱丝栏"(朱介),黑色的称为"乌丝栏"(见图0-9)。卷子写完后,通常在卷首部分接裱一块空白的丝织品作为保护,称之为"褾",相当于简策的"赘简"。为便于检阅,在帛书的卷口用竹签条标记篇名,称为"签符"或"签条"。二是折叠装。将裁剪下来的帛书像叠衣服一样反复折叠,如长沙战国墓出土的楚缯书，就是折为八叠存放在漆盒内。长沙马王堆三号汉墓中出土的西汉帛书，多数也是折叠成长方形，藏于一个长方形的漆奁内。后世的经折装大概由此发展而来。

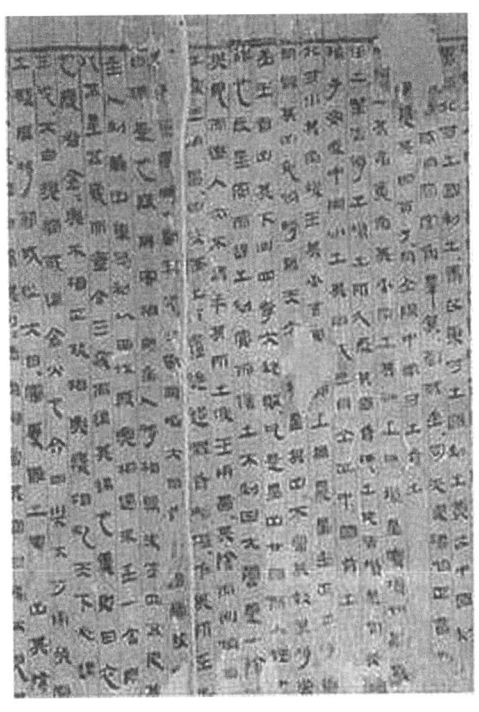

图 0-9　帛书

3. 纸书的装帧形式

东汉蔡伦之前，已有不少关于"纸"的文献记载和实物发现，但那时候的"纸"还没有普遍用于书写，多用作包装、引火或卫生用途。直至蔡伦对造纸的材料来源和技术工艺进行改进之后，纸作为一种书写材料才逐渐被人们接受。纸书的装帧形式经历了卷轴装、梵夹装、旋风装、经折装、蝴蝶装、包背装、线装的演变。

卷轴装：用纸写的卷轴书，其装帧形式源于帛书，由卷、轴、褾、带、签五部分组成（见图 0-10），盛行于南北朝至唐代。"卷"由若干张纸粘连而成，宽约一尺，长短不一，篇幅不再限于单篇文章。边栏和界行同样有朱、墨二色之分。"轴"是一根短棒，可用檀木、象牙、琉璃、玳瑁、珊瑚等材料制成，视藏书者的地位和卷子的价值而定。"褾"也叫包头，是卷端另加粘接的厚纸或丝织品，上面不写字，起保护全卷的作用。"带"是指连接褾头用以捆扎卷子的丝带；"签"是系在轴头用以标明书名、卷次的牌子，用牙、骨、玉等材料制成，所以也叫"牙签"。为了方便人们从书架上寻找图书，有时染上不同的颜色以区别经、史、子、集四大部类。卷轴装的纸书也有书衣，卷数少的一部书只包一个帙，多则分若干帙。帙用细竹帘编成，外面蒙上缣、绢、绨、绫等丝织品或麻布，有各种色彩。

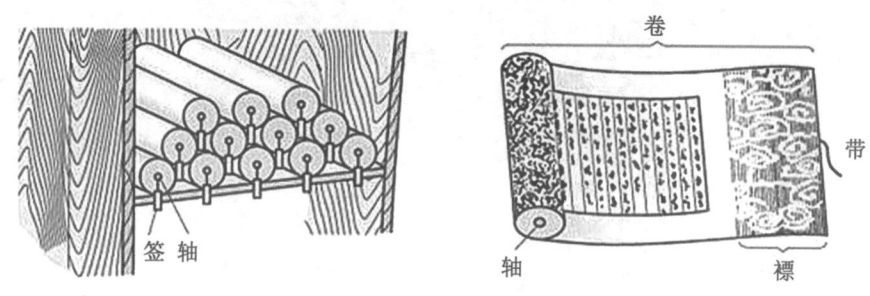

图 0-10 卷轴装

梵夹装：源自古印度"贝叶经"的一种装帧形式，流行于唐、五代时期，多见于佛经文献和少数民族文献，如西藏吐蕃时期的古藏文经就是采用梵夹装。装订时将写好的散页纸经依次叠放整齐，用两块长条形的木板（长约 50 厘米，宽约 13 厘米）上下相夹，并在距两块木板和每页贝叶经的上端和下端各 1/3 处各钻一小孔，然后用绳子穿过板上圆孔，再逐叶穿过每叶圆孔，最后穿过另一板圆孔后打结。阅读时将绳子松开，从首页逐叶翻阅。收藏时，将绳子勒紧一头，再绕过上下两板扎紧（见图 0-11）。

图 0-11 梵夹装

旋风装：一名龙鳞装，由卷轴装向册页装过渡的一种形态，产生于唐代后期。它的最大特点就是单页两面书写，解决了经折装单面书写翻检不便的问题。其具体装订方法是：以一长卷作为底纸，首页单面书写，全幅裱于底纸右端。从第二页起，双面书写，将每页右侧底部无字的边缘部分鳞次粘裱于前页下面右侧的底纸上。收藏时从右至左卷起，从外观上看仍像卷轴装。阅读时，除首页不能翻动外，其余各页均与现代书籍一样，可以自由翻转①。由于它在收卷时，书叶鳞次朝一个方向翻转，宛如旋风，故名"旋风装"（见图0-12）。它虽没有从根本上摆脱卷轴装的旧制，但克服了卷轴装翻阅不便的缺点，实开了后世册页装的先河。

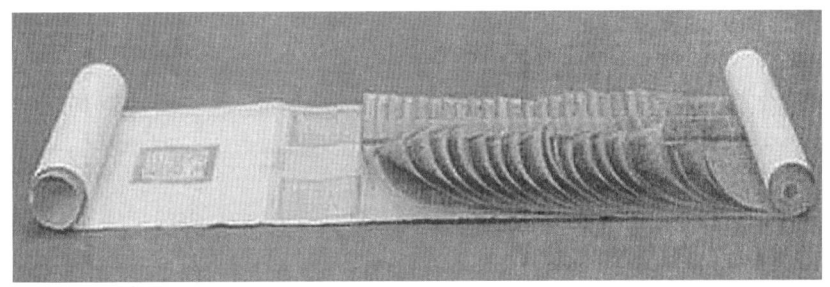

图0-12　旋风装

经折装：一名折子装，唐代后期产生的一种书籍装帧形式，是为了解决卷轴装卷舒之难的弊端而产生的。它仍是单面书写或刻印，然后按照特定的行数和宽度，把纸卷一正一反地折叠成长方形的折子，再在前后连起来各包上一块硬纸板，作为封面和封底，这样就把一卷书改装成了一册书（见图0-13）。

蝴蝶装：古代图书册页装的最初形式，产生于唐末五代，流行于宋代。它是以版心为准线，将每页有字的一面向内对折，然后将一页页对折好的书页重叠在一起，在折线处对齐，用浆糊粘在一起，另外三边切齐，再用硬纸连背裹住作封面。打开后各页左右对称，状如蝴蝶展翅（见图0-14），因而得名。但蝴蝶装的古籍每页只有一面有字，每读一页须连翻两页，颇有不便。

---

① 李致忠. 古书旋风装考辨［J］. 文物，1981（2）：75-78.

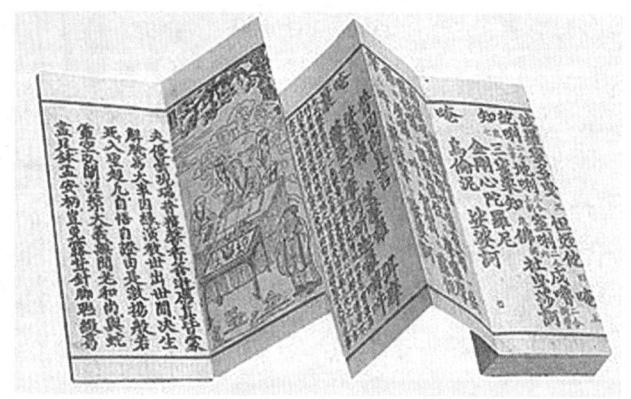

图 0-13　经折装

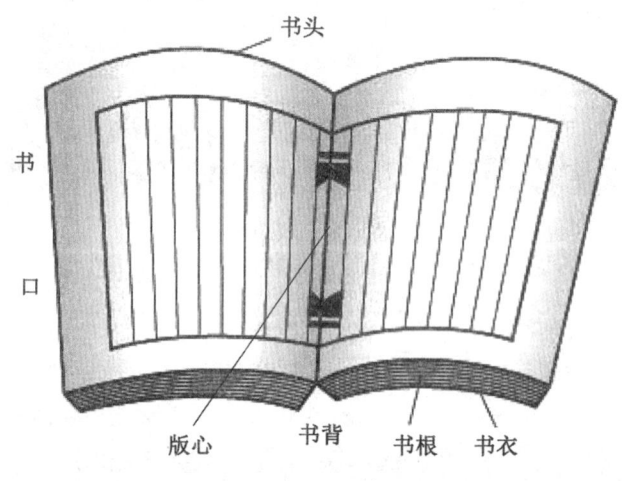

图 0-14　蝴蝶装

　　包背装：始于南宋，流行于元代和明朝前期。这是与蝴蝶装正好相反的一种装订方法。它将书页有字的两面向外对折，使版心朝外，书叶两边的余幅向着书背，因其用一张整纸对折将书背包裹起来而得名（见图 0-15）。早期的包背装是将书页有字的一面正折，然后粘在包背纸上。后期的包背装是在书页边栏外的余纸上打孔，用纸捻穿订，然后加上封面，相对浆糊粘连更为牢固。包背装克服了蝴蝶装每读一页必须连翻两页的缺陷。

线装:起源于唐末①,通行于明代中叶,至清代大盛,成为中国古籍最后也是最通行的装帧形式。迄今所见我国最早的线装古籍实物为珍藏在大英图书馆东方部的敦煌遗书 S5534 号《金刚般若波罗密经》,为唐天祐二年(905 年)写本。因为包背装的书背易于破损,于是改用两张和书页同样大小的书衣分置书的前后,与以纸捻穿订好的书芯一起,在书脑处打孔穿线装订而成(见图0-16)。一般只打四个孔,叫四针眼装。开本大的也有打六个孔的,叫六针眼装。也有五孔、七孔的,但一般只见于日本、朝鲜等外国刻本。订书的线讲究用白色或米黄色丝线,双道。有时还在上下两个书角处用浅蓝、浅黄或棕色的绫包起来,叫包角。书衣和正文之间至少订进一张空白页,有时多至两三张,叫护页或副页。线装比包背装更加结实,不易脱落,且书本旧了可以拆线重装。

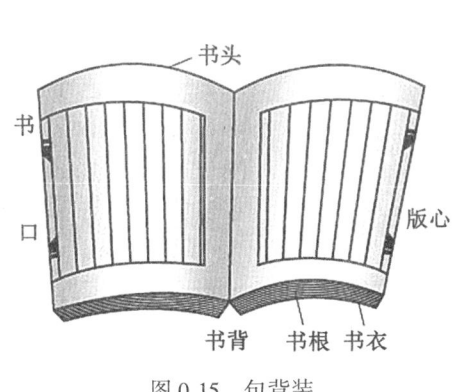

图 0-15　包背装

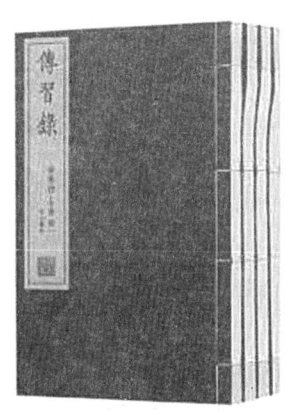

图 0-16　线装

第三节　古籍的产生及流传方式

一、古籍的产生方式

现存古籍约 19 万种,加上历史上散佚的古籍,其数量就更不计其数。这么多古籍是怎么产生的?张舜徽先生在《中国文献学》中将文献的产生

---

① 李致忠. 中国书史研究中的一些问题(之二):古书梵夹装、旋风装、蝴蝶装、包背装、线装的起源与流变 [J]. 图书馆学通讯, 1987 (2): 74-85.

归为著作、编述和抄纂三种方式,这种划分同样适用于古籍。

1. 著作

所谓著作,即原创性的作品。中国古人对著作的原创性要求是很高的。东汉的王充在《论衡·对作篇》中说:"造端更为,前始未有,若仓颉作书,奚仲作车是也。《易》言伏羲作八卦,前是未有八卦,伏羲造之,故曰'作'也。"[①] 仓颉造字,奚仲造车,伏羲作八卦,都是前所未有的开创性工作,所以称为"作"。清代学者焦循对"作"也有明确的解释:"人未知而己先知,人未觉而己先觉,因以所先知先觉者教人。俾人皆知之觉之,而天下之知觉自我始,是为'作'"。当然这里的先知先觉,不是指生而知之,而是韩愈《师说》所说的"其闻道也先乎吾",就是首先知道、觉悟到,然后去教化别人。等天下的人都知觉了,就是说天下的知觉都从自己开始,这才叫"作"。他们对著作的理解都是强调"前所未有"。像早期的单篇作品,很多都属著作类。如《汉书·艺文志》著录《凡将》一篇,注"司马相如作";《急就》一篇,注"元帝时黄门令史游作";《元尚》一篇,注为"成帝时将作大匠李长作";《训纂》一篇,注"扬雄作"。

2. 编述

所谓编述,是"将过去已有的书籍,重新用新的体例,加以改造、组织的工夫,编为适应于客观需要的本子"[②]。相对于无所凭借的著作而言,编述则有所凭借,是对已有文献的编次整理。许慎《说文解字》释"述"为"循也","编述"就是遵循前文的意思。但这种因循不是简单的照搬,而是有所创造的继承,正如清代学者焦循所说:"已有知之觉之者,自我而损益之。或其义久而不明,有明之者,用以教人,而作者之义复明,是之谓述。"(《雕菰集》卷七《述难》)。因此,编述者要在深刻理解原有古籍内容的基础上,或对之有所损益,使零散的内容更加集中;或对之有所引申,使隐晦的道理复现于人。通过编述形成的新文献,基本看不到原文的痕迹,只是继承原文的史实,阐发原文的思想和观点(通过编述形成的文献类型,详见第十一章"古籍的编纂")。

3. 抄纂

所谓抄纂,是根据一定体例原文照录已有文献的内容,从而编排成新的文献。其特点是对原文不加改窜,新文献内能看见旧文献的原文字句。这种

---

① (汉)王充. 论衡·卷29·对作第八十四 [M]. 上海:上海人民出版社,1974:443.

② 张舜徽. 中国文献学 [M]. 上海:上海古籍出版社,2005:27.

原文照录包括对文献整体内容的全录、对篇章段落的节录、对句子语词的摘录三种方式。一般要求注明出处，如《太平御览》《古今图书集成》等类书对于抄纂的资料就注明了出处。但也有不注明出处的，如《册府元龟》《清稗类钞》等。早在先秦两汉时期，抄纂作为一种文献著述方式就已产生，如《汉书·艺文志》著录的《儒家言》《道家言》《法家言》《杂家言》《百家》等旧籍，"皆古人读诸子书时撮抄群言之作"①。除早期的子部书籍之外，其他经、史、集部文献也多抄纂之作，主要有类书、文集、丛书、杂钞、档案文献汇编等。

二、古籍的流传方式

古籍产生之后，就要传播出去。古籍的流传方式依照出现时间的先后，依次有讲诵、镌刻、抄写、传拓、印刷、摄录等。

1. 讲诵

在文字产生之前，或文字虽已产生，但史官记事制度尚不够完备，人们的创作只能通过口耳相传的方式进行传播，这是世界文明史的普遍规律。像西方古希腊史诗《伊利亚特》和《奥德赛》，相传是在公元前9世纪至公元前8世纪，由盲诗人荷马创作并传唱，大约在公元前6世纪被整理成文字。也就是说，在成书之前这两部史诗已在人们口头传唱了两三百年。东方古印度的长篇史诗《摩诃婆罗多》《罗摩衍那》也都是口头流传下来的。我国历史上史诗讲诵比较发达的是少数民族，如藏族史诗《格萨尔王传》、蒙古史诗《江格尔》、柯尔克孜族史诗《玛纳斯》，有三大史诗之称。比较而言，汉民族的长篇史诗不够发达。一般认为，《诗经·大雅》中的《生民》《公刘》《大明》等篇章，叙述了周民族始祖后稷到武王灭商的历史，应是周代史官和乐官利用民间传说改编而成，但故事情节和人物都无法与我国少数民族的几大史诗相比。汉族史诗不发达的原因，主要是因为汉民族较早建立了完备的史官记事制度。考古发现甲骨文中有"作册""史""尹"等史官名称，这说明最迟在商代就已经出现了史官。由于历史有了系统的书面记载，口头讲诵的史诗便失去了存在空间。但在叙事诗中，汉族还是有不少讲诵文献的，如大家熟悉的《孔雀东南飞》《木兰诗》就是。另外就是抒情诗，如《诗经》中的十五篇"国风"，来自从陕西到山东的黄河流域的十五个地区，也都是以讲诵的方式传播的。

即便是那些已经用文字记录下来的文献，也有大量依靠讲诵方式传播

---

① 张舜徽. 汉书艺文志通释 [M]. 武汉：华中师范大学出版社，2004：277.

的，如佛经和儒家经典。东晋时北方姚秦的译经大师鸠摩罗什，曾译佛经三百余卷。但据《出三藏记集》载，有外国沙门来华，称鸠摩罗什谙诵甚多，所译不及什一。可见，鸠摩罗什能够背诵出来的佛经不下三千卷。早期儒家经典的传播也在很大程度上是依靠经师讲授，著名者当属孔子杏坛讲经的例子。但由于学生所记不同，就形成了后期不同的经文版本。东汉经学家马融，史载他讲经时"常坐高堂，施绛纱帐，前授生徒，后列女乐"①，在当时堪称奇观。至于那些说唱文学作品，如话本、评书，即使有了"唱本"，也主要靠讲诵来传播。优秀的说书人往往只是以"唱本"为基础，在演说过程中往往会加入自己的理解和发挥，不断形成新的"唱本"。

2. 镌刻

甲骨文、青铜器铭文、碑文虽不具图书的形态，但其所记内容却是很多古籍成书的来源，比如拓印本。即便是有了图书形态之后，不少古籍仍然通过刊刻石经来传播其校定后的内容，如汉熹平石经、魏正始三体石经、唐开成石经等。

所谓镌刻，就是把文献内容用文字刻在甲骨、青铜器、石头等载体材料上。甲骨是指龟甲和兽骨，殷商时期用于记录王室活动的占卜记录，所记内容十分广泛，涉及帝王世系、方国、生产、祭祀、征伐、狩猎、疾病、灾异等。民国初年，罗振玉搜集整理甲骨文拓片，编印了《殷墟书契》等书。1928 年后，中央研究院历史语言研究所多次对安阳小屯村进行考古发掘，由董作宾等编纂出版了《殷墟文字甲编》和《殷墟文字乙编》。1978 年，由郭沫若任主编、胡厚宣任总编辑的《甲骨文合集》在中华书局影印出版，该书成为甲骨文资料搜集与整理方面的集大成式的著作。

青铜礼器自商代盘庚以后开始出现铭文，内容多为器主族名、作器者名和受祭者名，文字简短。商代武乙以后，开始出现十几字乃至几十字的较长铭文，在说明作器原因时带有记事之辞，其内容多与祭祀、赏赐等有关。西周时铜器铭文较长，百字以上的已有不少，内容涉及邦国地理、贵族世系、外交盟誓、战争征伐、经济财货、刑法狱讼、职官爵禄、宗教祭祀、度量乐律、月相历法及许多重大史实，不少记事可与古籍相印证。如现藏台湾地区的"毛公鼎"铭文 497 字，记载了周宣王叮嘱毛公效忠王室并给予恩赏之事，对研究西周晚年政治史具有重要价值。1976 年在陕西临潼发现的西周时期的青铜器"利簋"，铭文 32 字，记武王克商的日期在甲子日，与《尚书·牧誓》《逸周书·世俘解》所载吻合，为验证古籍记事的准确性提供了

---

① （南朝）范晔. 后汉书·马融传［M］. 北京：中华书局，1965：1972.

有力的物证。

我国古代很早就有刻石记事的传统。石头方者谓之碑，圆者谓之碣，天然崖壁谓之摩崖。《史记·封禅书》引桓谭《新论·离事》载："泰山之上有刻石，凡千八百余处，而可识者七十有二。"司马贞补《史记·三皇本纪》引《韩诗》："自古封泰山、禅梁甫者万余家，仲尼观之，不能尽识。"泰山上封禅刻石的文字，连管仲、孔子都不认识几个，可见是很古远的了。秦始皇统一中国后，四方巡行，每到一处都要刻石纪功，晓谕天下。东汉熹平四年（175），议郎蔡邕奏请校定经书，将《鲁诗》《尚书》《仪礼》《周易》《春秋》五经和《公羊》《论语》两传，统一用隶体丹书刊刻在46块石碑上，以供天下读书人传抄，这就是历史上著名的"熹平石经"（见图0-17）。此后，历代都将刊刻石经作为一种传统继承了下来，如魏正始间用古文、小篆、汉隶三种字体写刻《尚书》《春秋》和部分《左传》。唐开成间刻成"十二经"，原碑立于长安城务本坊的国子监，宋时移至府学北墉，即今西安碑林。之后还有后蜀广政石经、北宋嘉祐石经、南宋绍兴石经、清乾隆石经等。石刻文献除了帝王的勒石记功和经书的示范摹本外，更大量的是历代的墓志碑文，各地名胜古迹的题名、题辞、题诗、记文，以及佛寺道观里石刻的释道经书等。

图0-17　熹平石经

3. 抄写

《墨子·兼爱下》有"书于竹帛，镂于金石"的话，这是对纸书出现以前书籍流传方式的高度概括。金石适于镌刻，竹帛适于抄写。1993年，湖北荆门郭店出土了战国中期三种不同版本的简书《老子》,是迄今所见年代最早的《老子》抄本。汉武帝时,"建藏书之策,置写书之官",这是中国历史上关于官方职业书手的较早记载。晋末推行以纸代简,此后图书抄写迎来了更为繁盛的时期。据曹之先生统计,南北朝官方大规模的抄书活动见于记载的约有13次之多①。隋朝政府部门供养了大批专业书手,仅中书省就有书手200人。唐代更有过之而无不及。据《唐六典》载,玄宗时集贤院有书直及写御官100人、装书直14人、造笔直4人;秘书省有校书郎8人、楷书手80人、熟纸匠10人、装潢匠10人、笔匠6人;著作局有楷书手5人;太史局有楷书手2人、装书历生5人;弘文馆有楷书手75人、笔匠3人,熟纸装潢匠8人;司经局有楷书手25人。可见,抄写图书已有了非常细致的专业分工。至于民间私人抄写图书,则更不计其数。即便是唐代发明雕版印刷技术以后,甚至是被誉为雕版刻书黄金时期的明代,抄写仍是古籍传播的一种重要方式。据《明史·艺文志》载,明宣宗有一次视察文渊阁,"亲批阅经史,与少傅杨士奇等讨论,因赐士奇等诗。是时,秘阁贮书约二万余部,近百万卷。刻本十三,抄本十七"。可见,当时明代官藏仍以抄本为主。在刻本盛行的时代,抄本仍有一席之地,主要有以下原因:一是旧写本历来受人重视,因为其中有不少珍本、善本;二是有的书籍篇幅过于庞大(如类书、丛书等),而社会需求量又小,从经济上来讲雕版印行很不合算,只好手写副本,如明代的《永乐大典》和清代的《四库全书》;三是抄写图书已成为古代学者读书治学的一种习惯,根深蒂固难以改变。如北宋的宋祁尝自称"手抄《文选》三过,始见佳处",南宋洪迈亦自言"手抄《资治通鉴》三过,始究其得失"②。另外,从流通角度看,手抄文献不像刻本那样容易遭查禁,隐秘性较强。

除了政府官员受命征集图书、整理藏书过程中的抄书,私人读书、治学、藏书过程中的抄书,还有一类是带有营利性质的抄书,或受雇于官方机构,或受雇于私人、书商、寺观,专以获取经济利益为目的,故称"佣书"。佣书最早见于战国时期,据《拾遗记》载:"张仪、苏秦二人,同志好学,迭剪发而鬻之,以相养。或佣力写书,非圣人之言不读。"③ 东汉史

---

① 曹之. 中国古籍版本学[M]. 3版. 武汉:武汉大学出版社,2015:144.
② (清)阮葵生. 茶余客话·卷十[M]//清代笔记小说大观. 上海:上海古籍出版社,2007:2692.
③ (前秦)王嘉. 拾遗记·卷四[M]//汉魏六朝笔记小说大观. 上海:上海古籍出版社,1999:521.

学家班超年轻时也曾为官府佣书。魏晋南北朝以后，佣书现象更为普遍，文献记载比比皆是。甚至到了清代，佣书这种职业仍有存在。

4. 传拓

所谓传拓，也叫拓印，是指用纸和墨从铸、刻器物上原样搨印文字或图案的技术，其成品称为拓本或拓片。由于时代和地域的不同，还有打本、脱本、蜕本等叫法。制作拓本的具体步骤如下：①把甲骨、金石等器物上的灰尘和污垢清洗干净，使文字和图案清晰地显现；②将生宣纸浸湿，然后均匀地敷贴在器物表面；③用棕刷和小槌隔着毡布轻轻刮刷和搨拍，将纸与器物表面间的气泡排出，使得宣纸贴紧器物表面的同时，嵌入有文字图案的凹陷部分（甲骨文、金文、碑文通常是阴文）；④待湿纸晾干后（不可太干，将干未干正好），用蘸墨（多用油烟墨）的朴子反复、均匀地轻搨纸面。随着墨色的逐渐加深，文字和图案就会显现出来；⑤待墨迹干了之后，将纸取下并装订成册，就制成了黑底白字的拓本。

拓本的起源没有明确的文献记载，但《隋书·经籍志》著录有石经19种，并称"其相承传拓之本，犹在秘府"，可知最晚在隋代已有拓本。唐代有拓本实物流传，如《孟法师碑》《温泉铭碑》等。《孟法师碑》为岑文本撰，褚遂良书，刻于贞观十六年（642年）。原石久佚，后有清人李宗翰所藏唐拓本传世，现藏日本。《温泉铭碑》为唐太宗李世民亲撰亲书，有敦煌石室拓本传世，后为法国人伯希和窃去，现藏法国巴黎图书馆。

宋代传拓之术盛行，商周时期的青铜器、秦砖汉瓦，以及历代的碑刻、石雕、摩崖石刻等，都可成为传拓的对象，因此出现了专门著录拓本的书目。如北宋欧阳修作《集古录》，为公私所藏周秦至五代以来铜器铭文及碑帖拓本作跋记四百余篇，旨在补证经史，是我国现存最早的金石学著作。两宋之际的赵明诚、李清照夫妇撰《金石录》，仿《集古录》体例，著录自上古至隋唐五代金石拓本凡二千件，考据精审，成为当时金石学的重要代表作。其他著名的金石著作还有南宋薛尚功《历代钟鼎彝器款识法帖》、清梁诗正《西清古鉴》、中国社科院考古所《殷周金文集成》、国家图书馆善本金石组《历代石刻史料汇编》等。

5. 印刷

印刷是一种借助版刻工具大量复制图书的方法，较之纯手工抄写效率大为提高。我国最迟在初唐①时期就已经发明雕版印刷术，这从考古发现的几

---

① 按照史学界的划分，初唐是指唐代建国（618年）至开元元年（713年）的这段时期。

件雕版印刷实物得到了证明。1974年西安出土的梵文《陀罗尼经咒》，考古学家根据随同出土的器物的形制及纹饰图案，将其定为唐初印刷品，时间不晚于公元690至699年。现藏日本东京书道博物馆的印本《妙法莲华经》，经文中使用了武则天诏令中独创的制字，刻印时间当在武则天在位期间（684—704年）。1966年发现于韩国庆州佛国寺释迦塔内的《无垢净光大陀罗尼经》，经文也出现了武则天的四个制字，据李致忠等学者鉴定，为唐长安元年至四年（701—704年）间东都洛阳刻本，原因是公元705年唐中宗即位后就诏令废除了武周制字①。

唐代的雕版印刷术主要用于刻印佛经、历书、字书，以及占梦、相宅等民间日用杂书，间有零星诗文集。五代国子监首次采用雕版印刷术刻印儒家群经，提高了雕版印刷术的地位，对雕版印刷术的大规模推广和普及起到了官方示范作用。至两宋时，雕版刻书已大为普及，发展出了官刻、家刻、坊刻三大刻书系统，另有书院刻书、寺观刻书作为补充，形成了汴京、福建、四川、浙江、江西等几大刻书中心，刻印图书种类经、史、子、集齐全。辽、金、元后刻书地域逐渐向北方扩展。元至元六年（1340年）中兴路（今湖北江陵）资福寺刻印的《无闻和尚注金刚经》，是我国现存最早的朱墨双色套印本书籍。明初取消书籍印刷税，我国进入雕版刻书发展的鼎盛时期，刻书种类和数量大幅增长，刻书地域和图书贸易遍及大江南北，惜图书内容质量较之前代有所下降。值得一提的是，明末在版画艺术及五色套印技术的基础之上，发明了饾版和拱花技艺，各种画谱、笺谱印制得色彩斑斓、栩栩如生，著名者如《萝轩变古笺谱》《十竹斋笺谱》《十竹斋画谱》《芥子园画传》等。

活字印刷术发明于北宋庆历年间（1041—1048年），发明人为布衣毕昇，其过程在沈括的《梦溪笔谈·技艺门》里有详细的记载。其具体步骤为：第一步，用胶泥刻字。一般的字刻几个就够了。"之""也"等常用字，要刻20余个，冷僻字临时刻烧。第二步，烧字。泥字烧过之后，坚硬不易破碎。第三步，排版。先在一块铁板上撒上松脂蜡、纸灰等黏合材料，接着用铁框把四周围起来，把活字排在铁框里面，然后用火在铁板下烘烤，等黏合材料熔化之后，用平板把板面按平即可。第四步，印刷。同时用两块铁板，印第一版时，第二版便可排字，互相轮换，以提高效率。第五步，回收泥活字。用火烘烤铁板底部，等黏合材料熔化后，用手一推，字模就松了。然后按字韵分别把字存放在木格里，等到下次印书时再用。

---

① 李致忠.《无垢净光大陀罗尼经》译刻考［N］.新闻出版报，1996-12-25.

西夏人根据毕昇泥活字印刷的原理，改进排字拆版方式，试制成功了木活字印刷术。据史金波先生考证，现俄罗斯所藏中国西夏文《维摩诘所说经》为12世纪下半叶的木活字印刷品。元代农学家王祯曾用木活字摆印过《旌德县志》，并将自己的印书方法写成了《造活字印书法》。清武英殿甚至采用木活字印刷了《武英殿聚珍版丛书》，"聚珍"即木活字雅称。另外，人们还尝试用铜、锡、铅等金属材料来制作活字，流行最广者当属铜活字。明弘治、嘉靖间，江苏无锡、常州、苏州一带铜活字印书颇为盛行，尤以无锡华氏和安氏家族最为著名。

19世纪中后期，随着西方近代印刷技术的传入，石印一度取代雕版印刷成为我国古籍传播的主流方式。与传统雕版的凸版印刷不同，石印是一种平版印刷技术，因而制版快，效率高。具体方法如下：先将图文用一种特殊的油脂性药墨直接书写、描绘在平滑多微孔的石板上（也有的是将图文描写在纸上，然后覆于石面，再揭去药纸）；在石板上涂上一层酸性的胶液，使字画以外的石质略微腐蚀，再喷上一层水（或直接用水浸润），被腐蚀的石面均匀受水，字画部分因油脂而不受水；再在石板上用滚筒上油墨，利用油水分离的原理，无图文部分因受水而不着油墨，图文部分受墨。石印术最早传入我国广州，但在上海形成了石印出版中心，著名的石印出版机构有点石斋（见图0-18）、同文书局和拜石山房等。

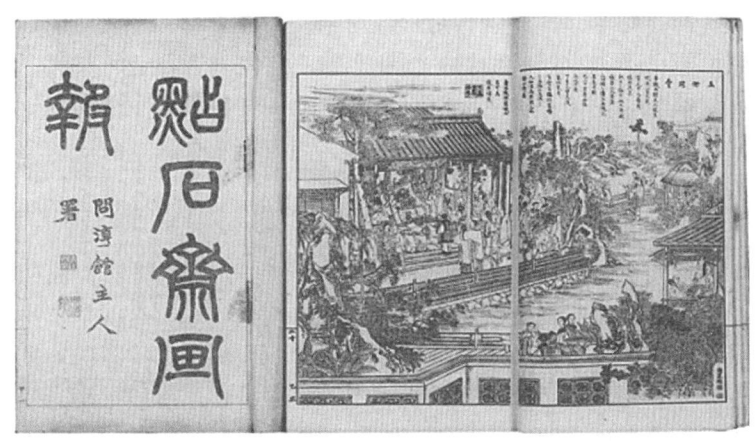

图 0-18　石印本《点石斋画报》

6. 摄录

即通过摄影和录入来传播古籍。摄影是利用照相或激光扫描技术，将古籍翻拍成缩微胶片或转换成图片格式的电子文件，既可以保存古籍的内容，还能保存古籍的版式。制成的胶片或电子文件，既可供阅读浏览和复制，还可原样还原成纸书，这就是古籍的影印出版。1985年文化部批准成立了"全国图书馆文献缩微复制中心"，其主要职责就是组织和协调全国公共图书馆开展对馆藏古旧文献的长期保存工作。截至2015年底，该中心共抢救各类珍稀濒危文献164 550种，其中古籍善本31 792种。1958年国务院成立古籍整理出版规划小组以来，连续制定了多个古籍整理出版的十年规划，影印出版了大批珍稀古籍。影印仍是目前善本古籍出版的重要方式之一。

录入是指仅将古籍的内容输入电脑，制成电子文本。这种方式只保存和传播古籍的内容，而不保留古籍的版式。因大多数录入都是通过人的手工完成，工作量大且出错率高，现在已多不采用。目前通行的古籍全文数据库基本上是利用OCR（光学字符识别）技术，将扫描后的古籍影像转换成文本格式，以便于读者阅读、检索和拷贝全文内容。

第四节 古籍整理的涵义及范畴

一、古籍整理的涵义

通过不同方式产生的古籍，又通过不同的方式流传出去，在历经岁月沧桑之后辗转留存到今天，其内容与形式与当初的面貌可能已大相径庭，其语义和思想可能已不为人们所理解，因此非常有必要对古籍进行整理。但对于什么是古籍整理，由于历史的原因，以及不同的学科视野和现实需要，学界对它的理解和阐述并不一致。从目前来看，与古籍整理关系最为密切的学科是传统的史学、文学和新兴的图书馆学。

1. 史学视野的古籍整理

史学家黄永年教授称："古籍整理者，是对原有的古籍作种种加工，而这些加工的目的是使古籍更便于今人以及后人阅读利用，这就是古籍整理的涵义，或者可以说是古籍整理的领域。超越这个领域，如撰写讲述某种古籍的论文，以及撰写对于某种古籍的研究专著，尽管学术价值很高，也不算古籍整理而只能算古籍研究。"[①] 黄先生将古籍整理与古籍研究作了界定，认为古籍整理有别于古籍研究，它是为古籍研究服务的，而不是取而代之。他还阐述了古籍整理加工的程序和方法，具体包括：①选择底本。②影印。③

---

① 黄永年.古籍整理概论［M］.西安：陕西人民出版社，1985：5.

校勘。④辑佚。⑤标点。⑥注释。⑦今译。⑧索引。⑨序跋。⑩附录。

四川大学古籍所刘琳教授认为："所谓古籍整理，有广义的古籍整理，有狭义的古籍整理。现在一般人把有关古籍各方面的学术工作都统统称之为古籍整理，这可以叫做广义的古籍整理。而我们所说的古籍整理，是指狭义的、严格意义上的古籍整理。严格意义上的古籍整理，就是对古籍的原文进行某种形式的整理加工，以便于人们阅读与研究。比如校勘以是正文字，标点以分清句读，注释以阐明文义，翻译以通达古今，辑佚以摭拾遗文，抄纂以采其菁华等。"① 这里刘先生将古籍整理与一般古籍工作作了区分，前者是传统史学专指的古籍整理，强调的也是对古籍原文的加工，具体方法包括校勘、标点、注释、翻译、辑佚、抄纂等，而后者可划入广义的古籍整理范畴。

2. 文学视野的古籍整理

河北大学文学院时永乐教授称："所谓古籍整理，就是对古籍本身进行校勘、标点、注释及今译等各种加工，使之出现新的本子，以便于今人和后人阅读利用。"②

苏州大学文学院曹林娣教授也认为："整理古籍的目的就是要为研究者们提供一本最可靠的本子，尽量恢复古籍的本来面貌。古籍整理的具体手段，主要有校勘、标点、注释、今译、辑佚、索引、序跋和附录等，还有影印珍本善本图书也属于古籍整理的内容。"③

以上两位学者在强调对古籍原文加工的同时，都提出了要整理出一个不同于以往古籍的新的本子，即整理本。这个版本在内容上和祖本最为接近，因而是最可靠的。这种对古籍整理的理解，突出了古籍整理的目的，就是要方便读者或研究者对古籍的阅读和利用。

通过对比不难发现，史学界与文学界对古籍整理的认识大同小异，都强调古籍整理的目的是为了便于人们阅读和研究古籍，在整理方法上都是沿用传统的文献学方法，以恢复古籍文本原貌或帮助读者理解文本内容，体现了文史不分家的特点。

3. 图书馆学视野的古籍整理

在图书馆学界看来，古籍整理的涵义却别有不同。1982年北京大学和武汉大学合编的《图书馆古籍整理》称："图书馆古籍整理工作，是对图书

---

① 刘琳，吴洪泽．古籍整理学 [M]．成都：四川大学出版社，2003：2．
② 时永乐．古籍整理教程 [M]．保定：河北大学出版社，2003：3．
③ 曹林娣．古籍整理概论 [M]．北京：北京大学出版社，2007：5．

馆所收藏的古籍进行著录、鉴定版本、分类、典藏,向读者提供所需要的古代文献资料……一方面正确地揭示、反映、宣传图书馆中所藏的古籍,使读者迅速、准确地检索,以得到所需要的资料……另一方面,做好古籍藏书保护工作,使祖国宝贵的文化遗产得以安全、完整的保藏,使其不受损坏,而有利于长期使用。"① 廖延唐、曹之编著的《图书馆古籍整理》亦是将古籍著录、古籍版本、古籍分类作为古籍整理的核心内容,体现了图书馆工作的特点。

图书馆学界理解的古籍整理通常包括两个方面:一是对古籍进行分类编目,使之易于被读者检索利用;二是对古籍进行典藏,使之得以长久保存。如王世伟称:"首先要区分一下图书馆古籍工作与一般意义上的古籍整理的不同,一般意义上的古籍整理所指的古籍范围比图书馆古籍工作所指的古籍范围要大得多,前者包括标点、注释、今译、校勘、辨伪、辑佚等,而后者一般不涉及以上内容。"②

4. 学科融合趋势下的古籍整理

历史地看古籍整理,其实是没有明显的学科分界的。西汉成帝河平三年(前26年),谒者陈农求遗书于天下,由光禄大夫刘向领衔的一群优秀学者开始对西汉政府所藏先秦以来的典籍进行系统整理,开创了古籍整理的一整套程序和方法,一直为后世历代学者所沿用。这套程序和方法包括广罗异本、确定书名、审定篇章、校勘文字、缮写定本、撰写叙录(《别录》)、类分图书(《七略》)等环节,其中既有文史学界一直沿用的校勘、注释和考据方法,也有今天图书馆学引以为傲的版本学、目录学和分类学方法,它们本身是融合在一起的。

近代以来,随着学科的不断发展和分化,这种相对稳定的状态发生了变化。受西学东渐的影响,中国传统学术"经、史、子、集"的基本格局被打破,许多在古代不受重视的学科却获得了新生,之前没有的"新学"也被引进了中国,其结果就是研究和利用古籍的视角越来越多元化。而从不同的学科视角出发,人们对古籍价值属性的需求是不同的,古籍整理的对象、手段和基本要求也有所区别,这就导致了人们对古籍整理含义理解的差异。

然而,当今学科的发展总体呈现出交叉和融合的趋势,学科的界限越来越模糊。图书馆学界与文史学界在古籍整理的路径上并不是泾渭分明的,两

---

① 北京大学图书馆学系,武汉大学图书馆学系. 图书馆古籍整理·前言 [M]. 油印本,1982:4.

② 王世伟. 图书馆古籍整理工作 [M]. 北京:北京图书馆出版社,2000:1.

者的融合在某些身栖多个学科领域的学者身上得到了很好的体现。例如，身为史学家、图书馆学家、文献学家的来新夏先生认为，古籍整理必须具备八种技能：分类第一、目录第二、版本第三、句读第四、工具第五、校勘第六、考据第七、传注第八。这里的句读、校勘、考据和传注是传统的文史学方法，而分类、目录、版本和工具书，则主要是图书馆学的技能，两者恰好各占古籍整理的"半壁江山"。

综上所述，我们对古籍整理涵义的理解不能局限于学科的一隅，而应透过多个学科对古籍整理不同路径、不同方法的表象描述，抽象出它们共同的行为本质。从这个意义上讲，古籍整理是以古籍为加工对象，以提供古籍阅读和专业研究所需要的内容文本、版式特征、语义思想、知识信息等为核心内容的服务总和。

二、古籍整理的范畴

按照上述古籍整理的定义，古籍整理的范畴不再局限于某个学科或某个领域，而是涵盖了古籍在社会文献信息系统中流通的全过程，包括古籍的征购、编目、典藏、点校、出版等环节（见图0-19），涉及古籍收藏部门（图书馆、博物馆、档案馆，以及民间收藏组织或个人）、古籍研究机构（文史专家）、古籍出版企业（古籍专业出版社、古籍数字出版商）等不同的主体。按照古籍整理的不同目的和需要，可以将之划分为以下五个层次[①]：

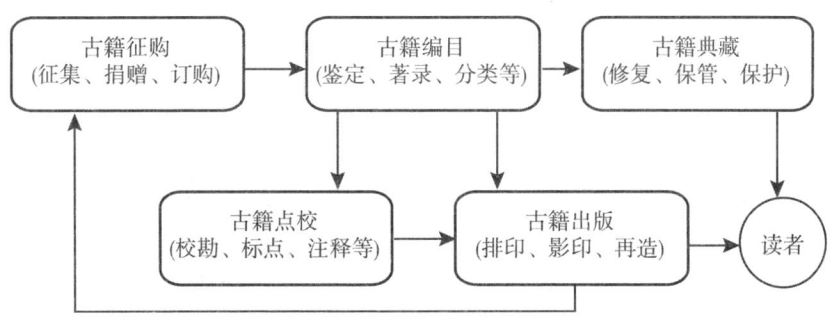

图 0-19 古籍整理流程

---

① 李明杰. 数字环境下古籍整理范式的传承与拓新 [J]. 中国图书馆学报, 2015 (4)：99-110.

1. 古籍实体的保存性整理

所谓古籍实体的保存性整理，是指以长久保存古籍实物为目的，对古籍所做的搜访与购求、入藏与管理、保护与修复等工作，属古籍典藏的范畴，也是其他各层次古籍整理的基础。

古籍整理首先要有整理的对象，因此古籍的收集是古籍整理必须完成的第一步。历史上的古籍聚散无常，有的散入民间，有的藏入秘室，有的甚至流落海外，很不方便人们对古籍的利用，因此有必要通过征集、捐赠、订购等方式将它们聚集在一起，进行集中保存。为了能尽可能地延长古籍的物理寿命，还需要对古籍存放的环境进行控制和管理，保持空气合理的湿度和酸碱性，做好驱虫、防紫外线、防火等工作。古籍留存到今天，都经历了漫长的岁月侵蚀，纸张老化破损严重，加上保存环境不善，鼠啮蠹蚀、粘连霉烂、糟朽焦脆等现象非常普遍，因此还要对这类古籍进行装补和修复，最大限度延长其保存年限。古籍修复以"整旧如旧"为基本原则，在整理过程中要求做到安全第一、最少干预和过程可逆。

2. 古籍文本的复原性整理

古籍在流传过程中，由于种种自然或人为的因素，内容文字与原著相比可能会发生很大的变化：有的明明是同一种古籍，但出现了不同的书名；有的篇章顺序出现了颠倒错乱；有的则是文字错讹百出；还有的内容被掺入了伪作的内容，或作者署名不真实；有的是内容亡佚或缺损不全。种种情况不一而足，严重阻碍了人们对古籍的利用。

所谓古籍文本的复原性整理，是指综合运用文献学的各种方法，对现有古籍文本进行种种方式的加工，力图获得一个尽可能接近古籍原貌的文本。具体来说：运用版本学的方法，通过版本鉴定和版本源流的考订，发现和选择善本，解决文本整体的可靠性问题；通过辨伪方法排除伪书，解决文本的真实性问题；运用校勘方法，校正古籍的篇章次第及文字错误，解决文本的准确性问题；运用辑佚方法，补齐古籍残缺的内容，解决文本的完整性问题。通过以上的系统整理，则基本能获得一个满意的整理本。它从理论上来说，是最接近于古籍祖本的。古籍文本的复原性整理，遵从孔子提出的"述而不作，信而好古"的基本原则，换句话说，就是要尊重历史，尊重古籍原文，不得妄改臆断。

3. 古籍语义的阐释性整理

通过古籍文本的复原性整理，获得了一个理想的善本，但对于一般读者来说，它的内容仍然可能是无法利用的，因为读者仅凭自己的能力可能还不足以准确理解和把握作品的内容语义。这是因为，记录古籍内容的文字本身是在发展变化着的，同样的字词，其读音、语义可能和当初有很大的不同，这需要有古代汉语言专业方面的知识；另一方面，古籍中出现的一些专有名词所指的对象，也可能因为时代和社会背景的变化而有所不同，比如职官名称、地理名称、行政区划以及各种典章制度等，这需要读者具备一定的历史文化常识。因此，古籍整理还需帮助读者准确理解古籍的内容主旨，这就是古籍语义的阐释性整理。具体表现为：运用传统的注释方法（包括传、注、解、集传、集注、集解、训诂、笺注、疏义、章句、音义、直解等），辅之以准确的断句和标点，再用现代通行的语言对局部内容进行解释，或对全文内容进行通释（即翻译），以帮助读者准确理解文义，而不至于因为语言文字、地理名称、行政区划、典章制度的发展变迁而曲解作者原意。古籍语义的阐释性整理要遵从两条基本原则：一是符合语言文字自身发展的规律；二是符合作者当时所处的社会历史背景。

4. 古籍内容的组织性整理

单种古籍通过文本的复原、语义的解释之后，已能为读者阅读和利用，但从古籍的总体来看，数量仍然太多，人们在浩如烟海的古籍面前往往感到无所适从，不知道该从何读起。想要查找某方面的史料，也不知该从何入手。古籍总体无序的情况，仍然给读者阅读和利用古籍造成了严重的障碍。这就要求古籍整理者对古籍的内容进行重新组织，使之从无序转向有序，这就是古籍内容的组织性整理。它以检索和利用古籍的内容为目的，包括古籍编目和古籍编纂等。

古籍编目就是将为数众多的古籍的外部特征和内容要点著录成款目，并按需要组织成分类、书名、著者或专题书目，使之成为一种便于检索的工具。读者通过书目途径，可以迅速地获得自己所需要古籍的文献信息。对于从事某领域研究的读者而言，往往需要的是某类专题资料，而这类资料可能分散在大量的不同类型的古籍当中。为了集中某类古籍或某类专题资料，还可对古籍的内容结构进行重新组织编排，使之成为一种新的文献类型或知识序列，比如类书、丛书、总集以及政书、年表等各种工具书的编纂等。古籍内容的组织性整理以凝练、精准、便捷和实用为基本原则。

以上四种古籍整理方式，文史学界多偏重于古籍文本的复原性整理和语义的阐释性整理，而图书情报界的古籍整理多偏重实体的保存性整理和内容的次序性整理。但从整理的目的和功用来看，它们并无实质的不同。

5. 古籍知识的数据化整理

20世纪70年代以后，以计算机为核心的现代信息技术逐渐被应用到古籍整理领域。从最初的文本录入、单书索引发展到今天各种类型的数据库

（如书目型、全文型、影像型等）、互联网、超文本、知识挖掘、可视化等各项信息技术的综合应用，人们对古籍整理的理念已不再停留在内容层面，而是开始触及更深的知识层面。这也是因为读者已不再满足于古籍内容的字词索引、全文检索及专类工具书的利用，而是希望能获得更为直接的知识服务。

　　古籍数字化过去的做法是将古籍进行照相、扫描等技术处理，然后以影像或转换成的文本格式储存起来。这实际上只是完成了古籍形式与内容的转移，生成了大量的古籍数据。2007年，计算机图灵奖得主吉姆·格雷（Jim Grey）在美国国家研究理事会计算机科学和远程通信委员会（NRC-CSTB）的一次演讲中首次提出科学研究的"第四范式"，即以数据密集型计算为基础的科学研究范式。在这个范式下，自然和人类社会活动被科学家观察、感知、计算、模仿、传播等形成的科学数据，不仅仅是科学研究的结果，更是下一步科学研究的对象和基础。这意味着，古籍数字化产生的大量数据不仅是古籍整理的结果，更是下一步古籍整理的对象和素材。如果说古籍数字化是对古籍内容简单直观的转述和再现，那么古籍知识的数据化整理就是对古籍语义的深度解析和知识构建。具体来说，就是利用语义分析工具将古籍文本解析成碎片化、语义化的知识元，在此基础上进行本体构建和语义标注，通过语义识别建立人物、职官、年号、地点、事件等古籍知识元之间的语义关联，以实现知识检索、知识聚类、知识链接及知识提示等服务功能（详见本书"余论：古籍知识的数据化整理"）。

第一编　古籍实体的保存性整理

古籍的文本内容、版式特征、语义思想和知识信息等，都是依附于古籍实体而存在的。因此，古籍整理的第一步是对古籍实体进行保存性整理，它是古籍后续整理的前提和基础，具体包括对流传下来的古代文献进行采访、登记、入库、上架、保管和修复等工作。因这些工作大部分在图书馆内完成，故也称图书馆古籍整理工作。本编以两章的篇幅分别讲述古籍的聚散与采访、古籍的典藏与修复等内容。

第一章 古籍的聚散与采访

中国古代典籍是中华民族的文化瑰宝,人们常用浩如烟海来形容它们,但事实上,遗存至今者不过十之一二。我国封建时代有一个好的传统,就是每当国力强盛、社会稳定之际,朝廷就会向民间征集藏书,经誊抄副本、是正文字、编制书目之后,聚为国家藏书。然后随着国力衰落,社会开始动荡,农民起义不断,最后发生朝代的更迭。在这个过程中,国家藏书或遭虫蛀鼠啮,或遇水火之灾,或经兵燹战祸,加上禁毁之烈、传承不守等原因,能留下来的已经是吉光片羽、鲁殿灵光了。但随着新王朝的建立,政府又开始搜集民间藏书。于是古籍散了又聚,聚了又散,如此周而复始。因此可以说,一部封建王朝的更迭史,也是一部中国古籍的聚散史。在这聚散往复的过程中,无论是官方还是民间,都形成了一套行之有效的古籍采访方法。

第一节 古籍的聚散

一、先秦时期古籍的聚散

中国的古籍源远流长,大约在夏代就已经产生了典籍。但夏、商、周三代的典籍都是由少数巫史王官垄断和控制的,这就是后世所谓的"学在王官""官守其书"。那个时代民间不可能有私人著述,当然也就没有图书的典藏。

东周的春秋末期,王室日渐式微,史官大量流向诸侯国,从而进入卿大夫家,民间私人著述和藏书才开始出现。《春秋左氏传·昭公十五年》和《国语·周语下》记载,当时的诸侯设有专门的官吏负责保管典籍,其藏书之所,有的叫"盟府",有的叫"故府"。战国初期,各种学术思想如星聚云涌,各家学派纷纷著书立说,正如《史记》所言:"是时诸侯多辩士,如荀卿之徒，著书布天下。"① 由此产生了诸子百家之作，如《论语》《孟子》《庄子》《管子》《荀子》等，形成了我国图书文化史上第一个光辉时期，公私典藏也日渐充盈，如《墨子·天志上》载："今天下之士君子之书，不可胜载。"②《庄子·天下篇》亦称："惠施多方，其书五车。"③

秦始皇统一中国后，建立了多处宫廷和政府藏书之所，有明堂、石室、金匮之分。执掌图籍的官员为御史大夫，除收藏战国时期遗留的典籍外，还收藏当时的公文档案、法典律令。所藏典籍通常有正本、副本之分，如秦律令，正本藏中央禁室，副本藏宫廷中，由专司管理，供随时查阅。秦王朝一方面通过官方手段集中保管藏书，另一方面在民间施行禁书政策。早在秦孝公时期，为推行变法，曾接受商鞅的禁书建议，如《韩非子·和氏》载："商君教秦孝公以连什伍，设告坐之过，燔《诗》《书》而明法令。"④ 秦始皇为钳制国人思想，再依李斯的建议，于公元前213年颁布挟书禁令，"非博士官所职，天下敢有藏《诗》《书》、百家语者，悉诣守、尉杂烧之……所不去者，医药卜筮种树之书"⑤。这次全国范围内的禁书运动，致使民间所藏的诸侯国史、儒家经典及诸子百家著作焚灭殆尽，只有少数医药、占卜和农业方面的书籍保留了下来。隋牛弘将秦始皇焚书列为中国典籍史上的第一次"书厄"。

客观地讲，秦始皇所焚书籍，皆民间私人所藏，而当时王宫及丞相御史博士官所藏之书，大多尚存。据《史记·乐记》载，李斯曾进谏二世"放弃《诗》《书》，极意声色，祖伊所以惧也"⑥，可见当时宫廷里还是有不少书籍的。先秦典籍的真正厄运，还在其后。公元前206年，楚将项羽引大军破秦，入咸阳，"杀秦降王子婴，烧秦宫室，火三月不灭"⑦，而后唐、虞、三代之法制，古先圣人之微言，尽付之一炬。所幸萧何先入咸阳，"收秦丞相御史律令图书藏之"⑧，才使部分图籍得以保存。

---

① （汉）司马迁. 史记·卷85·吕不韦列传 [M]. 北京：中华书局，1959：2510.
② 朱越利校点. 墨子 [M]. 沈阳：辽宁教育出版社，1997：53.
③ 张松辉. 庄子译注与解析 [M]. 北京：中华书局，2011：691.
④ 李维新校注. 韩非子 [M]. 郑州：中州古籍出版社，2008：84.
⑤ （汉）司马迁. 史记·卷6·秦始皇本纪 [M]. 北京：中华书局，1959：255.
⑥ （汉）司马迁. 史记·卷24·乐书 [M]. 北京：中华书局，1959：1177.
⑦ （汉）司马迁. 史记·卷7·项羽本纪 [M]. 北京：中华书局，1959：315.
⑧ （汉）司马迁. 史记·卷53·萧相国世家 [M]. 北京：中华书局，1959：2014.

二、汉魏晋南北朝时期古籍的聚散

汉初，仍沿袭秦制禁止民间藏书，但官方对藏书还是很重视的，如《汉书·艺文志》载："汉兴，改秦之败，大收篇籍，广开献书之路。"汉高祖时，萧何督造石渠阁、天禄阁、麒麟阁，作为典籍收藏之所，并通过对军事、政治（包括律令、礼仪）等方面书籍的收集和整理，初步充实了宫廷藏书。公元前191年，汉惠帝颁诏废除秦挟书禁令，民间藏书才合法化，至文、景帝时，"诗始萌芽，天下众书往往频出"①。汉武帝时，"书缺简脱，礼坏乐崩……于是建藏书之策，置写书之官，下及诸子传说，皆充秘府"。汉成帝时，又"以书颇散亡，使谒者陈农求遗书于天下。诏光禄大夫刘向校经传诸子诗赋，步兵校尉任宏校兵书，太史令尹咸校数术，侍医李柱国校方技"②，最后撰《别录》，编《七略》，共著录典籍6大类38种，凡634家13 397卷（篇）③，藏于天禄阁，开我国历史上校书编目之先河。可惜的是，西汉末年王莽之乱，长安发生兵变，天禄阁藏书大部分被毁。这是隋牛弘所称的第二次"书厄"。

东汉的光武帝爱好经术，对恢复皇家藏书十分重视，下令向全国征集图书，于是四方儒生莫不抱负典籍，云会京师。至迁都洛阳时，"经牒秘书，载之二千余辆"（《后汉书·儒林传》）。东汉的政府藏书机构有兰台、东观等处，设兰台令史掌管藏书，另有仁寿阁储皇室藏书，石室藏档案文件。东观藏书之丰富，为当时学者所称道。但到了东汉末年，农民起义风起云涌，战乱连年不绝，政府藏书无暇管理，散失无数。至汉献帝初平元年（190年）董卓迁都回长安时，"吏民扰乱，自辟雍、东观、兰台、石室、宣明、鸿都诸藏典策文章，竞共剖散，其缣帛图书，大则连为帷盖，小则制为縢囊。及王允所收而西者，裁七十余乘，道路艰远，复弃其半矣"④。这是隋牛弘所称的第三次"书厄"。

曹魏代汉，曹氏父子雅好文学，更命采缀遗文，搜集典籍，遣魏秘书郎郑默编定官方藏书目录《中经》，使得当时的藏书"而今而后，朱紫别矣"

---

① （汉）刘歆.移让太常博士书［C］//（清）曾国藩编.经史百家杂钞.长春：吉林人民出版社，1998：432.

② （汉）班固.汉书·卷30·艺文志［M］.北京：中华书局，1962：1701.

③ 肖东发，杨虎.中国图书史十讲（插图本）［M］.北京：国家图书馆出版社，2015：336.

④ （南朝宋）范晔.后汉书·卷79·儒林传上［M］.北京：中华书局，1965：2548.

(《晋书·郑默传》)。蜀、吴两国依汉制设"东观",作为藏书之所。但比较而言,三国时期的官方藏书规模远不如汉代。

西晋直接继承了曹魏的官方藏书,后又在汲郡发掘了战国时期魏襄王的墓冢,得竹简小篆古书十余万言,藏于秘府。太康元年(280年)东吴孙皓投降,王濬又"收其图籍",这样西晋的官方藏书初具规模,秘书监荀勖为之编定《中经新簿》,分图书为甲、乙、丙、丁四部,收书29 945卷。但不久即爆发了"八王之乱",接着又发生了"永嘉之乱",当时匈奴兵破洛阳,晋怀帝被俘,纵兵烧掠,"京华荡覆,渠阁文籍,靡有孑遗"。这一系列的战乱使得魏晋以来的官方藏书遭受了毁灭性的破坏,我国古代官方藏书开始转入萧条期。这是我国历史上的第四次"书厄"。东晋建都江南之初,统治者竭力恢复西晋的官方藏书,虽"渐更鸠聚",但著作郎李充"以勖旧簿校之,其见存者,但有三千一十四卷"①,至孝武帝时才增至6000卷,再也无力恢复到西晋时的规模了。

南朝刘宋时期的官方藏书一方面主要继承于东晋,另一方面通过战争掠夺也获得了不少藏书补充,如公元417年宋武帝平后秦,将后秦府库中所有4千卷赤轴青纸、文字古拙的藏书收归刘宋。宋元帝元嘉年间,秘书监谢灵运编了一部《晋元帝四部书目》,当时统计的官方藏书有14 582卷。南齐的官方藏书在刘宋的基础上稍有发展,然而"齐末兵火,延烧秘阁,经籍遗散"(《隋书·经籍志》),官方藏书又一次遭到破坏。南梁的开国皇帝梁武帝萧衍是一个爱书之人,他在平定东昏侯时,就"命吕僧珍勒兵封府库及图籍"②,又于文德殿内列藏四部图书,于华林园专藏佛典。此外,还命任昉征集民间私人藏书,通过抄录副本补充官藏。因此,南梁的藏书规模远超前朝,公元552年梁元帝平定侯景之乱,将原有的官方藏书运至江陵,据称数量就达7万余卷③。梁元帝据守江陵后,又四处征求图书。公元554年,西魏攻破江陵,梁元帝自认为文武兼备,仍不免亡国,遂迁怒于书,"入东阁行殿,命舍人高善宝焚古今图书十四万卷"(《太平御览》卷619引《三国典略》)。这次大规模的集中焚毁图书,不仅是对南梁藏书毁灭性的打击,也是自汉魏以来我国典籍的最大损失,是为第五次"书厄"。公元557年建立的陈朝本身藏书毫无基础,陈后主还主禁佛、道诸教,使当时的佛、

---

① (唐)魏徵等. 隋书·卷32·经籍志 [M]. 北京:中华书局,1973:906.
② (唐)姚思廉. 梁书·卷1·武帝纪上 [M]. 北京:中华书局,1973:13.
③ 谢灼华. 中国图书和图书馆史(修订版)[M]. 武汉:武汉大学出版社,2005:89.

道典籍遭到了破坏，陈朝藏书更是一蹶不振。

北魏作为少数民族政权，起初并不太重视典籍的收藏，如太祖道武帝拓跋珪在与贺麟的战斗中缴获大量战利品，其中包括"所传皇帝玺绶、图书、府库、珍宝，簿列数万"①，但不是收藏起来，而是按功劳的大小封赏给大臣和将士。后在秘书监李先的建议下，才开始在各州郡县搜集图籍，于是"经籍稍集"；太安（455—459年）年间，秘书郎高谧"奏请广访群书，大加缮写"②，文成帝拓跋濬准之；孝文帝太和十九年（495年）又下诏，"求天下遗书，秘阁所无、有裨益时用者，加以优赏"③；永平三年（510年）六月，宣武帝又"诏重求遗书于天下"。就这样经过几代的孜孜不倦地搜集，北魏的官方藏书已经达到一定的规模了。但好景不长，北魏末年尔朱荣发动了"河阴之变"，屠杀王公百官2千多人，从此北魏走向衰落，官方藏书也散落民间了。北魏分裂为东魏和西魏，接着为北齐、北周所取代。它们的藏书规模，据牛弘称，北齐"四部重杂，三万余卷。所益旧书，五千而已"；北周"保定之始，书止八千，后加收集，方盈万卷"④。

三、隋唐五代时期古籍的聚散

隋初基本完整地接受了北周的藏书，但"御书单本"总共只有15 000余卷，不到南梁书目所载图书数量的一半，且部帙之间有残缺。针对这种情况，秘书监牛弘于开皇三年（583年）向隋文帝上《请开献书之路表》。隋文帝采纳了牛弘的建议，遣专使到全国各地去搜访遗书，凡献出异本一卷者，赐一匹绢作为报酬，抄写完成后，旧本仍归还原主。通过这种奖励办法，很快使得北方经过多年战乱的民间藏书不断出现，两年间篇籍稍备。开皇九年（589年），隋灭陈，顺势又接管了陈国的藏书，但其书"多太建时所写，纸墨不精，书亦拙劣"。隋文帝还召集全国擅写之士到秘书内补残续缺，将整理过的藏书写成正副二本，藏于宫中，其余的充实到隋初的官藏秘书内外三阁。此时，隋朝的官方藏书规模已达3万卷左右。隋炀帝继位后，更是大肆抄书，"秘阁之书限写五十副本"，并在东都洛阳观文殿内东西厢房建造房屋，设立官藏，"东屋藏甲乙，西屋藏丙丁"，同时在西京长安嘉则殿建藏书室，藏书数量达到了惊人的37万卷。遗憾的是，隋末爆发农民

---

① （北齐）魏收. 魏书·卷2·太祖道武帝纪［M］. 北京：中华书局，1974：31.
② （北齐）魏收. 魏书·卷32·高谧传［M］. 北京：中华书局，1974：752.
③ （北齐）魏收. 魏书·卷7下·孝文帝纪［M］. 北京：中华书局，1974：178.
④ （唐）魏徵等. 隋书·卷49·牛弘传［M］. 北京：中华书局，1973：1299.

起义，隋炀帝杨广在江都（今扬州）被杀，一时天下大乱，西京嘉则殿和东都修文殿的藏书被焚大半。明胡应麟将之称为我国典籍史上的第六次"书厄"。

唐朝立国之初就非常重视对典籍的收藏。武德初，嘉则殿尚存藏书8万卷，悉数为唐所取。武德四年（621年），高祖李渊在打败王世充后，将东都洛阳城内残留的图书、文物全部收为唐所有，"命司农少卿宋遵贵载之以船，沂河西上"，可惜将致京师时，"行经底柱，多被漂没，其所存者，十不一二"①。之后唐政府搜集图书的活动不断，如武德五年（622年），令狐德棻"奏请购募遗书，重加钱帛，增置楷书，令缮写。数年间，群书略备"②；太宗贞观年间，魏徵、虞世南、颜师古相继担任秘书监，"请购天下书，选五品以上子孙工书者为书手，缮写藏于内库，以宫人掌之"③；中宗景龙三年（709年），"以经籍多缺，使天下搜括"④，这次搜集藏书效仿了隋文帝时的做法，"令京官有学行者，分行天下，搜检图籍"⑤，睿宗李旦景云年间如法行事；唐玄宗开元间典籍搜集活动更加频繁，如开元七年（719年）诏公卿士庶之家，所有异书，官借缮写；开元十年（722年）九月，张说都知丽正殿修书事，秘书监徐坚为副，张悱改充知图书括访异书使。因此，开元间图籍达7万卷，由学士张说等47人分司典籍。然而，公元755年"安史之乱"爆发，同年洛阳失守，第二年叛军攻陷长安，玄宗李隆基仓皇奔蜀，宫中旧籍亡散殆尽，几乎"尺简不藏"。这就是胡应麟所称的第七次"书厄"。

安史之乱后，唐朝统治者采取了不少措施，试图恢复以前的藏书规模。如肃宗、代宗两位皇帝，屡次下诏购募图籍。特别是元载担任宰相时，曾上书"奏以千钱购书一卷。又命拾遗苗发等使江淮括访"⑥，可见当时求书之不易。文宗时，"郑覃侍讲禁中，以经籍道丧，屡以为言。诏令秘阁搜访遗

---

① （唐）魏徵等. 隋书·卷32·经籍志［M］. 北京：中华书局，1973：908.
② （后晋）刘昫等. 旧唐书·卷73·令狐德棻传［M］. 北京：中华书局，1975：2597.
③ （宋）欧阳修，宋祁. 新唐书·卷57·艺文志［M］. 北京：中华书局，1975：1422.
④ （后晋）刘昫等. 旧唐书·卷7·中宗本纪［M］. 北京：中华书局，1975：147.
⑤ （宋）王溥. 唐会要·卷35·经籍［M］. 北京：中华书局，1955：751.
⑥ （宋）欧阳修，宋祁. 新唐书·卷57·艺文志［M］. 北京：中华书局，1975：1423.

文，日令添写。开成初，四部书至五万六千四百七十六卷"①。至此，唐代官方藏书已大有恢复。但好景不长，乾符初年王仙芝、黄巢领导的农民起义爆发。公元881年，黄巢义军攻陷长安，唐僖宗逃至四川成都，宫中书籍又被焚不少，这是胡应麟所称的第八次"书厄"。后来唐昭宗虽也进行过图书搜集活动，但所存只及2万余卷。

五代自后梁太祖立国始，仅得唐官方藏书不足万卷。定都开封后，虽有搜掠，然所得有限。至末帝贞明中，依唐制设三馆，分掌图籍，但丧乱之余，典籍贫乏，亦不过徒有其名。后唐定都洛阳，曾效法唐朝以政府力量向四方"募民献书，及三百卷授与试衔，其选调之官，每百卷减一选"（《山堂肆考》卷28）。明宗天成年间曾派专人充两川搜访图籍使，购得《九朝实录》及杂书千余卷。政府还设立专职的进书官，于两浙、荆湖等地购置图书。其后三代都有政府购书行为，如后晋天福六年（941年），监修国史赵莹曾奏请购求图书，并有所获，惜在与契丹的战争中损失殆尽；后汉隐帝乾祐年间，礼部侍郎司徒诩曾请开献书之路云："有以三馆亡书来上者，计其卷帙，赐之金帛。数多者，授以官秩"，可惜"诏下罕有应者"；后周显德中，周世宗"以史馆书籍尚少，锐意求访。凡献书者，悉加优赐，以诱致之"（《文献通考·经籍考一》），最后聚书至13 000余卷。这些藏书后来大多归宋。

四、宋辽金元时期古籍的聚散

宋朝以文治天下，对典籍的收藏尤为重视。据《文献通考》记载，宋建隆初，三馆藏书仅12 000余卷。乾德元年（963年）平荆南，尽收南平王高氏藏书，以充三馆之不足；乾德三年（965年）平蜀，遣右拾遗孙逢吉往收其图籍，得书13 000卷；乾德四年（966年），赵匡胤下诏向天下购募亡书，"三礼"博士涉弼、"三传"博士彭幹、学究朱载三人献书1 228卷，并赐科名；开宝八年（975年）冬平南唐，第二年春"命太子洗马吕龟祥就金陵籍其图书"，得书2万余卷，悉送史馆；后吴越钱俶降宋，又收其图籍，至此群书渐备。太宗太平兴国初，建崇文院，院之东廊为昭文书库，南廊为集贤书库，西廊为史馆书库（分经史子集四部），"六库书籍正副本，凡八万卷"。太平兴国九年（984年）正月，太宗又下诏有奖征集遗书："有以亡书来上，及三百卷，当议甄录酬奖；余第卷帙之数，等级优赐。不愿送官者，借本写毕还之"（《文献通考》卷一七四《经籍考一》），自是四方书

---

① （后晋）刘昫等. 旧唐书·卷46·经籍志 [M]. 北京：中华书局，1975：1962.

籍，往往间出。端拱元年（988年），诏分三馆之书别为书库，号为秘阁。经过太宗、真宗两朝40余年的努力搜集，到大中祥符年间，崇文院三馆秘阁的藏书已颇具规模。然而，大中祥符八年（1015年），与崇文院相邻的荣王宫发生大火，足足烧了一天两夜，烧毁房屋2千余间。火势蔓延至崇文院，三馆秘阁的藏书损失惨重。仁宗天圣九年（1031年）重修崇文院，后又命翰林学士张观等仿唐《开元四部录》编《崇文总目》，著录馆阁藏书30 669卷。经过仁宗朝的不断恢复，到嘉祐年间，三馆秘阁收藏的单本图书又达39 163卷。徽宗政和四年（1114年），秘阁藏书由于管理不善，仅剩33 149卷，于是下诏再次购求民间藏书，至政和七年（1117年），据三馆秘阁藏书编成的《秘书总目》，已著录图书55 923卷。此后更加刻意搜访，宣和四年（1122年）清点馆阁藏书时，已有藏书6 705部、73 877卷①。靖康元年（1126年），金兵攻陷汴京，三馆秘阁藏书及国子监刻书印版为之一空。这是胡应麟所谓的第九次"书厄"。

南宋朝廷虽偏安一隅，但凭借江南的富庶和文化的发达，藏书很快就得以恢复。绍兴元年（1131年），高宗诏令征求民间藏书，大辟献书之路，士庶积极响应，如进士何克忠上《太祖皇帝实录》《国朝宝训》《名臣列传》；已故金吾将军张懋妻王氏献家藏六朝实录、会要、《国史志》；大理评事诸葛行仁一人就献书8 546卷，被加封官爵；太常太卿曾旼也献书2 678卷。同时下令诸路监司、郡守各谕所部，广泛募购，或委派官员下诸路求购、借抄。绍兴十三年（1143年），绍兴府录抄会稽陆宰家藏书13 000余卷。第二年又令秘书省复置补写所，对缺少的图书进行补写，以完善馆阁藏书。自绍兴元年（1131年）至绍兴十八年（1148年），秘书省搜访所得图书，有数可查的就有25 000余卷。至淳熙四年（1177年）陈骙编《中兴馆阁书目》，已有藏书44 486卷。宁宗嘉定十三年（1220年）张攀编《续中兴馆阁书目》时，又得藏书14 943卷，两者合计近6万卷。绍定元年（1228年），蒙古铁骑南下（即胡应麟所谓的"绍定之祸"），德祐二年（1276年，即至元十三年），伯颜率元军攻陷临安，俘虏宋恭帝、谢太后北还，城内图书、礼器为之一空，是为我国书籍史上的第十次"书厄"。

辽朝采取"学唐比宋"的文化政策，全面学习汉文化，在藏书方面形成了一定的规模。公元946年，太宗耶律德光灭后晋，尽收后晋藏书，以充实皇室；兴宗重熙二十三年（1054年）建乾文阁以储书；道宗清宁年间（1055—1064年）以乾文阁经籍多缺，下诏求书刻书，派遣学者赴各地购求

---

① 任继愈主编. 中国藏书楼［M］. 沈阳：辽宁人民出版社，2001：711.

遗书。但另一方面，民间禁止刊印文字，私人藏书、聚书受到抑制。

金朝的藏书主要来自灭辽和北宋时收得的两国典籍，如靖康之难中，北宋皇室、国子监、三馆秘阁累世所藏经籍书版，尽归金朝所有。金政府同时学习宋朝的做法，向民间征求遗书，如章宗明昌五年（1194年）诏令购求《崇文总目》中所缺的图书；泰和元年（1201年）"敕有司，购遗书宜尚其价，以广搜访。藏书之家有珍惜不愿送官者，官为誊写，毕复还之，仍量给其直之半"①。此外，还设立译书院等翻译儒家经典，这样皇室藏书很快充实起来。

元代藏书在掠夺金朝、南宋藏书的基础上又有所发展。公元1233年，蒙古大军攻破金国首都开封，金哀宗逃到蔡州（今河南汝南），皇室藏书尽被掠取。至元十三年（1276年），元军占领临安，伯颜命内侍王埜入宫中收图籍宝玩，命焦友直收秘书省禁书图籍，又命郎中孟祺等，收国子监、国史院、学士院、太常寺等处的图书文物。这些图书文物大部分被北运至大都。此外，元统治者还广收各地典籍，如诏令湖南宪使卢挚，收江南诸郡在官四库精善书版运至大都，藏于兴文署。至元十五年（1278年），准集贤大学士许衡奏，遣使至杭州等处，取在官书籍、刻版至京师。经接收前朝遗书及收罗四方典籍，元朝的"秘书所藏，彬彬可观矣"②。

五、明清时期古籍的聚散

明朝在立国前夕就很重视对典籍的收集，如至正十六年（1356年）朱元璋率军攻克集庆（南京）时，就曾命令部下访求古今图籍。至正二十六年（1366年），又命有司访求古今书籍，藏之秘府，以资览阅。洪武元年（1368年）定都南京后，命苏松江浙等处取前省院诸司在库书籍解京。同年，徐达率明军攻入元大都（北京），即封存府库图籍宝物及故宫殿门。洪武二年（1369年），"又令取北平府前元书籍数万卷，凡二千余部解京，俱贮内府"（《旧京词林志》卷3），曾接收过宋金遗书的奎章阁、崇文阁、秘书监等元代重要藏书机构所藏的图籍、祭器、法服、仪象、版片等，尽数被运往南京。建文即位后，朝廷派专使去往各地搜访遗书，并严格赏罚标准，对撰著进献"有补政治"书籍者，赐金币，晋以官职；对无补于世道人心的道家炼丹之类的图书，却而不纳；对妖言惑众、期冀富贵持献所谓"天书"的妄人，则问死罪以绝流弊。成祖初，为编纂大型类书《永乐大典》，

---

① （元）脱脱等．金史·卷11·章宗本纪［M］．北京：中华书局，1975：257.
② （清）钱大昕．补元史艺文志·卷1［M］．北京：中华书局，1985：1.

诏令礼部尚书郑赐派人四处购求遗书,并规定:"书籍不可较其价值,惟其所欲与之。"不再限于以前的支绢、给钱、补官等旧有成法,凡朝廷所需书籍,悉数购回。于是,征购各种图书达七八千种之多。明宣宗在位期间,也曾多次下诏搜求民间遗书,此时秘阁藏书已有2万余部、近100万卷,其中"刻本十三,抄本十七"(《明史·艺文志》)。明英宗正统年间,将藏书移至文渊阁,杨士奇等为之编《文渊阁书目》,收书7 297种。明代中晚期仍聚书不断,如嘉靖十五年(1536年),御史徐九皋核查历代《艺文志》,遇有不全之书,即往士民家寻借,待官府录抄完毕,再发还原本。嘉靖帝还敕命将历代《艺文志》所载之遗书及明朝名臣之文集,凡有补于世教者,一并收储。

明代古籍散亡最严重的,莫过于崇祯十七年(1644年)的"甲申之乱"。李自成攻陷北京后,思宗缢死于煤山,兵火所至,文渊阁书籍损失惨重。钱谦益在《黄氏千顷斋藏书记》中评论道:"以二祖之圣学,仁、宣之右文,访求遗书,申命史馆,岁积代累,二百有余载,一旦突如焚如,消沉于闯贼之一炬,内阁之书尽矣……自有丧乱以来,载籍之厄,未之有也。"从钱氏的记载中可看出明末农民起义对典籍破坏的惨烈程度。在"甲申之乱"中,私家藏书与官方藏书一样在劫难逃。钱谦益在《黄氏千顷斋藏书记》中继续说道:"海内藏书之富,莫先于诸藩。今秦、晋、蜀、赵熸矣,周藩之竹居,宁藩之郁仪,家藏与天府埒,今皆无寸蹄片纸矣。汶、洛、齐、楚之间,士大夫之所藏,又可知也……兵火焚掠,弥亘四方,今之奇书秘册,灰飞烟灭者,又不知其几何也。"① 战乱之中,有士兵以书叠桥为渡者;有见巨库以为奇货,当发现是古书时,怒而付之一炬者。对于公私藏书的破坏,到了令人触目惊心的地步,不让于历史上任何一次"书厄"。

明末的战火,使得积存200余年的图书典籍遭到极大破坏,因此清朝接收前朝遗书的数量十分有限。清代聚书自顺治帝始,主要目的是为了编修《明史》和编纂大型图书。顺治皇帝多次下诏征求天下遗书,尤其是明启、祯两朝史事的档册、典籍。康熙四年(1665年)八月因修《明史》谕礼部征集天启间实录,并称"其官民之家,如有开载明季时事之书,亦著送来。

---

① (清)黄虞稷撰. 翟凤起,潘景郑整理. 千顷堂书目·附录 [M]. 上海:上海古籍出版社,2001:796.

虽有忌讳之语，亦不治罪"①，但因当时朝廷禁例甚严，且有各种文字狱的先例，一般士民皆藏匿不献，有的还"争相焚弃"涉及明事和有碍于清廷的各种文字资料。康熙二十五年（1686年），复谕礼部翰林院，凡经、史、子、集等善本，宜广为访辑，搜罗罔遗，但同时规定"惟以经学史乘，实有关系修齐治平助成德化者，方为有用。其他异端稗说，概不准录"②，并规定由各省督抚征集后送至礼部汇集。康熙四十年（1701年），陈梦雷奉敕编纂大型类书《古今图书集成》，广征博引各类资料，历时5年完成，全书1万卷，分6编32典6 117部，其编书的过程，也是寻书、聚书的过程。

乾隆即位后，效法康熙的做法，一方面打着"稽古右文"的旗号，另一方面查禁有碍皇朝统治的书籍，并组织编纂了中国历史上最大的丛书《四库全书》。编纂的第一步就是征集图书。为鼓励民间献书，清廷出台了奖书、题咏、记名等奖励办法：凡进书500种以上者，赐《古今图书集成》一部；进书100种以上者，赐《佩文韵府》一部。"题咏"即在所进100种书中，择一精醇者，由乾隆帝题咏简端，以示恩宠。"记名"即在提要中注明采进者或藏书家姓名。在地方政府的大力协助和各地藏书家的响应下，在乾隆三十七年（1772年）之后的7年中，共征集藏书12 237种③。这些征集来的书籍经四库馆臣初审后，提出应刻、应抄、应存等处理意见，最后送乾隆帝裁定。应抄书，即内容合格者，可抄入《四库全书》；应刻书，即内容"有裨于世道人心"者，不但抄入《四库全书》，还要广为刊行；应存书，即内容不合格者，仅著录书名。四库存目书共有6 793种，比《四库全书》所收的书多出近一倍。对于所谓违碍书籍，还要作全毁、抽毁的处理。在《四库全书》的编纂过程中，清廷下令禁毁书籍达24次之多，共计禁毁书籍13 862部④。孙殿起在《清代禁书知见录序》中说："据《禁书总目》《掌故丛编》《办理四库全书档案》诸书考之，在于销毁之例者，将近三千余种，六七万部以上，种类数量几与《四库全书》相埒……每叹我国古籍自秦政焚书后，实以此次查禁为书籍空前浩劫。"⑤鲁迅先生在《介亭杂文·病后杂谈》中亦有"清人纂修《四库全书》而古书亡"之语。

---

① （清）朱轼等. 圣祖仁皇帝实录［M］//清实录（第4册）. 北京：中华书局，1985：240.
② （清）蒋良骐. 东华录·卷13［M］. 济南：齐鲁书社，2005：200.
③ 曹之. 中国古籍编撰史［M］. 2版. 武汉：武汉大学出版社，2015：345.
④ 宋原放，李白坚. 中国出版史［M］. 北京：中国书籍出版社，1991：134.
⑤ 孙殿起. 清代禁书知见录·自序［M］. 北京：商务印书馆，1957：1.

禁毁之外，由于保管不善导致的火灾也是清廷所藏古籍散亡的重要原因，如嘉庆二年（1797年），乾清宫着火，其东侧的昭仁殿被延及，天禄琳琅400余种宋元抄校本随之灰飞烟灭。而清咸丰、同治间爆发的太平天国起义，为祸尤甚，江浙地区的典籍受害最为惨重。扬州文汇阁、镇江文宗阁《四库全书》片纸不留，全被焚毁。杭州的文澜阁也楼毁书散，八千卷楼主人丁申、丁丙兄弟拼死抢救，文澜阁本《四库全书》才未遭全毁。东南各省新旧文献大多被毁，以至于市面上都买不到书。后人研究清代版本发现，康、乾、雍、嘉四朝刻本多常见，而之后的道、咸两朝刻本反倒稀有，原因就在于太平天国运动中书版大多被毁。光绪二十六年（1900年）庚子事变，清军和义和团围攻东交民巷的各国使馆，祸及英国使馆毗邻的翰林院。据英国人威尔《庚子使馆被围记》载，冲突中有人将火把抛入翰林院，一时大火四起，存放《永乐大典》的敬一亭也被烧毁，"院中排积成行，皆前人苦心之文字，均手钞本，凡数千万卷……又有未上漆之木架，一望无尽，皆堆置刻字之木板……无价之文字亦多被焚，龙式之池及井中均书函狼藉，为人所抛弃……有绸面华丽之书，皆手订者。又有善书人所书之字，皆被人随意搬移"。《永乐大典》在这次浩劫中大部分被毁，剩下的有的被修了工事，有的被垫了马槽，武进刘葆真（字可毅）太史曾拾得数册，"阅之，皆《永乐大典》也"（雷震《新燕语》卷上）。英国使馆中"研究中国文学者，见宝贵之书如此之多，皆在平时所决不能见者，心不能忍，皆欲拣选抱归。自火光中觅一路，抱之而奔。"① 此后，劫余的《永乐大典》散落世界各地。原书11 095册，现存总数约在400册。与《永乐大典》同时被毁的，还有《四库全书》底本和《四库全书》未收的"四库存目"中的原书，两者总数也有1万余种。这又是我国书籍史上的一大劫难。

六、民国以后古籍的聚散

随着西学东渐和中国社会近代化的发展，以京师图书馆和江南图书馆为代表的一批大批官办公共图书馆相继建立，逐渐取代封建藏书楼而成为古籍的主要聚散地。宣统元年（1909年），张之洞以学部名义上《筹建京师图书馆折》，强调图书馆收集古籍的必要性："近来经籍散佚，征取良艰，部款支绌，搜求不易。且士子近时风尚，率趋捷径，罕重国文，于是秘籍善本多为海外重价钩致，捆载以去。若不设法搜罗保存，数年之后，中国将求一刊

---

① ［英］普特南·威尔撰；陈冷汰，陈贻先译. 庚子使馆被围记［C］//陈力主编. 中国野史集粹. 成都：巴蜀书社，2000：249.

本经史子集而不可得，驯至道丧文敝，患气潜滋。"① 京师图书馆（1928年改名为国立北平图书馆）筹建之初，就已奏请拨热河文津阁《四库全书》一部，并获允准，但未及实行清朝就灭亡了。后以内阁大库残卷为基础，又从学部接收了两江总督端方采进的南陵徐氏积学斋、归安姚氏咫进斋等的藏书，以及甘肃省藩司何彦升采进的敦煌石室唐人写经8 000余卷。又得江阴瞿氏所藏珍本100种，借抄50种（因故未全部完成）。1911年民国政府建立，蔡元培任教育总长，聘江瀚为京师图书馆馆长，复由各省调取官书送馆，当时相继送书的有：直隶（河北）、东三省、河南、山东、山西、广东、江苏、江西、福建、湖北等。又从前清翰林院取得所存《永乐大典》60册，从外务部拨到影印《古今图书集成》一部。至此，京师图书馆的古籍收藏已初具规模。

江南图书馆是由两江总督端方于光绪三十三年（1907年）奏请设立的，首任总办（馆长）为缪荃孙。江南图书馆从创办之始，就致力于收藏和保护古籍，通过购置、调拨、捐赠、传钞及交换等方式补充藏书，先后收购了钱塘丁氏八千卷楼的60万卷藏书、武昌范月槎木犀香馆的藏书4 557种；1916年接收江苏省署拨交的宋教仁藏书；1920年江苏省署拨款2 000元购进山阴薛氏所藏清代名人手札76册。当时该馆（1929年改名为江苏省立国学图书馆）设有访购部，任务就是"购置馆中未备书籍及访求佚书秘籍"，按照这一采购原则，广收博取，至抗日战争爆发前，馆藏增至20万册。清末其他各省也纷纷建立公共图书馆，如直隶、山东、山西、河南、浙江、安徽、湖南、云南、广西等，这些省级图书馆在民国时期各个地区承担起了古籍的收藏和保护任务。

然而，辛亥革命后连年的军阀混战、国内战争以及日寇侵华对我国古籍造成了严重的破坏，最为严重和惨烈的莫过于东方图书馆的被毁。东方图书馆是商务印书馆的附设图书馆，始建于1924年，它以1909年商务印书馆编译所设立的图书资料室涵芬楼为基础，搜购中外图书，至1932年藏书已达50万余册，而同时期的国立北平图书馆藏书只有40万册。1932年1月28日晚"一·二八事变"爆发，在日寇飞机和炮火的狂轰滥炸中东方图书馆被毁。据后来统计损失，仅东方图书馆所藏中文普通图书损毁了268 000册（平均每三四本书合订为一册），西文图书80 000册，图表、照片5 000套，报章杂志4 000册，目录卡片40万张，与之一起被毁的善本古籍3 203种，

---

① 李希泌，张椒华. 中国古代藏书与近代图书馆史料[M]. 北京：中华书局，1982：133.

其中经部274种、2 364册，史部996种、1 020册，子部876种、8 438册，集部1 057种、8 710册①，同时被毁的还有该馆收购的何氏善本书约40 000册，方志2 641部、25 682册②。我国公私藏书一方面饱受战火的摧残，另一方面还要遭受日寇的大肆掠夺。南京沦陷后，日军就颁发了"立即检查南京市内的重要图书，准备接收"的命令，并通过"中支占领地区图书文献接收委员会"搜掠包括宋版书400余种在内的古籍42万册、《大清实录》6 778册、《古籍图书集成》10套，以及内含范氏木犀香馆、丁氏八千卷楼旧藏本的江苏省立国学图书馆藏书167 923册，这一事件被称为南京"文化大屠杀"③。有学者据日本国会图书馆收藏的《商舶载来书目》统计，自1693—1803年的110年间，日本通过商贸途径共进口中国书籍4 781种，而在1931—1945年的15年间，日军掠走的中国书籍竟是这110年的5倍④。

此外，由于缺乏保护本国文化典籍的法令，20世纪上半叶通过图书采购的方式流失海外的中国古籍不计其数，当时的美国国会图书馆、哈佛燕京学社、法兰西学院汉学研究所、日本东方委员会、南满铁路株式会社、兴亚院等，都曾经高价在中国雇请版本目录顾问协助其收购中国古籍，而一些利欲熏心的书贾，更以法不明禁而图私利，在其中推波助澜，甘为走卒。1915—1926年，美国植物学家施永格三次来中国，广为收集中国农业、类书、丛书、方志等约68 000册，其中方志就有1 500种之多，从而奠定了美国国会图书馆中国方志馆藏的基础。1928年成立的哈佛燕京学社，其图书馆所藏中文古籍善本有宋元旧刻30余种，明刻本1 400余部，清初刻本2 000余部，稿本、抄本1 000余部。此外，又有唐人写经、明清学者尺牍、民国名人手札、舆图及各种特藏资料，其中明人尺牍达700余通⑤。法兰西学院汉学研究所图书馆搜集并保藏的中国古书达30万册之多。早在1928年，法国国立东方语言学校派遣图书馆馆员柯乐蒂·贺涅女士到北平采购汉籍，该所就委托她同时代购中国的丛书和方志。该所档案馆至今保存着贺涅女士购书的清单和发票，当时购入的书籍共32大箱，由法国海军舰船负责运送回国。这种状况直到1950年中央政府出台限制珍贵文物图书外流的禁

---

① 徐雁. 中国旧书业百年 [M]. 北京：科学出版社，2005：377.
② 商务印书馆损失调查 [J]. 中华图书馆协会会报，1932，7 (5)：21-22.
③ 日本侵略军的南京"文化大屠杀" [N]. 参考消息，1986-08-31.
④ 徐雁. 中国旧书业百年 [M]. 北京：科学出版社，2005：384.
⑤ 沈津.《美国哈佛大学哈佛燕京图书馆中文善本书志》后记 [J]. 中国典籍与文化，1997 (3)：112-114.

令才得以扭转。

中华人民共和国成立后，出台了一系列保护民族文献和古籍资源的法规、法令和举措，如成立"文物保管委员会"，针对"土地改革"运动中毁弃古籍的现象发布处分令，颁布《禁止珍贵文物图书出口暂行办法》，接受私家藏书的捐赠并予以表彰等。成立于1952年的上海图书馆截至1956年3月底，就收集到藏书140余万册，其中大部分是通过上海市文物保管委员会接管各机关移交及接受社会人士捐赠的，"线装书占八十余万册，多通行之本，而且复本很多，其中方志、医书、金石、书画等类书已编有专题目录。中文善本有三万五千余册，其中有宋刻本七十余种，金、元刻本十余种，孤本秘笈若干种"①。这里面包括姚光的复庐遗书283箱，又61麻袋，计5万册；刘体智远碧楼藏书400箱，约67 873册。全国其他地区成立的"文物保管委员会"也在中华人民共和国成立初期征集和保护了大量的古籍。

中华人民共和国成立后古籍的损毁较严重的有两次：一是中华人民共和国成立初期古书化纸浆之厄。受连年战争及英、美各国纸张供应匮乏的影响，我国工业化造纸的赢利空间增大，国内的造纸厂家竞相收购所谓的"废纸旧书"，大造还魂之纸。为此，1951年3月中南军政委员会发出通令："造纸纸浆厂、作坊，今后不得再行收购旧书故纸为造纸原料，否则以破坏民族文物论处。"但糟糕的局面并没有立即被扭转。同年6月，中央人民政府轻工业部又发布《关于禁止用旧版书做纸浆原料的通知》。各地政府也纷纷组织力量抢救废旧文献中的古籍，如浙江省文物保管委员会从奉化岙棠的一个回收站一次性抢救出元明旧版书籍200余册，但最终还是有无数的古籍旧书被化为纸浆。二是"破四旧"运动对古籍的损毁。"文化大革命"初期发动的"破四旧"运动中，作为"旧思想""旧文化"载体的古籍首当其冲。在这股席卷全国的狂潮中，无数旧书店被砸，公、私藏书或被焚毁，或被抄没，或被化为纸浆。当年的"红卫兵"刘彦回忆"曾轰动全市的北京十一中红卫兵焚书行动"的场景：红卫兵先是责令"黑帮分子"们把"学校图书馆里的书，除去封面上印有毛主席画像的之外"，几乎全部搬运到学校操场中央，然后由红卫兵点燃"像小山一样的书堆"②。有的传承了数代的藏书，在历次劫难中尚得保存，但最后却难逃红卫兵将它们付之一炬。如清代知名文字学家王筠所藏遗书，有八麻袋葬身火海；徽州汪氏庸橡楼藏书

---

① 四年来的上海图书馆[J].图书馆工作，1956（3）：66-71.
② 刘彦.焚书[C]//李辉.残缺的窗栏板：历史中的红卫兵.深圳：海天出版社，1998：231-233.

10万卷,仅由其传人汪祖荣携出《史记菁华录》3卷,其余全部被毁;孙楷第先生所藏万册珍贵古籍,在"文化大革命"中被家属当作废纸卖掉而告散失;而仅在宁波一地,被打成纸浆的明清版的线装古书就有80吨之多①。以上所述不过是有文字记载的"文革书厄"的九牛一毛。范凤书先生编述的《"文化大革命"损毁私家藏书简表》只载录了60余位知名人士家藏图书的损毁概况,但已发出"这恐怕是自秦火以来中国藏书史上最残酷的一次藏书之厄"②的痛心疾首的叹息。

以上主要就官方藏书的聚散作了概述性的梳理。实际上,民间私人藏书聚散的内容更为丰富,但限于篇幅不便展开。综上所述,中国古代典籍的聚散有着自己的客观规律,每当朝代更替之际,新王朝在大肆破坏旧王朝的同时,通常会接管旧王朝的典籍,并下诏征求天下图籍;而当一个王朝走向没落并陷入战乱之时,官方藏书和民间藏书几乎无一例外地陷入极大的灾难之中,这其中人祸尤甚于天灾。但不论遇到多少灾厄之变,中国古代典籍的生命力是无法阻断的,总是有一部分以顽强的生命力存活了下来,并遗存至今。

第二节 古籍的采访

古籍整理首先得有可供整理的对象——古籍,因此获得古籍是古籍整理的前提和基础。"采访"一词,由"采"和"访"组合而成。"采"即搜集、选取;"访"即调查、寻访。古籍采访,是以图书馆为主体的各类文献收藏机构根据本部门的性质、任务和读者需求、经费状况,通过寻访、调查、征集、购置、捐赠、交换等方式,连续不断地补充古籍馆藏的过程。古籍并不是天然地聚集在藏书楼或图书馆中的,必须经过人为的搜求和典藏,才能成为有系统、有特色的藏书。目前,绝大多数古籍经前人的庋藏整理,都已收集在馆、著录在目,但也有不少委身于书肆,不见记载;或藏之民家,甚至流落海外,不为人知。对于这部分古籍而言,并不是所有收藏者都了解其价值,时间一长,很容易湮没在历史的尘埃中,因此需通过文献采访把它们收集起来。

---

① 吴再. 向中国共产党学习(逆境谋略篇)[M]. 深圳:海天出版社,2011:214.

② 范凤书. 中国私家藏书史[M]. 郑州:大象出版社,2001:588-593.

一、古代文献采访思想

中国古代藏书分官、私两大体系。官方藏书的采访是以封建皇权思想为指导的,即所谓"经邦立政,在于典谟"。政府依旨从各地征集图书,而图书的内容范围、征集方法和手段等,均听命于皇帝,最终目的都是维护本朝的统治。比较而言,民间私家藏书的文献采访思想更为丰富,并形成了一定的理论和方法体系,现拣有代表性的几家简述如下①。

1. 郑樵的文献采访思想

民间私家藏书的文献采访思想是在两宋雕版印刷技术普及后,出版物品种丰富、数量繁多、出版发行渠道多样化的情况下,经无数藏书家漫长的采访实践并总结后才形成的,郑樵就是其中优秀的代表。郑樵(1103—1162年),字渔仲,南宋时期著名的文献学家和藏书家,著有《通志》和《夹漈遗稿》等,以目求书和"求书八法"构成了他文献采访思想的主体。为了更广泛地搜求图书,郑氏仿照前代的经验,按秘书省颁布的《阙书目录》集为《求书阙记》7卷、《外记》10卷,通过通报缺书来达到采访遗书的目的。他在《通志·校雠略·求书之道有八论》中说:"求书之道有八:一曰即类以求,二曰旁类以求,三曰因地以求,四曰因家以求,五曰求之公,六曰求之私,七曰因人以求,八曰因代以求,当不一于所求也。"从书目著录(即类以求、旁类以求)、出版地(因地以求)、学术传承(因家以求)、藏书地(求之公、求之私)、社会关系(因人以求)、时间范围(因代以求)等方面提出了系统的文献采访方法。对于这些方法的具体执行,他还作了详细的说明:凡星历之书,求之于灵台郎;乐律之书,求之于太常乐工;乡贤传赞、山经地志,应求之于当地;先达名流的著述,应求之于作者的后嗣子孙、亲朋好友;凡性命道德之书,可求之于道家;小学文字之书,可求之于释民。郑樵分析了历代图籍散失的原因,提出若要图籍完备、搜求无遗,则应设置专使以求书,文献采访官员应有较长的任期等。郑樵提出的"求书八法",在中国藏书史上占有重要地位,对今天的古籍采访仍具有重要的指导和借鉴意义。

2. 祁承㸁的文献采访思想

祁承㸁(1563—1628年),字尔光,明末目录学家和藏书家,撰有《澹生堂藏书约》,总结了他30多年购求图书、读书和版本鉴定的经验。其藏书楼澹生堂收集图书9 000余种、10万余卷,版本精湛,纸墨优良,多世人

---

① 黄宗忠. 文献采访学 [M]. 北京:北京图书馆出版社,2001:46-60.

未见之本。《澹生堂藏书约》包括"读书训""聚书训""藏书训略",其中"藏书训略"是祁氏文献采访思想的重要文献,分"购书"和"鉴书"两篇。在"购书"篇中,祁承爜提出了购书的三原则:"夫购书无他术,眼界欲宽,精神欲注,而心思欲巧。"而且,访求图书首先要通过识书、知书,认清图书的质量、内容和收藏价值,而不能不分青红皂白一股脑地搜罗,这样才能"物聚于好奇,奇书秘本,多从精神注向者得之"。在文献采访方法方面,祁承爜认为在郑樵"求书八法"之外还有辑佚法、别出法和序跋法。辑佚法就是利用前代已亡而后代复存之书中的材料,"另从其书各为录出";别出法就是用分析的方法,将一些图书析而为二;序跋法就是采集文集中"诸公序刻之文",别为目录。通过阅读这些序文,"自知某书可从某地求也,某书可向某氏索也。置其所已备,觅其所未有,则异本日集,重复无烦"①。祁承爜指出,文献采访过程中还要注意鉴别图书的价值,而鉴别图书有审轻重、辨真伪、核名实、权缓急、别品类等五种方法。

3. 孙从添的文献采访思想

孙从添(1702—1772年),字庆增,清乾隆时期藏书家,其藏书楼名曰"上善堂",藏书逾万卷,编有《上善堂书目》。所著《藏书纪要》是关于藏书建设理论的一部专著,分购求、鉴别、抄录、校雠、装订、编目、收藏、曝书八则,总结了传统的藏书理论与技术。孙从添的藏书理论侧重于"藏",对郑樵的"求书八法"从另一个角度提出了见解,发展了明人谢肇淛《五杂俎》提出的求书"五难"说,而论求书有"六难"说:"知有是书而无力购求,一难也;力足以求之矣,而所好不在是,二难也;知好之而求之矣,而必欲较其值之多寡大小焉,遂致坐失于一时,不能复购于异日,三难也;不能搜之于书佣,不能求之于旧家,四难也;但知近求,不知远购,五难也;不知鉴识真伪,检点卷数,辨论字纸,贸贸购求,每多阙轶,终无善本,六难也。有此六难,虽有爱书之人,而能藏书者鲜矣。"在内容选择方面,孙从添注重收集传统的经史类书籍,他说:"藏书之道,先分经史子集四种,取其精华,去其糠秕,经为上,史次之,子、集又次之……所以书集首重经史,其次子集。"在版本选择方面,孙从添认为抄本胜于刊本,"书籍中之秘本,为当世所罕见者,非钞录则不可得,又安可以忽之哉?从未有藏书之家而不奉之为至宝者也"。但"钞书要明于义理者,一手书写,无脱漏错误,无破体字,用墨一色,乃为最善"②。

---

① (明)祁承爜. 澹生堂藏书约 [M]. 上海:上海古典文学出版社,1957:15-18.
② (清)孙从添. 藏书纪要 [M]. 上海:上海古典文学出版社,1957:33-40.

4. 叶德辉的文献采访思想

叶德辉（1864—1927年），字奂彬，清末民初版本学家、藏书家，藏书楼名"观古堂"，藏书4 000余部，逾10万卷，编有《观古堂书目》，著有《书林清话》《书林余话》《郋园读书志》等。另有《藏书十约》一书，分为购置、鉴别、装潢、陈列、抄补、传录、校勘、题跋、收藏、印记十约，结合南方地区藏书应注意的事项提出自己的藏书经验。叶德辉藏书宏富，其文献采访思想大致有以下四个特点：第一，对于版刻年代，提出"勿薄今爱古"。这与当时偏好宋元旧刻的采访思想大异其趣。叶德辉认为："康、雍、乾、嘉累叶承平，民物丰阜，士大夫优游岁月，其著书甚勇，其刻书至精，不独奴视朱明，直可上追天水。当时精刻精印，一时流播士林，迄今百余年，承洪、杨兵劫之摧残，又为鸡林贾人之转售，海内图籍，势将荡然靡存。如此佳刻，安得不什袭藏之。书此以告后人，幸勿薄今爱古，以为其书可易获也。"① 第二，内容选择上突出"先经、次史、次丛"的购书思想。购书优先考虑经部，其中又以十三经为先；其次是史部，又以二十四史为先；再次是丛书，又以种类多、精校精刻者为先。这种购书优选顺序体现出叶氏继承了西汉以来一贯的独尊儒术的思想观。第三，藏书必须懂得鉴别。正如孙从添所言："藏书而不知鉴别，犹瞽之辨色，聋之听音"（《藏书纪要》），叶德辉也认为收藏图书必须要懂得鉴别，而"鉴别之道，必先自通知目录始"，"不通目录，不知古书之存亡。不知古今之存亡，一切伪撰抄撮、张冠李戴之书，杂然滥收，淆乱耳目。此目录之学所以必时时勤考也"②。除目录外，古书的序跋、讳字，也是鉴别的主要途径。第四，主张多种文献采访方法并用。叶氏本人的藏书就是通过购买、交换、函购、钞录、代购和赠送等多途径获得的。

二、古籍的采访方法

1. 购置法

无论是对于私人藏书还是官方藏书而言，购置古籍都是丰富古籍收藏最基本、最有效的方法。早在西汉末年，就出现了买卖图书的"槐市"。我国历史上也有很多藏书家缩衣节食为购书的故事，如宋代李清照《金石录后序》谈到她与赵明诚购书的情况时说："食去重肉，衣去重采，首无明珠翡

---

① （清）叶德辉. 郋园读书志 [M]. 上海：上海古籍出版社，2010：53.
② （清）叶德辉著；李庆西标校. 叶德辉书话·藏书十约·鉴别 [M]. 杭州：浙江人民出版社，1998：5.

翠之饰，室无涂金刺绣之具。遇书史百家字不刓阙、本不讹谬者，辄市之储作副本。"① 明代的胡应麟亦是如此，据王世贞《二酉山房记》称："余友人胡元瑞，性嗜古书籍，少从其父宪使君京师。君故宦薄，而元瑞以嗜书故，有所购访，时时乞月俸。不给，则脱妇簪珥而酬之。又不给，则解衣以继之。元瑞之橐，无所不罄，而独其载书，陆则惠子，水则米生。盖十余岁而尽毁其家以为书，录其余资以治屋而藏焉。所藏之书……合之四万二千三百八十四卷。"② 官方藏书也多有古籍采购行为，今略举数例：唐武德五年（622年），隋末唐初的战争已经平息，于是令狐德棻"奏请购募遗书，重加钱帛，增置楷书，令缮写。数年之间，群书略备"③。"贞观中，魏徵、虞世南、颜师古继为秘书监，请购天下书，选五品以上子孙工书者为书手，缮写藏于内库，以宫人掌之……安禄山之乱，尺简不藏。元载为相，奏以千钱购书一卷。又命拾遗苗发等使江淮括访……黄巢之乱，存者盖尠。昭宗播迁，京城制置使孙惟晟敛书本军，寓教坊于秘阁，有诏还其书，命监察御史韦昌范等诸道求购。"④ 南唐烈祖李昪也颇好购书，据五代刘崇远云："高皇（李昪）初收金陵，首兴遗教，悬金为购坟典，职吏而写史籍。闻有藏书者，虽寒贱必优辞以假之，或有赍献者，虽浅近必丰厚以答之。时有以学王右军书一轴来献，因偿十余万缯帛副焉。"⑤ 两宋丰富的国家藏书也离不开采购这种方式，如真宗咸平三年（1000年），"诏中外臣庶家，有收得三馆所少书籍，每纳一卷，给千钱……嘉祐五年，又诏中外士庶，许上所阙书，每卷支绢一匹；及五百卷，特与文资。"⑥ 明初朝廷也用购买的方式收集古籍，据《明太宗实录》载，永乐四年（1406年）成祖召见礼部尚书郑赐，"令择通知典籍者四出购求遗书。且曰：'书籍不可较价直，惟其所欲与之，庶奇书可得'"⑦。明宫廷当初采进的图书在清代内阁大库仍有收藏，包括元刻本《宋史全文续资治通鉴》、明初刻本《折疑论》、明洪武三

---

① 王英志编选．李清照集［M］．南京：凤凰出版社，2014：177.
② （清）叶昌炽著；王欣夫补正．藏书纪事诗［M］．上海：上海古籍出版社，1989：257.
③ （后晋）刘昫等．旧唐书·卷73·令狐德棻传［M］．北京：中华书局，1975：2597.
④ （宋）欧阳修，宋祁．新唐书·卷57·艺文志［M］．北京：中华书局，1975：1422-1423.
⑤ （五代）刘崇远．金华子杂编·卷上［M］．北京：中华书局，1985：1.
⑥ （宋）王明清．挥麈录·前录·卷1［M］．上海：上海书店出版社，2001：7.
⑦ 冀叔英．明代宫廷的图书采访［J］．文献，1989（4）：199-201.

十一年（1398年）刻本《冥司语录》、元延祐六年（1319年）李怀素刻本《知常先生云山集》等，这些书的副页都粘有小纸条，上面记有图书采访人和采访时间。

20世纪五六十年代是我国图书馆收购古籍的重要时期。以南京图书馆为例，该馆仅1951年就收购古籍3 000余斤（每斤价格不过旧币2 000元左右），一位刘姓读者还将珍藏多年的10卷敦煌写经以12万元（旧币）的廉价让于该馆。60年代初，南京图书馆多次派古籍版本鉴定专家去上海、扬州、苏州、常州等地收购古籍，其中不少是宋刻宋印、明早期刻本及稀有的地方资料，如宋刻明初印本《吴郡志》50卷16册，南宋刻本《两汉会要》44册，元刻本《太平惠民和剂局方》《永类铃方》，明人写经《妙法莲华经》，嘉靖抄本《天黄玉牒》，隆庆刻本《吴中人物志》、万历刻本《皇明昆山人物传》等，甚至收购到流散在外的丁氏"八千卷楼"旧藏《南音三籁》。1992年，南京图书馆还做了一件被称为"建国后古籍收购的空前之举"的工作，即收购了苏州顾氏过云楼所藏古籍680种3 300余册，其中大多为善本①。

目前来讲，古籍购置大致有以下途径：一是从正规古籍书店、文物商店购买；二是通过古籍图书拍卖市场进行交易；三是从私人收藏者手中购买（很多可通过网络交易平台完成，如孔夫子旧书网、布衣书局等）。图书馆在购置古籍前，应对古籍市场的相关信息进行全面的收集。这些信息的来源包括：一是古籍书目信息，如《全国古籍新书目》《旧书交流目录》、拍卖行拍品目录、私人（包括个体书店、书摊）售书目录等；二是与古籍出版、收藏相关的报刊资讯，如《古籍整理出版情况简报》《古旧书刊报收藏》等；三是通过各种书市、书展获取有关信息，如某图书馆藏有明陈继儒《小窗四记》中的《小窗阅记》《小窗别记》《小窗情记》，但始终缺《小窗艳记》。后得知该书明万历年间有两种版本，而其藏家仅有八处，抄配复制都有一定困难。正当"踏破铁鞋无觅处"之际，中国书店1985年度的书市开幕，善本书陈列柜中摆放的正好有《小窗艳记》8册，无论字体、墨色、用纸、边栏、行款都与前三记一样，正好配齐②。四是通过网络上的一些专业社区，也可获取古籍买卖的相关信息，如"中国古旧书社区""布衣论坛"等。

---

① 卢子博主编. 南京图书馆志：1907—1995 [M]. 南京：南京出版社, 1996：53-55.

② 谢振锟. 古籍采购随笔 [J]. 图书馆工作与研究, 1986（2）：29.

2. 捐赠法

捐赠是指个人或社会团体向图书馆等文献公藏机构赠送书籍以充实馆藏的一种方法。古籍捐赠是图书馆古籍采访工作的重要组成部分，应予以高度重视。事实上，现有图书馆的馆藏中有很大一部分是通过捐赠获得的，有的图书馆甚至是以捐赠的藏书为基础创办的。范凤书先生在《民国时期私家藏书捐公情况》中说："辛亥革命后，特别是'五四'新文化运动促使公共图书馆像雨后春笋般在各地建立了起来。在这种社会变革形势感召下，具有开明思想的藏书家，有的自行创办图书馆，将私藏对众开放，更多的则纷纷将自家的藏书捐赠或寄存公共图书馆或学校图书馆，实际上已开始了将私藏转化为公藏的运动。"① 如梁启超1929年1月病逝之前立下口头遗嘱，将生平所藏书籍捐存国立北平图书馆；曾任商务印书馆编辑的广东籍藏书家徐甘棠，卒后将所藏2万余册善本古籍悉数捐赠给岭南大学图书馆；镇江丁家瑗1933年将祖传的白云庵藏书932种、4442册寄存江苏省立图书馆。1936年春，浙江省图书馆总结建馆以来馆藏增益经验时说："本省私家藏书之移赠于馆者，有庄氏兰味轩藏书二千余册，系秀水庄守斋先生旧藏，由哲孙泽宣先生捐赠。前乎此者，有章厥先生之赠书二万余册，潘履园先生遗书数百册，而杭县王叔鲁先生（克敏）书久经馆藏，亦已洽商捐赠，期清手续。凡此赠书，除通常图书之外，亦间有省人著作之罕传本。"②

中华人民共和国成立后，藏书家或其遗属在"以国为家"的时势引导下，掀起了向国家有关单位捐献私家藏书的热潮。以1952年成立的上海图书馆为例，其建馆初期的古籍馆藏就是以各家捐赠的藏书为基础，先后接收了庐江刘晦之远碧楼、金山姚石子复庐、松江封文权庸庵、吴江柳亚子磨剑室、金山高燮吹万楼捐赠的私家藏书。此外，鸿英图书馆也捐赠了近千种地方志，为上海图书馆现今近6 000种地方志专藏打下了基础。上海历史文献图书馆的前身是私立合众图书馆，其所藏25万册古籍绝大多数是私家捐赠，其中著名的有杭州叶景葵卷庵藏书、海盐张元济涉园藏书、吴县潘景郑宝山楼藏书等。在现今上海图书馆的170万册古籍馆藏中，捐赠图书将近一半③。北京图书馆在20世纪50年代获赠的古籍数量也颇丰，如周叔弢于1952年8月向北京图书馆捐赠善本715种、2 672册，1954年9月又捐赠元明清三代抄、刻本古籍32种、120册；常熟瞿氏铁琴铜剑楼1950年1月7

---

① 范凤书．中国私家藏书史［M］．郑州：大象出版社，2001：561．
② 徐雁．中国旧书业百年［M］．北京：科学出版社，2005：549．
③ 王世伟．图书馆古籍整理工作［M］．北京：北京图书馆出版社，2000：85．

日、3月7日先后将家藏宋元明善本书籍72种、2 243册,通过文化部捐赠给了北京图书馆,后又于1953年3月、1954年4月向北京图书馆捐赠古籍369种、700册;以收藏南明文献著称的朱希祖郦亭遗藏,由柳亚子介绍,由其子朱偰将专藏5大箱捐赠北京图书馆;潘宗周宝礼堂所藏宋本105种、元刊6种,凡1 088册,1952年由其子潘世兹捐献给北京图书馆。其他地方各省及高校图书馆接收古籍捐赠的数量也很多,如浙江省图书馆1951年接收了刘承干捐赠的整个嘉业堂藏书楼及其四周用地和书版用具;同年,南京甘氏将津逮楼劫余藏书及版片、柏木书框之类装载三卡车,捐赠给南京图书馆;1950年周叔弢将家族孝友堂三代珍藏的书籍380余箱、6万余册,全部捐赠给南开大学文学院;钱基博将其潜庐藏书整理出200余箱约5万册,租用货车车厢一节整装运输至武昌,捐予华中师范学院图书馆。又有"方志一千余种,赠与江苏泰伯图书馆"①。

与20世纪50年代相比,现在的情况虽有所不同,书源也有异,但民间古籍捐赠工作仍大有可为。历代藏书家几乎未有能子孙永宝者,在中华民族优秀传统文化的熏陶下,大多数爱国之士是愿意以国家民族利益为重,化私为公造福后代的,关键要做好以下几点工作:一是要做好古籍的读者服务工作,让古籍善本得到充分的利用,这样才能增强捐赠者的信任感;二是要做好古籍的管理和保护工作,使捐赠者有安全感;三是要落实党的方针政策,做好捐赠事迹的宣传报道工作,使捐赠者有亲近感。在现代市场经济体制下,民间捐赠并不一定是无偿的,各级图书馆可以根据具体情况,除在对捐赠者予以名誉表彰外,可适当予以物质奖励。如有必要,还可举办赠品的专门展览,甚至出版图录画册,既宣传书,也宣传人。有条件的图书馆,还可以设立以捐赠者姓名命名的古籍善本专藏。只要图书馆的工作做得足够细致、扎实、妥帖,就一定能获得更多的民间捐赠。

3. 征集法

征集主要是利用行政力量,并辅之以奖励措施,通过主动发函、上门访求或采用登广告、发传单等方法,达到有针对性地采访古籍的目的。像前文提到的,中国历代皇帝曾多次下诏,征求天下遗书,都属此类。近代图书馆也大力采用征集法来扩大古籍藏书规模,并呈现出一些新的特点。如京师图书馆成立不久,即请求实行呈缴本制度,并对私家藏书做了大量征集工作。1919年1月18日《京师图书馆呈教育部谨拟征集图书简章文》云:"窃维

---

① 吴忠匡. 毕生勤奋读书著述的钱基博教授[C]//中国当代社会科学家传略(第10辑). 北京:书目文献出版社,1990:308.

中国书籍自清初建设四库搜采之后，迄今二三百年，公家久未征求，散佚之虞，匪可缕举。私家为图书建筑馆宇者，实属寥寥。一遇刀兵水火之灾，无力保全，最易毁灭。绛云之祸，前车不远，一也。私家藏书最久者，海内独推宁波范氏，然天一阁之书今亦散佚，盖子孙不能世世保守勿失，二也。海通以来，外人搜求中国善本孤本之书，日盛一日，售主迫于饥寒，书估但图厚利，数年之后，势必珍篇秘籍尽归海外书楼，中国学者副本亦难寓目，三也。名人著作及校本未刊行者，指不胜曲，亦有子孙无力刊行尚知保守者，但数传之后，或渐陵夷，心血一生，空箱饱蠹，四也。且当四库搜采之时，佚书尚多，加以二百年来名臣学士项背相望，著述之多，尤当及时征集。"①文后还附有《征求书籍简章》，征集范围包括"公家私家所藏书籍目录、名人未刊之著作、善本及名人校本、近时木刻及石印铅印书报等"。当时的地方图书馆也积极开展征集藏书的活动，如《湖南图书馆暂定章程》《云南省图书馆章程》皆有关于征集图书的条款。

  中华人民共和国成立初期，许多文献收藏单位、文物保管委员会也曾从全国各地农村征集到大量古籍。1950年9月皖南人民文物馆成立，历史学家李则纲先生担任首任馆长，当年11月下旬他就组织动员文物馆全体人员（共11人），除必须留守者外，分成三个小组，配合皖南土改工作队，前往徽州、贵池、宣城三个专区，进行文物图书的征集，历时达数月之久，获得图书20多万册（后移交安徽省图书馆10多万册），古物、字画数千件。据吴兴汉先生回忆："我省徽州地区流散文物特别丰富，李先生经常派出文物征集小组，深入到歙县、休宁、屯溪、黟县及绩溪等地进行流散文物的征集工作，我馆（安徽省博物馆）现藏的大量的古籍版本、古字画及有关古代工艺美术品等方面的文物资料大多是五十年代征集入馆的。"②南京图书馆在这一时期也获得了大量线装书的补充，"土改"期间苏南文物保管委员会征集到的大批古籍，都归入了该馆。"文革"以后，同样有不少图书馆从民间征集善本以丰富馆藏。

  做好古籍征集工作，关键是要了解相关情况，掌握古籍线索。对于图书馆而言，首先，要摸清自己馆藏的家底，知道自己缺什么；其次，要重视地方古文献的征集工作。可通过查询地方文献目录，寻访当地藏书世家，了解地方人士的著述情况，发掘地方古文献的线索；再者，要建立定期联系人制

---

① 程千帆，徐有富. 校雠广义·典藏编[M]. 济南：齐鲁书社，1998：258.
② 吴兴汉. 李则纲先生对安徽文博事业的卓越贡献[J]. 安徽文博：建馆三十周年纪念特刊：1956—1986，1986（6）：85.

度，形成征集网点。最后，要做好售主的思想工作，按质议价，公平交易，同时尊重售主的个人隐私，与藏书家建立感情，保持经常联络。这样才有利于古籍的长期征集工作。

4. 交换法

交换是扩大古籍馆藏来源，迅速获得无法通过常规的渠道获得藏书品种的重要途径。通过交换，既能互通有无、丰富馆藏，又能节约古籍采购经费。文献收藏机构由于各自的读者对象不同，藏书方针不一，对藏书的数量、门类、品种与复本的要求也不尽相同，这就为古籍交换提供了条件与可能。以南京图书馆为例，该馆1956年3月与东北人民大学图书馆交换，换回明清善本小说12种；11月，与湖北省图书馆交换方志40种400册；12月，与福建省图书馆交换，换回福建方志多种；与广东省中山图书馆交换，换回广东潮州府志等多种；与中国科学院地理研究所交换复本方志51种。1959年6月，与旅大市（现大连市）图书馆交换，换回古籍34种。交换古籍最频繁的是1957年，这一年与北京大学图书馆、上海图书馆、四川图书馆等进行古籍方志交换，换回146种1 100册，送出106种907册①。

交换不仅仅限于公共图书馆之间，大学图书馆、科学院系统图书馆，乃至旧书店、出版社，甚至私人，都可以进行合作交换。1957年，孙实君、郭小丹在向政府提出的《古旧书业存在的问题和改进意见》中建议："全国各地图书馆复本很多，如上海图书馆就有复本40万册，其中有些书是需要保留较多复本的，有些书的复本是不需要的。图书馆有权购书，无权卖出，全国各地图书馆所存复本如加以集中，数量不在少数，我们建议政府有关部门考虑，是否可以允许图书馆把多余而不用的复本作价交给当地的古旧书店来进行再流通？这是一种化无用为有用的办法。"② 但遗憾的是，这条有价值的建议并没有引起主管部门的注意。

古籍交换又分为国内交换和国际交换。由于历史原因，大量古籍流失海外，随着改革开放，古籍采访工作也应积极面向国际，努力做好古籍的国际交换工作。交换从某种角度讲，也是一种交易，这就有一个交换书籍价值确认的问题。对于这种价值确认，双方都应抱着坦诚协作、实事求是的态度，使交换工作建立在互惠互利的基础之上。要进行交换工作，各图书馆必须编出用于交互图书的目录，主动送交对方参考。交换目录要编制得较为翔实，

---

① 卢子博主编. 南京图书馆志: 1907—1995 [M]. 南京: 南京出版社, 1996: 56.
② 孙实君, 郭小丹. 古旧书业存在的问题和改进意见 [N]. 解放日报, 1957-05-26.

最好附有书影，以便对方选择确认。

5. 复制法

有的古籍流传稀少，既无从采购，也不能通过交换获得，那就应尽可能用复制的方法获得复制品，这也是古籍采访常用的手段。古籍复制的方法有手工抄录、静电复印、摄制成缩微胶片、数字化扫描等，具体选择何种方式应视读者需要和藏书条件而定。抄录是一种历史悠久的古籍复制方式，形成了古籍版本中"抄本"这一类型。特别是影抄本，可以达到与原本形神兼似的效果。但抄录既耗费时间，又容易出错，现在一般很少采用。而图书馆出于保护古籍文物的目的，通常都会对其他古籍复制方法有所限制，这种情况在国内外都一样，有其合理的一面，但同时也使得古籍善本的文献资料价值未能得到充分利用。王世伟先生建议，古籍被复制的一方（图书馆）可采取多种积极的方法应对[1]：①摄制一套胶卷，原书不再动用。凡需复制者，即据母片拷贝。②将原书扫描，制成光盘，既可打印，又可提供网上阅览。③影印出版。这三种方法不能说一劳永逸，但都能起到保护文物、开发古籍资源的作用，同时又能创造一定的经济效益。如果古籍收藏单位都能这么做，那它们之间还可以进行古籍复制品的交换，这又为古籍采访增添了新的内容。

---

[1] 王世伟. 图书馆古籍整理工作 [M]. 北京：北京图书馆出版社，2000：84.

第二章 古籍的典藏与修复

以图书馆为主体的文献收藏部门，通过各种渠道和采访方法获得的古籍，不仅数量众多、真伪混杂，而且抄写或刻印的年代各不相同，书品亦良莠不齐，内容更是五花八门，因此接下来要对它们进行验收、鉴别、登记、编目、排架等整理工作，对于残破、污损严重的古籍，还要对古籍实体进行修复和装补，最后才能进入流通部门供读者阅读和利用。为了尽可能长地延长古籍的物理寿命，对古籍日常保存环境的管理和控制也是一项长期而艰巨的任务。以上工作通常在图书馆内进行，因此也叫图书馆古籍整理工作。

第一节 古籍的典藏

一、古籍的入库

采访到馆的古籍，要及时进行验收和财产登记工作。验收是指查核购书清单上的书名、函数、册数、金额等与实际情况是否相符，并办理古籍交接手续。图书馆等文献收藏机构接收古籍后，首先要进行财产登记，登记项目包括书名、卷数（存卷数）、函数、册数、著者、版本、附注（跋、印章等）、书籍来源、收书日期等，可输入事先设计好的图书财产管理系统中，并由于系统给每册古籍分配一个图书财产登记号。这个号码是按照图书到馆的先后顺序自动生成的，号码是连续的，中间没有空号和重号的情况，每个号码相当于每册古籍的身份证号。接下来就是给每册古籍加盖本馆的藏书印。

在藏书上钤盖印章，是表示对藏书拥有所有权的一种简单有效的方法。官方藏书印始于唐代，据唐人张彦远称："前代御府自晋、宋至周、隋，收聚图画皆未行印记，但备列当时鉴识艺人押署。"① 近代图书馆也规定要在藏书上钤印，如1915年11月29日《教育部饬京师图书馆所藏书籍盖印编号妥为办理文》规定："书籍当盖印编号也。该馆所藏书籍，多系旧椠精刊，版本种类甚多，审认颇为不易，自非悉加大字戳记，难免抽换。"②《直隶省立第二图书馆章程》第四章第6条规定："凡馆中所列图书，均盖本馆图记，以防遗失。"③《浙江公立图书馆章程》附《办事细则》第三章"庋藏"第17条也说："本馆庋藏图书，应均加盖馆钤，编列号数，并粘贴书签，标明门类。"④ 古籍的藏书印一般钤于卷端右下角空白处。卷末、空隙处也是盖藏书印较多的地方。古籍钤印太多太乱有损书品，叶德辉曾探讨过钤印的方法，今录之以供参考："今为言印记之法，曰去闲文，曰寻隙处。何谓去闲文？姓名表字，楼阁堂斋，于是二三印，一印四五字足矣……何谓寻隙处？凡书流传愈久者，其藏书印愈多。朱紫纵横，几无隙纸。是宜移于书眉卷尾，以免龃龉。亦或视各印之大小朱白，间别用之。小印朱文重叠，尚无不可。若白文与大印聚于一行，则令阅者生厌矣。凡书有字处，朱文白文俱不相宜。"⑤

二、古籍的排架

入藏的古籍经过编目（因编目涉及古籍内容的整理，本书将它置于"古籍内容的组织性整理"中，详见第四编第十章"古籍的编目"）后，需按照一定的规则有序地排列在书架上，使得每种古籍在书库中都有各自相对固定的存放位置，这就是古籍排架。它的最终目的是为了方便读者和馆员熟悉古籍馆藏，以便快速地取书和归架。早在隋唐时期，人们就以卷轴不同的颜色和材质来区分书架上的图书，如《隋书·经籍志》载："炀帝即位，秘

---

① （唐）张彦远. 历代名画记·卷3·叙自古跋尾押署 [M]. 沈阳：辽宁教育出版社，2001：25.

② 郭锡龙. 图书馆暨有关书刊管理法规汇览 [M]. 北京：中国政法大学出版社，1995：66.

③ 李希泌，张椒华. 中国古代藏书与近代图书馆史料 [M]. 北京：中华书局，1982：283.

④ 浙江省图书馆志编纂委员会. 浙江省图书馆志 [M]. 北京：中国书籍出版社，1994：449.

⑤ （清）叶德辉著；李庆西标校. 叶德辉书话·藏书十约·鉴别 [M]. 杭州：浙江人民出版社，1998：14.

阁之书，限写五十副本，分为三品：上品红琉璃轴，中品绀琉璃轴，下品漆轴。"① 唐代集贤院所写四部书籍，"皆以益州麻纸书写，其经库书钿白牙轴黄带红牙签，史库书钿青牙轴缥带绿牙签，子库书雕紫檀轴紫带碧牙签，集库书绿牙轴朱带白牙签，以为分别"②。

我们今天给古籍排架，如果选用的是《四库全书总目》分类法，就直接按经、史、子、集的部类排列，同一类目下可按作者的朝代顺序排列。因为《四库全书总目》分类法本身没有分配号码，有的图书馆就直接用类目名称按字顺排列，也有的图书馆自己配上号码代表相应的类目名称，如用阿拉伯数字"1、2、3、4……"或用干支"甲、乙、丙、丁……"或用汉字数码"一、二、三、四……"等。考虑到古籍数字化检索的需要，在使用数字配号时，还是以采用阿拉伯数字为宜，这样便于计算机处理。如果选用的是《中国图书馆图书分类法》等新式分类法，则有两种排架方法：

一是按古籍的内容属性排架，即分类排列法。它是依《中国图书馆图书分类法》等新式分类法对古籍进行分类，按分类号依次对古籍进行排列；同类的古籍，再依种次号排列。所谓种次号，就是表示同类书排列先后次序的号码，可按著者姓名字顺、书名字顺、出版年代顺序或登记号顺序排列；同一古籍的复本、注释、考订之作，再在种次号后面加上其他区分符号，如复本号等。分类排架法是图书馆比较普遍采用的一种古籍排架方法。其优点是：藏书排列有一定的逻辑体系；同一类古籍及其复本、不同版本可以集中在一起，便于按内容系列取书和归架。其缺点是：索书号由分类号、种次号、复本号或其他区分符号组成，显得过于冗长；有的分类号下并没有古籍，但必须预留书架的位置，造成书库空间的浪费；每增加很少的几种古籍，都有可能造成倒架。不过由于古籍是历史遗留物，其品种和数量的增加都极为有限，大多数图书馆都采用这种排架方法。

二是按古籍的形式特征排架，主要有登记号排架法、固定排架法、字顺排架法、年代排架法、地区排架法、版型排架法等。登记号排架法，就是直接把古籍的财产登记号作为索书号，依次上架的排列方法。它又可以分为一部一号与一册一号两种，实践证明一册一号优于一部一号，原因是前者更符合财产登记的规范，而且对于大部头的多册次古籍而言，按原有的卷次顺序加上登记号排列，操作相对简单得多；固定排架法，即按古籍到馆的先后顺

---

① （唐）魏徵等. 隋书·卷32·经籍志［M］. 北京：中华书局，1973：908.
② （唐）李林甫撰；陈仲夫点校. 唐六典［M］. 北京：中华书局，1992：1459-1460.

序，编成固定的排架号上架，其索书号由架号、层号、列号组成，如254/7，表示该书固定放置在第25排书架的第7层第4列（摞）；字顺排架法，就是按照古籍书名或著者姓名的字顺排列；年代排架法，就是按照古籍出版的时间顺序来排列；地区排架法，是按照古籍出版地区的划分来排列；版型排架法，就是按照不同的版本类型（如写本、拓本、刻本、活字本等）分类排列，同一类型下再按其他顺序排列，如出版时间等。按照书籍的形式特征来排列古籍，操作方法相对简单，便于清点管理古籍，且节约书库空间，不存在倒架的问题。但缺点也很突出，主要是藏书组织缺少系统逻辑性，同类书和同种书的复本及不同版本不能集中在一起，不便于流通与利用，尤其是无法开展开架阅览，因此只适合古籍馆藏量较少的图书馆采用。

按照古籍保护的要求，古籍在书架上的摆放不同于现代书插架竖放的方式，而统一采用平放，函套口向左，书名签粘贴于函套下立面正中，记书号、册数、书名等信息。多函者在函套下立面左下角粘贴函签，以防分离丢失或与其他同样函套书的混配，函签记书号、函序号、册序号等信息。无函套的古籍书口向左，书根向外摆放。排架时以每个书架为单位，按照书号由小到大的顺序，从左至右排列。在每一排书架的侧边，应有该排书架起止书号的标识牌。每一单个书架上方，应有该书架起止书号的标识牌。书号标识要求清晰、统一、美观。

三、古籍的保管

古籍入库后，必须采取一系列管理和保护措施，以防止人为的散佚及各种自然环境因素、灾害等对古籍的损害。

1. 建立古籍保管制度

无论对于官方藏书还是私家藏书而言，失窃和逾期不还都是古籍散佚的重要原因。如乾隆年间修《四库全书》时借得天一阁藏书638部，据赵万里《重整范氏天一阁藏书记略》称："《四库全书》完成后，库本所据之底本并未发还范氏，仍旧藏在翰林院里，日久为翰林学士拿还家去的，为数不少。前有法梧门，后有钱犀盦，都是不告而取的健者。转辗流入厂肆，为公私藏书家所得，我见过的此类天一阁书，约有五十余种。"[①] 天一阁藏书传至民国，又发生了一起震惊藏书界的失窃事件。据缪荃孙《天一阁失窃书目序》云："民国三年（1914年），有贼雇木工数人，夜登阁顶，去瓦与

[①] 冀淑英等主编. 赵万里文集（第2卷）[M]. 上海：上海科学技术文献出版社/北京：国家图书馆出版社，2012：477.

橡，缒而下，潜入阁中，为大规模之盗书。将书藏入皮箱中，至夜间运出。如是者数十日，将阁中藏书盗出约十分之八，售于上海各藏书家。其后范氏子孙获窃书贼根究，各书贾之买此书者，涉讼经年，一无所得。"① 至于借他人书籍不还的例子，则比比皆是，如宋赵令畤云："比来士大夫借人之书，不录不读不还，便为己有，又欲使人之无本。颍州一士子，《九经》各有数十本，皆有题记，是为借诸人不还者。每炫本多。余不欲言，未尝不归戒儿曹也。"②

防止古籍散佚的主要措施就是建立专人管理的制度，古今概莫能外。唐宋时期国家藏书的管理已有明确的分工，据宋程俱《麟台故事》载："直史馆谢泌上言：'国家图书，未有次序。唐朝尝分经史子集为四库，命薛稷、沈佺期、武平一、马怀素人掌一库，望遵故事。'上嘉之，遂命泌与馆职四人分领四库，泌领集库。"③ 私人藏书也有专人管理，如晚清四大藏书楼之一的常熟瞿氏铁琴铜剑楼，"平日有人管理，每岁必取出一曝，而曝书有一定时日，故所藏书因保存与曝书之得法，能历久不蠹。又因管理有人，历久不失，即宋元旧椠，视之一如新装，而无一部散佚。此为海内藏书家所未见者也。至嗜书之人，有欲观珍秘者，瞿氏亦许入楼参阅，但不许假出，而于阅书之人，辟有专室，供人饱览，且供茶水膳食"④。为防止图书丢失，有的藏书家干脆宣布概不外借，有的预备复本供人阅览，有的立下家规不许子孙分割藏书，更不许出售。如宁波天一阁门左高悬禁牌一方云："子孙无故开门入阁者，罚不与祭三次；私领亲友入阁及擅开书橱者，罚不与祭一年；擅将藏书借出外房及他姓者，罚不与祭三年；因而典押事故者，除追惩外，永行摈逐，不得与祭。"⑤ 现代图书馆对古籍管理有着更为严格的制度规定，如古籍进出书库应有详细的记录与签收制度；人员出入书库要有严格的审批和登记制度；馆藏古籍应有详尽的财产账目，并由采编人员保管，库房人员无权更改；善本古籍应由两人以上共同管理；古籍书库管理人员不得私自参与古籍市场的买卖活动等。

对古籍在阅读使用过程中的保护，则通过建立相应的借阅制度来完成。

---

① 骆兆平. 天一阁藏书史志 [M]. 上海：上海古籍出版社，2005：88.
② (宋) 赵令畤. 侯鲭录·卷7 [M]. 北京：中华书局，1985：63.
③ (宋) 程俱撰；张富祥校证. 麟台故事校证 [M]. 北京：中华书局，2000：257.
④ 觉迷. 谈铁琴铜剑楼藏书 [J]. 中国新书月报，1930，1 (4)：22.
⑤ 骆兆平. 天一阁藏书史志 [M]. 上海：上海古籍出版社，2005：16.

近代已有图书馆作出了要求读者爱护图书的规定，如《江苏省立第一图书馆保存善本规则》第8条规定："前列入展视善本，须加珍护，不得用手把握书脑，汗渍卷帙；亦不得用指爪揭书，触损边口。有违越者，得由馆员随时将原书收回。"第9条规定："前列入展视之后，由馆员将该书详细检查，若发现污损或缺失情事，即陈明省长公署，责令赔偿。"① 现在国内外图书馆对古籍阅览也有相应的要求，比如规定读者只限古籍阅览室阅览，一般不外借；读者应在指定座位就坐，并戴上手套，禁止用手直接触摸古籍；应将古籍放在专用托书架上阅览，勿将手臂、腕、身体或任何物体压置于古籍上；阅览古籍时禁止勾划、批注、圈点、涂改、折页、污损、剪切、撕页、指抓、刮搓、舔捻书页，切勿急速翻页；严禁窃书；摘录资料一律使用铅笔，不得使用毛笔、钢笔、圆珠笔、中性笔等。

古籍书库的保管还应建立火灾预防制度。清顺治七年（1650年），钱谦益绛云楼不慎失火，73个大书柜的藏书化为灰烬，其中不少宋刻孤本多储其中，后人只能通过《读书敏求记》一窥其面目，教训不可谓不惨痛。而天一阁藏书之所以能保存长久，缪荃孙认为首要的原因就是"此阁构于月湖之西，宅之东，墙圃周回，林木荫翳。阁前略有池石，与阛阓相远，宽闲静閟，不使持烟火者入其中"② 。现代图书馆的古籍书库应制定严格的规章制度：禁止火种入库；库内照明系统、空调系统、火警预报系统等必须定期检查和维护；管理人员必须熟悉消防器材的安放位置和使用方法；管理人员建立防火责任制等。

2. 控制古籍保存环境

中国古籍用纸多为手工制造，具有独特的优越性能，如酸性低、质地柔软、使用寿命长等。但作为一种历史遗存物，古籍毕竟经历了漫长的岁月，在外界环境因素的侵蚀下容易变质，如在光线的照射下纸张老化变脆，失去韧性；在潮湿的环境下发生粘连，霉变生斑；虫蛀、鼠害等也常常威胁着古籍的安全；水灾、火灾更是易给古籍造成难以弥补的损失。针对以上不利因素，可对古籍保存环境进行管理和控制，以延长古籍实体的保存时间。

（1）对温度和湿度的控制

温度和湿度这两个相互关联的理化因素，对古籍的保存有直接影响。温度过高时，纸张内的水分迅速蒸发，书页就会变得干燥，容易发生皱缩、翘

---

① 浙江公立图书馆编. 浙江公立图书馆年报［J］. 杭州：浙江印刷公司，1922（6-7）：29.

② 骆兆平. 天一阁藏书史志［M］. 上海：上海古籍出版社，2005：330.

曲、开裂等现象。有实验表明，温度超过常温10℃，古籍纸张内的酸碱杂质对纸张的破坏作用可以增加3倍。尤其是在忽高忽低急剧变化的温度环境中，纸张不断收缩或膨胀，破坏作用更加显著。而温度每降低20℃，纸张的寿命就能相应增加7~8倍。温度也是影响古籍虫害的基本因素。古籍中害虫的适宜生长繁殖的温度是20℃~32℃，如果能将古籍书库的温度常年控制在20℃以下，就可避免大多数虫害。如果能控制在10℃以下，就可以杜绝虫害。

湿度对古籍的影响也很大，当湿度太大时，纸张含水率过高，会使纤维水解，强度明显下降。而过分干燥，纸张就会发脆，耐折强度和柔韧性降低。通常用相对湿度来衡量纸张的含水率，在同一温度下，相对湿度越高，纸张的含水率就越高。实验证明，当相对湿度在40%~70%时，纸张的耐折强度最好；相对湿度在30%~60%时，纸张的耐拉伸强度最佳。而且，当相对湿度在70%以上时，昆虫就会大量繁殖。为使古籍纸张保持较好的机械强度和防止虫害，书库的相对湿度应控制在40%~65%为宜。因此，应给古籍书库安装空调、除湿机等设备，并随时监控库房内温度和湿度的变化。

（2）对光线的控制

阳光可以抑制和杀灭细菌，祛除虫害，但长时间的照射则有损古籍的纸张。化学分析标明，纸张的化学结构是一种链状线型高分子化合物，依靠其组成分子中具有一定能量的C—C键结合在一起。当光线的能量达到或超过C—C键的结合力时，化合物的分子就会断裂，这种现象叫"光解作用"。打断纸张纤维素C—C键所需的能力为348~353kJ/mol，这相当于波长为340~343纳米的光辐射[①]。紫外光和接近紫外光的可见光波，其光子的能量足以打断大部分聚合物的化学键。此外，阳光还能使空气中的氧气变为游离态，若与水分子发生作用，还可以产生过氧化氢。纸张中的纤维素分子在游离氧和过氧化氢的作用下，加速水解变为葡萄糖分子或生成容易断裂的氧化纤维素，这种现象叫"光氧化作用"。古籍纸张的褪色、变色、发脆变质，以及各种机械强度包括抗拉、抗折、抗扯等性能的降低，很多都是光解作用和光氧化作用的结果。值得注意的是，人工照明有时也会产生这样的效果，如荧光灯、氙气灯等。

因此，古籍书库的灯具宜选用乳白色灯罩的白炽灯，当采用荧光灯时，应有过滤紫外线的装置。自然采光的书库，应采用防紫外线玻璃和遮阳措施，避免阳光直接照射。同时，应给古籍配备装具，传统的如书帙、函套、

---

① 刘家真.古籍保护原理与方法［M］.北京：国家图书馆出版社，2015：65.

夹板、木匣、箱柜等。密闭且阻光的装具可阻挡灰尘、污染物及紫外线对古籍的伤害。即使受潮的古籍，也不可放置在阳光下暴晒，应夹干燥的中性纸让其阴干。

(3) 对空气和灰尘的控制

空气中的有害气体如二氧化硫（SO_2）、三氧化硫（SO_3）、氨（NH_3）、氯（Cl_2）、硫化氢（H_2S）、臭氧（O_3）等，对古籍都有损害作用。尤其是现代工业废气污染中最常见的二氧化硫，对古书的危害最大。它被古籍的纸张吸收后，可以生成破坏纸张纤维的硫酸（H_2SO_4），而硫酸能切断纸张纤维素分子的合链，引起纤维素分子的水解，从而大大降低纸张的机械强度。被硫酸破坏的古籍，书页发脆，经不起折叠，甚至一触即碎。其他的三氧化硫、硫化氢、氯等溶于水后都成酸性，氨溶于水后在细菌的作用下会转化成亚硝酸和硝酸，也是酸性的，它们对古籍的损害作用大体与二氧化硫相似。氨和臭氧还能使古籍的纸张变色。空气中的灰尘杂质甚多，腐蚀性和营养性的颗粒都有。沉积在书面上的灰尘，时间长了会形成一层难以消除的灰黑色物质，既会腐蚀古书，也容易滋生微生物。灰尘中的黏土在湿度超过70%时，会使古籍的纸张粘连在一起形成饼状，难以揭开。

古籍书库内有害气体的防治可通过加装滤网式空气净化器来实现，即通过风机抽风，使空气通过滤网，污染物被吸附在滤网上以达到过滤室内空气的目的，其中尤以高效微粒空气过滤网为好。古籍书库的防尘可从两方面着手：一是保证库房门窗的密封性，地面干净不起灰；善本古籍专库专柜保管，除尘使用吸尘器；二是加强卫生管理，书库管理人员入库应穿专用鞋，尽量减少外来人员的参观，如有入库参观者应穿上一次性鞋套；书库、书架要定期打扫。

(4) 对虫害、鼠害的防治

危害古籍的生物因素主要是昆虫和老鼠。据统计，危害古籍的昆虫多达70余种，常见的有书蠹鱼、蛀虫、书虱子、谷鱼、谷蛾、苍蝇、白蚂蚁、蟑螂等，尤以书蠹鱼和蛀虫危害最大。它们啃食书上的浆糊及胶性物质，常把书页咬得千疮百孔。明人张岱《讨蠹鱼檄》说："惟此蠹鱼者，赋质轻微，存心残忍。寸喙之犀利类蚕，因名为蠹；双尾之轻盈似燕，乃号为鱼……恣蚕食以忘休，肆鼠伤而无忌。比火焚更惨，何异烧坟典于秦坑；较土掩犹凶，谁复发周书于汲冢？罪真难挽，死有余辜。"① 另外，老鼠啃咬

---

① （明）张岱撰；栾保群点校. 琅嬛文集 [M]. 杭州：浙江古籍出版社，2013：81-82.

书籍的危害性也不容忽视。早在简策时代，人们就发明了"杀青避蠹"的技术。西汉刘向《别录》载："杀青者，直治竹作简书之耳。新竹有汗，善朽蠹。凡作简者，皆于火上炙干之。陈、楚间谓之汗。汗者，去其汁也。吴、越曰杀，亦治也。"① 纸张出现后，人们发明了书写用的避蠹纸，称为"潢纸"。它是将纸在黄檗汁中染过，可常年防蛀。魏晋南北朝时期，潢纸技术得到广泛应用，染纸成为造纸过程中必不可少的一道工序。其后又产生了以"靛蓝"为主要染汁成分的"碧纸"，它是从马兰、蓼兰等药用植物中提取汁液用以染纸，能毒杀昆虫。宋时印书多用一种椒纸，"谓以椒染纸，取其可以杀虫，永无蠹蚀之患也"②。明清年间，广东南湖（今佛山）一带流行一种叫作"万年红"的避蠹纸。它是用红丹（又名铅丹，化学名称谓四氧化三铅）染成，只需装订在古籍的扉页及底页，就能起到全册书避蠹防蛀的作用。

药物避蠹防蛀还有一种方法，就是将芸草、香茞、樟脑等药物置于书库、书柜或夹入书本中，以达到防治虫害的效果。魏时就有用芸香避蠹的记载，如宋洪刍《香谱》卷上引魏鱼豢《典略》云："芸草辟纸鱼蠹，故藏书台亦称芸台。"③ 两晋南北朝以后，药物防蠹的文献记载逐渐增多，如晋郭璞《仓颉解诂》云："芸蒿。似邪蒿，可食，辟纸蠹。"（《艺文类聚》卷八一"芸香"条引）。北魏贾思勰《齐民要术》中也有书橱中放置麝香、木瓜以避蠹的记载。唐宋以后，书籍避蠹多用芸香草，如宋梅尧臣《和刁太傅新墅十题·西斋》有"请君架上添芸草，莫遣中间有蠹鱼"句。明范钦的天一阁曾以芸香科药草（即灵香草）作为阁中避蠹防蛀的主要药物。由于蠹虫种类繁多，习性各不相同，没有哪一种药物可以防治所有的蠹虫，所以现实中是多种药物兼施，尤其是明代中后期至清代都是如此，如清人邹一桂谈他的收藏书画之法时说："盛以画囊，置木箱内，悬之屋梁透风处。南方蒸热，伏候宜取晒晾，以樟脑、芸香、花椒、烟叶等贮箱内，又贵时常取挂，则无霉蛀之患。"④ 以上药物至今仍以不同的方式被加工使用。据调查，现在的广西、浙江、广东、福建、天津、江苏、河南等地的80多个省、市、

---

① （东汉）应邵撰；吴树平校译. 风俗通义校释［M］. 天津：天津人民出版社，1980：409.
② （清）叶德辉撰；刘发等校点. 书林清话附书林余话［M］. 沈阳：辽宁教育出版社，1998：136.
③ （宋）洪刍. 香谱［M］. 北京：中华书局，1985：6.
④ （清）邹一桂. 小山画谱·卷下·藏画［M］. 文渊阁四库全书本.

县图书馆多年来都使用灵香草防蠹，效果非常显著。①

第二节　古籍的修复

一、古籍修复的原则

前代学者在丰富的古籍修复实践中总结出了宝贵的经验，并从理论上提出了古籍修复的基本原则，具有重要的指导意义，现归纳如下。

（1）安全性原则

古籍修复是一项高度专业性的工作，其目旨在保存和展示古籍的文献与历史价值。因此，在修复的过程中，保证古籍的安全是第一位的大事，包括修复工作环境的安全、修复措施的安全、修复材料的安全，以及古籍文献信息的安全。② 古籍修复的工作环境，要求在温湿度、光线、灰尘、虫害的控制，以及防火、防盗措施的安排方面与古籍善本库一致。修复采用的技术和方法务必安全，有的修复措施出发点是让古籍外观美观，但却造成了文献信息不可逆的损失，如染色、揭薄等，就是对古籍的二次破坏。修复材料不应含有对古籍不利或有害成分，如木浆纸中含有大量的木炭素和其他杂质，极易对古籍造成污染，明矾可明显改变古籍纸张的性状，这些都不能用作古籍修复材料。古籍修复过程中，不能改变古籍用纸的长度、宽度、厚度等数值，也不能使文字受到损伤和墨迹、颜色洇染等，确保古籍载体承载的各种文献信息的安全。

（2）"整旧如旧"原则

也叫真实性原则。所谓"整旧如旧"，不是企图恢复古籍出版时的原貌，如宋版书在宋代的样子、元版书在元代的样子，因为古籍刚出版时的旧貌现在都已改变，看不到原来的样子，恢复也就无从谈起。我们能做的，就是修复和加固古籍残破的部分，而不能使其他部分的现有性状发生任何形态的改变，从内容与形式两方面切实保护古籍所有原始信息的真实性。内容的真实性，是指维护古籍文字、图像信息的完整性，具体包括它们的数量、位置和形状等。形式的真实性，是指修复过程中忠实地再现古籍的原始文献形态，包括装帧形式、纸张规格、纸张特征等。

（3）最少干预原则

---

① 王国强.中国古代文献的保护［M］.武汉：武汉大学出版社，2015：111-112.
② 杜伟生.古籍修复原则［J］.国家图书馆学刊，2007（4）：79-83.

古籍修复工作始终要将古籍修复的面积控制在最小范围内，添加的修复材料要尽可能的少，尽量减少对古籍文献信息的干扰，避免过度修复和妄自补充古籍缺失的内容。比如，有的古籍书页撕裂比较严重，但还保留着较好的强度，只需用很窄的纸条就可把撕裂的部分修补好，就不必用纸把整张书页托裱起来，连同没有破损的部位一起加固。早期的古籍修复有一种"划栏补字"的方法，是用毛笔将版框线、栏线断续不全的部分补齐，字迹模糊的内容根据相同的版本临摹上去。但在实际修复过程中，经常出现栏线没有对齐，补字的字体与原书字体风格相去甚远，甚至出现错字的情况，这就改变了原有的文献信息，可能影响古籍研究人员的判断，而且修复过程不可逆转。因此，在古籍修复人员尚不具备足够的版本学、文字学、典制学知识的条件下，"划栏补字"的修复方法应慎用。对于善本、珍本古籍而言应禁用，因为有时某一段栏线的短缺、某一字的模糊，正是考订该版本的有力证据。

（4）可逆性原则

所谓可逆性原则，是指修复后的古籍在必要时可将修复用的材料从古籍中清除掉，将古籍恢复到修复之前的状态，为将来出现更好的修复技术后重新修复提供了可能。古籍修复的可逆，主要是指修复材料的可逆，即使用的修复材料的性状不会发生任何变化，在采取相应的技术措施后，很容易从古籍上拆除、取消。比如，修复古籍使用的黏合剂和用以加固古籍载体的高分子材料，必须具有易溶解性能，可以在不影响古籍载体的情况下被彻底清除，且没有残留溶剂。当古人还不懂得使用小麦来制作浆糊时，使用的是植物胶类黏合剂。此类黏合剂呈棕黄色，非常黏稠，难以用水溶解。许多敦煌写卷书页连接使用的就是这种黏合剂，基本不溶于水，给今天的修复造成了极大的困难。20世纪80年代出现的用聚酯膜粘接古籍的方法被不少国家的图书馆采用，但后来发现这种方法存在明显的缺陷，因其不具有可逆性而被放弃。

（5）选择性原则

据统计，我国图书馆收藏的古籍总数在3 000万册以上，其中存在不同程度破损需要修复的就在1 000万册以上。而目前全国从事古籍修复的专业人员不到百人，按每人每年平均修复100册计算，需要1 000年才能修复完，这还不包括这1 000年中新增破损的古籍数量。为解决这一矛盾，除加大古籍修复人才的培养规模外，修复古籍还必须有轻重缓急的安排，这就是古籍修复的选择性。目前，代表性的观点有三种：一是按版本价值高低的排序；二是按古籍的破损程度排序；三是按古籍的排架顺序。这三种选择顺序都有一定的合理性，但也都有自己的片面性。事实上，我们目前抓紧修复的古籍中，许多破损状态相对静止。比如，当温度、湿度得到有效控制后，微生物对古籍的破坏便不再扩大，即便是被虫蛀过的古籍，虫眼之间的连接距离短至2~3毫米，但书页的机械强度并未发生明显变化。而另一方面，纸张的氧化和酸化对古籍的损害却没有引起足够的重视。如国家图书馆善本金石组收藏的《兰亭八柱帖》始刻于清乾隆四十四年（1779年），为皇家内府所刻，世间孤本，但由于纸张酸化，已多处断裂。调查显示，该馆善本古籍中有165 300册应该去酸，有17 700册必须去酸。有的古籍纸张已到了一触即碎的地步。因此，今后一段时期，修复工作应将重点放在抢救那些老化和酸化的古籍上面，集中有限的修复力量抢救那些pH值在5以下的古籍①。

（6）规范性原则

古籍修复工作头绪众多，要保证其顺利进行，必须建立一套严密、科学的规范，包括古籍交接规范、古籍修复记录规范、古籍保管规范等。古籍由库房到修复工作间的交接，必须有详细的交接记录。记录应为一式两份，库房与修复工作间各存一份，作为工作记录；要建立古籍修复档案，对古籍书目著录数据、外观描述数据及附件情况，古籍破损位置、破损原因、破损程度的有关数据，以及古籍修复要求、修复方案、修复过程等，都要有详细的档案记录；古籍修复过程中的保管也非常重要，既不能丢失，也不能错乱，否则会造成不必要的麻烦。待修古籍必须存放在专用的保险柜内，且保险柜应与工作间隔离。

二、古籍修复的程序

古籍修复的基本操作程序，包括以下九个步骤②：

（1）点收

古籍修复前，首先要按委托修书单位开具的书单核点书名、册数、页码，并明确修复要求，注明点收日期和经办人的姓名。本馆自修的书籍，也要按以上要求登记造册、点收清楚，尤其要注意书页是否有残缺、页码顺序是否有颠倒错乱的情况。对于没有页码的书籍，应按顺序逐页在书页的右下角用细铅笔轻轻描上页码，这样做是方便书籍拆散后的重新装订。如在点收中发现与原书不符的地方，应与委托单位取得联系，核实情况。

---

① 张平. 浅析古籍修复的基本原则［C］//张志清，陈红彦. 古籍保护新探索. 杭州：浙江古籍出版社，2008：124-131.

② 潘美娣. 古籍修复与装帧［M］. 上海：上海人民出版社，1995：88-92.

(2) 制订修复方案

古籍修复前要组织专家对古籍损坏情况进行会诊，并拿出修复方案。首先，要查明古籍损坏程度，这要求全面、细致地对古籍损坏状况进行检查，不能留有遗漏，否则将来返工重修会增加很多麻烦。其次，要对古籍损坏的原因作出正确的分析和判断。如同样是破损，有生物性破损，如虫蛀、鼠啮等；有机械性破损，如人工或器物的划伤；还有风化性破损等。它们的修复方法各不相同。再次，要考察被修复古籍的版本、年代以及原书用纸、印制、装帧等特点。修复普通古籍，通常只要做到整齐大方、牢固耐用、检阅方便就可以了，而修复年代久远的善本、珍本，则要精心加工，不仅要把古籍损坏的地方修复好，还要尽量保持原书的特色，恢复其原有风貌。最后，修复方案的制订还要考虑委托单位提出的修复要求。

(3) 备料

古籍修复除了配备必要的设备（如工作台、贴板、压书机、切纸机、吸湿机等）和工具（如浆笔、棕刷、广刷、镊子、锥子、刀具、裁板、夹板、竹刮、竹起子、笔船、砑石、镇尺、喷壶等）外，还必须准备修复所用的材料，包括：①纸张。修复古籍一般应使用与原书纸张材料、质地、颜色、厚薄接近的旧纸，如硬黄纸、麻纸、棉纸、旧竹纸、旧宣纸等。这种要求修复人员平时应注意收集各种旧纸，如揭下来的旧书托纸、破损的护叶、原书页里的衬纸，乃至旧画揭裱时揭下的古旧复背纸等，这样一旦需要，可随时配补而用。如无适当的旧纸，也可用传统工艺制造的新纸经染色后代替旧纸使用。②染料。新纸做旧所用的染料大多是植物染料或矿物染料，如藤黄、花青、赭石、槐黄、栀子黄、橡碗子、土黄、红茶、徽墨、朱砂等，切忌用一般染布匹的化学染料。③胶。染制修补古书所用的纸张，除了染料外，还要配合使用胶水。胶水分动物胶和植物胶两种。动物胶如牛皮胶、骨胶等。牛皮胶以广东的产品最为有名，尤以薄条细粒、色泽淡净者为佳。骨胶是用动物的骨头熬制提炼而成，颜色较深，作胶水时只可利用其上层清头。植物胶有树胶、白芨胶、石花菜胶等。④浆糊。可用麦淀粉或精制白面粉调制。⑤绢、绫、锦、锦绫等装饰材料。用以制作古籍的封皮、包角、函套、锦盒等。⑥纸捻钉与丝线。用以装订古籍。⑦清洗剂。清洗古籍污渍所用的高锰酸钾、草酸、双氧水、漂白粉等。

(4) 拆书

为了不损坏原本保存完好的书页，古籍在修复之前都要拆开。拆书工序包括清除灰尘、拆线、拆封面、拆纸钉等四道手续。拆散的书页和封面都要安放妥当，不可丢失或散乱。宋、元版珍贵善本书籍，修复工作的间隙应存放在保险柜里妥善保管，修复时再拿出来。否则，一旦发生丢失，哪怕是一页的缺失，都会造成无可挽回的损失。

（5）修补书页

这是古籍修复整个过程中最关键的一道程序，包括清除书页上的各种污染、选配和染制书页修补用纸、连接书页开裂的书口、缀补破损的书页、裱补糟坏的书页、揭补粘连的书页、镶补短小的书页、书页的喷水压平等多个项目和多道工序。

（6）封面、封底的修复或重制

古籍的书页修复后，还要对封面、封底进行整修，具体包括清洗、补缀或选纸制皮、捶平、压实等工序。

（7）装帧

拆散的古籍在书页、封面及封底的修复完成之后，需要按原样装订起来，具体包括折页、配册、敲书、衬纸、接书脑、齐栏、压实、订纸捻、包角、加护页、草订、上封面、裁齐、打磨、打洞、穿线、贴签条、写书根、加函套等多项工序。

（8）检查和验收

古籍修复后，应就以上各个修复项目的质量进行检查和验收。比如，对于书页的修补，要检查浆糊使用是否得当，有没有"小疙瘩"或粘接不牢的地方；配纸的材料、颜色和厚度是否合适；补破的书页是否平整，补缀中有无损伤书页中的字迹；折页是否平直，书口是否有偏斜或损伤；捶书是否均匀平齐。封面的修补，要看纸张适合与书页配套、平整。装帧方面，要看装订是否牢固、美观；书页有无缺失，页码顺序是否与原书一致；裁书是否整齐，有无损及原书中的字迹；打磨的地方是否发光、起毛；书角包得是否严紧、挺括，大小是否合度；打洞是否歪斜；装订用的丝线粗细是否合适，颜色是否协调，松紧是否适度；各种特殊装修的书籍是否合乎特殊要求，等等。最后，根据修复质量的高低给修复成品评级，不合格的应返工重修。

（9）交付

交付是指将修复后的古籍交还给委托修书单位的过程。交接时，应按照点收时的记录，当面点验所修古籍的书名、册数、页码等，并在工作单上签署收件人的姓名及交接日期，以备日后查核。

三、古籍修复的方法

（1）去污技法

书页的污染分多种情况：有的是在阳光照射、有害气体和灰尘的侵蚀下泛黄或变黑、发灰；有的是受墨汁、羹汤、汗渍、茶水、油蜡等的玷污；有的是在细菌和真菌作用下产生了霉斑；还有的是因书蠹鱼或其他有害生物排泄的粪便、虫卵受到了污染。被污染的范围，也有整页被污染和局部被污染两种情况。清除书页污染的方法有：

①机械去污法。它是借助小刀、软刷、棉球等工具，以刮擦的方式除掉纸面上的污垢。用这种方法只能除去纸张表层的一些污染，且只适用于机械强度较高的纸张。其方法是用锋利的小刀轻轻刮擦污垢，从污染的中心部位开始，慢慢向边缘部位移动。去污完毕后，应用软刷将去污过程中产生的碎屑、铅笔痕迹、菌丝、昆虫粪便细心地清除干净。

②漂洗去污法。它是将整张书页浸泡在加热的清水或温热的碱水中，以达到清洗除污的效果。对于书页因水渍造成的水痕，以及泛黄、发灰、变黑等，可采用热水漂洗法。其方法是：在带有底塞的水槽中垫上一层纸，将拆散的书页按顺序一张张地错开排好，以七八张为一层，上面盖一层薄纸，然后再放一层书页，如此反复叠放，以不超过100页为宜。接着将75℃～90℃的热水沿着槽壁缓缓注入水槽中，直到漫过书页顶部为止。浸泡一会儿后，水不热了，拔开底塞将脏水排尽。照上述方法反复清洗几次后，将书页取出，一张张摊放在垫有吸水纸的木板上（可将木板搁成45°斜坡状，以便控干清水），上面再盖上几层吸水纸，然后平压重物，每日及时更换吸水纸，直到晾干为止。对污染比较严重的书页，可用碱水替代清水，碱与水的比例为2.5：100。通常是将50克洗涤碱加入2公升75℃～90℃的热水中，即可使用，操作方法与热水漂洗法基本相同。也有用漂白粉代替碱水的，但对纸张的腐蚀作用较大，要特别谨慎使用，对于善本、珍本古籍应禁用。

漂洗法去污有几个必须注意的事项：一是书页漂洗之前要先做耐洗试验，即用质地相同或废页小块浸泡在漂洗液中，检查其是否有脱墨洇染的情况，纸质是否已变酥。如有脱墨洇染的情况，可在水中加入一些胶矾，以加固墨色；如果纸质已变酥，可在原件上衬一张宣纸，以免原件受损。对于严重脱墨洇染、纸质变酥的情况，则不可用漂洗法去污。二是漂洗过程要迅速、快捷，做到当时漂洗当时洗净，绝对不容拖延时间，更不能漂洗到一半，隔日再干。因为书页在漂洗液中的时间稍长，就会泡坏，甚至成为碎片。三是漂洗完的书页要及时用吸水纸吸干，尤其是梅雨季节，更要勤于倒页换纸，以防止书页发霉起斑。有除湿机的，应开动机器帮助去湿、晾干。

③局部擦洗法。对于虫卵、虫粪等污迹，可用棉球蘸着酒精擦拭，然后蘸清水洗净，下面垫上吸水纸，上面平压重物，晾干后撤去吸水纸即可；对于黄渍严重或有绿霉点、黄霉点的书页，可用排笔蘸高锰酸钾溶液（1g兑

水 200ml），轻轻涂刷在污渍上，再将整页也略刷一遍（为使清洗后整页的洁净度一致），等颜色变成茶色后，再用排笔蘸草酸溶液（1g 兑水 50ml）淋刷在页面上进行中和，褪去高锰酸钾留下的茶色，然后用清水冲洗几遍，最后吸水、晾干；对于红、蓝墨水斑痕，则可采用双氧水擦洗法，操作方法基本相同。应用化学药剂会对纸质起破坏作用，不利于古籍的长期保存，因此非必要时尽量不要采取此法。同时要根据配方严格按比例配制洗污溶液，不可用量过得、漂洗时间过长。善本、珍本古籍不宜用化学试剂去污。

（2）修补技法

古籍的损坏也分多种情况：有的是书口开裂，有的是书页破损（它又分书页撕裂、书页出现孔洞、书页糟朽、书页粘连等多种情况），有的是边角破损。应针对不同情况，采取不同的修复方法。

①溜口技法。古籍翻阅久了或受到磨损，版心的中缝部位就会开裂，慢慢地一张书页就会变成两张单页，读起来很不方便，也容易撕坏、粘连。用薄棉纸和浆水等把开裂的书口粘接起来，行话叫"溜口"。具体操作如下：首先将拆下的书页平摊在工作台上（有字的一面向下），将开裂处对齐并拢，切忌两个半页搭茬或者上下错位；然后用左手拇指和中指压着书页，使其固定不动，右手持蘸过浆水的毛笔，顺着开裂的方向来回均匀地涂抹书口上，抹浆的宽度以溜口的棉纸的宽度为准（约1厘米宽）；取一条约1厘米宽的溜口棉纸，一手捏住其上端，一手持其下部，将它轻轻地从下往上贴在书口上，再用一张厚吸水纸垫在上面，用手来回按抚、压平，使溜口纸与开裂处粘牢；接着两手持书页两边的书脑处，轻轻将书页提起，放在吸水纸上，将溜口的书页一张张错开来排放，每五六页夹放一张吸水纸，等它晾干。溜口技法的操作要领是动作要快，抹浆、溜口、夹干必须一气呵成，应赶在书页受浆后松胀之前完成，避免因书页不平或弯曲难以接合。另外，浆水的浓度也很重要，应视纸张的质地、厚薄、吸水量而定。对于较厚的棉纸，浆水可调得稍稠一点，否则补缀起来不易牢固；较薄的竹纸，浆水则要调得稍稀一点，否则容易起皱，不易捶平。溜口技法除了用于修补书口之外，也适用于书页撕裂的修补。

②补破技法。书页上的孔洞大多数是由虫蠹、鼠啃造成的，修复之前应首先清除书页上的虫粪和破损纸张的渣屑。修补孔洞的具体操作流程是：将有孔洞的书页背面朝上平放在工作台上，左手指压住纸张，右手持浆笔沿孔洞周围涂抹稀浆糊；用颜色、质地、厚薄相近的配纸按贴在孔洞上，按压时要保持配纸与书页的帘纹横竖一致；一手按住配纸与孔洞周边的接缝处，另一手沿着浆湿印撕去多余的配纸。若是配纸较厚不易撕断，可用毛笔蘸点水

在配纸与孔洞边的接缝处划一水印，这样就比较容易撕断了；垫上吸水纸，将修补好的书页用手按抚平整，放在吸水纸上，每张相错两三厘米错落摆放，每隔五六页夹放一张吸水纸，最后晾干。须注意的是，孔洞的修补有一定的先后顺序，即先补书页中部，再补书页两边，先补大洞，再补小洞。另外，每补四五个孔洞就要掀一下书页，以免时间长了书页会粘在工作台上。

书页的边角容易磨损和受到虫子（如蟑螂）和老鼠的啮咬，在这种情况下，补破最好用旧的纸边做配纸，因为书页边角受阳光照射时间长，颜色相对书页里面的要更深一些，所以选用旧纸边修补边角，容易取得色调和谐的效果。但同时也要照顾书页里面的颜色，如果色差太大，也会影响书页整体的美观。对于书页霉坏的补破，要视具体情况而定。如果霉坏的书页字迹全无，则无法修补了。对于字迹尚可辨认者，如果是全页霉坏，可经漂洗后用托裱法修复；如果是局部霉坏，可在漂洗后用以上补破法修复。

③托裱技法。对于书页糟朽变质而破烂不堪，或蛀孔连成一片，稍一翻动就成碎片状掉落的情况，已无法用一般的补破方法进行修复，只能采取托裱法。其操作要领是：第一步是铺放书页。先在工作台上喷洒一层水，将一块比裱件稍大的塑料薄膜或油纸刷贴在工作台上，然后用镊子将残碎的书页夹住，使之背面朝上轻轻铺放，并拼整对齐。再用喷雾器往上喷一点水，使书页受潮后不易滑动。第二步是刷浆。用毛笔蘸浆水轻轻刷在书页背面，刷浆的顺序应从书口中间往两边抹，尽量把书页上的皱褶往外抹平，用力要轻，避免碎片移位。待整张书页抹完后，在上面铺上一张事先准备好的裱补用纸轻轻地盖在书页上，并用棕刷从右到左轻轻刷一遍，使裱补用纸和书页黏合在一起。然后盖上一张吸水纸，再刷一遍。第三步是揭起书页。将书页连同塑料薄膜或油纸一起揭起，翻转过来，平放在工作台上，用棕刷在塑料薄膜或油纸上刷一遍，即可从左下角入手把塑料薄膜或油纸轻轻掀开。如果塑料薄膜或油纸与书页稍有粘连，可用浆笔抹点浆水后盖上，再用手按几下，继续掀揭就比较容易了。第四步是晾干装订。沿裱补好的书页边缘上一点浆水，将书页贴在裱板上，待晾至半干时揭下来，夹在吸水纸里，压平，待最后晾干后整理装订。

托裱前应事先用笔蘸一点点水抹在待修古籍的墨色或其他颜色上，观察是否会洇染跑色，如果不会方可采用上述方法。对于容易走色的朱印本、蓝印本或朱蓝格纸的抄本，则可采用飞托法（又称干托法）进行托裱。所谓飞托，就是不像一般裱补那样先把浆水抹在书页上，而是在裱补用纸上刷浆，在把裱补纸倒过来刷贴在拼接好的书页上。其操作时应注意的事项与一般裱补法相同。

④揭补技法。古籍因为受潮或浸水后易发生粘结成块的现象。它又分两种情况，一是单纯湿水引起的粘结。由于没有粘合剂的介入，相对比较好处理；二是由黏性物质引起的粘结，比如书墨中的胶质成分或水中的黏性物质，可以使书页粘结得非常紧密、牢固，甚至使整册书结成一块"书砖"或一团"书饼"，处理起来就困难得多。粘结书页的修复工作实际包括两个方面，一是将粘结在一起的书页逐页揭开，二是根据书页的损坏情况再行修补。这里主要讲述前一项工作，后者与其他修复技法一样，不必赘述。揭开书页的方法主要有两种：

第一，干揭法。它适用于受潮时间较久，书页已经发干，书页虽粘结在一起但不甚牢固的古籍。具体操作如下：先用双手握住古籍的两头，轻轻地反复揉搓，等板结、干硬的书页被揉搓到松散、软活时，再用镊子或竹启子将书页逐页揭开，因此也叫搓揉法。揭页时如发现书页破损或脱落，应随时采用其他补破法进行修复，以免零星脱落的小块遗失或找不回原来的位置。由于揉搓容易伤纸，这种方法只适用于纸质较好的普通古籍。凡霉烂、糟朽、焦脆或纸质劣脆的书页，以及善本、珍本古籍，都不宜采用。另外，古籍能干揭的，应尽量避免使用湿揭法。

第二，湿揭法。对于粘结比较紧密，用干揭法难以揭开的书页，可采用简易的湿揭法。即不必拆散书页，只需把喷湿后的书籍平摊在工作台上，用镊子或竹启子逐页揭开即可。对于书页局部小面积粘牢者，可用蘸水的毛笔划湿粘结处，再用工具小心揭开。但对于粘结牢固如"书砖"者，则需要采用热水浸泡法或蒸汽穿透法（书页特别糟朽、焦脆、韧性差者不宜采用）。热水浸泡法的操作流程是：按明矾3%、广胶2%的比例制成胶矾热水（加矾是为了固定墨色；加胶是为了加固纸张，防止书页在热水的浸泡下松散）；将粘结书页放入热水中浸泡1~2日（可用薄布将书包起，以防泡烂）；待浸透后，取出沥去水分，待书页晾至半干后，再小心揭开，揭开的书页放在吸水纸上晾干。对破损的书页，还要随时进行修补。蒸汽穿透法是将热水浸泡过后的书页用干净的纸包裹起来，放在蒸笼格里蒸1~2个小时。蒸时务求水蒸气穿透书页，使得书页上的胶质成分得以溶解，这样书页就比较容易揭开了。用这种方法揭补书页时，要求每次从蒸笼里少拿一点书页，揭书页的动作要快。不然的话，没有揭完的书页冷却后更难分开，只能再蒸一次，增加对古籍的损伤。

⑤镶补技法。古籍在流传过程中，经常会发生丢失的现象。如果一部古籍丢失了其中的几册、几卷，就需要补配，但在补配时很难找到与原书开本大小一致的书籍，不仅晚清时期出版的书籍一般要比宋元版的书品小，就是

近代出版的书籍，也经常发现补配书籍比原本小的情况。为使补配书籍与原本整齐划一，需要对补配书籍采取镶补法进行修整。镶补法在具体操作上，有以下两种方法：

第一，拼镶法。具体操作流程是：选择与原书材质、颜色、厚薄相同的纸，根据书页的长、宽裁好纸条，使得纸条的长度分别稍长于书页的长度和宽度，并且纸条的纹路应与书页相同；在工作台上铺一张稍硬一点的纸，长宽均要大于原书的书页。接着把要拼镶的书页背面朝上摊开，铺在硬纸上。从第一页开始一页页地错开往上摆，两页之间间隔2毫米即可。摆了十几张之后，在上面盖一张稍厚一点的纸，用镇纸将书也压上，以防止移动；根据纸张的厚薄调好浆糊；把盖在书页上的厚纸移开，用毛笔蘸浆糊在书页的四周边缘涂抹，再把两长、两宽的4张纸条粘贴上去。贴的时候，要从靠近身边的一头往上贴，先拼接天头地脚，再拼接左右两边书脑。贴完后上面再盖一张纸，用手按压，使纸条与书页粘牢；然后将它们翻转过来，让书页正面朝上，按顺序放在夹干书页的纸板上，上面盖上纸，压平即可。拼镶书页要一沓一沓地做，最后将书页按原来的痕迹折好、装订就可以了。

第二，挖镶法。具体操作流程是：第一步是将配补书页的版面沿着版框挖下来。为了使挖出来的版框边缘留有毛茬（这样镶补后不会留下纸边的痕迹），不能用刀裁，而是用挑针沿版框划一条深痕。具体方法是把书页正面朝上，放在一块用软性木材制作的木板上，上面用一根透明尺压着版框，并稍留一点余地，接着用挑针沿版框划出一条似断非断的线，然后一只手拿着书页的左上角，另一只手从左到右轻轻撕拉版框外面的纸，兜一圈后，版心和框外的纸就脱开了。第二步是对挖下来的版面进行镶补。将书页背面朝上放在工作台上，在书页四周涂抹上宽约两毫米的浆水，拿一张预先裁好的比原书稍大的配纸铺到书页上（注意对齐配纸与书页的纹路），然后用棕刷刷平，使配纸与书页粘在一起。第三步是去除版框内多余的配纸。用毛笔蘸水在书页背面沿版框四周划湿，用镊子挑起一只角，把版框内多余的配纸揭开，慢慢撕去，注意不要把镶接的地方撕坏。最后用棕刷再在书页背面刷一遍，使书页与配纸牢固地粘接在一起。等到全书一页一页都镶补完后，即可夹干、压平、装订。

第二编　古籍文本的复原性整理

古籍在历经多次传抄、翻刻之后，其文本内容与当初的面貌可能相去甚远。要使现有古籍的文本内容最大程度地复现原貌，就必须解决古籍文本的可靠性、准确性、真实性及完整性问题。所谓可靠性，是指古籍文本整体的可信赖程度，主要通过版本鉴定和版本源流的考订来判定；所谓准确性，是指古籍文本局部的篇章顺序、字词语句不存在讹、脱、衍、倒等情况，主要通过古籍校勘来实现；所谓真实性，是指古籍的产生年代、作者署名及内容不存在作伪的情况，主要通过古籍辨伪的方法来识别；所谓完整性，是指古籍的内容不存在缺损或整体亡佚的情况，如果存在，则可通过辑佚的方法使之恢复完整。本编以四章的篇幅依次讲述古籍版本、校勘、辨伪、辑佚方面的基础知识。

第三章　古籍的版本

版本是古籍的重要属性。同一种古籍因版本的不同，其学术价值、文物价值和审美价值是大不一样的。从研究和利用古籍的目的出发，人们都希望能读到内容与古籍初始面貌最为接近的版本。但在没有祖本的情况下，什么样的版本与古籍的初始面貌最为接近？哪些类型的版本从文本的整体性来看最为可靠？这就需要对古籍的各种版本进行鉴别和比较，对其源流进行梳理和考订，从中选择出善本，这就是古籍版本学研究的内容。

第一节　版本的涵义及类型

一、版本释义

"版本"一词最初不是连用的，而是"版"与"本"各有其义。"版"，《说文解字》解为："判也，从片，反声。"（段玉裁《说文解字注》云："片也。旧作'判'也，浅人所改，今正。"又释"片"曰："判木也，从半木，凡片之属皆从片。"由此可知，版的本义就是木片，与"板"通用，后引申为剖析成片的竹简、木简、版牍。

"本"，《说文解字》释曰："木下曰本，从木，一在其下。"其本义指树根，后引申为根基、基础、本原之意。"本"用作书籍讲，始见于刘向《别录》："雠校，一人读书，校其上下，得谬误，为校。一人持本，一人读书，若怨家相对，故曰雠也。"关于这个"一人持本"，学界有两种不同的理解：

一是以叶德辉、张舜徽为代表，认为"本"是指帛书。叶德辉在《书林清话·书之称本》认为："书之称'本'，必有所因。《说文解字》云：'木下曰本'，而今人称书之下边曰书根，乃知本者，因根而计数之词。"叶氏认为书之称本是源于"因根而计数","本"是作为计量词来使用的。但他又说:"吾谓书本由卷子折叠而成,卷不如折本翻阅之便,其制当兴于秦汉间"①,这显然就大错了。因为秦汉时尚未有纸本书,又何来折本(经折装)?"书根"既然不是指折本而言,那该指什么装帧形态的书籍呢?张舜徽认为:"清末叶德辉《书林清话》卷一说:'今人称书之下边曰书根,乃知本者,因根而计数之词。'这话是对的。因根计数,起于卷轴。就卷子中的木轴而言,可以称根,也可称本。那末,'版'的名称,原于简牍;'本'的名称,原于缣帛;是确无疑义的了。后世因合二者而连称'版本',用于书册的通名。"② 因为帛书一般采用卷轴装,即左端粘接轴棒,两端轴头突出于外。"本"就是这轴头,并因其计数进而代指帛书。这既符合"木下曰本"的说法,也印证了叶德辉"因根而计数之词"的猜测。

二是以余嘉锡为代表,认为"本"指简策书。他在《书册制度考》中说:"寻《风俗通》之意,'一人持本'者,持竹简所书改易刊定之本;'一人读书者',读传写上素之书也。以油素之书写自竹简,则竹简之书为原本,故呼曰'本'。其后简策之制既废,写书者借人之书传录,则呼所借者为'本'。《后汉书·延笃传》注引《先贤行状》曰:'延笃欲写《左氏传》,无纸,乃借本讽之。'是其事也。凡书无不可传写者,因有'书本'之名矣。"③ 余先生认为,"一人持本"之"本"作底本、原本讲,是指校勘整理好的简策书。如果是这样的话,这意味着版本学意义上的"底本"的概念在汉代就已经形成。

这两种说法似乎都说得通,但究竟哪一种更为可信呢?问题的焦点在于后一个"一人读书",究竟这里的"书"是指帛书还是简策?据刘向叙录中"皆已定以杀青,书可缮写"之类的话可知,刘向在每校定一书后,还要将简策底本上的文字誊录于缣帛之上,谓之"上素",故接下来的工作必是将简策本与缣帛本对读。按照校勘工作的常规,所读之书当为校定好了的底本(也即简策)。因为简策既已杀青,不需修改,可以保证诵读的连续性。而且,读相对散乱的简策定本以校相对齐整的帛书,不容易发生次序颠倒和缺文漏字现象,这一点非常重要,故读书之人必不是改字之人。因此,"一人持本"之"本"当为帛书才对,也只有"持本"之人有空隙腾出手来改正

---

① (清)叶德辉撰;刘发等校点.书林清话附书林余话[M].沈阳:辽宁教育出版社,1998:11-12.
② 张舜徽.中国文献学[M].上海:上海古籍出版社,2005:46.
③ 余嘉锡.余嘉锡论学杂著[M].北京:中华书局,2007:542.

文字上的错误。

另外，从文献记载来看，西汉时绝少以"本"指简策书（而简策是当时图书的主要形制）。如《汉书·河间献王传》称："献王所得书皆古文先秦旧书"，并不称"先秦旧本"。现存《别录》佚文中也只有"中书""外书""臣向书""臣参书""大中大夫卜圭书""射声校尉立书""太史书""太常书"等名称，绝不言及"本"字，而这些书大多是简策书。这更加证实了简策书在汉代并不称为"本"。这些片状的简策只能称为"版"，只有卷轴装的帛书才称为"本"。叶德辉认为"本"指册页装的"书根"固然不对，但给了我们启示："本"指因根（轴头）计数的"帛书"。"本"用作与"木"相关的事物的计数词的例子很多，如《隋书·宇文恺传》："自古明堂图惟有二本，一是宗周，刘熙、阮谌、刘昌宗等作，三图略同。一是后汉建武三十年作，《礼图》有本，不详撰人。"①《渑水燕谈录》卷二载："京师民刻画其（司马光）像，家置一本。"② 这里的图、像均是卷轴装。再如《渑水燕谈录》卷七载："海陵西溪盐场，初文靖公尝官于此，手植牡丹一本。"③ 这些"本"的用法为叶氏的观点提供了佐证。可见，刘向"一人持本"中的"本"并非简策书的"底本"，而是以轴计数的"上素之书"，即帛书。这里的"本"并非版本学意义上"底本"的概念。

"版"与"本"连用出现于宋代，如叶梦得《石林燕语》卷八载："然板本初不是正，不无谬误。世既一以板本为正，而藏本日亡。其讹谬者遂不可正，甚可惜也。"④ 不过，宋代的"板本"特指刻本而言，并不包括写本在内，如朱熹《谢上蔡语录后序》称："熹初得友人括苍吴任写本一篇，后得吴中板本一篇。"（《晦庵集》卷七十五）。后来由于刻本书的极盛，"版本"一词的频繁使用，它的外延渐而扩大，进而将写本、拓本、活字本等其他版本形式也囊括其中，成为一书各种本子的总称。

因此，我们可以给版本下一个定义：由特定工艺制作的、具有特定形式和内容的图书物质形态⑤。具体来讲，是同一种图书在讲诵、铸刻、抄写、传拓、印刷、摄录等不同形式的传播过程中，因书名卷数、篇章次序、文字内容、装订形式等方面的差异而形成的不同物质形态，又称"同书异本"。

---

① （唐）魏徵等．隋书［M］．北京：中华书局，1973：1593．
② （宋）王辟之．渑水燕谈录［M］．北京：中华书局，1985：15．
③ （宋）王辟之．渑水燕谈录［M］．北京：中华书局，1985：61．
④ （宋）叶梦得．石林燕语［M］．北京：中华书局，1984：116．
⑤ 曹之．中国古籍版本学［M］．3版．武汉：武汉大学出版社，2015：10．

所谓的"异",既包括内容方面的,也包括形式方面的。

二、古籍版本的类型

古籍的版本类型复杂、术语众多。根据不同的划分标准,可以得到各种不同类型的古籍名称。以下就版本工艺、出版时间、出版地点、出版主体、字体版式、内容分合及加工方式等常见的划分标准,介绍主要的古籍版本类型。

1. 按版本工艺分

按照古籍版本的制作工艺分,有写本、拓本、刻本、活字本、套印本、钤印本、石印本、影印本等,其中刻本和写本是两种主要的版本类型。

写本:广义的写本指的是一切用手工抄写而成的书,也叫抄本;狭义的写本既不是刻本,也不是稿本或根据其他版本录写的抄本,而是首次成书时以手写成的本子,如《永乐大典》《四库全书》、明清列朝实录等。抄本又可分为手稿本、誊清本和传抄本。手稿本是指名家亲笔写成的稿子,但还没有最后定稿,如曹雪芹手写的《红楼梦》。誊清本是将作者修改过的手稿本重新誊录一遍,用以正式出版。它可能是作者亲手誊录的,也可能是由他人代为誊录的。传抄本是指根据底本传录而成的副本,又有乌丝栏抄本、朱丝栏抄本、精抄本、影抄本、毛抄本、旧抄本等名称。影抄本是用透明的薄纸覆盖在底本上,按照原有字体、行款照样临摹而成的本子,几乎可与原本一模一样,类似于今天的影印。"毛抄本"特指明末著名出版家毛晋亲自抄录的书。

拓本:把铸刻在金石器皿上的文字和图案摹拓在纸上,然后装订而成的书。多见于墓志、碑刻、石经和书法类作品。常见的拓本有两种颜色,黑的叫"墨拓本",红的叫"朱拓本"。用浓墨拓石后再上光的,称为"乌金拓",只上轻轻一层墨的称为"蝉翼拓"。

刻本:雕版印刷而成的图书。它是将写好的书稿清样有字的一面敷贴在一块平整的木板(多用梓木、梨木、枣木)上,刻工用不同形式的刻刀将木板上的有反体字墨迹的部分刻成凸起的阳文,同时将空白部分挖除。印刷时,用平底刷蘸上墨汁,均匀刷于板面。然后小心把纸平铺在板面上,再用干净的刷子轻轻刷纸,使其着墨,纸面上就有了白底黑字的文字或图像。最后将纸揭下,晾干后就可装订成书了。刻本还可以根据刻印时间、地点和主体再分。

活字本:用泥、木、铜、锡、铅等材料制成的字模摆印而成的书。根据材料的不同,又有泥活字本、木活字本(也叫"聚珍版")、铜活字本、锡活字本、铅活字本之分。

套印本：为了将书中的正文及各家评点等内容区别开来，将正文、各家评点分别各刻一版，然后用不同颜色依次将各版叠印在同一张纸上而成的书。我国最迟在辽代就已经发明了套版印刷技术。刻本中常见的有朱、墨二色套印，多则还有三色、四色甚至五色套印。

钤印本：是将印章上的字迹、图案加盖于纸上而成的书，印迹为印泥的颜色，常见者如古代的印谱类书籍。

石印本：用药墨将文字写在特制的药纸上，再将药纸敷贴在平滑的石板上，使字迹转移至石板，然后滚刷油墨印成的书。具体原理和方法详见第一章第三节。

影印本：将原书逐页照相或扫描制版印成的书，最大程度地保留了古籍的原貌。

2. 按出版时间分

人们习惯按古籍的出版朝代称之为某朝本，如宋本（又可分北宋本和南宋本）、元本、明本、清本等。如果知道它的版本工艺，则还可以称之为宋刻本、宋写本，元刻本、元写本，明刻本、明写本，清刻本、清写本等。对于刻本而言，按刻印时间又可分为：

初刻本：某种古籍首次刻印时的本子，是该书所有刻本中最早的版本。

重刻本：选定某种刻本作为底本，重新刻版印刷而成的书。只需内容与原刻本一致就行，行款版式未必和原刻本相同。

翻刻本：严格按照原刻本的内容、行款、版式重新付刻的本子，因此也叫覆刻本。但字体、字迹不必和原刻本一致。

影刻本：是将原刻本的内容、字迹包括边栏界行、版口鱼尾、行款字数、甚至讳字、刻工姓氏等，逐页临摹或双勾下来，然后将描摹好的书叶上版雕镌，这样印出来的书几乎与原刻本完全相同，可达到以假乱真的效果。

递修本：用经过多次修补的书版印刷而成的书籍。雕版刻书所用的书版经长时间的使用和保存之后，容易龟裂变形、字迹漫漶，或鼠啮霉烂、人为丢失，如要继续用来印书，就必须对模糊不清或缺损的版片进行补刻。以修补之后的书版印出来的书，称作修补本。如是经过两次或两次以上的修版，印出来的书就叫递修本，可称作"×朝××年刻×朝××年递修本"。历经三个不同的朝代，则称为三朝本，如南宋绍兴间井宪孟所刻《眉山七史》，南宋中晚期至元代递有修补。明初移入南京国子监后，嘉靖、万历、崇祯年间曾多次修补。至清代，康熙、乾隆年间也修补过两次，直到嘉庆年间毁于火灾，存世近700年。

初印本：是指古籍书版刻成之后首次印刷而成的书。

后印本：相对于初印本而言，是在古籍书版首次印刷之后再印的书。后印本和初印本是同一版本，但印刷质量通常不如初印本，因为书版经多次印刷或放置时间过长，容易漫漶不清或龟裂变形。

3. 按出版地点分

中国古代在不同的时期分别形成了若干个刻书比较发达的地区，因此在版本名称上也多有冠以地名的，如浙本、建本、蜀本、江西本、平阳本等。

浙本：即浙江地区的刻本。浙江是我国传统的刻书中心之一，刻书地点主要分布在临安、越州、婺州、严州、衢州、吴兴、温州、宁波等地，故浙本又分为临安本、越州本、婺州本、严州本、衢州本等。

建本：即福建地区的刻本，也叫闽本。福建也是我国传统的刻书中心之一，刻书地点主要分布在建阳、建安、福州、泉州、汀州、莆田、邵武、南平、长乐、武夷等地，尤以建阳麻沙镇最为著名，因此建本又有建阳本、福州本、泉州本、麻沙本等之分。

蜀本：即四川地区的刻本，又叫川本。四川亦是我国传统的刻书中心之一，刻书地点主要分布在成都、眉山、广都、涪州、剑州、潼川等地，同样蜀本可分为成都本、眉山本等。

江西本：即江西地区的刻本。以往的刻书史著作经常忽略了江西刻书，其实江西刻书业自宋代以来就非常发达，也是中国传统的刻书中心之一，刻书地点主要分布在江州、建昌、南康、袁州、萍乡、饶州、吉州、抚州等地，因此也可分为江州本、建昌本、南康本、袁州本、饶州本等。

平阳本：即平阳地区刻本。平阳也叫平水，在今山西临汾一带，是金代和元代北方的刻书中心。

4. 按出版主体分

按照古籍的出版主体，通常可以分为官刻、家刻、坊刻三大系统，另有书院刻书和寺观刻书为之补充，因此古籍版本也可分为官刻本、家刻本、坊刻本、书院刻本和寺观刻本。

官刻本：历朝各级政府及其附属机构主导所刻的书，分为中央官刻和地方官刻。历代中央官刻机构有五代时期的国子监，宋代的国子监、崇文院、太史局、礼制局等，元代的兴文署、广成局、太医院等，明代的国子监、司礼监、钦天监、礼部等，清代的武英殿、国子监等。地方官刻机构有宋代的各路公使库、各路使司（如安抚司、提刑司、转运司、茶盐司）、各州府军监学和县学，元代的各路儒学，明代的藩府、布政司、按察司等，清代的扬州诗局、地方官书局等。按照对应的机构，官刻本还可细分，如国子监刻本称为监本，兴文署刻本称为兴文署本，司礼监刻本称为经厂本，武英殿刻本称为殿本，藩府刻本称为藩本，官书局刻本称为局本，等等。官刻本因为政府资金充裕、校勘力量较强而刻印质量颇高。

家刻本：私人出资刻印的图书。它不以营利为目的，通常是为了保存和传播家族成员的著述、满足家族子侄教育、发展当地文化事业的需要，因此校勘精审、质量较高。如五代毋昭裔刻本，宋代廖莹中世彩堂刻本、黄善夫刻本，元代岳浚刻本，明毛晋汲古阁刻本、范钦天一阁刻本、王延喆刻本，清张海鹏刻本、胡克家刻本，等等。

坊刻本：民间书商为了获利所刻印、售卖之书。古代书坊不仅卖书，也刻印图书。它有自己的写工、刻工、印工、装潢工，通常以家庭作坊的形式组织生产经营，称为书坊、书肆、书堂、书棚、书铺、书籍铺等，其所刻之书常冠以堂号而称之，如南宋陈起的陈宅书籍铺刻本、建阳余仁仲万卷堂刻本、元代麻沙刘氏南涧书堂刻本、平阳曹氏进德斋刻本，明代建阳余象斗三台馆刻本、金陵唐对溪富春堂刻本、杭州胡文焕文会堂刻本，清代南京李光明庄刻本、苏州席氏扫叶山房刻本等。坊刻本的质量因人因地而异，不能一概而论。

书院刻本：历代书院所刻之书。书院是介于私学和官学之间的一种特殊的教学组织形式，它产生于民间，唐代中叶得到官方认可，经唐玄宗一代君臣的倡导而日渐盛行，从最初私人读书、治学、藏修之所，发展为聚徒教授、开引士民的教学机构。自宋代起，书院开始大规模刻印图书，历经元、明、清而不绝。"书院本"以其精校、精工、易行"三善"而受人重视。

寺观刻本：历代寺庙和道观所刻之书，主要以宗教类的佛经和道藏为主。

5. 按字体版式分

按古籍的字体大小，可分为大字本、中字本、小字本；按古籍的字体形式，可分为软体字本和硬体字本；按版式大小和分栏方式分，有巾箱本、两节栏本、三节栏本。还可根据书版的来源及书口形式分，有百衲本、黑口本、白口本等。

中字本：字体大小合适的本子。通常以半页10行、每行20字为宜。

大字本：字体较大的本子。一般来说，其行款小于半页10行、行20字。

小字本：字体较小的本子。一般来说，其行款大于半页10行、行20字，读起来眼睛比较吃力。

软体字本：用楷体（又分欧体、颜体、柳体、赵体等）字刻印而成的图书。五代时期国子监所刻图书，是由一些擅长书法的官员端楷手写上版，字体圆润美观。

硬体字本：用匠体字刻印而成的图书。所谓匠体，是专业刻书工人为提高刻书效率而发明的一种字体。它仿宋体而来，字形方长，竖粗横细，笔锋生硬，明代中期以后开始流行。

巾箱本：古代袖珍本的别称。"巾箱"是古人随身收放头巾、手帕之类随身物品的小箱子。为了方便携带和取阅，古人将版型极小的书籍装在巾箱内，故得其名。早期的巾箱本都是写本。宋代雕版印刷技术普及后，刻本也有了巾箱本，并且因其开本小成本低，定价便宜，深得底层文人和市井阶层的青睐，如南宋戴埴《鼠璞》所云："今巾箱刻本，无所不备。"

两节栏本：版框分为上、下两栏的印本。两节版本多见于民间通俗类读物，其分栏方法通常是正文在下，上栏配以图画或注释、批语之类的文字。

三节栏本：版框分成上、中、下三栏的印本。如湖北崇文书局光绪间刻本《三国职官表》就是分上、中、下三栏，各列魏、蜀、吴三国职官情况。

百衲本：用不同类型的书版拼印成一般完整的书。如商务印书馆著名的百衲本《二十四史》、傅增湘百衲本《资治通鉴》等。

黑口本：书口有象鼻的本子。象鼻是连接鱼尾和版框的一条线，根据这条线的粗细，又可分为大黑口（也叫阔黑口）和小黑口（也叫细黑口）。

白口本：书口没有象鼻的本子。

6. 按内容分合及加工方式分

按古籍的内容分合情况，可分为单刻本、合刻本、抽印本、丛书本、增订本、删节本、足本、残本等；按古籍内容的加工方式，可分为校本、注本、批点本、插图本、过录本等。

单刻本：以单行本方式刊刻的书，相对丛书本和合刻本而言。

合刻本：将两种以上著作合在一起刻印而成的书，原书仍保持各自独立的内容及书名。

抽印本：从丛书中选取一种或若干种子书，另以单行本方式重新刻印而成的书。

丛书本：以一个总书名将多种书汇刻在一起而成的书。

增订本：在原书内容基础上修订增补而成的本子。

删节本：在原书内容基础上删节而成的本子，但原书的基本结构保持不变。

足本：内容完整无缺的本子。

残本：内容缺损不全的本子。

校本：同一种图书中经前人校勘过的版本类型。经某某人校勘过的图书，称作"某某校本"。经前人特别是一些著名学者校勘过的本子，相对于只有原著正文的普通版本，具有更高的学术价值。名家的手校本还具有很高的收藏价值。清末张之洞提出的"善本三义"，其中就包括精校本。

注本：同一种图书中附有注释文字的版本类型。经某某人注释过的图书，称作"某某注本"。经由前代学者注释过的本子，比只有正文的普通版本具有更高的学术价值。精注本通常被人们视作善本，为世人所珍重。

批点本：带有批语和圈点的本子。批语是古人阅读时随手写在图书边框外的评论性文字。圈点是用朱笔画在文字右侧的小圆圈，或表语句停顿，或示寓意深刻。

插图本：是在以文字为主要内容的书籍中插入相应的图画所形成的本子。中国古代的经、史、子、集各类书籍都有插图本，但以佛经、平话、戏曲、通俗小说以及医书、农书、地理书等最为普遍。早期的插图采用扉页画形式，后来出现了卷首插图和正文插图。插图的类型包括人物插图、山水插图、花鸟插图、器物插图、连环画插图、地图等。古代插图本书名前常冠有"绣像""全相"之类的字样。"绣像"是在卷首单独冠以人物画像，多用单线条勾勒，摹写精细，不画背景；"全相"是在正文中插入反映图书内容的画面，起到以图释文的作用。

过录本：将底本上各家批校文字、圈点符号连同正文一起抄录下来形成的图书版本类型。过录名家批语、校语乃至句读圈点，是学习和研究原著的一种很好的方法。

古籍版本还可以按照用途区分，有进呈本、底本、样本等；按照刻印质量、流传情况及价值区分，有邋遢本、大花脸本、书帕本（明代官场作为礼物送人的刻本，包装精美，但错误较多，不为世人所重）、精刻本、俗本、通行本、孤本、秘本、善本等。

第二节　古籍版本的鉴定

所谓古籍版本鉴定，是根据古籍的外在形式及文字内容等方面获取的信息，准确地判断出古籍的出版时间、出版地、出版者及版本类型，从而为读者判断古籍的版本价值及选择利用古籍提供参考。鉴定古籍版本的方法不外乎三大途径，一是通过古籍的外在形式，二是通过古籍的文字内容；三是借助相关的工具书。

一、从外在形式入手

可以为鉴定版本提供线索的古籍外在形式有书名页、序跋、卷端、牌记、行款、字体、刻工姓名、装订方式、纸张、藏印、室名等。

1. 从书名页入手

古籍书名页在宋元就已出现，但损毁严重，保存至今的非常罕见。明代晚期和清代刻本的书名页最为常见。书名页是古籍版本信息的重要来源，其形式灵活多样：①有的只刻有书名，如清光绪间刻本《经籍举要》书名页仅题"经籍举要"四个篆字；②有的书名之外还有刻书者（或藏版者）信息，如清雍正九年（1731年）陆氏水云渔屋刻本《南宋诗选》书名页除书名之外，于左下角题"水云渔屋刊本"；③有的除书名、刻书者外，还有刻书时间，如清乾隆四十九年（1784）刻本《白虎通》，书名页正中题书名"白虎通"三字，左下角题"抱经堂雕"（抱经堂为清人卢文弨室名），右上角题"乾隆甲辰"（即乾隆四十九年，1784年），为刻书时间；④有的既有书名、刻书者、刻书时间信息，还有广告文字或插图，如元至正十六年（1356年）翠岩精舍刻本《广韵》，除题大字书名外，右侧题小字"五音四声切韵图谱详明"，左侧题小字"至正丙申仲夏绣梓印行"，横眉批"翠岩精舍校正无误"（见图3-1）；元至治间建安虞氏所刻《新全相三国志平话》，下栏大字题书名，当中小字题"至治新刊"，上栏横批"建安虞氏新刊"，中栏有插图（见图3-2）。

以上所举四种书名页形式，除第一种外，其他三种或多或少揭示了刻书者（藏版者）、刻书时间、刻书地信息，这对我们鉴定版本非常有帮助。但必须注意的是，有的翻刻本常将原刻本的书名页照样刊出，这样的书名页对鉴定版本就会起误导作用。另外，我们不能简单地把"藏版"者等同于刻书者。古籍书名页题藏版信息，主要是方便读者自带纸墨到藏版处印刷图书，起广告宣传的作用。藏版人可能是刻书者，也可能不是刻书者，而仅仅是书版的收藏者，要参考其他情况才能确定。对于题署"本衙藏版"者，也不能一概视为是官刻本。"衙"除指官衙外，也可指私宅。因此很多私刻本也题"本衙藏版"，或在前加上姓氏，题作"彭衙""叶衙""金衙"等，也有题作"本府""本堂""本祠""本斋"者。

2. 从序跋入手

古籍通常都有序跋。序是写在目录之前揭示图书内容主旨、作者生平、成书经过和评品学术源流的文字，有自序、他序之分。自序是在书稿完成后由作者本人题写；他序可能是作者完成书稿后请同乡耆旧、师友长贤题写的，也可能是作者去世之后由其子嗣、门生、后学对书稿进行撮拾编次之后题写的。自序通常只有一篇，而他序则可能有多篇，因为图书内容每增删整理一次，都有可能新增一序以说明相关情况。跋文是题写在正文之后，反映图书流传始末、刊刻经过的文字。它是在古籍流传过程中由后人加上去的，不是原书所有的内容，其篇幅相比序言短小，写作方式也更为灵活随性。

图 3-1　《新刊足注明本广韵》书名页　　图 3-2　《新全相三国志平话》书名页

序、跋的撰写年份，通常来讲与古籍的刊刻年份相差不会太远，可作鉴定版刻年代的参考依据。但也有例外的情况，有时因时事迁延，题写序跋的时间与刻书时间可能相去甚远。例如宋刻本《离骚草木疏》，作者吴仁杰于庆元三年（1197年）自序称："悉本本元元，分别部居，次之于梨，会萃成书，区以别矣。"这里提到"次之于梨"，即付之刊刻的意思，按说可以断定刻书时间为庆元三年。但书后又有方灿于庆元六年（1200年）的题跋："比以《离骚草木疏》见属，刊于罗田县庠。"记载言之凿凿，可见刻书之年比自序之年晚了3年，原因是吴仁杰刊刻之时又想起往书中添加《离骚》的内容，故有拖延。我们根据序跋来鉴定版本，不是根据序跋的题写时间来判定版刻的时间，而是要根据序跋内容中提到的与刻书的人、时、地等相关的信息来推断版刻时间。比如，清人李念慈《谷口山房诗集》卷首有杨素蕴康熙二十八年（1689年）序称："戊辰（康熙二十七年）秋，过我皖署，蕴亟请之，因得鸠工付梓。"另有康熙二十八年李念慈自序提到"杨中丞谬相许可，慨然蠲金，为付剞劂"，两序相互印证，定为康熙二十八年杨素蕴刻本无疑。

利用序跋鉴定古籍版本要注意几个问题：①有的重刻本往往将原刻本的序跋照样刊出，如果不严加区分，容易误将它定为原刻本。②如果一书题有多个序跋，题写时间前后不同，则该书的版刻时间不应早于最晚的序跋题写时间。③通过其他途径鉴定的版刻年代如晚于通过序跋鉴定的版刻年代，则以最晚出的其他年代为准，通过序跋鉴定的版刻年代无效。例如，《理学类编》有嘉靖壬寅益藩重刻序，有人根据作序时间定为明嘉靖二十一年（1542年）刻本，但该书卷端下题"新安后学毕懋康孟侯参订"，查毕懋康出生于隆庆五年（1571年），万历二十六年（1598年）进士，其名字不可能出现在嘉靖本的卷端上，该书当为万历刻本。因此根据序跋鉴定版本并不是孤立进行的，还须结合卷端、牌记、行款、作者生平、内容时限等其他因素综合考察，以其最晚的时间为版刻年代的上限。

3. 从卷端入手

古籍的每卷正文之前都有卷端，用两三行文字标识书名、著者、编纂校刊者姓氏甚至版刻情况，这些信息是我们著录古籍书名项、责任者项、版本项的重要依据。现在看到的多数古籍，卷端所标书名一般就是全书名。而早期的古籍卷端题名，多把篇名标在上端，全书名标在下端，这就是所谓的"小题在上，大题在下"，切不可将篇名和书名混淆。

古籍的卷端书名常加有冠词，情况比较复杂，大致有以下几种类型：

第一，反映古籍内容情况的冠词。又分以下情况：①反映内容编排的冠词，有"新编""分类"等，如《新编金匮要略方论》《集千家注分类杜工部诗》等。②反映内容增加的冠词，有"增订""广""附"等，如《增订汉魏丛书》《广文选》《大广益会玉篇》《重广补注黄帝内经素问》《附释音左传注疏》等。③反映插图的冠词，有"绣像""全相""绘图"等，如《绣像四游合传》《全相平话五种》《绘图千家诗》等。④反映作品朝代的冠词，用"国朝""圣朝""皇朝""昭代""熙朝"等表示作品社会背景与作者所处的朝代一致，用"胜朝""胜国"等表示作品社会背景属作者所处朝代的前一朝。例如，宋人赵汝愚编《国朝诸臣奏议》、明人陈继儒编《国朝名公诗选》、清人徐斐然辑《国朝二十四家文钞》中的"国朝"分别指的是宋、明、清三朝。而清人吴弥光撰《胜朝遗事》、清人沈征君撰《胜国传略》中的"胜朝""胜国"均指明朝。

根据作者对书中提到的朝代的称谓，大致能判断作品的创作或刻印年代，因为作者对本朝的称谓多采用褒扬性字眼，如《钜宋广韵》《圣宋文选》《圣宋名贤五百家播芳大全文粹》等，这些书名称谓一看就是成书或初刻于宋代。当然，后世据原书名翻刻的，不可将之定为宋本。而像《宋季三朝政要》《宋史全文续资治通鉴》《重刻宋朝十将传》这些书名，只是中性称谓，显见是后朝人的口吻，因此不可能是宋本。

　　第二，反映古籍作者及著述方式的冠词。古籍卷端书名也反映作者及著述方式等情况，包括作者姓名、朝代、籍贯、官职，以及注释、评点、批校、增删等：①书名前直接加上作者姓氏名号，如《扬子法言》《白氏策林》《昌黎先生文集》等。②书名前加朝代名，如《唐元次山文集》《宋高僧诗选》《元名臣事略》等。③书名前加作者籍贯的，如《豫章黄先生文集》《临川吴文正公集》等。④书名前加作者职官的，如《直讲李先生文集》《翰林杨仲弘诗》等。⑤书名反映著述方式的，如《六臣注文选》《笺注简斋诗集》《李卓吾先生批评西厢记》《须溪先生校本唐王右丞集》《增订王昌龄诗集》《删后诗存》等。⑥书名反映皇帝著述情况的，如《御制官箴》《御定康熙字典》《钦定天禄琳琅书目》《御纂周易折中》等。

　　第三，反映古籍版本情况的冠词。有的卷端书名冠词直接反映古籍的版本情况：①反映刻书朝代，如《宋刊陶靖节诗》《元刊韦苏州集》等。②反映刻书者信息，如《武英殿聚珍版丛书》《三桂堂王振华刊本警世通言》等。③反映版本特征，如《足本三国演义》《百衲本二十四史》《别本说唐后传》等。④反映底本信息，如《汲古阁说文订》《真本金瓶梅》等。⑤反映版次，如《重刊兴化府志》《新刻博笑记》等。也有将以上版本情况反映在一起的，如《宋刊巾箱本八经》、元杂剧《古杭新刊的本关大王单刀会》《古杭新刊的本关目风月紫云庭》等。

　　以上三种情况有时并不以单一的形式在卷端书名中出现，也可能交叉混合在一起，如《门类增广十注杜工部诗》《新刻校正古本大字音释三国志通俗演义》《新刻出像京本忠义水浒传》等书名，就同时出现了多种类型的书名冠词。书名冠词在明代坊刻本中最为常见，一则反映了明代雕版印刷的繁盛；二则说明当时的书业竞争非常激烈，书贾们为了在与同行的竞争中脱颖而出，只好在书名上标新立异，以广揽顾客。

　　古籍卷端书名冠词不同，则意味着古籍的版本不同。以元末明初罗贯中的《三国演义》为例，明代刻本中就有如下不同的题名：建阳叶逢春嘉靖二十七年（1548年）刻本，题为《三国志传》；金陵万卷楼周曰校万历十九年（1591年）刻本，题为《新刊校正古本大字音释三国志通俗演义》；余象斗双峰堂万历二十二年（1592年）刻本，题为《新刻按鉴全像批评三国志传》；郑少垣联辉堂万历三十三年（1605年）刻本，题为《新镌京本校正通俗演义按鉴三国志传》；书林杨闽斋万历三十八年（1610年）刻本，题为《重刻京本通俗演义按鉴三国志传》；郑世容万历三十九年（1611年）刻本，题为《新锓京本校正通俗演义按鉴三国志传》；江夏汤宾尹万历刻本，题为《新刻汤学士校正古本按鉴演义全像通俗三国志传》；刘龙田乔山堂万历刻本，题为《新锓全像大字通俗演义三国志传》；建阳郑以桢宝善堂万历刻本，题为《新镌校正京本大字音释圈点三国志演义》；笈邮斋万历刻本，题为《新锓全像大字通俗演义三国志传》；武林夷白堂万历刻本，题为《通俗三国演义》；夏振宇刻本，题为《新刊校正古本大字音释三国志传通俗演义》；朱鼎臣辑本，题为《新刻音释旁训评林演义三国志传》。再以明人所著《英烈传》为例，也有如下不同的题名：书林杨明峰万历十九年（1591年）刻本，卷端题名为《新锓龙兴名世录皇明开运英武传》，别题《皇明英武传》；福建建阳三台馆刻本，卷端题名为《新刻皇明开运辑略武功名世英烈传》，别题《官板皇明全像英烈志传》；崇祯元年（1628年）刻本，卷端题名为《玉茗堂批点皇明英烈传》；大英博物馆藏明刻残本，卷端题名为《全像演义皇明英烈志传》。因此，书名冠词是区分一书不同版本的重要依据。但是，古籍卷端书名（包括冠词年）完全一致，并不意味着版本相同。例如，《东周列国志》有清代星聚堂本、义合斋本、森宝斋本三个不同的版本，但卷端书名均题为《蔡元放评定本东周列国志》。因此，鉴定版本时不能把书名冠词绝对化。

卷端的编纂校刊者衔名信息也可帮助鉴定古籍版本。例如，建阳郑伯刚宗文堂刻本《重刊仪礼考注》，作者是元代的吴澄。该书卷端首行题"元翰林学士临川吴澄考定"，次行题"翰林修撰吉丰罗伦校正"，末行题"后学沧溪周华校点"。称"元翰林学士"，而不是"皇元""圣元"，已是元代后朝人的口吻。"翰林修撰"是明代的官衔。再考罗伦其人，成化二年（1466年）擢进士第一，卒于正德十四年（1519年）。由此可以断定，该本是明刻本，绝非元刻。国家图书馆藏有该本，但序言已被书贾挖去。不过辽宁省图书馆有该书全本，书前有林升序，落款为"嘉靖元年孟冬吉旦乡进士莆田林升序"，书末有"嘉靖元年孟秋宗文堂刊行"牌记，证明该书为嘉靖元年（1522年）刻本。

4. 从牌记入手

牌记是刻书者刻在书内的个性化印记，所记内容多与刻书事项有关，包括刻书材料、底本来源、刻书缘起、刻书者、刻书时间及地点等。例如，宋嘉泰二年（1202年）刻本《会稽志》有牌记云："绍兴府今刊《会稽志》一部三十卷，用印书纸八百幅，古经纸一十幅，副页纸二十幅，背古经纸平表十一幅，工墨钱八百文，每册装背□□文，右具如前。嘉泰二年手分俞澄、王思忠具。"说明了刻书所用原料及成本，同时透露了刻书者、刻书时间信息。宋佚名无年号刻《东莱先生诗武库》目录前牌记云："今得吕氏家塾手抄《武库》一帙，用是为诗战之具，固可以扫千军而降劲敌，不欲秘藏，刻梓以淑诸天下，收书君子，伏幸详鉴。谨咨。"说明了底本情况。南宋廖莹中世彩堂咸淳间刻本《昌黎先生集》《河东先生集》，各卷后镌有篆书牌记"世彩堂廖氏刻梓家塾"，说明了刻书者。元大德五年（1301年）王常刻本《王荆公诗笺注》目录后有草书长方形牌记："仆顷间诗于须溪先生及半山，则恨李注本极少，于是先生出示善本，并得其评点，兹不敢私，命刻之梓，期与四方学者共之。门人王常谨题。"说明了底本来源及刻书缘起。元延祐五年（1318年）刻本《书蔡氏传辑录纂注》，有"延祐戊午"钟形牌记，说明了刻书时间。明万历刻本《月露音》牌记云："杭州丰东桥三官巷口李衙刊发，每部纹银捌钱。如有翻刻，千里究治。"除说明刻书地、刻书者、书价外，还宣示了版权。清同治刻本《唾绒余草》卷末牌记"羊城西湖街富文斋刊印"，说明了刻书地点和刻书者。

以上所记各项信息与版本项直接相关，因此牌记是我们鉴定古籍版本的重要依据。然而，通过牌记来鉴定版本同样要注意几个问题：①后期翻刻本常常将早期原刻本的牌记照样刊出，这时的牌记不能反映翻刻的情况，而只能反映原刻本的情况。②如果一书有多个不同时期的牌记，刻书时间应不早于最晚出现的牌记所标注的时间。例如，明袁褧嘉趣堂嘉靖间刻本《六家文选》有五个牌记：第一个牌记在序后，记曰："此集精加校正，绝无舛误，见在广都县北门裴宅印卖"，是袁氏依宋本牌记原样翻刻而成；第二个牌记在卷三十后，记曰："皇明嘉靖壬寅四月立夏日吴郡袁氏两庚草堂善本雕"，壬寅为1542年；第三个牌记在卷四十后，记曰："此蜀郡广都裴氏善本，今重雕于汝郡袁氏之嘉趣堂。嘉靖丙午春日"，丙午为1546年；第四个牌记在卷六十后，记曰："吴郡袁氏善本新雕"，再次申明了刻书者；第五个牌记在全书后，记曰："余家藏书百年，见购鬻宋刻本《昭明文选》有五臣、六臣、李善本、巾箱、白文、大字、小字殆数十种，家有此本，甚称精善，而注释本以六家为优，因命工翻雕，匡郭字体未少改易，刻始于嘉靖甲午岁，成于己酉，计十六载而完。"甲午为1534年，己酉为1549年。从以上牌记所记时间来看，最晚出者为第五个牌记，时间为嘉靖二十八年（1549年），也就是我们认可的刻书时间，虽然它历时16年之久，但最后还是以刻成时间为准。③对于只是局部补版的刻本，应根据牌记所记时间定为递修本或补配本，而不应单以牌记所记原刻时间或补版时间定为出版时间。如《临川先生文集》刻本内有牌记"嘉靖丁亥秋仲国子监刊补完"，所记

"嘉靖丁亥"只是补版时间,不可据此定为刻书时间。该本实为宋刻元明递修本。④通过其他途径鉴定的版刻年代如晚于通过牌记鉴定的版刻年代,则以最晚出的其他年代为版刻时间。也就是说,牌记并不是鉴定版本唯一的线索,还须综合全面地考察其他条件。

有的牌记所记内容虽不直接与刻书事项相关,但也可能介绍图书的内容主旨、编纂体例的变化和校勘经过等,也可为鉴定古籍版本和考订一书的版本源流提供有价值的线索。如明刻本《铜人针灸经》牌记云:"夫疗病简易之法,必须针灸。欲明针灸之方者,必须注意于是经。是经也得之秘传,治病则有受病之源,指穴则有定穴之法,效验神速,绣梓与众共之,卫生君子请鉴诸。"这段文字相当于内容提要。宋绍熙三年(1192年)两浙东路茶盐司刻本《礼记正义》后有牌记:"六经疏义,自京监、蜀本皆省正文及注,又篇章散乱,览者病焉。本司旧刊《易》《书》和《周礼》,正经、注、疏萃见一书,便于披绎,它经独阙。绍熙辛亥仲冬唐备员司庾,遂取《毛诗》《礼记》疏义,如前三经编汇精加雠正,用锓诸木,庶广前人之所未备,乃若《春秋》一经,顾力未暇,姑以贻同志云。壬子秋八月三山黄唐谨识。"这段文字说明了编纂体例的变化。宋王边叔刻本《后汉书注》牌记云:"本家今将《前》《后汉书》精加校证,并写作大字,锓板刊行,的无差错。收书英杰,伏望炳察。钱塘王叔边谨咨。"这段文字说明了图书校勘经过。

5. 从行款字体入手

根据行款鉴定版本有以下规律可循:①同一种书的相同版本,不论是初印还是重印,不论印多还是印少,其行款都是绝对一致的,除非之后有递修、配版等情况发生。②同一种书的不同版本,除影刻者外,其行款一般情况下是不同的。例如,宋绍兴十八年(1148年)建康郡斋刻《花间集》行款为半页8行,行17字,而宋公文纸背本《花间集》的行款则为半页10行,行17(或18字)字。③同一刻书者在前后相距不是太久的时间段内所刻的成系列的丛书,其行款多数是一样的。例如,明代北京国子监万历年间所刻《二十一史》,行款均为半页10行,行21字。清内府印《武英殿聚珍版丛书》由两部分组成:初刻本4种,行款均为半页10行,行21字;活字本134种,行款均为半页9行,行21字。

根据以上规律,有时古籍在没有序跋、牌记等版本记载的情况下,我们也可以大致推断其为某家刻本。比如,南宋临安陈起书籍铺所刻唐诗、别集均为10行、行18字,而国家图书馆藏有唐代《唐求诗集》,该书虽没有任何版本信息的记载,但专家们根据该书的行款也是10行、行18字,再结合字体、刀法、版式等情况综合考虑,认为该本很可能是南宋临安陈起书籍铺刻本。

利用行款鉴定版本同样要注意翻刻的情况。有的翻刻本在版式、行款、字体等各方面与原刻本完全一致，这时就不可将翻刻本定为原刻本了。比如，南宋黄善夫刻本《史记》行款为半页10行、行18字，而明代著名的四种翻刻本（王延喆本、秦藩本、廖恺本和汪谅本）行款均为半页10行、行18字，我们就不能将明本定为南宋黄善夫本了。

古籍字体多为楷书，而楷书也有欧（阳询）、颜（真卿）、柳（公权）、赵（孟頫）等不同的书写流派。欧体字形长方，笔画瘦硬，给人端庄稳重之感；颜体用笔圆润，笔画丰肥、气势雄伟；柳体用笔方圆兼施、富有弹性，短横粗壮，长横细瘦；赵体外柔内刚，笔路清晰，端秀挺拔。另外，还有专业刻工发明的匠体和流行于馆阁及科场的台阁体（又名馆阁体）。匠体字是模仿宋体而来，字形长方，竖粗横细，笔锋生硬呆滞。台阁体是一种僵化的御用书体，强调规范方正，缺乏个性。古籍字体的变化反映了一个时代或地域范围内刻书风向的变化，因而也可为版本鉴定提供线索。

总体来讲，古籍字体有以下特点：就宋本而言，欧、颜、柳三家都有，其中北宋早期多欧体字，后期多颜体字，南宋多柳体字；汴京本、浙本多欧体字，蜀本多颜体字，而建本多柳体字。就元本而言，流行用赵体字，另喜用简体字。明本字体稍微有点复杂，早期从洪武至弘治间，刻本承袭元风，多见赵体字；中期从正德至嘉靖间，由赵体向匠体字过渡；晚期万历以后，匠体字通行。清本字体反之，康熙以前字形长方，横细竖粗，保留了明末匠体的特点；康熙以后硬体、软体字并行于世，刻书者每请名人手写上版，著名者如林佶的"林氏四写"。

6. 从版式装订入手

古籍版式有一个发展演化的过程，在不同时期呈现出不同的特点，这也为我们鉴定版本提供了依据。以宋代刻本为例，根据《中国版刻图录》分析的结果，其版式有如下特征：就栏线而言，两宋都以左右双边居多，四周单边极少，而四周双边始见于南宋建阳刻本，且数量不多；就书口而言，白口居多，黑口极少，且主要集中在建本中。另外，正文多接在序文、目录之后；讳字较多；鱼尾上多刻字数，上下鱼尾间多刻书名、卷次和页码，鱼尾下多有刻工姓名和室名；史书标题多小题在上、大题在下；正文行宽字疏；南宋刻本多有牌记；建阳刻本书耳较多。

元刻本的版式根据《中国版刻图录》的著录分析，具有以下特征：就栏线而言，四周双边与左右双边平分秋色，四周单边仍然罕见，各地情况略有区别，如平水刻本多四周双边，嘉兴刻本多左右双边；就书口而言，元刻本黑口增多,且由宋代的小黑口变为大黑口,主要集中在建阳坊刻中,建阳以外的地区仍多见白口。元刻本双鱼尾较多,且出现了花鱼尾,位置除了书口外,目录题名、书序题名亦可见。江浙一带的刻本,书口仍然上记字数,下记刻工。建阳刻本不记字数、刻工者居多。另外从整体风格看,元刻本大多行紧字密,讳字极少。

明代刻本版式的演变可分三个时期:前期从洪武至弘治间,栏线承袭元风,四周双边与左右双边并行。稍后,四周双边占据优势。书口以黑口居多,双鱼尾较常见,书口内刻坊名、堂号者极少;中期从正德至隆庆间,栏线四周单边渐多,与左右双边、四周双边三足鼎立。书口以白口居多,可见坊名、堂号,单鱼尾与双鱼尾并行,嘉靖间白鱼尾较多;后期为万历以后,栏线多四周单边,书口多见白口,黑口较少。书口上方多刻有书名、卷页,下方多刻坊名和堂号。

清代刻本就整体而言版式特征并不明显,各种形式都有。正如黄永年先生指出的:"(清刻本)字体的时代性极不明显,而且同时代、同地区甚至同一人所刻的几种书,所用字体会各不相同。版式上更是五花八门,同一人所刻几种书可以或白口或黑口,或单鱼尾或双鱼尾,书名或在鱼尾上方或在下方,毫无规律可言。要用讲明刻本的办法,根据字体、版式的区别来讲清本,实在没有可能。"①

以上所讲历代刻本版式的总体特征,只是普遍性的规律,在古籍版本鉴定实践中可供我们参考,但不能将之绝对化,要正确处理好共性与个性的关系。例如大黑口本多见于元刻本和明初刻本,但南宋末年和明代嘉靖以后也有个别大黑口本。清人黄丕烈所藏《新定续志》,书贾钱听默和藏书家周香岩都根据自己的经验鉴定为元刻本,而黄丕烈和顾广圻力排众议,认定为宋刻本。另外,古籍版式也存在翻刻、作伪等情况,须结合其他因素综合考察、仔细辨别。

古籍的装订形式也是能体现出一定的时代性的,比如卷轴装盛行于六朝至隋唐五代;旋风装唐代中期才出现;经折装产生于唐代后期;蝴蝶装盛行于宋代;包背装始于南宋,流行于元朝和明代前期;线装也始于南宋,流行元明,至清代大盛。根据装订形式的这种时代性,也能大致确定古籍版本的年代。

7. 从刻工姓名入手

最初的刻本是不留刻工姓名的,后来为了明确刻工责任和计件付酬的需

---

① 黄永年. 古籍版本学 [M]. 南京:江苏教育出版社,2005:147.

要，刻工在自己刻印的版片上留下姓名（有的只取姓氏或名字中的一个字，仅起指代作用），多数刻在版心下方，也有刻在序后、目录后、凡例后、书后的。据王肇文编《古籍宋元刊工姓名索引》（上海古籍出版社1990年版）对《宋元刊工表》及近来影刻、影印的369种宋元刻本的统计，共得宋元刻工4 500余人。李国庆《明代刊工姓名索引》（上海古籍出版社1998年版）著录明版书1 100余种，计得明代刻工5 700余人。清代刻工可考者反不如前代多，主要与康雍乾诸朝大兴文字狱有关。

刻工本身具有时代性，这为我们鉴定古籍版本的刻印年代提供了帮助。比如有一本《东府诗集》，刻工有王珍、李恂、李懋、徐杲、徐升、徐颜、徐政、沈绍、余永、余竑、姚臻、朱祥、朱礼、陈恂、陈明仲等人，此本虽没有序跋、牌记等，但在南宋绍兴间其他刻本中均有这些刻工的姓名，如南宋绍兴九年（1139年）临安府刻本《唐文粹》刻工有朱祥、朱礼、沈绍等人；绍兴十六年（1146年）浙东茶盐司刻本《事类赋注》刻工有王珍、徐杲、徐政、徐升、余竑、陈锡、陈明仲等人；绍兴十六年刻本《高诱注战国策》刻工有王珍、徐杲、朱明等人；另有绍兴间刻本《广韵》，刻工有王珍、徐杲、徐升、徐政、徐颜、陈恂、姚臻、余永、余竑、陈锡、陈明仲等人；绍兴间刻本《管子》，刻工有李恂、李懋等人。据此可知，以上这些刻工均为南宋绍兴间人，因此该本《东府诗集》可定为南宋绍兴刻本无疑。再如，明万历三十一年（1603年）刻本《女范编》，刻工有黄应泰、黄应济、黄伯符等人，同样以黄应泰为刻工的《程氏墨苑》、以黄伯符为刻工的《性命圭旨》，可以推断为明万历间刻本。

刻工活动还具有地域性，这为我们判断古籍版本的刻印地提供了线索。宋代刻工从刻本的记载来看，多见于杭州、成都、眉山、建阳、南京、苏州、抚州、吉州、池州等地；元代刻工主要分布在平阳、杭州等地；而明代刻工大多集中在苏州、新安、北京、南京、杭州、建阳等地，仅苏州一地可考刻工就有650余人。如果知道一书刻工的主要活动地区，则该书多半是在该地区刻印的。例如，南宋初年两浙东路茶盐司刻本《尚书正义》，版心下方刻有李实、李询、陈锡、陈安、陈俊、王珍、朱明、徐茂、丁璋、包端、洪先、洪乘、毛昌、徐颜、徐亮、朱静、徐章、梁文等刻工姓名，据考这批刻工都是活跃在杭州地区的刻字良工（两浙东路茶盐司官署所在地绍兴与杭州仅一水之隔）。又有《梁书》《元氏长庆集》《汉书》刻本，版心下均见刻工"包端"，因此前人将这三种刻本都定为南宋初年杭州地区刻本。

刻书从业者还有家族性特征，以徽州仇氏和黄氏最为典型，这也可为鉴定刻书地提供参考。明代徽州歙县之西有个虬村，原名仇村，村人多以刻书为业。弘治间涌现很多仇姓刻工，如仇中于弘治二年（1489年）刻《雪峰胡先生文集》；仇以寿、以茂、以顺、以淳、以忠、以才、廷永、廷海、廷芳、以方、学等人弘治间刻《新安文献志》《潜室先生木钟集》，正德间刻《篁墩集》。嘉靖以后仇姓刻书业逐渐衰落，代之而起的是黄氏家族，且在版画雕印技术上异军突起，将版画艺术推向了高峰，形成了远近闻名的徽派画风，著名者如黄璁、黄琇、黄瑢、黄汶、黄河、黄淮、黄鍊、黄銮、黄锐、黄乐、黄堂、黄用、黄应道、黄应泰、黄应组、黄玉林等。以黄应组为例，他于万历三十七年（1609年）刻印了汪耕所绘《坐隐先生订棋谱》，而在《人镜阳秋》和《汪廷讷坐隐图》也见有黄应组的名字，据此可推断后两种书亦是万历时期徽州刻本。

利用刻工鉴别版本刻印年代要注意以下问题：一是有的翻刻本将原刻本中的刻工照样刊出，这时的刻工信息对于鉴定翻刻本就没什么价值；二是对于跨越多个朝代的刻工所刻之书，不能简单地定为前代或后代刻本，要视具体情况而定。比如，"六晏""六付""罗六""虞亮"是元末明初的刻工，他们在元末刻的《金史》《宋史》就应定为元本，在明初刻的《慈溪黄氏日钞》《北史》就应定为明本，不能简单将这四种刻本定为元本或明本；三是如果同一书中出现了不同朝代的刻工，则应定为递修本；四是刻工也存在重名的情况，须结合其他因素进行全面考察。例如，刻工何升参与过刊刻南宋庆元六年（1200年）绍兴府《春秋左传正义》的刻版工作，而同名的何升又参与了明代嘉靖三十四年（1555年）苏州顾起经奇字斋主刻的《类笺唐王右丞诗集》的刊刻工作，这显然不是同一人。五是刻工也有一定的流动性，如前文提到的南宋初两浙东路茶盐司刻本《尚书正义》，刻书工人籍贯为杭州，而刻书地在两浙东路茶盐司官署所在地绍兴，因此不能定为杭州本，而是越州本。两地相距不远，刻工可以方便地流动。

8. 从纸张墨色入手

古籍的用纸，其制作材料在不同的时期是不一样的。隋唐以前，多用麻纸，所用材料以粗纤维的苎麻、大麻为主，质地坚韧，有明显帘纹；宋元以后，麻纸渐少，树皮纸和竹纸渐多，造纸常用的原料为楮树皮、檀树皮、藤树皮、桑树皮和竹子，如著名的宣纸最初就是以檀树皮为原料；明代为我国雕版印刷的黄金时期，用纸量大幅增加，进而刺激了造纸技术的发展，纸的品种大为增加，如连四纸、连七纸、毛边纸、观音纸、奏本纸、榜纸、开化纸、绵连纸、藤皮纸、油纸等，仅王宗沐《江西大志》列举的当时江西造纸就达28种。明代前期仍以树皮纸和竹纸为主，如《永乐大典》用的宣纸就是树皮纸。明代后期，树皮纸渐少，竹纸渐多，如毛边纸和毛太纸就是当时两种著名的竹纸。万历以后，浙江开化地区发明了一种洁白细软纸，称为开化纸，是以桑树皮为原料，属树皮纸，清武英殿刻书多用此纸；清代以后，图书印刷以竹纸为主，如康雍乾时期官方经常使用的太史连纸就是一种竹纸。道光以前民间印书多用连四纸和毛边纸，之后民间印书多用毛太纸。清代末年随着石印技术的传入，大量使用机器连四纸印刷图书，这种纸也是以竹为原料制成的。熟悉了中国造纸与古籍印刷用纸的历史，我们就可以根据纸张的材料大致推断其刻印的年代。当然，这种推断只是粗略地估计，不是很精准，还应结合古籍的其他特征来综合鉴定其版本。

不同时期的官刻、私刻和家刻在用墨方面也是有所不同的，有松烟墨和油烟墨之分。松烟墨是以松树枝不充分燃烧产生的浓烟积淀下来的烟尘以漆和之制成，墨色浓黑无光，质细易磨；油烟墨是以桐油、麻子油、菜子油、豆油等植物油及动物油脂的油烟精炼而成，拌以牛皮胶、麝香、冰片等名贵材料，特点是乌黑鲜亮，芸香沁人。比较而言，松烟墨成本低廉，多用于普通古籍的印刷；油烟墨成本较高，一般用于书法和绘画，但也有比较讲究的官刻和私刻用它。总体来讲，宋本书用墨精良，浓厚似漆，受潮湿水也无漂迹。明代嘉靖以前的古籍用墨也还比较讲究，尤其是徽州、江浙一带的私刻所印时人文集，墨色清晰但又不伤眼。但万历以后一些坊间刻本用煤屑和麦粉、胶水来冒充油烟墨，以降低成本。这类书随手翻阅，即手指漆黑，颇扫人兴致。

9. 从藏印室名入手

藏印，即藏书印，是古籍收藏者用以标明图书所有权和表达其个性爱好的一种印章，通常刻有姓名、字、号、乡里、祖籍、藏书处所、官职、鉴别、授受、告诫、记事、言志等内容。因此从功能上分，藏书印大致有四类：①反映藏书家个人情况的"名号印"。它又可以细分为字号印、堂号印、仕履印、门第印、里居印、行第印、肖像印、纪年印等，如明代唐寅的"六如居士"印、元代赵孟頫的"松雪斋"印、宋代江正的"越州观察使者"印等。②反映古籍校读鉴赏情况的"赏鉴印"，如明安国的"桂坡安国鉴赏"、清惠栋的"惠定宇手定本"、缪荃孙的"艺风审定"印等。③反映藏书家兴趣爱好的"志趣印"，如明王鏊有一方印，引的是杜甫《春日赠李白诗》："渭北春天树，江东日暮云。何时一樽酒，重与细论文。"④告诫后人珍爱藏书的"永宝印"，如明代钱谷有印云："百计寻书志亦迂，爱护不异隋侯珠，有假不返遭神诛，子孙不宝真其愚。"

藏书印不仅有艺术价值和史料价值，对于古籍版本的鉴定亦有参考价值。例如，一书中出现了某朝人的藏书印，则该书刻印的年代肯定在藏书人身前；一书中如果出现多个时期的藏书印，则该书的刻印年代肯定在最早的藏书人所在的年代之前。用藏书印鉴定版本要注意以下问题：一是藏书印作假，须仔细对比甄别；二是藏书家印章为真，但可能是在其去世后流入到书贾手中，书贾为提高书价而加印在书籍上；三是藏书印所示的鉴定结果受时代条件的限制未必都是准确的。

古代读书人常给自己的书房取一个有寓意的名字，这就是室名。室名在古籍中出现的位置并不固定，有的在书名页中出现，有的在作者署名中出现，有的刻在版心，有的刻在书耳内。因此，通过室名，我们可以考察古籍的书名、作者和刻印年代。例如，明人余继登的室名为"淡然轩"，别集分别有《淡然轩集》和《余文恪公集》之名，这实际上是同一种书的不同书名，也就是同书异本。明刻本《皇明大儒王阳明先生出身靖难录》卷端题"墨憨斋新编"，经考"墨憨斋"是明末冯梦龙的室名，著录时该书作者当署冯梦龙。再如，刻本《西昆酬唱集》版心有"玩珠堂"三字，经考是明代张綖的室名，结合其他条件，此本可定为明嘉靖十六年（1537年）刻本。对于古人室名的查考，可以参阅陈乃乾编的《室名别号索引》、池秀云编的《历代名人室名别号词典》等工具书。

二、从文字内容入手

从文字内容入手鉴定古籍版本的具体途径，包括图书的卷数、编例、内容时限、名物制度、学术源流及讳字等。

1. 从卷数入手

卷数是区别古籍同书异本的重要因素之一。古籍在流传过程中，因图书内容的增删亡佚、刻书者的任意分合、计算方法的不同，都会导致卷数发生变化，而卷数的变化则意味着版本发生了变化。例如，《周礼注》一书，无论是不带陆德明《释文》的宋代婺州市门巷唐宅刻本、金刻本、明刻本，还是带陆德明《释文》的宋刻本、元刻本、明刻本，都是十二卷，而到清代乾隆五十二年（1787年）福礼堂重新刊刻带有《释文》的《周礼注》时，却将之归并为六卷。如果知道了这种源流关系，以后只要遇见六卷本的《周礼疏》，都可认定它为清福礼堂刻本或它的重刻本，不可能比这更早。再如张耒《文潜集》，宋抄本有八十二卷、六十五卷和六十卷三种版本，明嘉靖郝梁本为十三卷，清武英殿聚珍版为五十卷。同样的道理，以后只要遇见十三卷本的《文潜集》，都可认定它为嘉靖郝梁本或它的重刊本，五十卷本的《文潜集》都是武英殿聚珍版或它的覆刻本。

利用卷数鉴定版本，必须要能准确地判定古籍的卷数。古籍卷数的判定不是简单看目录有多少卷就行了，因为"有书无录"和"有录无书"的情况在古籍中都存在。所谓"有书无录"，即正文内容卷数多于目录的卷数，如明天一阁本《京氏易传》，目录只有两卷，而正文却有三卷；所谓"有录无书"就是目录的卷数多于正文内容的卷数，如宋人罗从彦《豫章文集》目录题十七卷，而正文缺第一卷。另外，有的目录中有补遗等附录，而实际正文中却没有。这些情况都是古籍在流程过程中由于目录和正文的分合造成的。因此，看一部古籍有多少卷，必须仔细审读正文，以内容的实际卷数为准。

2. 从编例入手

编例就是图书的编排体例。如对于史书来说，有国别体、编年体、纪传体、纪事本末体等，而每一种体例都有它特定的产生年代，比如，纪传体初创于西汉司马迁的《史记》，纪事本末体最早见于南宋袁枢的《通鉴纪事本末》。如果熟悉了每种史书体例产生的历史，遇见相应体例的历史类古籍，就可知道它创作和出版的时间应不早于这种史体的产生年代。

对文集来说也是如此，有分类编排、分体编排、编年编排等不同方式。而不同时代的文集，其编例亦有一定的倾向性，例如，宋人所编的唐人诗集多按分类编排，而明人所编唐诗多按分体编排。这是因为，宋代类书的编纂非常发达，受其影响，宋本唐诗别集习惯按作品的内容主题分类编排，如《韦苏州集》分十四类，包括赋、杂拟、燕集、寄赠、送别、酬答、逢遇、怀思、行旅、感叹、登眺、游览、杂兴、歌行等。而明代文坛前后"七子"掀起的复古运动，提倡"文必秦汉，诗必盛唐"，因而明人更重视各种诗体的创作方法，对其内容主题反不怎么关心，这反映到诗集的编纂上，就是偏爱按诗歌体裁进行归类编集，如明本《孟襄阳集》分为五古、七古、五排、五律、七律、五绝、七绝等类。明白了宋本、明本唐诗别集编例的特点，就可以之作为鉴别宋本和明本的一个参考依据。当然，也不可将之绝对化。

另外，编例还涉及篇目的排列顺序问题。古籍编排时，同一类名下的单篇作品的排列也不是随意的，有一定规律，或按时间顺序编排，或按篇目的重要性编排，这也为我们鉴定版本提供了线索。例如，国家图书馆藏《新编对相四言》一卷，赵万里认为是明初刻本，但王重民先生将之定为明嘉靖、万历间刻本，理由就是该书的篇目排列顺序："第八页载算盘，一如今式，而次于算子（即筹算）之前。考陶宗仪《辍耕录》，虽有'算盘珠'之名，而明初人布算，尚莫不用筹，其确言用算盘，始见于景泰元年吴敬之《九章详注比类算法大全》，至万历二十年程大位《算法统宗》出，算盘之用始广。盖正德、嘉靖间算盘始稍稍普及。是书列算盘于算子前，必在盘珠胜于算筹之后，余因谓必非明初刻本也。"①

3. 从内容时限入手

古籍的内容总是会提到具体的人和事的，而具体的人和事，总是在一定时间范围内活动和发生、发展的。如果我们把一部书中提到的最早及最晚的时间点找出来，这前后的跨度就是该书的内容时限。对于鉴定古籍版本来说，不可能违背这样一个规律：即古籍的出版年代应晚于它所提到的最晚的时间。举例来说，有一部明刻本《新锲皇明纪政录》，有人根据书前嘉靖三十四年（1555 年）陈建序定为嘉靖三十四年刊本。但细审该书内容，属编年体史书，书中最晚记事已至隆庆六年（1572 年），因此该本肯定不是嘉靖刻本，而是后来续修后的刻本，刻印时间不应早于隆庆六年。有的诗文集也采用编年方式，这给我们查考其内容时限提供了便利，如明张孚敬《罗山诗稿》，从"辛未"编至"丙申"年，即正德六年（1511 年）至嘉靖十五年（1536 年），有人根据版刻风格将之鉴定为明正德刻本，这显然不对，因为其作品创作年代已编至嘉靖年间，因此只可能是嘉靖十五年或之后的刻本。

4. 从名物制度入手

所谓名物制度，是指古籍中出现的人名、物名、地名、职官名、谥号、帝号、庙号等专有名称，以及特定时期的各项政治、经济、文化制度等。因为古籍的内容文字都是在特定的历史年代里刻印的，因此必然遵守那个年代的名物制度方面的规范和要求，这样表现出来的时代性就可以成为我们鉴定古籍版本的依据。

以地名为例，美国国会图书馆藏《皇舆志略》，王重民通过校勘知此书与张天复《皇舆考》同出一源，再考《皇舆考》内"真阳县"的建置变化："汝宁府是书有县十三，《皇舆考》作十二县，十二县者有真阳。考《明史·地理志》云：'真阳，洪武四年入汝阳县，景泰四年置真阳镇巡检司于此，弘治十八年十二月仍置县'，则是书应成于弘治十八年十二月以后，盖在正德间或嘉靖初年。版式亦颇似正、嘉间所刻者。"②

再以人物谥号为例，国家图书馆藏明人蔡复一《遯庵诗集》十卷《遯庵骈语》五卷《续骈语》二卷，《北京图书馆善本书目》鉴定此书为万历刻本，但王重民根据《明史·蔡复一传》的记载，提出了不同的看法："（蔡复一）至天启二年，以右副都御史抚治郧阳。奢崇明、安邦彦反，贵州巡

---

① 王重民. 中国善本书提要 [M]. 上海：上海古籍出版社，1983：372.

② 王重民. 中国善本书提要 [M]. 上海：上海古籍出版社，1983：184-185.

抚王三善败殁，进复一兵部右侍郎代之。驱弛云贵者凡三年，天启五年十月卒于平越军中，谥'清宪'。《目录》题作'蔡清宪先生遯庵诗集'，则必刻于天启五年以后矣。"[①] 王重民先是根据《明史》的记载，弄清了蔡复一的卒年及谥号，再根据书中目录提到蔡复一谥号"清宪"，确定该书成于蔡氏卒年天启五年（1625年）之后，因此绝不可能是万历刻本。

在制度方面，不同朝代也有自己特别的规定。比如，武则天登基时颁布了包括她本人名字"曌"在内的12个制字，令臣下奏章及天下书契咸用之；元代皇太后懿旨及太子令旨称"敬此"，而不是"钦此"，规定每月朔（初一）、望（十五）、二弦（初八、二十三）为禁刑日，不得杀生；太平天国的玉玺与别朝不同，用的是宋体字，等等。这些规定都带有明显的时代特征，可以作为鉴别版本的依据。

5. 从语义入手

古籍不同版本之间的异文，其语义是有差别的。通过语义的比较和分析，也能发现它们孰先孰后，为版本鉴定提供线索。例如，唐人高仲武辑《中兴间气集》收有朱湾《咏三》诗："献玉屡召疑，终朝省复思。即哀黄鸟兴，还复白圭诗。请益先求友，将行必择师。谁知不鸣者，独下仲舒帷。"有的元明刻本《中兴间气集》同样收有这首诗，但题名作《咏玉》。究竟是题作《咏三》的版本更早，还是题作《咏玉》的版本更早？

我们可以从这首诗的语义分析入手。"献玉屡召疑"讲的是楚人卞和三次献玉的故事；"终朝省复思"出自《论语》"吾日三省吾身"之典；"即哀黄鸟兴"指的是秦穆公死时，以奄息、仲行、鍼虎三个良人殉葬的事；"还复白圭诗"指的是"南容三复白圭"之事；"请益先求友"指"益者三友"；"将行必择师"语自《论语》"三人行，必有我师焉"；"谁知不鸣者"指的是淳于髡与齐威王的一段对话"国中有大鸟，止于王庭，三年不蜚又不鸣"（《史记·滑稽列传》），也与"三"有关；"独下仲舒帷"指的是西汉董仲舒"三年不窥园"之事。可见，这首诗的每一句话都与数字"三"有关，《咏三》当是它本来的题名。后人因"三"与"玉"字形接近，且首句提到"献玉"，故误作《咏玉》。因此，辑有《咏三》的《中兴间气集》的版本系统要更早一些。

6. 从讳字入手

中国古代向有避讳的传统，《礼记·曲礼上》就有"入国而问俗，入门而问讳"的记载。古人避讳有圣讳、君讳、宪讳、家讳等类型。对封建社

---

① 王重民. 中国善本书提要 [M]. 上海：上海古籍出版社，1983：662.

会推崇的圣贤不称其名，而改用尊称，如孔子、孟子、老子、黄帝、周公等，避的是圣讳；琅琊台刻石有"端平法度""端直敦忠"，以"端"代"正"，避的是秦始皇嬴政的君讳；官场上，下级官员遇见上司，不得直呼其名，改称"大宪""宪台"，避的是宪讳；苏轼的祖父名序，苏氏兄弟题写序言时就不用"序"字，改用"叙"或"引"，避的是家讳。避讳的方法有改字、空字、缺笔、拆字、改读等。

因为避讳的对象——历史人物都是生活在特定年代的，避讳的产生意味着该书出版时已在该历史人物所在的年代之后，这就为我们鉴定古籍版本提供了依据。例如，清代学者卢文弨校《太玄经》时曾得一旧本，开始以为是北宋刻本，但据钱大昕鉴定为南宋刻本，理由是该书末尾署有"干办公事张寔校勘"数字。"干办公事"北宋时作"勾办公事"，南渡后避宋高宗赵构的讳，将"勾"改为"干"，显见是南宋之后的事。

通过讳字鉴定版本与之前的各种方法一样，存在翻刻本保留原刻本讳字的问题，也有多个不同时期讳字的问题。前者不能据翻刻本的讳字定为原刻本，后者应以最晚的讳字年代为刻书时间的上限。对于历代讳字的掌握，可以借助一些专门的工具书，如陈垣的《史讳举例》（中华书局2006年版）、王彦坤的《历代避讳字汇典》（中州古籍出版社1997年版）等。

最后必须说明的是，以上所举从形式到内容的种种鉴定古籍版本的方法，尽量不要单一地运用，因为孤证往往是靠不住的。只有通过多途径、多方法的鉴定，当所有途径和方法都指向同一结果时，结论才是最可靠的。如果综合运用多种鉴定方法得出的刻书年代不一致，当以最晚出者为刻书时间。

三、借助相关的工具书

古籍版本的鉴定还可以借助一些工具书，包括字典、辞典、政书、索引、书目、书影以及其他史料等。比方说，我们在识别篆文藏书印时，遇到困难可以查找《说文解字》《汉语大字典》；查核古籍内容中的名物制度时，可以利用《中国人名大辞典》《中国古今地名大辞典》《中国历代职官辞典》《通典》《唐会要》《宋会要辑稿》；辨别作者姓名时，可翻检《古今人物别名索引》《室名别号索引》；分辨不同时期的官刻、家刻、坊刻时，可查阅《中国古籍版刻辞典》，等等。

在可资利用的版本信息较少时，尤其要注意利用书目、书影资料。前代书目对古籍的书名、卷数，甚至版式特征有了详细的著录和描述，这就为我们验证版本鉴定的结果提供了旁证。例如，武汉大学图书馆藏《北史》一百卷，半页 12 行、行 22 字，白口，左右双边，版心鱼尾上间有刊削未尽的"信州路学刊本"字样，补版各页版心鱼尾上镌有"嘉靖十年刊"。结合其他特征，初步定为元大德信州路儒学刻、明嘉靖间南京国子监递修本。再查核邵懿辰《增订四库简明目录标注》和丁丙《善本书室藏书志》，《增订四库简明目录标注》著录为："元刻本，板心有'信州路儒学刊'，或但云'信州儒学'，十行，行二十二字。"《善本书室藏书志》著录为："每半页十行，行二十二字，与《南史》板框一致，版心间有刊削未尽之'信州路学刊本'等字，盖元大德间九路所刊之一。"两书目对该书的著录为我们的鉴定结果提供了印证，因而是可靠的。

书影因以摹刻、影印的方式原样保留了旧本的版式、字体、藏印等信息，为我们鉴定古籍时提供了参照的对象。我国最早的书影是杨守敬影刻的《留真谱》，其后陆续有缪荃孙摹刻的《宋元书影》、瞿启甲辑的《铁琴铜剑楼宋金元本书影》、柳诒徵编的《钵山书影》、刘承干编的《嘉业堂善本书影》、顾廷龙等编的《明代版本图录初编》、赵万里等编的《中国版刻图录》、杜信孚纂辑的《明代版刻综录》、黄永年编的《清代版本图录》、周心慧主编的《明代版刻图释》、陶湘编《涉园所见宋板书影》、北京大学图书馆编的《北京大学图书馆藏善本书录》、任继愈主编的《中国国家图书馆古籍珍品图录》、天津图书馆编的《天津图书馆古籍善本图录》等。

第三节 古籍版本源流的考订

所谓古籍版本源流，有两重涵义：一是指古籍制作方式的演变源流，大体属出版史研究的范畴，本书不作探讨；二是指单书版本的演变源流，也就是单种古籍（含丛书）首次出版之后的历代版本传承、变化情况。考订一书的版本源流，对于鉴定版本的优劣具有重要意义，因为鉴定版本只是把同一种书不同版本的出版年代、出版者、出版地等主要信息弄清楚了，但各个版本之间有什么关系，哪一种版本更好，还没有完全解决，这就需要考订古籍的版本源流。

一、考察祖本情况

所谓祖本，是指古籍首次成书时的版本。它最能反映作者本意，但大多数情况下已不传世，特别是那些创作年代比较久远的古籍。但如果我们能知道祖本的基本面貌，比如书名、篇卷、编例等，我们就能从现有的版本中找到与之接近的版本。那我们怎么才能获知祖本的基本面貌呢？

1. 查看作者传记

作者的传记资料当然会记录作者的生平事迹，其中有的可能就会涉及作者的著述情况。例如，对于"初唐四杰"之一的骆宾王的别集，《旧唐书·骆宾王传》载："敬业败，伏诛。（骆宾王）文多散失，则天素重其文，遣使求之。有兖州人郗云卿集成十卷，盛传于世。"据此可知，《骆宾王集》成书时是十卷本。再如，宋人穆修的《穆参军集》，《宋史·穆修传》载："庆历中，祖无择访得诗、书、序、记、志等数十首，集为三卷。"可见，《穆参军集》结集时为三卷本，收入集中的作品体裁主要有诗、书、序、记、志等。

查找作者的传记资料，可以利用正史索引、政书、年谱、类书、方志、碑传、专科传记等工具书，如《二十四史纪传人名索引》《十通索引》《中国历代人物年谱考录》《古今图书集成》《宋元方志传记索引》《清代碑传文通检》《宋元学案人名索引》《高僧传》等，还有的文集卷首自带有作者生平资料（行状、神道碑、墓志、传记等）。

2. 查找祖本序言

有的古籍祖本虽已不传，但祖本的序文可能仍存于重刻本、翻刻本之中，或存于作序者的个人文集之中，而序言多有对成书经过的介绍。如唐中和四年（884年）《孙樵文集自序》云："遂阅所著文及碑、碣、书、檄、传、记、铭、志得二百余篇，纂可观者三十五篇编成十卷，藏诸箧笥，以贻子孙。"可见《孙樵文集》最初成书时是十卷本。再如，陆希声《唐太子校书李观文集序》称："自明丧乱，天下文集略尽，余得元宾遗文于汉上，惜其或复磨灭，因条次为三编，论其意以冠其首。"可知，《李观文集》结集时是三卷本。

3. 查阅相关题跋

后代学者为古籍题写的跋记，记录了跋记作者对该古籍版本源流的研究成果，有的附刻于存世版本之后，有的后来汇编成集，单独成书，如王士禛《渔洋书籍跋尾》、彭元瑞《知圣道斋读书跋尾》、陈鳣《经籍跋文》、黄丕烈《士礼居藏书题跋记》、顾广圻《思适斋题跋》、瞿中溶《古泉山馆题跋》、吴寿旸《拜经楼藏书题跋记》、钱泰吉《曝书杂记》、陆心源《仪顾堂题跋》、傅增湘《藏园群书题记》等。题跋内容多涉及祖本情况，如傅增湘《藏园群书题记·孙尚书大全集跋》云："仲益（孙觌字）为南渡初大作家，学问渊博，文章雅瞻，历事钦徽高孝四朝，文人中最为老寿，其文集传世者名《鸿庆居士集》，凡四十二卷，为其子介宗所编。"据此可知，孙觌文集的早期的书名为《鸿庆居士集》，成书时是四十二卷本，编者为孙介宗。

4. 检索早期书目

古籍完成创作、出版之后，必然有相关的文献记录，而书目著录和解题就是一个很重要的方面，其中有的内容也会涉及古籍成书时的情况。例如，陈振孙《直斋书录解题·景迂集提要》："说之（自号景迂生）平生著述甚多，兵火散逸。其孙子健哀其遗文，得十二卷，续广之为二十卷。"可知，《景迂集》的祖本是十二卷，后增为二十卷。再如，《四库全书总目·象山集》提要："（陆九渊）集为其子持之所编，其门人袁燮刊于江西提举仓司者，凡三十二卷。"据此可知，《象山集》成书时是三十二卷。另外，历代正史中的艺文志、经籍志虽没有详细的解题，但也多有对书名、卷数、篇数的著录，可资参考。

5. 参阅进书表

古代敕修的图书修成之后进呈御览，必在书首撰写进书表，向皇帝说明图书修纂的种种情况，如图书内容、编排体例、校勘经过、参编官员，等等。如《资治通鉴》书首有宋神宗元丰七年（1084年）十一月司马光等进书表云："上起战国，下终五代，凡一千三百六十二年，修成二百九十四卷。又略举事目，年经国纬，以备检寻，为《目录》三十卷；又参考群书，评其同异，俾归一途，为《考异》三十卷，合三百五十四卷。"通过这段进书表的记载，我们可以知道《资治通鉴》成书时正文有二百九十四卷，另有《目录》三十卷，《考异》三十卷，这就是它的祖本情况。

二、查考祖本之后的同书异本

祖本出版并经传播后，其他各种同书异本就会相继出现。一般而言，时间过得越长，版本就越多，就像一个大家族一样，繁衍出子子孙孙。我们要考订一书的版本源流，前提当然是要知道这本书在历史上究竟产生过哪些同书异本，现在还有哪些版本存世，且要把重点放在后者。对于一书祖本之外的同书异本情况，我们可以通过以下三个途径来了解。

1. 遍查历代书目

书目是某个特定时期的藏书记录。我们把不同历史时期的官、私书目对同一种书的著录情况收集起来，就能反映出该书的同书异本情况，达到广罗异本的效果。比如文彦博的文集，宋陈振孙《直斋书录解题》著录为"《文潞公集》四十卷，补遗一卷"；元脱脱《宋史·艺文志》著录为"《文彦博集》三十卷，又《显忠集》二卷"；明代书目如《万卷堂书目》《澹生堂书目》《世善堂藏书目录》《徐氏家藏书目》等，皆著录为四十卷，而明焦竑

《国史经籍志》著录为"《文彦博集》四十卷,又补遗一卷";清《文瑞楼藏书目录》著录为"《潞公集》四十卷",《绛云楼书目》著录为"《文潞公集》四十卷,又补遗一卷";等等。通过对历代书目的考察,我们知道文彦博文集有《文彦博集》《文潞公集》《潞公集》《潞公文集》等不同的书名,有三十卷本、四十卷本、四十卷加补遗一卷本等不同的版本。

查考版本情况可以利用的书目很多,如《四库全书总目》《中国丛书综录》《郡斋读书志》《直斋书录解题》《天禄琳琅书目》《善本书室藏书志》《皕宋楼藏书志》《增订四库简明目录标注》《明代版刻综录》《中国善本书提要》《贩书偶记》《铁琴铜剑楼藏书目录》《郑堂读书记》《万卷精华楼藏书记》《藏园群书经眼录》《千顷堂书目》《荛圃藏书题识》《藏园订补邵亭知见传本书目》《宝礼堂宋本书目》等,其中《中国丛书综录》和《增订四库简明目录标注》著录同书异本尤多。

2. 查考有关序跋

序跋的内容除了叙述成书经过外,对历代版本的情况也多有记载,特别是在图书后期整理、传播过程中补撰的序跋中,尤多此类记录。如薛季宣《李长吉诗集序》云:"右李长吉诗集四卷。蜀本、会稽姚氏本皆二百十九篇,宣城本二百四十二篇。蜀本不知所从来,姚氏本出秘阁,宣城本出贺铸方回家。"(《浪语集》卷三十)。这段序文告诉我们,《李长吉诗集》在南宋时有蜀本、会稽姚氏本、宣城本三个不同的版本,篇目多寡及版本来源均有不同。陆游《跋李深之论事集》云:"唐丞相司空李公深之《论事集》,有两本:其一本七卷,无序;其一本一卷,史官蒋偕作序。然以序考之,则偕所序盖七卷者也。"(《渭南文集》卷二十七)。从这段跋文可知,唐李绛《论事集》在南宋时有七卷本、一卷本两个不同的版本,前者无序,后者有蒋偕序。

序跋有两种存在形式,一是附于原书的前后,经历代重刻、翻刻之后得以保存;二是从原书剥离,收入作序者的个人文集中。以上两个例子中的序跋,就是从文集中查得。

3. 检索馆藏书目

考订版本源流的最终目的是为校勘古籍和学术研究提供一个精良的底本。通过对历代书目和序跋的考察,只能知道某种古籍在历史上曾有过的同书异本,但这些同书异本今天还留存多少,我们并不清楚,这就需要检索当今各大图书馆编的藏书目录和馆藏联合目录。

中华人民共和国成立初期,为了摸清家底,部分公共图书馆和高校图书馆编印了一些馆藏善本书目,如《北京图书馆善本书目》《上海图书馆善本书目》《广东中山图书馆藏善本书目》《天津市人民图书馆善本书目》《北京大学图书馆善本书目》《复旦大学图书馆善本书目》《南京大学图书馆善本书目》《武汉大学图书馆藏善本书目》，以及全国性的大型联合目录，如《中国地方志综录》和《中国丛书综录》。20世纪80年代至今，陆续编纂的古籍馆藏目录和联合目录有《山东省古籍善本联合目录》《西北地方文献书目》《湖南省古籍善本书目》《台湾公藏方志联合目录（增订本）》《中南地区图书馆藏稿抄本目录》《东北地区古籍线装书联合目录》《四川省高校图书馆古籍善本联合目录》《河南省市县图书馆古籍善本联合目录》《浙江省古籍善本联合目录》《台湾地区善本古籍联合目录》（电子版）、《中国古籍善本书目》《中国地方志联合目录》《中国家谱总目》《中国中医古籍总目》等，特别是《中国古籍总目》的编成，成为著录海内外现存汉文古籍最全面的古籍书目。此外，还建成了一批古籍联机检索系统，如CALIS高校古籍联合目录系统、中国古籍善本书目联合导航系统、中华古籍善本国际联合书目系统等，为最大范围查找存世的古籍同书异本提供了可能。

三、梳析版本源流

在将古籍成书时的大致面貌、历史上存在过的同书异本、当今仍存世的同书异本的情况考察清楚之后，我们就要梳理"祖本—不同时期的同书异本—现存同书异本"的演变过程，探讨它们之间的相互关系，这就是所谓的梳析源流。它分为两步：第一步是找出各种版本的底本和特征。对于佚本来讲，只能通过书目提要、序跋的记载来间接查考，而对于传本而言，除查考书目提要、序跋外，主要还是要对传本本身的版本特点进行考察；第二是分析它们的传承关系。下面以《花间集》为例。

五代后蜀赵崇祚所编《花间集》的版本很多，主要有宋绍兴十八年（1148年）晁谦之跋本、宋鄂州刻本、宋开禧元年（1205年）陆游跋本、明正德十六年（1521年）陆元大覆刻晁本、明万历八年（1580年）茅一祯刻本、明万历三十年（1602年）玄览刻本、明万历四十八年（1620年）汤显祖评本、明天启四年（1624年）钟人杰刊本、明新安吴勉学校刻本、明末雪艳亭活字本、明末毛晋《词苑英华》本、清《四库全书》本、清《邵武徐氏丛书二集》本、清《四印斋所刻词》本、吴氏双照楼《景刊宋金元明本词四十种》本、商务印书馆《四部丛刊》本、中华书局《四部备要》本、文学古籍刊行社影印本等。

李一氓先生的《〈花间集〉校后记及补记》通过对各种版本特征（包括篇卷、文字、附录、编例、行款等）的比较，梳理了它们之间的关系。比如，他在辨别鄂州本与陆游跋本的关系时说："此本（鄂州本）是否被汲古阁藏过，关系不大，而现藏本上却只有'徐''查''杨''周'四家藏印，没有毛氏藏印。杨氏（绍和）说后来把毛氏三印丢失了，殊不可信。何以毛钤印不在抄补的叙叶上、第一卷第一叶上、下册的第六卷第一叶上，而仅钤在全书尾叶？尤其是说毛氏把陆游两跋抄补在这个本子上，就更加荒唐了。鄂本和陆游跋本肯定是毫无干涉的两个本子，主要在文字上有极大的差别。"对于明正德本与宋晁本的关系，他认为："明本，最早的是正德复晁本，写校和印刷都比较严谨，将晁本错刻，校正约三十处，是极大优点。此外，宋本的首数都是接行写刻，不分列的，对竹枝、杨柳枝这类七言四句体的词，很容易两首混为一首。正德复晁本都分别加以'其二''其三'等，就清楚多了。但多为后印本，末叶末行'正德辛巳吴郡陆元大宋本重刻'被铲去了，便蒙混作宋本。有的著录就误认为是宋本，如清代徐氏丛书本徐干的序就是这样写的。现在晁本已有影印本，只需核对一下行格就明白了：晁本半叶八行、行十七字；正德复晁本半叶十行、行十八字。"① 考证完《花间集》宋本、明本、清本、近刊本复杂的传承关系之后，最后用图示的方式形象地揭示了该书版本演变的源流（见图3-3），表明《花间集》共有晁本、鄂本、陆游跋本三个版本系统，明清以后的各种版本都是由这三个宋本演变而来。

四、比较和选择善本

所谓善本，是指人们按照一定的标准（学术价值、历史价值、艺术价值）对古籍的众多同书异本进行评价，从中选择出一个相对于其他版本都更为优良的本子。

善本的评价受人们价值观念的影响，因而对于不同时期的不同人来说，结果是有差别的。例如，西汉时期河间献王刘德，以重金从民间征求"善书"，看重的是"古文先秦旧书，《周官》《尚书》《礼》《礼记》《孟子》《老子》之属，皆经传说记、七十子之徒所论。"② 这显然与当时崇儒复古的风气有关。魏晋以后，佛经与玄学结合，佛经的翻译和整理盛行，但译出多门、派别纷杂，因而这一时期的人们讲求原书正本。南北朝时期，书籍及其版本因纸张的普及应用而数量大增，但同时因传抄频仍，眼讹手误不可避免，乃至误本迭出，因此精校本格外受人们的重视，如北齐颜之推在《颜

---

① 李一氓著；吴泰昌辑．一氓题跋［M］．北京：三联书店，1981：19.
② （汉）班固．汉书·卷五十三·河间献王传［M］．北京：中华书局，1962.

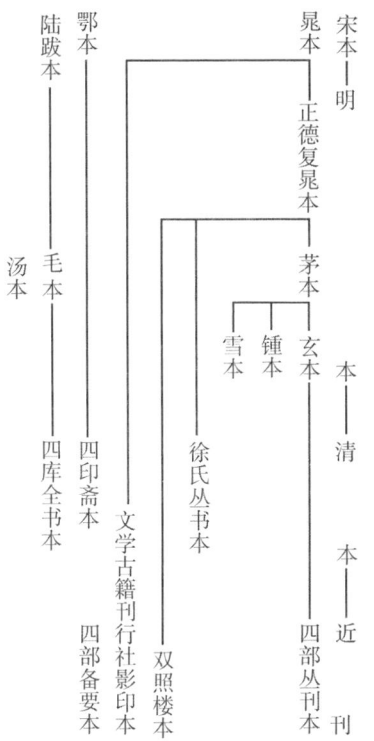

图 3-3 《花间集》版本源流示意图

氏家训》中大量列举了"俗本""误本"的异文情况,提出了著名的"观天下书未遍,不得妄下雌黄"的观点。隋唐时期,写本极为发达,藏书日富,人们在继承崇尚前朝旧本的传统之外,更加关注版本外在形式的美观。宋人的善本观与前代相比,更趋全面和成熟,其总体特征是对内容完整无误的追求,具体表现为崇古本、旧本、写本,尊官本、嗜金石拓本,求足本、完本,但在具体的环境下,在写本与刻本、官本与私本、真本与异本、内容与形式的比较取舍中,又会因各自的特性而有所变通①。明人受学风空疏的影响,出现了重形式而轻内容的倾向。清代是版本学发展的鼎盛时期,在善本的评价方面内容与形式兼顾,代表性的有张之洞在《輶轩语·语学》中提出的:"善本之义有三:一曰足本,无阙卷、未删削;二曰精本,一精校,一精注;三曰旧本,一旧刻,一旧钞。"他从教育的角度重新排列了善

---

① 李明杰. 宋人善本观考略 [J]. 图书馆杂志, 2004 (5): 65-71.

本的诸要素，将当代校本和刻本提到了重要的位置。这不仅是因为当代书籍便于购求，更是对清代学者在古籍整理方面取得的成就的肯定。

从以上所述可知，历代善本的评价大致都是从版本的生成年代、内容与形式这三个方面入手。因此，20世纪80年代我国学者在编纂《中国古籍善本书目》时提出了善本评价的"三性九条"原则。所谓"三性"，是指历史文物性、学术资料性和艺术代表性，是评价善本的总体原则。所谓"九条"，是一系列具体化的标准，包括：①元代及元代以前刻印或抄写的图书（包括残本和零页）；②明代刻印、抄写的图书（包括具有特殊价值的残本与零页），但版印模糊、流传尚多者不收；③清代乾隆及乾隆以前流传较少的印本、抄本；④太平天国及历代农民革命政权所印行的图书；⑤辛亥革命前，在学术研究上有独到见解或有学派特点或集众说较有系统的稿本，以及流传很少的刻本、抄本；⑥辛亥革命前，反映某一时期、某一领域或某一事件资料方面的稿本，以及流传很少的刻本、抄本；⑦辛亥革命前的有名人学者批校、题跋或抄录前人批校而有参考价值的印本、抄本；⑧在印刷上能反映我国古代印刷技术发展、代表一定时期技术水平的各种活字印本、套印本或有较精版画的刻本；⑨明代印谱全收。清代的集古印谱、各家篆刻印谱的钤印本，有特色或有亲笔题记的收，一般的不收。《中国古籍善本书目》就是以这个标准评价和收录善本的。

当然，以上的善本评价标准并不是绝对的，而是相对于不同的机构、不同的人，可能各有所侧重。比如，对于重收藏的博物馆、图书馆和藏书家来讲，可能更看重它的历史文物价值，因此习惯将善本的时间下限定在乾隆六十年（1795年），之后的都当作普通古籍看待；而对于经常要研究和利用古籍内容的学者来讲，当然更看重它的学术资料价值，因此，那些内容完整、经过精心校勘和注释的版本则更受重视。一般来讲：当一书有多次重刻、翻印的版本，应选择原刊本；若无原刊本，则应选择刻印较早的本子作为研究和整理的底本；一书有经作者及后来者多次修订、辑补的版本，应选择最后的修订本或整理本；一书有多家校勘、注释的版本，应选择那些名家的精校、精注的本子作为后期研究和整理的底本，并参照其他校本和注本加以利用。

第四章 古籍的校勘

版本学的任务是帮助人们鉴定和选择一个内容整体可靠的文本,可现实情况是,并不是每种古籍都有理想的善本,而是现存的版本中每个都可能有自己的缺陷和不足,又都有自己的可取之处。在这种情况下,就需要根据现有版本的条件,集合各本之长,重新整理出一个新的内容可靠的版本,以解决古籍文本在篇章顺序、语言文字等方面的准确性问题,力求恢复古籍文本的原貌,这就是古籍校勘所要完成的任务。

第一节 校勘释义

一、什么是校勘?

宋人洪迈在《容斋四笔》里记载了一件事。有一次,他在读曾纮写本陶渊明《读山海经诗》时,读到"形夭无千岁,猛志固常在"两句,觉得文义不通,于是找来《山海经》参校。《山海经》云:"刑天,兽名也,口中好衔干戚而舞。"这才知道是"刑天舞干戚",而不是"形夭无千岁"。一句诗五个字,全部写错。由此可见,古籍在经后人传抄、翻刻时,由于书手、刻工的眼讹手误以及其他各种无法避免的原因,总是会产生一些错误,而且复制传播次数越多,出错的几率就越大,以致偏离古籍内容的原始面貌。

"校勘"是由两个同义的单音词所组成的双音词。"校"是考核查对的意思,"勘"是复核审定的意思。两者合在一起,在古籍整理中具有特定的涵义。所谓校勘,就是把一种古籍的不同版本尽可能齐全地搜集起来,选择其中一个相对较好的版本作为底本,再参照其他各种版本,比较它们在篇章编排、内容文字方面的异同,订正其中的错误,力求恢复古籍本来的面貌。

它实际包括审异同、订谬误两个方面的工作内容，这也是校勘方法被人分为"死校法"和"活校法"的原因。

校勘的目的和任务在于为读者阅读和研究古籍提供符合或接近古籍本来面貌的文本。至于古籍中原有的观点是否正确、评论是否得当、体例是否合理，都不是校勘所要解决的问题，校勘所要做的只是"还原"古籍。因此，校勘最大的忌讳就是臆改原文。孔子在《论语》中提出的"述而不作""多问阙疑"应该成为所有校勘者遵奉的座右铭。所谓"述而不作"，就是要尊重历史和古籍原文，古籍整理（包括校勘）不是去替古籍的原作者进行创作，而是通过恢复古籍文本去遵循和阐发原作的思想主旨，因此不能擅自加入整理者自己的主观意图；所谓"多问阙疑"，就是要求多听多看，对文中有疑问但又拿不定主意的地方，应加以原样保留，不必妄改。这里举一个孔子校改《春秋》经文的例子。

据《春秋·昭公十二年》载："齐高偃帅师纳北燕伯于阳。"这句话很让人费解。《公羊传》注曰："'伯于阳'者何？'公子阳生'也。子曰：'我乃知之矣。'（何休《解诂》：'子'，谓孔子。'乃'，乃是岁也。时孔子年二十三，具知其事，后作《春秋》。案史记，知'公'误为'伯'，'子'误为'于'，'阳'在，'生'刊灭阙。）在侧者曰：'子苟知之，何以不革？'曰：'如尔所不知何！（《解诂》：此夫子欲为后人法，不欲令人妄臆错）。"① 这里孔子采取的就是"多闻阙疑"的办法，以为后人垂范，说明他在校改文献时是严格遵守忠于原文的原则的。

二、校勘与校对的区别

校勘与校对是一组比较容易搞混淆的概念，因为两者都要对文字进行比对和改动，但两者却有着本质的区别。

首先，从程序上看，两者有前后之分。校勘是在古籍定稿之前所要做的工作之一，而校对是在古籍定稿之后、出版之前必须要完成的一道工作程序。比如，新版《二十四史》的整理出版，首先是由专家们参照不同的版本将《二十四史》进行校勘、分段、标点、加注，最后定稿。这就完成了包括校勘在内的一系列的古籍整理工作。《二十四史》定稿之后，交付出版社发排，印刷出清样，再将清样与之前交付的定稿进行核对，达到内容完全一致，这就是校对。

---

① （汉）何休注；（唐）徐彦疏. 春秋公羊传注疏 [M]. 上海：上海古籍出版社，1990：281

其次，从方法和性质上看，校勘是事先没有定稿的，只有一个选定的加工底本，必须参照其他版本对底本的内容进行考异和订正，是多个版本之间的比较，涉及对古籍内容的改动，属古籍整理的范畴；而校对是有定稿的，是将誊清后的定稿与整理后的底稿进行比对，或是将印刷清样与交付的定稿进行比对，原则上不涉及古籍内容，只要求两者文字上完全一样就可。因此，它不属于古籍整理的范畴，只是出版的一个环节。有的校对人员为了提高准确率，甚至可从古籍最后一页的最后一个字开始往回读，这样完全颠倒过来可以避免语义的干扰，完全是一种简单、机械的比对。

三、校勘与校雠的关系

从词源上看，"校雠"的历史要远早于"校勘"。"校雠"一词最初也是分开来讲的，最早见于刘向《别录》："一人读书，校其上下，得谬误为校；一人持本，一人读书，若怨家相对，故曰雠也。"（见图4-1）。从它表述的字面含义来看，一人独校为"校"，两人对校为"雠"，合称起来统称"校雠"。这里无论是一人独校还是两人对校，所指均是校对。因此，校雠有校对之义。

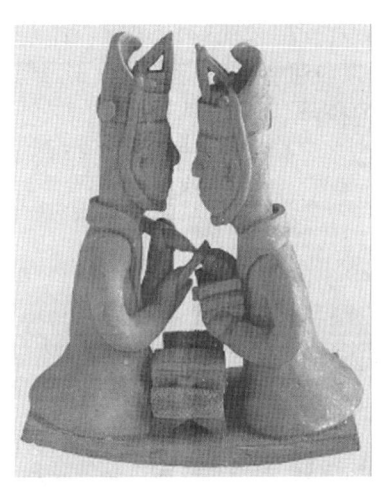

图4-1　西晋永宁二年（302年）青瓷对书俑

刘向在《列子叙录》又称："所校中书《列子》五篇。臣向谨与长社尉臣参校雠太常书三篇、太史书四篇、臣向书六篇、臣参书二篇。内外书凡二十篇，以校除复重十二篇，定著八篇。中书多，外书少，章乱布诸篇。中或字误，以'尽'为'进'，以'贤'为'形'，如此者众。及在新书有栈。校雠从中书，已定，皆以杀青。书可缮写。"① 这里的"校雠"，包括搜罗版本、去重篇目、校改文字等。因此，刘向所言"校雠"亦有校勘之义。

但从刘向等人所做的实际工作来看，则远不止校对和校勘这么简单。西汉成帝河平三年（前26年），以刘向为首的一批学者受命对朝廷藏书进行了一次系统的整理。据《汉书·艺文志》载："至成帝时，以书颇散亡，使谒者陈农求遗书于天下。诏光禄大夫刘向校经传、诸子、诗赋，步兵校尉任宏校兵书，太史令尹咸校数术，侍医李柱国校方技。每一书已，向辄条其篇目，撮其指意，录而奏之。会向卒，哀帝复使向子侍中奉车都尉歆卒父业。歆于是总群书而奏其《七略》。"刘向、刘歆父子等人对西汉政府藏书的系统整理，后人将它细分为广罗异本、确定书名、审定篇章、校勘文字、缮写定本、撰写叙录、类分图书等诸多程序，实则是包括版本、校勘、目录等在内的整个古籍整理工作。因此，刘向之后的历代学者多用"校雠"来指代校勘以外的其他古籍整理工作，或是整个古籍整理工作。如南宋郑樵在《通志》中设《校雠略》，专论文献的收藏、分类和管理，几乎不涉及校勘的内容。清代章学诚的《校雠通义》更是将校雠明确为据以区别学术源流、派别的古籍分类著录的整理工作。到了近代，出现了专门的学术科目"校雠学"，如清末范希曾在《校雠杂述》中说："细辨乎一字之微，广极夫古今内外载籍浩瀚。其事以校勘始，以分类终，明其体用，得其觉理，斯称'校雠学'。"这里所称的校雠学，实则已包含校勘、版本、目录在内。当代学者程千帆著《校雠广义》，分版本、目录、校勘、典藏四编，仍是将校雠学看作这四门学问的总汇。

因此，我们今天来理解校雠与校勘的关系，可以这样来认识：校雠有广、狭二义。广义的校雠等同于古籍整理，如程千帆《校雠广义》所取之义，校勘只是校雠的一个重要组成部分；狭义的校雠仅指校勘，这是历史原因造成的，前代学者所称"校雠"多指校勘而言。直到今天，仍有人把校雠作为校勘一词的同义文言词来使用。

第二节 古籍致误的类型

古籍在流传过程中发生错误的原因及情形是非常复杂的，前代学者对此也多有分析和归纳，如清王念孙父子的《读淮南子后序》《经义述闻》，俞

---

① 张舜徽选编. 文献学论著辑要 [M]. 西安：陕西人民出版社，1985：8.

樾的《古书疑义举例》、陈垣的《校勘学释例》等。总体来说，古籍致误的类型可以归纳为四种：讹文、脱文、衍文、倒文。

一、讹文

讹文，就是古籍在传抄或翻刻中产生的错字、别字。这是古籍内容中最为常见的错误类型，致讹的原因主要是人们在复制传播古籍时，对原稿或底本的字形、字音、词意等的误解造成的。具体可以分为以下多种情形：

1. 因字形相似而讹

字与字之间因为形状相似，在传抄或翻刻时，极容易出错。东晋葛洪在《抱朴子·遐览》篇"书三写，鱼成鲁，虚成虎"，指的就是这种情况。早在春秋时期，孔子的弟子子夏就曾根据字形相似校正过史书中的错误。据《吕氏春秋·慎行论·察传》载："子夏之晋，过卫，有读史记者，曰：'晋师三豕过河。'子夏曰：'非也，是己亥也，夫己与三相近，豕与亥相似。'至于晋而问之，则曰：'晋师己亥涉河也。'"①

再如，司马迁《报任安书》首句："太史公牛马走司马迁再拜言"，有人把"牛马走"解释为"像牛马般被驱使的仆人"。而实际上，早在宋代的吴仁杰在《两汉刊误补遗》中就指出："'牛'当作'先'，字之误也。《淮南书》曰：'越王勾践亲执戈为吴王先马走'。""先马走"就是走在马前的人，也就是后世人们常说的"马前卒"的意思。刘向校《晏子》，《晏子书录》中就有以'先'为'牛'的例子。这些都是因字形相似而误。

2. 因字形坏缺而讹

刻书的版片由于虫蠹鼠啮、水浸火焚，或经多次印刷后磨损严重，都可能造成印本字迹模糊不清，导致辨认错误。例如，有个版本的《战国策·宋策》云："宋康王射天笞地，斩社稷而焚灭之，骂国老谏曰。"清鲍廷博改'谏曰'为'谏臣'。王念孙指出："'曰'与'臣'形声俱不相近，若本是'臣'字，无缘为'曰'。考《太平御览·人事部》引此作'骂国老谏者'。《贾子·春秋》篇、《新序·杂事》篇，并作'骂国老之谏者'，则旧本'曰'字乃'者'字脱去上半耳。"②

还有的字完全无法辨认，刻工也不敢臆补，只好用一个空围符"□"来代替缺字。后人在转录这类古籍时，可能误把"□"当作上下结构的字的偏旁，遂抄成了另一个字。例如，《管子·地数》："请刈其莞而树之，吾

---

① （秦）吕不韦著；（汉）高诱注.吕氏春秋［M］.北京：中华书局，1954：294.
② （清）王念孙.读书杂志［M］.南京：江苏古籍出版社，1985：68.

谨逃其蚤牙。"这里的"吾谨逃其蚤牙"语义不明。清代学者孙诒让指出："'吾'当为'五',下又脱'谷'字。'请刈其荛而树之五谷',言芟草而艺谷也。传本脱'谷'字,校者于五下著一'□',写者不审,遂为'吾'字矣。"(《札迻》卷四)。

3. 因字体变化而讹

汉字字体的演变是一个漫长的过程,经历了甲骨文、金文、籀书、小篆、隶书、楷书、草书、行书等发展阶段;同时也是一个不断发展和规范的过程,期间也有大量简体字、异体字、俗体字的使用。字体纷繁复杂的状况,极容易导致认错字的情况发生,这也是造成古代图书内容致讹的原因。例如,《吕氏春秋·别类》云:"小方大方之类也,小马大马之类也。"这里的"小方大方"之"方",乃"犬"字之误。篆文"方"写作"㓵","犬"写作"㞢",形近而讹。再如,《韩非子·十过》:"禹作为祭器,黑染其外,而朱画其内。"王念孙谓"染"当作"漆","漆"字俗体写作"柒",故讹。《说苑·反质》正作"漆"。

4. 因偏旁误会而讹

偏旁(部首)是汉字的重要组成部分。古籍在书写传播过程中,偏旁的误增、误删或换作其他偏旁的情况屡见不鲜,这也是古籍致讹的一个非常重要的原因。①误增偏旁例。胡迎建《新发现的宋刻本邵尧夫诗集》云:"《观大棋吟》:'窦邓缘中馈','馈'宋本作'贵',指显贵内臣。李白《古风》:"中贵多黄金"。明本增'食'旁。"②误减偏旁例。《论衡·累害》篇云:"是故魏女色艳,郑袖鼻之。"孙诒让指出:"鼻当为劓。"劓,古时用刀割鼻子的刑法。郑袖,郑国美女。有人送魏国美女给魏怀王,时为南后的郑袖命令把魏女的鼻子割了,保住了自己受宠的地位(事见《战国策·楚策》)。③误换其他偏旁例。同上,胡迎建《新发现的宋刻本邵尧夫诗集》云:"《观大棋吟》:'今日之所强,明日之或嬴。'宋本作'嬴',与'强'义相反而对仗。明本改'嬴'下部'羊'为'女',义不通。"①"嬴",古同"赢",获胜的意思。"嬴",弱也,与"强"成对。

5. 因音同或音近而讹

古人在书写时,常用读音相同或相近字来代替本字,这就是所谓的通假。如《论衡·案书》篇云:"韩非著书,李斯采以言事;杨子云作《太玄》,侯铺子随而宣之。非、私同门,云、铺共朝。"孙诒让指出:"'私',

---

① 胡迎建.新发现的宋刻本邵尧夫诗集[J].古籍整理出版情况简报,1988,总193.

当作'斯',音同而误。"(《札迻》卷九)。又如,《礼记·大学》云:"见贤而不能举,举而不能先,命也。"郑玄注曰:"'命'读为'慢',声之误也。举贤而不能使君以先己,是轻慢于举人也。"(《礼记正义》卷六十)。语音致误的原因是汉字形音义的矛盾,即同音而异形异义。有学者指出,"校勘学的误字不同于正字规范的错别字。读古书必须破借字而读本字,但校古书不能用本字来改借字"①,就是必须用校勘记的形式指明通假字的本字,但不必径改古籍正文。这也是尊重历史的一种表现。

6. 因不识符号而讹

古籍中经常使用一些符号,表示对文字的重复、删除、颠倒、强调等,因而有重文符、删改符、乙倒符、标题符等。古人在书写时,遇有重复书写的汉字,往往不再重书原字,而是用一个符号代替它,以提高书写速度,这就是重文符。宋代薛尚功《历代钟鼎彝器款识法帖》卷七所收周器款识"迟父钟"中有"子=孙="语,说明我国最迟在周代就已经开始使用重文符了。从西周青铜器铭文、敦煌文书的书写来看,重文符有"="、"ゝ"、"々"等形式。书手抄写古籍时,难免会出现一些错字和衍文。遇到这种情况有两种解决办法:一是直接在错字或衍文的右侧补出正确的字;二是在错字或衍文的右侧标注删除符,以示删去。如敦煌写本《大智度论》中最常用的删除符就是"彡"。抄写文字时,若遇颠倒之处,通常是在互倒文字的右侧施以乙倒符。敦煌写本中的乙倒符有"√"、"乙"两种形式。一篇文献之内,可能有不同的小标题。为使小标题醒目,常常在小标题之前加上标题符,如敦煌写本《大智度论》中标题甚多,但主要以浓笔墨点"ゝ"为主。

以上各种古籍符号,如果在转录时不能正确识别,或粗心大意,则很容易出错。例如,《庄子》原文:"世=有齐国",它的本文是"世世有齐国",结果因为有人不懂重文符,转录成"世二有齐国"。有的因为其文义不通,又臆改为"二世有齐国""十二世有齐国"等,错上加错。这是重文符代替单字的例子。重文符有时还能替代一个词组,如传本《司马法·仁本》云:"古者以仁为本,以义治之之谓正。"这里的"治之"讲不通。查《群书治要》,此句写作"古者以仁为本,以义治之,治之谓正",文通字顺。但"以义治之,治之谓正"何以错成了"以义治之之谓正"呢?原来,书写者原文写作"以义治之=谓正",为了省事用一个重文符省去了"治之"两个字,但转录者误以为只重复"之"字,于是抄成了"以义治之之谓正"。再以删除符"彡"为例,有些书手因为粗心,转录古籍时误将"彡"认成

---

① 倪其心. 校勘学大纲[M]. 北京:北京大学出版社,2004:159.

"三",嵌入正文。还有的误把"彡"当作偏旁,并入被删的字,如"丹"字旁有删除符"彡",结果误抄成了"彤"字。

7. 因涉上下文而讹

古籍的书写习惯从上向下、从右向左,这对于上下结构的汉字来讲,容易造成将一字拆分为两个字,或将两个字合为一个字的讹误。例如,《淮南子·道应》:"军吏曰:'原(地名)不过一二日将降矣。'"查《国语·晋语》《韩非子·外储说左上》《新序·杂事四》,提到此事时均写作"三日",显然是误将"三"字拆写成"一二"两字了。又如,沈括《梦溪笔谈》:"北岳常岑谓之大茂山者是也。"《类苑》所引写作"山今"。常山即恒山,汉避文帝刘恒讳改"恒"为"常"。可见,"岑"字乃"山今"两字之误合。

8. 因妄改而讹

古籍由于年代久远,后世人因不懂文中的名物典制而妄加揣测,甚至擅改古书。唐李绰《尚书故实》记载了一个"误改金根"的典故:"昌黎生者,名父子之子也。虽教有义方,而性颇暗劣。尝为集贤校理,史传中有说金根车处,皆臆断之,曰:'岂其误欤,必金银车。'悉改'根'字为'银'字。"① 按,秦汉饰车以金,以为乘舆,谓之"金根车"。晋崔豹《古今注》上"舆服"云:"金根车,秦制也。秦并天下,阅三代之舆服,谓殷得瑞山车,一曰金根车。故因作金根之车。秦乃增饰而乘御焉。汉因而不改。"② 再如,《管子·小匡篇》云:"故使鲍叔牙为大谏。"王念孙《读书杂志·管子第四》说:"'鲍叔牙'本作'东郭牙'。下文管仲曰:'犯君颜色,进谏必忠。不辟死亡,不挠富贵,臣不如东郭牙,请立以为大谏。'是其证。《晏子·春秋问篇》《吕氏春秋·勿躬篇》《韩子·外储说左篇》《新序·杂事篇》并同。世人多闻鲍叔牙,寡闻东郭牙,故以意改之耳。"

古籍致讹的原因还有很多,如因涉注文而讹,因避时讳而讹,因篡改原文而讹等。有些是客观原因,有些是主观原因,而且可能多种情况交织在一起,非常复杂。限于篇幅,不再一一举例说明。

---

① (唐)李绰.尚书故实[M]//唐五代笔记小说大观.上海:上海古籍出版社,2000:1169.

② (晋)崔豹.古今注[M].四部丛刊本.

二、脱文

所谓脱文，是指古籍在抄写、翻刻时内容存在脱漏的情况，又叫夺文、阙文。《论语·卫灵公》云："子曰：吾犹及见史之阙文也。"可见，早在孔子的时代，就已经出现了脱文的现象。根据脱漏内容的多寡，脱文可分为以下三种情况。

1. 脱字（句）

脱去一两字者最为常见。当文中有文字重复出现的时候，抄写者很容易跳读，造成脱字。今本《华阳国志》卷十中犍为人士杨洪赞注："忠公清亮，甚信任之。"原意是诸葛亮非常信任杨洪，后句脱主语"亮"。抄写者因为前面有一个"亮"字，误以为后一个"亮"字已抄。此为脱去一字例。《列子·仲尼》原文有"孤犊未尝有母。有母，非孤犊也"句，但有的版本写作："孤犊未尝有母，非孤犊也。"语义不通，显然是因为"有母"两字重复出现，导致抄脱。此为脱去两字例。

还有抄脱一句或数句的情况。例如，石介《徂徕石先生文集》卷五《怪说（中）》批评杨亿"使天下人耳聋，不闻有周公、孔子、孟轲、扬雄、文中子、韩吏部之道"，下面接着说："俟周公、孔子、孟轲、扬雄、文中子、韩吏部之道灭……耳惟闻周公、孔子、孟轲、扬雄、文中子、韩吏部之道。"《四库全书》本脱去"俟周公"以下145字，就是因为上文末尾也有"周公、孔子、孟轲、扬雄、文中子、韩吏部之道"，与此段末全同，造成跳读脱文，这是因为重文造成的。

2. 脱简（行、页）

脱简之语，源自简策。《史记·孔子世家》记孔子读《易》时"韦编三绝"，说明编连简策的绳子在频繁翻阅过程中很容易断。时间一长，重新编连时可能遗失了一简或数简，这就是脱简。刘向当年整理政府藏书时，就遇到了这种情况。据《汉书·艺文志》称："刘向以中古文校欧阳、大小夏侯三家经文。《酒诰》脱简一，《召诰》脱简二。率简二十五字者，脱亦二十五字；简二十二字者，脱亦二十二字；文字异者七百有余，脱字数十。"

纸本书发展到册页装后，脱简则变成了脱行或脱页。有脱一行、几行、十几行者，有脱整页、几页、甚至十几页者。例如，张元济以百衲本校武英殿本《二十四史》，发现殿本多有脱行或脱页的情况，如《南史·江蒨传》，《北史·刘献之传》《和士开传》及《韩凤传》，《旧唐书·李白传》，《新唐书·宰相表上》和《宰相表下》，《辽史·百官志二》，《元史·达识帖睦尔传》均各脱1行，《元史·祭祀志四》脱2行，《周书·贺兰祥传》脱3行半,《宋史·田况传》脱 18 行;《宋书·少帝纪》,《南齐书·州郡志下》和《桂阳始兴二王传》,《宋史·孝宗纪三》《宗室世系表二十七》和《张栻传》,《金史·百官志二》均各脱 1 页①。清嘉庆本《素问注证发微》卷一第 32 页与第 34 页之间脱第 33 页。《文心雕龙·隐秀》篇宋代以后即脱去数百字,亦是脱页所致,后人所补已非原文。

以上脱文都属无意抄脱,原因也各不相同,有的因为重文,有的因为义似,有的因为窜行,有的因为内容烦复,种种情况不一而足。但也有故意删脱的,又有不明文义误删、不明训诂误删、据他书误删等情况。例如,《淮南子·道应》有"敖曰:敖幼而好游,至长不渝"句,《太平御览》引作"至长不渝解",《蜀志》注引作"长不喻解",《论衡》作"至长不偷解"。"渝"与"解"同义连用,如《太玄·格次三》"格瞽钩渝",范望注曰:"渝,解也。""解"即"懈"之古字。"渝解"即懈怠之意,《淮南子》抄写者因不明其义而误删"解"字。

3. 脱篇(卷)

篇、卷是相对独立的文献单元。脱篇(卷)相对于脱字(句)、脱简(行、页)就更严重了,整篇或整卷地脱文。如《汉书·艺文志》著录《太史公百三十篇》:"十篇有录无书",可见司马迁的《史记》在汉代就已经亡佚了 10 篇,只留下了这十篇的目录。《夹氏传》十一卷,注为"有录无书",全佚。清叶德辉曾得影写元麻沙本《盐铁论》十卷,后以明涂祯本校之,发现元麻沙本卷九的《论功第五十二》《论邹第五十三》《论菑第五十四》,卷十的《刑德第五十五》《申韩第五十六》,五篇全脱②。

三、衍文

原稿所无而传写与出版的过程中误增的文字,就称衍文,亦称羡文。或者说凡是非正文的文字,而误入正文者,都属衍文。造成衍文的原因不外两个方面,一是无意多抄了原文没有的文字;二是有意增加了原文没有的文字。

从衍文的多少来看,衍一字或数字较常见,如《淮南子·氾论》云:"诵先王之诗书,不若闻得其言;闻得其言,不若得其所以言。"根据王念孙的校勘,"诗"字及前两"得"字属衍文,原文当是:"诵先王之书,不

---

① 张舜徽. 中国古代史籍校读法 [M]. 昆明:云南人民出版社,2004:84-85.
② (清)叶德辉撰;湖南图书馆编. 湖南近现代藏书家题跋选 [M]. 长沙:岳麓书社,2011:227.

若闻其言；闻其言，不若得其所以言。"也有衍一句或数句者，如《史记·司马相如列传》云："扬雄以为靡丽之赋，劝百风一，犹驰骋郑卫之声，曲终而奏雅，不已亏乎？"扬雄生于司马迁身后，关于他的记载不可能出现在《史记》里，显然是衍文，是后人误将《汉书》的话抄入了《史记》。古籍致衍的原因也很多，具体来说，有涉上下文而衍、涉注文而衍、后人旁记（夹批、夹注等）误入正文而衍、不明训诂而衍、不辨词义而妄增，等等。

1. 涉上下文而衍

《管子·正篇》："能服信政，此谓正纪；能服日新，此谓行理。"俞樾指出："上文云：'立常行政，能服信乎？中和慎敬，能日新乎？'此承上文而言，当作'能服信，此谓正纪；能日新，此谓行理。'上句'政'字，涉上文'临政官民'而衍；下句'服'字，即涉上句'能服信'而衍。"[1] 再如，《尔雅·释地》："北方有比肩民焉，迭食而迭望。"汉代郭璞注："此即半体之人，各有一目、一鼻、一孔、一臂、一脚，亦犹鱼鸟之相合。"周祖谟《尔雅校释》："'各有一鼻、一孔'唐写本作'各有一目、一鼻孔'……今本'鼻'下衍'一'字，当据唐写本改正。"一鼻与常人无异，一孔则其义不明，此因上下均有"一"字而误衍。

2. 涉注文而衍

《韩非子·难三》："且夫物众而智寡，寡不胜众，智不足以遍知物，故因物以治物；下众而上寡，寡不胜众者，言君不足以遍知臣也，故因人以知人。"俞樾《古书疑义举例》卷五曰："按《韩非》原文本作'且夫物众而智寡，寡不胜众，故因物以治物；下众而上寡，寡不胜众，故因人以知人。'旧注于上句'寡不胜众'云：'言智不足以遍知物也'；于下句'寡不胜众'云：'言君不足以遍知臣也。'传写误入正文，而又有错误，遂不可读。"[2]

3. 旁记误入正文而衍

《老子》二章："万物作而不辞，生而不有，为而不恃。"朱谦之《老子校释》："罗振玉曰：'生而不有'，敦煌本无此句。谦之按：遂州碑本亦无。《群书治要》卷三十四引同此石。"[3] 马王堆帛书《老子》甲、乙本均无'生而不有'句。疑为上文'故有无相生'句之校者旁注，而误入正文。再如，《大戴礼记·劝学篇》："珠者，阴之阳也，故胜火；玉者，阳之阴也，

---

[1] （清）俞樾等.古书疑义举例五种 [M].北京：中华书局，2005：91.

[2] （清）俞樾等.古书疑义举例五种 [M].北京：中华书局，2005：93.

[3] 朱谦之.老子校释 [M].北京：中华书局，1984：11.

故胜水，其化如神。故天子藏珠玉，诸侯藏金石，大夫畜犬马，百姓藏布帛。不然，则强者能守之，知者能秉之，贱其所贵而贵其所贱，不然，矜寡孤独不得焉。"孙志祖《读书脞录》："'珠者阴之阳也'一段凡七十四字与上下文语意不属，疑他处错简也。《管子·侈靡篇》有此文。孔广森《补注》云：'前文有珠玉，故旁及之。'"按孙、孔说是。此74字是校者在上文"玉居山而木润，渊生珠而岸不枯"句之旁记之文，后误入正文①。

4. 不明训诂而衍

《淮南子·氾论训》："履天子之图籍，造刘氏之貌冠。"高诱注曰："高祖于新丰所作竹皮冠也。一曰：委貌冠。"王念孙说，《史记·高祖纪》曰："高祖为亭长，以竹皮为冠。及贵，常冠。所谓'刘氏冠'，乃是也。"故曰："造刘氏之冠。"（《汉书·高祖纪》诏曰："爵非公乘以上，毋得冠刘氏冠。"蔡邕《独断》："高祖冠，以竹皮为之，谓之刘氏冠。"）今本作"履天子之图籍，造刘氏之貌冠"者，"貌"字涉高注"委貌冠"而衍，后人又误以"籍"为图籍，遂于"籍"上加"图"字，以与"貌冠"相对，而不知"貌"为衍文，且"图籍"不可言履也②。

5. 不辨词义妄增而衍

《史记·孟尝君列传》："人或毁孟尝君于齐湣王，曰：'孟尝君将为乱。'及田甲劫湣王，湣王意疑孟尝君。""意"即怀疑的意思，类似的用法如《吕氏春秋·去尤》："人有亡铁者，意其邻之子。"《史记·梁孝王世家》："梁王阴使人刺杀袁盎及他议臣十余人，于是天子意梁王。"《史记·张仪列传》："尝从楚相饮，已而楚相亡璧，门下意张仪。"这里"湣王意疑孟尝君"，衍一"疑"字，就是因为后人不解"意"的词义而妄加的。查《太平御览》的引文，正写作"湣王意孟尝君"。再如，《颜氏家训·风操》："昔侯霸之子孙，称其祖父曰家公。"这里的"子孙""祖父"指向不明确。卢文弨云："《王丹传》：'丹征为太子少傅。时大司徒侯霸，欲与交友。及丹被征，遣子昱候于道。昱迎拜车下，丹下答之。昱曰：家公欲与君结交，何为见拜？丹曰：君房有是言，丹未之许也。'案：此'孙'字、'祖'字或误衍。"③旧时校勘者不知东汉时称呼"家公"即指家父，而误以为"公"是祖辈之称，故妄增"孙""祖"两字。

---

① 钱玄．校勘学［M］．南京：江苏古籍出版社，1988：32．
② 倪其心．校勘学大纲［M］．北京：北京大学出版社，2004：187．
③ （清）王念孙．读书杂志［M］．南京：江苏古籍出版社，1985：815．

四、倒文

倒文，是指古籍原文中的字词、语句、篇章顺序的颠倒错乱现象。因古人习惯用"乙"这样一个符号将倒文改正过来，所以也叫"乙文"或"倒乙"。倒文根据规模的大小，又可分为以下三种情况。

1. 字的倒置

一字或数字倒置的情况在倒文中最为常见。倒一字例子，如《汉书·食货志》："钱金以巨万计。"杨树达《汉书窥管》："钱金疑误倒，当作金钱。景祐本同误。"① 倒两字例，如《淮南子·人间》篇云："家富良马。"王念孙指出："'良马'本作'马良'，与'家富'相对为文。《汉书》《后汉书注》《艺文类聚》《太平御览》引此并作'家富马良'。"②

2. 句的倒置

《三国志·吴书·虞翻传》："翻复怒曰：'当闭反开，当开反闭，岂得事宜邪？'"张元济《校史随笔·三国志》谓新疆鄯善出土的古写本《三国志》"当闭反开，当开反闭"两句乙转③。再如，《老子》第十四章有"迎之不见其首，随之不见其后"两句。周祖谟指出："汉代帛书《老子》乙本作'随之不见其后，迎之不见其首'。唐代广明元年（880年）焦山《道德经幢》作'随之不见其后，迎之不见其首'，与帛书合。今本误倒。"④

3. 错简

错简原指简策书因编简绳索烂断、折断，使竹简散乱，造成书籍篇章次第混乱的错误。从孔子"韦编三绝"的故事可以推知，这在简策时代是经常发生的。后也指帛书、写本、刊本的同类错误，表现为文章内容的篇章、一段或一节文字的次序错乱颠倒。错简有两种情况，一是整段文字的颠倒，二是整个篇章内容的颠倒。整段文字的颠倒：如《战国策·秦策》"齐助楚攻秦"章，载楚国中张仪计，拒陈轸谏，以致伐秦而大败于杜陵。末云："故楚之土壤士民非削弱，仅以救亡者，计失于陈轸，过听于张仪。"又"楚绝齐"章，载齐伐楚，楚王使陈轸西说于秦。末云："计听知覆逆者，唯王可也。计者，事之本也；听者，存亡之机。计失而听过，能有国者寡也。故曰：计有一二者，难悖也；听无失本末者，难惑。"王念孙认为，

---

① 杨树达. 汉书窥管 [M]. 长沙：湖南教育出版社，2007：123.
② （清）王念孙. 读书杂志 [M]. 南京：江苏古籍出版社，1985：926.
③ 张元济. 校史随笔 [M]. 上海：上海古籍出版社，1998：31.
④ 周祖谟. 周祖谟语言文史论集 [M]. 杭州：浙江古籍出版社，1988：445.

"楚绝齐"章末节"计听知覆逆者"后51字，与该章上文绝不相属，此是著书者之辞，当在"齐助楚攻秦"章之下①。整个篇章的颠倒：如1973年12月在长沙马王堆汉墓出土的《老子》帛书甲、乙两本都是《德经》在前，《道经》在后，而今本正好相反。

以上所举讹文、脱文、衍文、倒文是古籍在传播过程中最常见的几类错误。但现实中还有一种情况，那就是多种错误类型同时出现，可称为多重错误。如中华书局1982年版邓之诚注本《东京梦华录》卷八《秋社》云："人家妇女皆归外家，晚归即外公姨舅皆以新葫芦儿、枣儿为遗，俗云宜良外甥。"按：这段话"文字晦涩，很难理解。查《岁时广记》，引文作：'人家妇女皆归外家，晚即归；外公姨舅皆以新葫芦儿、枣儿为遗。俗云：是日归宁，宜外甥。'据此，至正本'归即'为'即归'之误，脱'是日归宁'，衍一'良'字，致使原文不可卒读"②。

第三节　古籍校勘的依据

校勘古籍必须要有文献依据。它来自两个不同的方面：一是本书系统内的文献依据，二是本书之外的文献依据。本书系统内的文献依据，称为"内证"或"本证"，如本书的各种不同版本；本书之外的文献依据，称为"外证"或"旁证"，比如其他书籍的引文或考古发现的文献实物。"内证"与"外证"互为表里，内证处于主要地位，起决定性作用。

一、同书异本

校勘古籍第一步要做的工作就是搜集被校勘古籍的各种版本。刘向当年在整理西汉官府藏书时，第一步就是广罗异本。比如，他在整理《战国策》时用了6种中书（官藏）版本；整理《管子》用了中书、大中大夫卜圭书、臣富参书、射声校尉立书、太史书等5种版本；整理《晏子》用了中书、太史书、臣向书、臣参书等4种版本；整理《列子》用了中书、太常书、太史书、臣向书、臣参书等5种版本。这些同书异版本，是我们从事校勘工作必须要依靠的第一手资料。

---

① 倪其心. 校勘学大纲 [M]. 北京：北京大学出版社，2004：199.
② 刘益安. 对新版《东京梦华录》注本质疑 [J]. 河南师范大学学报，1983 (4)：31-40.

1. 稿本

稿本是一书正式出版前的最初形态，不存在传写翻刻的讹舛，也未经后人的臆删妄改，因而是最可靠、最可信的版本。稿本又有草稿和誊清稿（定稿）的区分，后者更能代表古籍的原貌。举例来说，清人柯超的《辛壬琐记》是研究太平天国的重要史料。1959 年科学出版社出版的《太平天国资料》收录了该书，所据底本是 1953 年在浙江慈溪发现的手抄本。但该本中一些句子晦涩不明，难以理解。后有人在宁波天一阁博物馆发现了《辛壬琐记》的稿本，以稿本校抄本，发现抄本存在很多讹文，如第 11 条把"携仆"误抄成"携补"，"妻孥"误抄成"妻拿"，第 14 条把"悭婆子"误抄成"悭婆予"，第 21 条把"寓江北岸"误抄成"宁江北岸"，第 24 条把"桁无悬衣"误抄成"桁无悬农"，第 27 条把"贼转门以轰"误抄成"贼转门以羹"，第 39 条把"遂率所部与楼閛"误抄成"遂率所部与楼閁"，第 40 条把"迁道越岭潜行"误抄成"行道城岭潜行"等①。

2. 抄本

雕版印刷术发明以前，图书主要以传抄的形式传播。即便是雕版术盛行的明清时期，抄本也仍有其存在的广大空间。早期的抄本如简策、帛书因为与古籍创作的年代接近，保留了古文献较为原始的面貌，因此具有相当高的校勘价值，如郭店楚简、居延汉简、敦煌卷子的发现等，为我们提供了珍贵的校勘资料。例如，1972 年山东临沂银雀山汉墓出土的《孙子兵法》，"残简虽仅存千余字，对于校订今本，是十分有益的。仅举一个例子：今本《虚实》篇：'出其所不趋，趋其所不意。'汉残简：'出于所必'（下缺）。"必"下所缺自是'趋'字。今本作'不趋'，汉残简作'必趋'，两意相反。无论从理论上看，或者从旁证来看，汉残简是正确的。今本，纵是宋刊本（中华书局有影印本和排印本）、明刊本（即《四部丛刊》本）都作'不趋'，显然是错误的。理论上，上文是讲敌佚（逸）而我能劳之，我要先处战地以待敌，以逸待劳。则我出兵，是求敌人来犯。若敌人不趋，我岂不扑空？自应作'必趋'。旁证是曹操注：'攻其所必爱，出其所必趋。'李筌注：'出其所必趋，出其所不意。'由此看来，魏、唐人所据本也作'必趋'。孙星衍校本（《岱南阁丛书》本，以后《诸子集成》本）也用它改'不'为'必'，是有理由的。由此也可见汉残简的可贵之处。"②

---

① 龚缨晏. 天一阁藏《辛壬琐记》稿本 [J]. 浙江社会科学, 2016 (7)：131-135.
② 许获. 略谈临沂银雀山汉墓出土的古代兵书残简 [J]. 文物, 1974 (2)：27-31.

3. 拓本

金石资料一般都比较古老，接近文献的原始面貌，而且有的本身是经过精心校勘之后作为正本公布的，如历史上著名的熹平石经、正始三体石经、唐开成石经等，因此将它们摹拓下来的拓本也比较可靠，可作为校勘用的资料，正如清人叶昌炽所指出的："以碑版考史传，往往抵牾，年月、官职、舆地，尤多异同。"① 例如，《旧唐书·牛僧孺传》云："祖绍，父幼简，官卑。"傅璇琮等指出："《新唐书》卷七五上《宰相世袭表》五上孺父幼简，郑尉。一作简，一作闻。今查唐李珏《故丞相太子少师赠太尉牛公（僧孺）神道碑》（《文苑英华》卷八八八）载：'父幼闻，华州郑县尉'，与《新表》同。则《旧书》作'幼简'误，应作'幼闻'。"②

4. 印本

印本包括刻本和活字本。对于大多数古籍而言，稿本、抄本和拓本毕竟是少数，最常见的还是印本。印本也有不同时期、不同地域、不同刻家之分。一般而言，年代较早的印本，校勘价值高于年代较近的印本，所以校勘家特别重视那些古本、旧本。清卢文弨《抱经堂文集·书吴葵里所藏宋本〈白虎通〉后》说："书之所以贵旧本者，非谓其概无一讹也。近世本有经校雠者，颇贤于旧本，然专辄妄改者，亦复不少。即如《九经》小字本，吾见南宋本已不如北宋本；明之锡山泰氏本又不如南宋本；今之翻泰本者，更不及焉。以斯知旧本之为可贵也。"黄丕烈《士礼居藏书题跋续记》卷上《武林旧事六卷跋》也说："校勘群书，始知书旧一日，则其佳处犹在，不致为庸妄人删润，归于文从字顺，故旧刻为佳也。"

因此，校勘古籍应尽可能依据早期的印本。但即使是宋刻本，也有优劣之分，不能一概而论，如"浙本"校勘质量较高，"建本"错漏相对较多，而流传至今的宋本又以"建本"居多，坊刻本大多滥杂，尤以麻沙本更为粗劣。宋本如此，元本也可想而知，因此决不能把宋元旧本看成校勘的唯一依据。明刻本虽也不乏精刻本，但经常妄删臆改，甚至改头换面，因此更需慎重。清代刻本由于当时不少学者精于校勘、慎于刊刻，留下了不少精校本和精刻本，值得我们重视和利用，但清刻本也不是尽善尽美，必须注意别择去取。

---

① （清）叶昌炽撰；韩说校注. 语石·卷六 [M]. 北京：今日中国出版社，1995：591.

② 傅璇琮等. 两唐书校勘拾遗 [J]. 文史，1981 年（第 12 辑）.

5. 注本

注本是附有前代学者所作注释的本子，因为正文与注文之间存在一定的对应关系，所以通过注释文字往往能发现一些意想不到的校勘正文的线索。清夏炘在《书抱经堂丛书后》中说："据注以校经，据疏以校注，据他经之注疏以校本经之注疏，如是，不可通者少矣！"① 例如，《史记·苏秦列传》云："今西面而事之，见臣于秦。夫破人之于见破于人也，臣人之于见臣于人也，岂可同日而论哉！"王念孙指出，下两"见"字因涉上"见"字而衍。司马贞《史记索隐》本出"臣人之于臣于人"七字，注曰："臣人，谓己为彼臣也；臣于人者，谓我为主，使彼臣己也。"案，《索隐》误解，当从张守节《正义》："破人，谓破前敌也；破于人，谓被前敌破。臣人，谓己得为人臣；臣于人，谓己事他人。"据《索隐》与《正义》，则原本并无两"见"字。检《战国策·赵策》，此段亦无两"见"字。

6. 校本

古人常说，校书如扫落叶，旋扫旋生。书籍经过一次校勘，不可能解决所有问题。而且校本经过一段时间的传播之后，又会产生新的问题，因此需要不断的校勘。以《汉书》为例，从宋代的刘敞、刘攽（刘敞弟）、刘奉世（刘攽子）作《汉书刊误》以来，清代学者相继校勘，"其中以钱大昕的《汉书考异》、钱大昭的《汉书辨疑》、王念孙的《汉书杂志》、沈钦韩的《汉书疏证》、周寿昌的《汉书注校补》等最为专门。清末王先谦，便荟萃群言和其他笔记、专著中阐明《汉书》旧义的见解，再加以自己数十年间钻研校订的心得，写成《汉书补注》一百卷，精刊行世。照理讲，今天阅读《汉书》，自以王氏《补注》为最完备了。但是近人杨树达，一生读《汉书》最为精熟，在王氏《补注》的基础上，复有所订正。早年写成《汉书札记》，一九二四年复由商务印书馆出版《汉书补注补证》。近年又有所增益，刊行了《汉书窥管》。"② 可见，校勘工作也是无止境的，而前人校勘的成果，可以成为今人校勘的基础。例如，王念孙校勘《荀子》，就是根据卢文弨的校本加按语完成的；而卢文弨校勘《荀子》，则是在北宋吕夏卿的校本加按语的基础上完成的。

7. 选本

所谓选本，顾名思义就是经过选择的文本，是编选者按照一定的编纂意图和选择标准，在一定范围内（比如时代、地域、文体、文献类型、作者

---

① （清）夏炘.夏仲子集·卷三［J］.清咸丰四年（1854）鄱阳官廨刻本.
② 张舜徽.中国古代史籍校读法［M］.昆明：云南人民出版社，2004：126.

身份等）将挑选出来的单篇作品按新的体例编排而成的书，如《文选》《苏门六君子文粹》《古文观止》等。我们在校勘某部古籍的单篇作品时，如果发现这篇作品被收录在某部选本里，不妨以选本参校之，或许有意想不到的收获。因为有的选本结集时较早，保留了作品的原始面貌。例如，《才调集》是今存唐人选唐诗最多最广的选本，所选署名诗人180多人，自唐初沈佺期至唐末五代的罗隐等，广及僧人妇女及无名氏。《四库全书总目》提要称："（《才调集》）然颇有诸家遗篇，如白居易《江南赠萧十九》诗、贾岛《赠杜驸马》诗，皆本集所无。又沈佺期《古意》，高楝篡改成律诗；王维《渭城曲》'客舍青青杨柳春'句，俗本改为'柳色新'；贾岛《赠剑客》诗'谁为不平事'句，俗本改为'谁有'。如斯之类，此书皆独存其旧，亦足资考证也。"①

8. 丛书本

有的古籍不仅有单行本传世，同时也有可能被编入了某种丛书中，以丛书本的形式存在。如果丛书的编纂时间较早的话，可能保留了比现存单行本更早的古籍面貌，也可成为校勘单行本的依据。例如，晚清朱祖谋（原名朱孝臧）校刻唐五代宋金元词家作品，辑为《彊村丛书》，北宋著名词人晏几道的《小山词》也被收入其中。《彊村丛书》本《小山词》选用清赵氏星凤阁藏明抄本为底本，校勘尤精。今人编校晏几道词集多以《彊村丛书》本为底本，或以其作为不可缺的对校本，如林大椿校《小山词》、王根林校点《小山词》、吴林抒校笺《小山词》、宛敏灏《小山词笺校记》，均以《彊村丛书》本为底本；王焕猷《小山词笺》、李明娜《小山词校笺注》，则以《彊村丛书》本为对校本。故丛书的价值历来受到学者的重视，如清张之洞曾给予高度评价："丛书最便学者，为其一部之中可该群籍，搜残存佚，为功尤巨。欲多读古书，非买丛书不可。"②

搜集同书异本的方法，包括遍查历代书目、查考有关序跋、检索馆藏书目等，本书第三章第三节已有详细介绍，此不赘述。

二、他书引文

校勘古籍除了直接利用同书异本外，他书引文也是重要的校勘资料。也

---

① （清）纪昀等. 钦定四库全书总目·卷186 [M]. 北京：中华书局，1997：2607.

② 张之洞著；范希曾补正. 书目答问补正 [M]. 上海：上海古籍出版社，1983：325.

就是说，校勘古籍并不局限于同种书籍的不同版本之间进行，还可以在不同种类的书籍之间进行，只要它们之间存在内容引用的关系，在引文中保留了被校勘书籍的内容，而这部分内容不论是整体的还是局部的，都有其校勘价值。

1. 类书中的引文

类书是按照既定体例采辑群书资料分门别类地编排而成的一种工具书。它有两大特点：一是分类编排。综合性的类书，大抵是按照天、地、人、事、物的顺序设定基本部类，其下再层层设类，多则可划分出数千个类目。个别也有按字顺编排的，如《永乐大典》采用"用韵以统字，用字以系事"的编排体例；二是原文抄录。类书原文抄录他书有三种方式：一是抄录整部书籍，如明《永乐大典》全文保留了《旧五代史》《宋会要辑稿》《建炎以来系年要录》《直斋书录解题》《苏沈良方》《续资治通鉴长编》《水经注》等一大批古籍；二是抄录单篇作品，如《文苑英华》收录萧梁至唐五代时期的作品近两万篇；三是抄录文献片段和文辞语句，如《册府元龟》采摘历代经史图书中有关君臣事迹的资料，《子史精华》专采子、史部及少数经、集部书中有关社会情况、自然知识、学术文化方面的名言隽句。

类书这种原文保留其他书籍内容的特点，为校勘古籍提供了文本依据。宋代的王应麟、明代的杨慎、清代的王念孙和王引之父子等，在校勘古籍时都非常重视对古类书引文的利用。例如，王应麟在校《战国策》时说："《太平御览》引《战国策》曰：吴子问孙武曰：'敌人保山据险，擅利而处，粮食又足，挑之则不出，乘间则侵掠，为之奈何？'武曰：'分兵守要，谨备勿懈。潜探其情，密候其息。以利诱之，禁其牧采。久无所得，自然变故。待故其离，夺其所爱。'今本无之。"①

2. 杂钞中的引文

杂钞也是古代抄纂的一种文献类型。它与类书不同，类书是事先有计划地、分门别类地摘抄资料，按一定体例编排而成，而杂钞更多是信手摘录古书的某些资料，有的也按分类编排，但不严格。杂钞只是摘录书中的精华部分，删繁就简，择其精要，类似于今天的读书笔记。这类文献自东汉以来就已有之，魏晋南北朝至隋唐时期非常盛行，如司马迁的《史记》130卷，有葛洪《史记钞》14卷、袁峻《史记钞》20卷、张莹《史记正传》9卷等；班固《汉书》115卷，有葛洪《汉书钞》30卷、袁峻《汉书钞》20卷、唐佚名《汉书英华》8卷等；诸子百家著作，有庾仲容《子抄》30卷、沈约

---

① （宋）王应麟. 困学纪闻·考史 [M]. 清嘉庆十八年（1813）扫叶山房刻本.

《子钞》15卷、马总《意林》3卷等。

杂钞类文献所抄内容保留了杂钞成书时古籍的部分面貌，对于之后的同种古籍而言，当然有其校勘价值。例如，唐初魏徵奉敕编纂的《群书治要》，清阮元《四库未收书目提要》称："即所采各书，并属初唐善策，与近刊多有不同。"唐马总所编《意林》，取周秦以后诸子杂记凡107家，摘录其要语成书。《四库全书总目》卷123《意林》提要云："今观所采诸子，今多不传者，惟赖此存其概。其传于今者，如《老》《庄》《管》《列》诸家，亦多与今本不同。"① 例如，《管子·形势解》有云："使人有礼，遇人有理。"王念孙利用唐初杂钞《群书治要》的引文校曰："《群书治要》上作'理'下作'礼'也。使人有理，谓使人必以道也；遇人有礼，谓待人必以礼也。《贾子·阶级》篇曰：'遇之有礼，故群臣自喜'是也。今本'理'、'礼'二字互易，则非其指也。"②

3. 注释中的引文

古人在给图书作注释时，常旁征博引、引经据典，以示言之有据。如裴松之《三国志注》引用史传、杂记等各类文献达229种；郦道元《水经注》引用前人文献，据陈桥驿先生统计多达477种；《史记》三家注之一的《史记索隐》，据程金造先生统计，引用书籍达420种，其不见著录于《隋书·经籍志》者，约四五十家。"隋唐以前，古书之存于书注中者，则裴松之《三国志注》、刘昭《续汉书八志注》与刘孝标《世说新语注》，犹可见之。《续汉书八志注》及《三国志注》，引书各不过二百五十种，刘孝标《世说》引书，与小司马《索隐》所引之数差等。"③

这些注家引用的书籍比我们今天见到的版本更早，更接近古书的原貌，因而这些注释文字也有重要的校勘价值。以唐人注释为例，陆德明《经典释文》、李善《文选注》、玄应和慧琳分别作的《一切经音义》、孔颖达《五经正义》、司马贞《史记索隐》、张守节《史记正义》等注释作品，大量征引了汉人许慎《说文》的内容。以中华书局标点本《史记》为例，三家注共引用《说文》135次，加上张衍田《史记正义佚文辑校》中的引文4次，总计139次。其中唐人司马贞《史记索隐》引《说文》108次，张守

---

① （清）纪昀等. 钦定四库全书总目·卷123 [M]. 北京：中华书局，1997：1641.

② （清）王念孙. 读书杂志 [M]. 南京：江苏古籍出版社，1985：497.

③ 程金造. 史记索隐引书考实 [M]. 北京：中华书局，1998：763-764.

节《史记正义》引《说文》28 次①。这些引文对于校勘今本《说文》就很有价值。如《史记·陈涉世家》："今诚以吾众诈自称公子扶苏、项燕，为天下唱。""《索引》：《汉书》作'倡'，倡谓先也。《说文》云：'倡，首也。'"②但今本《说文》作："倡，乐也。"两者语义相去甚远。又《史记·白起王翦列传》："秦王乃使人遣白起，不得留咸阳中。武安君既行，出咸阳西门十里，至杜邮。""《正义》：《说文》云：'邮，境上行舍'，道路所经过。"③ 今本《说文》作"境上行书舍"，有一字之差。

4. 小学工具书中的引文

小学是清代学者的叫法，指的是文字学、训诂学和音韵学，是治经学的基础。小学类工具书实际上就是古代的字典、词典，如《尔雅》《说文》《方言》《释名》《广雅》《玉篇》《类篇》《广韵》《集韵》等。这些古代工具书的编写者在对字、词进行辨形、释义、正音的时候，也是大量引经据典，这些零散、片段的引文也可用作校勘古籍的资料。例如，《广雅·释诂三》云："友爱，亲也。"王念孙校曰："爱，各本讹作受。《众经音义》卷十四引《广雅》：'友爱，亲也。'今据以订正。"④

最后需说明的是，无论是类书、杂钞，还是注释、小学工具书，古代的引文都存在不严格遵照原文的问题。以唐代引文为例，如慧琳《一切经音义》卷九十五引许慎《说文》云："礿，夏祭名也，从示，勺声。亦作禴。"其中"亦作禴"三字为衍文，非许书所固有。同书卷五十七引许书云："祟，神为祸也，从示，出声。"⑤ 其中"为"是衍文。这都属于引文不确。在引文的标注方面也存在不规范的问题。比如，同一部作品被多次征引，但书名或篇名却不一致，如汉人贾谊《新书》，在唐欧阳询《艺文类聚》中或作《新书》，或作《贾谊书》；《孔子家语》在唐徐坚《初学记》中或作《孔子家语》，或作《家语》；晋桓玄《南游衡山诗序》，《初学记》或引作《南游衡山序》，或引作《南游山诗序》等。在大多数情况下，古代引文都体现出略文而用意的特点，在形式上不严格核照原文，在书名、作者名的标

---

① 冯玉涛.《史记》三家注引《说文》校补"大徐"[J]. 宁夏大学学报（社科版），2002（5）.

② （汉）司马迁. 史记·卷48·陈涉世家 [M]. 北京：中华书局，1959：1950.

③ （汉）司马迁. 史记·卷73·白起王翦列传 [M]. 北京：中华书局，1959：2337.

④ （清）王念孙. 广雅疏证·释诂 [M]. 上海：上海古籍出版社，1983：27.

⑤ （唐）释慧琳，（辽）释希麟撰. 正续一切经音义·卷95 [M]. 上海：上海古籍出版社，1986：3579.

署上随意性较大，也有相当多的著述存在引文不注出处的情况①。因此，我们利用古书引文校勘古籍必须采取审慎的态度，不能以引文作为唯一的依据，还应尽可能地参考其他资料进行综合校勘。

三、其他文献资料

除了同书异本、他书引文之外，一些考古发现的文献实物，比如甲骨文献、金石文献、古代印章及封泥，以及其他不同种类书籍中的相关记载等，也可用作校勘的参考资料。

1. 甲骨文

殷商时期刻写在甲骨上的文字就叫甲骨文，是迄今为止人们可以见到的最早的文献，其内容主要是王室占卜的记录以及和占卜有关的记事文字，所以又叫"卜辞"。因为它最初出土于殷墟（今河南安阳县西北小屯村），故又称"殷墟书契""殷墟卜辞"。关于商汤的名字，古书《世本》记为"天乙"，罗振玉根据甲骨卜辞中并无"天乙"，而只有"大乙"，推断"天""大"二字是因形近而误。王国维作《殷卜辞中所见先公先王考》进一步分析道："汤名'天乙'，见于《世本》（《书·汤誓》释文引及《荀子·成相》篇），而《史记》仍之。卜辞有'大乙'，无'天乙'。罗参事谓'天乙'为'大乙'之讹。观于'大戊'，卜辞亦作'天戊'。卜辞之'大邑商'，《周书·多士》作'天邑商'。盖'天''大'二字形近故互讹也。且商初叶诸帝，如大丁、如大甲、如大庚、如大戊，均冠以'大'字，则汤自当称'大乙'。"

2. 金石文字

青铜器上的铭文及石刻上的文字，也可用作校勘的材料。早在南北朝时期，北齐的颜之推就根据出土的金文校勘过《史记》中的人名错误。据《颜氏家训·书证》记载："《史记·秦始皇本纪》：'二十八年，丞相隗林、丞相王绾等，议于海上。'诸本作'山林'之'林'。开皇二年五月，长安民掘得秦时铁称权，旁有铜涂镌铭二所。其一所曰：'廿六年，皇帝尽屏兼天下诸侯，黔首大安，立号为皇帝，乃诏丞相状、绾法度量则不壹嫌疑者，皆壹明之'，凡四十字……其书兼为古隶，余被敕写读之，与内史李德林对见。此称权今在官库，其丞相'状'字，乃为状貌之'状'，'犭'旁作

---

① 李明杰. 中国古代图书著作权研究［M］. 北京：社会科学文献出版社，2013：187.

'大',则知俗作'隗林'非也,当为'隗状'耳。"①

北宋欧阳修编《集古录》,已用金石刻辞校正过史书。之后赵明诚又编《金石录》,其自序云:"《诗》《书》以后,君臣事迹,悉载于史……若夫岁月、地理、官爵、世次,以金石考之,其牴牾十常三四。盖史牒出于后人之手,不能无失,而刻辞当时所立,可信不疑。"赵氏从理论上阐释了金石刻辞作为校勘的依据,主要在于它的原始档案性。例如,《风俗通义·十反》篇云:"司徒梁国盛允,字子翩,为议郎。"孙诒让指出:"《后汉书·桓帝纪》李《注》云:'允字子代。'与此不同。《水经·获水注》云:'卢城城东有汉司徒盛允墓碑,允字伯世,梁国虞人也。'郦引碑文,最为可据。《后汉书》注'世'作'代'者,唐人避太宗讳改耳。此作'翩'实当为'嗣'字,'嗣'与'世'音正相近也。汉隶'嗣'或作'嗣',与'翩'形近,故传写易误。前《愆礼》篇'河南尹太山羊翩祖',《后汉书·羊陟传》作'字嗣祖','翩'亦'嗣'之误,是其证矣。"(见《札迻》卷十《风俗通义》)。

3. 古印及封泥上的文字

古代的印章是显示权力或信用的凭证,有官印和私印之分。秦始皇统一中国后,印章的名制才有了明确的规定,如皇帝用印称"玺",一般的只能称"印"。东汉卫宏《汉旧仪》载:"秦以前民皆佩绶,以金、玉、银、铜、犀、象为方寸玺,各服所好。自秦以来,天子独称玺,又以玉。群臣莫敢用也。"汉代以后此项制度有所松动,如"诸侯王""王太后"皆可用玺称。汉代印章除以"玺"称之外,其他一般的官印都称"印",但汉代一些位高爵显的官吏,如将军、太守、公卿的印称作"章"。"印章""印信""信印"等称谓也都是从汉代开始的,如"广汉大将军章""安平侯印章""苏循信印""祝遵印信"等。后又有"宝""记""关防""戳子""符""契""信""图记""图章"等不同的名称。封泥之名,"始见于《续汉书·百官志》,掌于少府官属之守宫令,盖古用简牍,封以玺印,非泥不可。后世易之以纸帛,泥不适用,乃改用朱印。相沿既久,几不知朱印之前尚有封泥之事。"② 简策时代的公私文件都写在竹简或木牍上,封扎时用绳缚住,在绳端或交叉处再加以木匣,并封以一丸泥土,然后在泥上捺盖印章,作为信验,以防私拆封发物件。这就是所谓的"泥封",实际上是古代的一种信息加密技术。

---

① (北齐)颜之推. 颜氏家训·书证 [M]. 天津:天津古籍出版社,1995:179.
② 马衡. 凡将斋金石丛稿·封泥存真序 [M]. 北京:中华书局,1977:313.

由于印章和封泥上的文字记录了用印机构或用印人的信息,包括机构名、姓名、字号、堂号、爵位、仕履、行第、郡望、籍贯等信息,这对于校勘同时代的古籍中的名物制度很有帮助。例如,钱大昕发现《史记》与《汉书》中同人不同名的现象:"《史记·王子侯年表》,有'石洛侯刘敬',《汉表》作'原洛侯敢'。"究竟哪个记载是正确的呢?"顷岁,诸城李仁煜书山于县南乡得古印一,文曰'石洛侯印'。以太史公考之,知为城阳顷王子。诸城与城阳国不远,或石洛侯封即在其境邪?《汉书》'原'字必是转写之讹。"① 又如,《汉书·地理志》有"临淄",杨树达认为:"《封泥考略》卷四有'临菑丞印'、'临菑市丞'、'临菑左尉'、'临菑右尉'各印;《再续封泥考略》卷一有'临菑丞相'。字皆从'艸'作'菑',不作'淄'。陈介祺云:今传世汉器及印,临淄、淄川皆作'菑',则《志》作'淄'者误也。"②

4. 其他书籍中的相关记载

古籍校勘可以利用的资料不仅仅限于同书异本、他书引文,以及考古发现的文献实物,事实上,只要与被校勘对象有关系的文献记载,都可以为校勘古籍提供线索和帮助。这种关系包括,它们有共同的描述对象(如名物和典章制度等),有重合的历史叙述范围,有相同的引用内容,等等。比如,古籍中用典是常有的情况,假如不是同一种书籍,但出现了使用同一典故的情况,如果一书有了疑问,另一书就是很好的校勘材料。例如,"《梁书·元帝纪》载讨侯景檄文,有一句话说:'家有陨山之泣。'谁也不知道是什么意思。百衲本、明南监本作'家陨□山之泣',墨丁是表示缺空,文义也不可知。但经过校订,新本《梁书》改为:'家陨桓山之泣。'这是完全正确的。据《孔子家语》记载:颜回闻哭声,'非但为死者而已,又有生离别者也……桓山之鸟,生四子焉,羽翼既成,将分于四海,其母悲鸣而送之,哀声有似于此。'梁元帝正是用了这个典故,说侯景暴虐多端,使江南人民有生离死别的愁苦。长期悬而未决的疑案,被细心的整理者解决了。"③

---

① (清)钱大昕.十驾斋养心录·余录卷中 [M]. 南京:江苏古籍出版社,2000:449.
② 杨树达.《汉书窥管》[M]. 上海:上海古籍出版社,1984:192.
③ 吴树平.新本"二十四史"的校勘 [J]. 读书,1979(9):152-157.

第四节 古籍校勘的方法

在古人的读书经验中，古籍不校便不可读，如王鸣盛所说："欲读书必先精校书，校之未精而遽读，恐读亦多误矣。"① 对于校勘，前人总结了许多非常宝贵的经验，如北齐颜之推说："校定书籍，亦何容易。自扬雄、刘向，方称此职耳。观天下书未遍，不得妄下雌黄。"② 按照颜氏的说法，要校勘图书，先要读尽天下书才可以动手，这虽然要求有点苛求，但不无道理。所谓巧妇难为无米之炊，讲的就是这个意思。在有了各种同书异本、他书引文及各种文献资料之后，还需要掌握具体的校勘方法。

一、"死校"与"活校"法

叶德辉（1864—1927年），字奂彬（亦作焕彬），号直山，一号郋园，精于版本目录学，著有《书林清话》《书林余话》，曾编辑校刻《丽楼丛书》《双梅景闇丛书》《观古堂汇刻书》《观古堂所刊书》《元朝秘史》《古今夏时表》等。他根据自己的校勘经验，把校勘方法分为"死校"和"活校"两种。

叶德辉在《藏书十约·校勘》中说："今试言其法：曰死校，曰活校。死校者，据此本以校彼本，一行几字，钩乙如其书，一点一画，照录而不改。虽有误字，必存原文。顾千里广圻、黄荛圃丕烈所刻之书是也；活校者，以群书所引改其误字，补其阙文。又或错举他刻，择善而从。别为丛书，版归一式。卢抱经文弨、孙渊如星衍所刻之书是也。斯二者，非国朝校勘家刻书之秘传，实两汉经师解经之家法。郑康成注《周礼》，取故书杜子春诸本，录其字而不改其文，此死校也；刘向校录中书，多所更定；许慎撰《五经异义》，自为折衷。此活校也。其后隋陆德明撰《经典释文》，胪载异本；岳珂刻《九经》《三传》，抉择众长；一死校，一活校也。明乎此，不仅获校书之奇功，抑亦得著书之捷径也已。"③

叶氏所谓的"死校"法，实际上就是校明异同。它是在同书异本的范围内，选择其中一个版本作为底本，然后以底本和其他各本互校，通过一字

---

① （清）王鸣盛. 十七史商榷·序 [M]. 上海：上海书店出版社，2005.
② （北齐）颜之推. 颜氏家训·勉学 [M]. 天津：天津古籍出版社，1995：93.
③ 叶德辉著；李庆西标校. 叶德辉书话 [M]. 杭州：浙江人民出版社，1998：10-11.

一句的机械比对,将其他各本的异文客观地记录在底本上,即便发现有明显的文字错误,也不改正,只是照录原文。这种校勘方法的好处在于,能将各本的不同之处集中于底本之上,便于后人去研究和择取,而不是由校勘者先入为主,替读者去作出判断和选择。

叶氏所谓的"活校"法,实际上就是订正谬误。它不限于同书异本的范围内,而是"以群书所引",即可在不同种类的书籍之间互校,发现异文之后要作出判断和选择,"改正误字,补其阙文",最后要提供给读者一个在校勘者自己看来完全正确无误的定本。

近人朱希祖在《郦亭藏书题跋记·校本意林跋》中也提出了两种校勘方法。他说:"校雠之法有二:一则罗列各本,择善而从;其不善者,弃而不言。然必择一本为主,若他本、他书有善者,据以校改此本,必注云:'原本作某,今据某本或某书改。'否则必犯无征不信之讥,且蹈无知妄改之戒。原本不误而校改反误者,皆由于此。一则择一本为主,而又罗列各本之异同。心知其善者,固当记注于上;即心知其误者,亦当记注于上,以存各本之真面,使后世读此书者,得参校其异同,斟酌其是非,择善而从,抑亦校雠之善法也。然主前法者或讥后为芜类而无所发明;主后法者,或讥前法为专擅而妄改古书。其实各得其法,不偭其矩,皆有益于学者。"朱氏所说的两种方法,一是罗列各本,择善而从;一是择一本为主,而又罗列各本之异同。前者近于叶德辉的活校法,后者近于叶氏的死校法,其实是对叶氏思想的进一步阐述①。

不过要说明的是,死校和活校只是对校勘方法的一种粗略的划分,在实际校勘工作中两者区分并没有那么明显,往往兼而有之。比如上文叶德辉提到的顾广圻,若以刻书而言,把他列入"死校"派尚可,若以校书而论,其实是合所谓"死校"与"活校"于一身的校勘大家。顾广圻本人曾在校残宋尤袤椠本《文选》的跋语中就说过:"意欲准古今通借,以指归文字;参累代声韵,以区别句逗。经史互载者,考其异;专集尚存者,证其同。而又旁综四部,杂涉九流。援引者沿流而溯源,已佚者借彼以订此。"②顾氏所用的校法,显然不是叶德辉的粗略分类所能概括的。

二、陈垣的"校法四例"

陈垣(1880—1971年),字授庵,广东新会人,近代著名史学家,在宗

---

① 刘青松. 中国古典文献学概要 [M]. 长沙:湖南大学出版社,2002:167.
② (清)顾广圻. 思适斋书跋 [M]. 上海:上海古籍出版社,2007:96.

教史、元史、年代学、校勘学、辑佚学和史讳学等方面有创造性成就，著有《二十史朔闰表》《中西回史日历》《史讳举例》《元典章校补》《中国佛教史籍概论》等。他曾全力校勘过《元典章》，用故宫博物院所藏元刻本、涵芬楼藏吴焯影元抄本（存前集）、自藏孔宪培旧藏影元抄本（存新集），自藏方功惠旧藏抄本、彭元瑞抄本等校沈家本新刻本，于1931年写成《元典章校补》十卷，随后又从《元典章校补》所列举的沈刻本谬误一万二千余条中，"籀其十之一以为之例，而疏释之"，写成《元典章校补释例》，这是陈垣先生在校勘学方面的一部经典名著，1959年重印时改名为《校勘学释例》。在这部著作里，陈先生提出的"校法四例"归纳出了校勘的四种方法，被后世公认为校勘所普遍适用的基本方法，得到了很高的评价。

1. 对校法

陈垣指出："对校法，即以同书之祖本或别本对读，遇不同之处，则注于其旁，刘向别录所谓'一人持本，一人读书，若怨家相对'者，即此法也。此法最简便，最稳当，纯属机械法。其主旨在校异同，不校是非，故其短处在不负责任，虽祖本或别本有讹，亦照式录之；而其长处则在不参己见，得此校本，可知祖本或别本之本来面目。故凡校一书，必须先用对校法，然后再用其他校法。"①

对校法的基本要领就是首先要搜集一书的各种版本，然后对各种版本进行鉴定，最好能弄清楚它们之间的源流关系，从中找出祖本作为校勘的底本。如果没有祖本，则从中选择一个善本（如旧本、足本、精本）作为底本，并按各本的校勘价值分为可供对校的主校本、辅校本和参校本。校勘的时候，以各校本与底本一一对读，遇到不同的地方，以注释的方式注明在底本相应的地方。这种方法，实际上就是叶德辉说的"死校"法。它主要是校异同，而不订是非。故其不足之处在于没有提供一个新的定本，其长处在于不搀杂己见，得此校本，读者便可掌握该书各种版本的异同，发现其中的错误，这样就避免了校者主观妄改原文的弊端。而且，校者若将所有的异文集中在一起，编为校勘记，则读者有此一编在手，就等于掌握了该书的多个版本的情况，如清人阮元校刻的《十三经注疏校勘记》就是如此。例如，《诗经·卫风·硕人》"美目盼兮"一句，阮元《校勘记》云："小字本、相台本同；闽本、明监本同。唐石经'盼'作'盻'，毛本同。案：'盼'字是也。"这里的"小字本"是指宋小字二十卷本；"相台本"是清重刻宋相台岳氏二十卷本；"闽本"是指七十卷闵本注疏，实据明嘉靖本而来；

---

① 陈垣. 校勘学释例 [M]. 北京：中华书局，1959：144.

"明监本"是指明监本七十卷注疏,实据明万历本而来;"唐石经"是指唐开成年间刊刻的石经拓本;"毛本"是指汲古阁毛晋注疏本。"唐石经"是这些同书异本当中最古老的,"盻"作"盼"更为可信。这里阮元是用按语的形式表达了自己的意见,而不是径改原文。

对校法无疑是校勘工作中最为基础的方法,因为只有通过比较,我们才能发现版本之间的差异,找到问题。早年的学者因为图书借阅比较困难,凡得一见的版本都"照式录之",想把它们的本来面目都留在底本上,以便日后查考。但今天的藏书和阅览条件都发生了很大变化,我们再运用对校法就大可不必墨守成规了,凡底本正确、对校本错误之处,就不必一一照录了。另外,选择底本也不可盲目信古,惟古是从。底本有明显错误的,也可结合其他校勘方法在正文中将它订正过来,并通过校勘记的方式加以说明。例如,中华书局点校本《后汉书》是以绍兴本为底本,以汲古阁本和武英殿本为对校本进行校勘的,其《乌桓鲜卑列传》云:"夫以世宗神武,将相良猛,财赋充实,所拓广远,犹有悔焉。"校勘记:"将相良猛,按:汲本、殿本'相'作'帅'。"又有"既而觉悟,乃息兵罢役,[封]丞相为富民侯。"校勘记:"[封]丞相为富民侯,据汲本、殿本补。"

2. 本校法

陈垣指出:"本校法者,以本书前后互证,而抉摘其异同,则知其中之缪误。吴缜之《新唐书纠缪》、汪辉祖之《元史本证》,即用此法。此法于未得到祖本或别本以前,最宜用之。予于《元典章》曾以纲目校目录,以目录校书,以书校表,以正集校新集,得其节目讹误者若干条。至于字句之间,则循览上下文义,近而数叶,远而数卷,属词比事,牴牾自见,不必尽据异本也。"①

本校法是在没有祖本和别本可依据的情况下使用的,其基本要领就是以本书前后文字进行互证,遇到前后不一致或相互抵牾的地方,要查明差异的原因,判断其中哪个为正确的,哪个为谬误的。因为一本书的各个组成部分之间,在语言形式和思想内容方面,都会不可避免地相互联系着,本校法正是利用这个特点来进行工作的。这种方法因为不借助其他版本,所以称之为本校法。

首先,可根据上下文的语词和句式结构来校勘古籍。古文中同一词汇和文句有时重复出现,因此上下文可以互相参校。例如,《管子·八观》云:"彼民非谷不食,谷非地不生,地非民不动,民非作力,毋以致财。天下之

---

① 陈垣.校勘学释例[M].北京:中华书局,1959:145-146.

所生，生于用力；用力之所生，生于劳身。是故主上用财毋已，是民用力毋体也。"这里的"天下"当是"天财"之误，理由是《管子·立政》有"天财之所出"、《管子·国蓄》有"天财之所殖"，"天财"反复使用，意思也相近。古文中经常使用排比，句式基本相同，也可作校勘依据。例如，《离骚》云："及年岁之未晏兮，时亦犹其未央。"闻一多校曰："'犹其'二字当互乙。上文'虽九死其犹未悔''唯昭质其犹未亏''览余初其犹未悔''览察草木其犹未得兮'，并作'其犹未'可证。王注曰'然年时亦尚未尽'，正以'尚未'释'犹未'，是王本末倒。"① 另外，古文中还有上下文对仗的情况，如《荀子·成相》篇云："上能尊主爱下民。"王念孙校曰："'爱下民'当作'下爱民'，与'上能尊主'对文。《不苟》《臣道》二篇并云：'上则能尊主，下则能爱民。'是其证。"②

其次，可根据上下文的语义和逻辑关系来校勘古籍。例如，《诗经·小雅·十月之交》序云："大夫刺幽王也。"郑玄《毛诗笺》曰："当为刺厉王。作《诂训传》时移其篇第，因改之耳。《节》刺师尹不平，乱靡有定；此篇讥皇父擅恣，日月告凶。《正月》恶褒姒灭周，此篇疾艳妻煽方处。又幽王时司徒乃郑桓公友，非此篇之所云番也。是以知然。"郑玄认为此篇本为讽刺厉王之作，毛氏作传时移动了篇章次序。其理由有二：一是拿《节南山》和《正月》这两篇诗的文义来与《十月之交》的内容对照，它们在《十月之交》之前，且都是讽刺幽王的诗篇；而同时不得有二人为王、为后，故《十月之交》与这两篇诗歌不该是同一时期的作品。二是根据史实，考察《十月之交》中的"番维司徒"这个人物与实际情况不符。正如《正义》所言："郑既言当为刺厉王，又自验其证……故郑先以诗上下校之，后乃言郑桓公也。"显然，郑玄这里很好地运用了本校法，即以诗文前面篇目的文义与本篇对照，既然它们的文义相近，但不可能同时二人为王及王后，由此断定《十月之交》与这两篇为不同时代的作品，即为"刺厉王"③。

再者，可根据上下文的文辞押韵来校勘古籍。先秦的古籍一篇之内经常有韵语，为的是方便朗诵和记忆。句末本该押韵之字却没有押韵，读起来很别扭，则很可能是误字，应寻按古时的韵部进行订正。例如，《管子·明法解》："故威势独在于主，则群臣畏敬；法政独出于主，则天下服德。故威势分于臣，则令不行；法政出于臣，则民不听。"这里的"服德"当是"服

---

① 闻一多. 闻一多全集·楚辞校补 [M]. 武汉：湖北人民出版社，1993：138.
② （清）王念孙. 读书杂志 [M]. 南京：江苏古籍出版社，1985：730.
③ 李世萍. 郑玄《毛诗笺》研究 [M]. 北京：知识产权出版社，2010：110.

听"之误。"法政独出于主,则天下服听"与下文"法政出于臣,则民不听",文义正相应。"敬"与"听"押韵,作"德"则音义均不合。

3. 他校法

陈垣指出:"他校法者,以他书校本书。凡其书有采自前人者,可以前人之书校之;有为后人所引用者,可以后人之书校之;其史料有为同时之书所并载者,可以同时之书校之。此等校法,范围较广,用力较劳,而有时非此不能证明其讹误。丁国钧之《晋书校文》,岑刻之《旧唐书校勘记》,皆此法也。"①

他校法的特点在于,它所依据的既不是同书的不同版本,也不是同书的上下文内容,而是不同种类的其他书籍。当然,这些不同种类的书籍与本书之间有征引关系,包括"其书有采自前人者""其书有为后人所引用者""其史料有为同时之书并载者",或是不同种类的书籍在内容叙述上有重叠交叉之处,都可用来校勘。本章第三节"古籍校勘的依据"谈到了利用各种"他书引文"校勘的情况,下面再以实例说明之。

据类书引文校勘例。如《荀子·议兵》曰:"是以尧伐驩兜,舜伐有苗,禹伐共工,汤伐有夏,文王伐崇,武王伐纣,此四帝两王,皆以仁义之兵行于天下也。"这里的"此四帝两王",《北堂书钞》《太平御览》均引作"两帝四王",当据改。"两帝"是指尧、舜,"四王"是指夏离、商汤、周文王和周武王。

据古注引文校勘例。如《诗经·周南·汉广》曰:"南有乔木,不可休息;汉有游女,不可求思;汉之广矣,不可泳思;江之永矣,不可方思。"《正义》云:"以'游思''方思'之等皆不取'思'为义,故为辞也。经'求思'之文在'游女'之下,《传》解'乔木'之下先言'思、辞',然后始言'汉上',疑经'休息'之字作'休思'也。何则?诗之大体,韵在辞上,疑'休''求'字为韵,二字俱作'思',但未见如此之本,不敢辄改耳。"孔颖达的意见是完全正确的。《汉广》一章,"不可求思""不可泳思""不可方思"都是以语气词"思"为结尾,所以"不可休息"必然是"不可休思"之误。陆德明《经典释文》亦云:"本作'休思'。"

据他书引文校勘例。除类书、古注外,还有的书本身就是采辑他书资料编为新书,如杂钞、政书、总集、别集、选集等,故多引文,可与被引之书互校,如《吕氏春秋》和《庄子》《荀子》《列子》《淮南子》可以互校,《唐六典》《唐会要》《通典》《册府元龟》和《新唐书》《旧唐书》中的志

---

① 陈垣. 校勘学释例 [M]. 北京:中华书局, 1959: 146-147.

的引文或纪事可以互校，《韩非子·解老》《淮南子·道应》可以校今本《老子》。例如，《史记·周本纪》："（武王）命南宫括散鹿台之财，发钜桥之粟，以振贫弱萌隶。"《群书治要》引《史记》作"散鹿台之钱"，《淮南子·主术》《道应》篇均作"发钜桥之粟，散鹿台之钱"，《吕氏春秋·慎大》篇亦曰："发钜桥之粟，散鹿台之钱，以示民无私，出拘救罪，分财弃责，以振穷困。""财"是总称，与"粟"这一专称不对，因而是"钱"之误。再如，高适《登百丈峰二首》之一："朝登百丈峰，遥望燕支道。"题"登百丈峰"，敦煌残卷写本《高适诗集》作"武威作"。首句"百丈峰"，敦煌本《高适诗集》写作"百尺峰"。孙钦善认为当从敦煌本。

直接据他书校本书例。时代相同或性质相近的古书在叙事载言上常常更相祖述，因此这些书中论述相同或记载相同的文字就可以用来相互校勘，如《国语》和《左传》可以互校，《韩非子》《淮南子》和《战国策》可以互校，《汉书》和《史记》可以互校，等等。例如，《史记·高祖本纪》："老父曰：'乡者夫人、婴儿皆似君，君相贵不可言。'"此句《汉书·高帝纪》作"乡者夫人、儿子皆以君，君相贵不可言"。通过对比很容易发现异文：一作"皆似君"，一作"皆以君"，究竟哪个是对的呢？参考上下文推之，《史记》作"皆似君"是对的，因为"老父"给吕后及其子女相面时刘邦没在现场，等刘邦回来，吕后提及此事，刘邦才追出去向"老父"问个究竟。正是在这种情况下，老父才说"乡者夫人、婴儿皆似君，君相贵不可言"。"皆似君"即"皆似君相"之省，而《汉书》作"皆以君"，语法文义皆不通。

4. 理校法

陈垣指出："段玉裁曰：'校书之难，非照本改字不讹不漏之难，定其是非之难。'所谓理校法也。遇无古本可据，或数本互异，而无所适从之时，则须用此法。此法须通识为之，否则卤莽灭裂，以不误为误，而纠纷愈甚矣。故最高妙者此法，最危险者亦此法。"[1]

理校法的特点在于，它既没有祖本或别本可作依据，也没有相互征引的情况可供查核，校勘者完全依赖自身的知识素养和学术能力来发现古籍中不通、不当、不对之处，并运用逻辑推理的方法校正错误。这是一种对校勘者要求最高的方法，也是一种最容易出错的方法，因而须谨慎使用。当然，理校法也不是全无依据，还是可以根据语言、体例、史实等来进行推理的。

---

[1] 陈垣. 校勘学释例 [M]. 北京：中华书局，1959：148.

据语言理校例。在古籍文献中，如发现确有错误而又无别的版本可以校正时，则可以根据字形、字音、以及语法修辞等情况来推断其错误，并进行改正。例如，陈垣校沈家本刻《元典章》，吏部卷五第4页"合无减半支俸"，陈校曰："'减半'当作'减半'。"吏部卷六第37页"年高不任部书"，陈校曰："'部书'当作'簿书'。"户部卷五第31页"亡宋淳佑元年"，陈校曰："'淳佑'当作'淳祐'。"这些都是依据字形、字音及历史常识来校勘的。再如，《庄子·天运》篇云："故西施病心而矉其里。其里之丑人见而美之，归也捧心而矉其里。其里之富人见之，坚闭门而不出；贫人见之，挈妻子而去之走。"周祖谟指出："此处'其里'二字叠见，'病心而矉其里'的'其里'二字传写误重，当删。'矉'是蹙额的意思，字亦作'嚬'。它是个自动词，后面不能带宾语。《太平御览》卷三九二、七四一引，并不重上面两处'其里'二字。唐写本上一'其里'二字亦不重出，足证当删。"①

据体例理校例。古书通常都有一定的体例，如阮元所说："经有经之例，传有传之例，笺有笺之例，疏有疏之例，通乎诸例而折中于孟子'不以辞害志'，而后诸家之本可以知其分，亦可知其一定不可易者矣。"② 首先，不同的文体有不同的特点，据此可校出一些错误，比如《墨子·非攻中》云："诗曰：鱼水不务，陆将何及乎？"王念孙指出："陆将何及乎？不类诗词，'乎'字盖浅人所加。"③ 其次，正文与注释的体例是不同的，据此也可校出一些问题。如钱大昕分析《三国志》注文误入正文时说："《魏志·王肃传评》末云：'刘寔以为肃方于事上而好下佞己，此一反也；性嗜荣贵而不求苟合，此二反也；吝惜财物而治身不秽，此三反也。'陈少章谓刘寔以下当是裴氏《注》，《谯周传评》后注引'张璠以为'云云，与此正同。肃为晋武帝外王父，史臣于本传略无贬词，岂应于评中更摭其短乎？予考承祚诸评文简而要，从未引它人说，少章之言是也。"④ 再者，古籍中的一些用语往往也有特定的惯例，据此也可校勘古籍。如《左传》凡诸侯即位，必书立。而《春秋》僖公二十三年传云："九月，晋惠公卒，怀公命无从亡人。期期而不至，无赦。"王引之校曰："怀公下脱'立'字，则与上

---

① 周祖谟. 周祖谟语言文史论集 [M]. 杭州：浙江古籍出版社，1988：443.
② （清）阮元校刻. 十三经注疏附校勘记 [M]. 北京：中华书局，1980：266.
③ （清）王念孙. 读书杂志 [M]. 南京：江苏古籍出版社，1985：574.
④ （清）钱大昕. 十驾斋养心录 [M]. 南京：江苏古籍出版社，2000：125.

句不相承，唐石经已然，而各本皆沿其误。凡诸侯即位，必书某公立。此不书立，亦与全书之例不符。《太平御览·人事部》五十九、《治道部》二，两引此文，皆作'怀公立，命无从亡人'。则宋初本尚有未脱'立'者。"①

据史实理校例。从古籍内容方面检查，看文字是否符合历史事实，主要是看人物、时间、地点及名物制度等。例如，《汉书·张欧传》："（张欧）至武帝元朔中代韩安国为御史大夫。""元朔"当为"元光"之误。该句涉及武帝朝大事，韩安国仕履，御史大夫任免，因此分别查《武帝纪》《韩安国传》及《百官公卿表》。《武帝纪》云："（元光四年）春三月乙卯，丞相蚡薨。"《韩安国传》载："其年（建元六年），田蚡为丞相，安国为御史大夫……安国为御史大夫五年，丞相蚡薨，安国行丞相事……更以平棘侯薛泽为丞相，安国病危。"《百官公卿表》记："（建元六年）大农令韩安国为御史大夫，四年病危。""（元光四年）三月乙卯，丞相蚡薨。五月丁巳，平棘侯薛泽为丞相。九月，中尉张欧为御史大夫。"以上三处记载，韩安国任御史大夫时间，除本传谓"五年"，有约计出入一年差数外，都可确证张欧任御史大夫的时间在元光四年，不在"元朔中"。再如，《文心雕龙·时序》："及明帝叠耀。崇爱儒术。"刘永济指出："'帝'乃'章'误。此称两朝，故曰'叠耀'。下文肆礼辟雍，明帝事也；讲文虎观，章帝事也。"

最后要指出的是，古籍校勘与版本鉴定一样，不能仅凭唯一的文献依据就得出武断的结论，须内证与外证相结合，综合运用各种校勘方法，这样得出的结论才最可靠。早在北齐时期的颜之推，就懂得综合运用对校、本校、他校、理校等方法来校勘古书，例如，他在校勘《史记》中"妬媢"为"妬娼"之误时说："太史公论英布曰：'祸之兴自爱姬，生于妬媢，以至灭国。'又《汉书·外戚传》亦云：'成结宠妾妬媢之诛。'此二"媢"并当作'娼'，娼亦妬也，义见《礼记》《三苍》（按：此用理校、他校）。且《五宗世家》亦云：'常山宪王后妬娼。'（按：此用本校）。王充《论衡》云：'妬夫娼妇，生则忿怒斗讼'，盖知娼是妬之别名（按：此用他校）。原英布之诛，为意贲赫耳。不得言媢（按：此又用理校）。"② 这一校例，综合运用了多种校勘方法，其中理校法又包括分析字义及推究形近致误的原因。论证严密，结论可靠。

---

① （清）王引之. 经义述闻 [M]. 南京：江苏古籍出版社，1985：409.
② （北齐）颜之推. 颜氏家训·书证 [M]. 天津：天津古籍出版社，1995：178-179.

第五节　古籍校勘成果的表现形式

古籍校勘完成后，我们要将校勘的结果和依据记录下来，为此需要找到一种合适的表达形式。古籍校勘成果的表达形式就是人们通常所说的校勘记，也叫校记、校字记。它有两个作用：一是说明校改的依据和理由，以获得读者对新校本的信任；二是备列异同，以帮助读者全面掌握同书异本的情况，好择善而从。

一、校勘记的写法

早在汉代，学者们在记录校勘成果时就已形成了一定的格式，如遇误字，则用"当为"表示。段玉裁在《周礼汉读考序》中说："'当为'者，定为字之误、声之误而改其字也，为救正之词。形近而讹，谓之字之误；声近而讹，谓之声之误。字误、声误而正之，皆谓之'当为'。凡言'读为'者不以为误；凡言'当为'者直斥其误。"①

宋代以"刊误""举正""考异""纠谬""辨证"等为名的著作，如余靖《汉书刊误》、张淳《仪礼识误》、方崧卿《韩集举正》、朱熹《孝经刊误》《韩集考异》、彭叔夏《文苑英华辨证》等，保留了大量校勘记的内容。南宋馆阁校书也有自己的"校书条例"："诸字有误者，以雌黄涂讫，别书。或多字，以雌黄圈之；少者，于字侧添入；或字侧不容注者，即用朱圈，仍于本行上下空纸上标写。倒置，于两字间书'乙'字。诸点语断处，以侧为正；其有人名、地点、物名等合细分者，即于中间细点。"②"雌黄"是古时校改图书用的一种颜料，北齐颜之推的《颜氏家训》里有记载。沈括在《梦溪笔谈》卷一中曾说明用"雌黄"改字的原因："尝校改字之法：刮洗则伤纸，纸贴之又易脱，粉涂则字不没。涂数遍，方能漫灭。唯雌黄一漫则灭，仍久而不脱。古人谓之'铅黄'，盖用之有素矣。"③ 宋代规定的校勘方法和格式，曾长期为官方和士大夫所沿用。

清代阮元所作《十三经注疏校勘记》④ 在校勘学史上占有重要地位，

---

① （清）段玉裁．经韵楼集［M］．上海：上海古籍出版社，2008：24.
② （宋）陈骙，佚名撰；张富祥点校．南宋馆阁录续录［M］．北京：中华书局，1998：23.
③ （宋）沈括撰；侯真平校点．梦溪笔谈［M］．长沙：岳麓书社，2002：5.
④ （清）阮元校刻．十三经注疏附校勘记［M］．北京：中华书局，1980.

其校勘记的写作也为后人提供了示范。校讹文例：《春秋左传正义》卷五"古者田渔而食"条，校曰："诸本作'田'，此本误'曰'。今订正。"校脱文例：《春秋左传正义》卷四"异婚姻者也"条，校曰："宋本'婚'作'昏'。各本'异'下有'姓'字，此本脱。"校衍文例：《春秋左传正义》卷一"言遗者旧史已没"条，校曰："正德本、闽本、监本'旧史'误倒。毛本作'史记'，亦非。"校倒文例：《仪礼注疏》卷十二"以其天子乡卿大夫为之"条，校曰："毛本'卿'字在'夫'字下。按：毛本是。"遇不能肯定之处，常用"疑""宜作""或当作""不可考"等表示。如《仪礼注疏》卷三十一"反来为父母在者"条，校曰："按'在'下疑脱'此'字。"《仪礼注疏》卷十五"注陔夏至奏之"条，校曰："案'陔夏'宜作'陔陔'。"遇有异文，通常罗列诸本，不作正误判定，客观保存诸本的面貌。如《礼记正义》卷三十五"卿大夫各如其命之数"条，校曰："闽、监、毛本同，岳本同，嘉靖本同。惠栋校宋本'卿'上有'及'字、'数'下有'也'字，宋监本同，《考文》引古本同。卫氏《集说》'卿'上亦有'及'字、'数'下'也'字无，《考文》引足利本同。"

今人张舜徽先生在前人的基础上，归纳了10条校勘记的写法，涵盖了古籍常见的讹、脱、衍、倒等各种情况，可供参考：

一、凡文字有不同者，可注云："某，一本作某。"（或具体写明版本名称）

二、凡脱一字者，可注云："某本某下有某字。"

三、凡脱二字以上者，可注云："某本某下有某某几字。"

四、凡文字明知已误者，可注云："某当作某。"

五、凡文字不能即定其误者，可注云："某疑当作某。"

六、凡衍一字者，可注云："某本无某字。"

七、凡衍二字以上者，可注云："某本某字下无某某几字。"

八、字倒而可通者，可注云："某本某某二字互乙。"

九、字倒而不可通者，可注云："某本作某某。"

十、文句前后倒置者，可注云："某本某句在某句下。"

上述情况之一，有前后数见者，但于首见时注明"下同"或"下仿此"等字样①。

---

① 张舜徽．中国古代史籍校读法［M］．昆明：云南人民出版社，2004：160-161.

校勘记除了校明异同、订正谬误之外，通常还要陈述校勘依据，现以徐震堮《世说新语校笺》的一则校勘记为例。《德行第一》："郭林宗汝南，造袁奉高。"刘孝标注曰："《汝南先贤传》曰：'袁宏字奉高，慎阳人。'"徐震堮校曰："袁宏字奉高——'袁宏'，影宋本及沈校本并作'袁閎'，'閎'亦'閬'之误。《后汉书·黄宪传》注：'袁閬字奉高。'刘攽校曰：'袁閬字奉高，閬字夏甫。此言奉高当作'閬'也。'案《黄宪传》：'既而前至袁閬所。'注：'一作閎。'案袁閬字奉高，见《后汉书·王龚传》。《太平御览》卷二六四引《汝南先贤传》同。"① 作者采用了对校法、他校法，旁征博引，用丰富的史料证实了'袁宏'系'袁閬'之误。

二、校勘成果的表现形式

程千帆先生在《闲堂文薮·校勘略说》（齐鲁书社1984年版）中按照校勘的目的、校勘方法、读者对象及出版条件等因素，将校勘成果的表现形式归纳为以下七种。

1. 定本

所谓定本，是指经校勘者对古籍原文内容分别同异、校订是非之后确定无误的本子。以定本形式把校勘成果发表出来，就是直接将校勘后的定稿公布于众，而不另写校勘记。但有时为了说明情况，可在正文中使用一些校勘符号表示校改，比如用方括号"[ ]"表示增字，圆括号"( )"表示删字，尖括号"〈 〉"表示改字。例如，中华书局点校本《史记·龟策列传》："今龟，大宝也，为圣人使，传之贤（土）[王]。""土"是要删去的字，用小字排印，"王"是要增入的字，仍用大字。这种定本还可以让读者看到部分校勘情况。

从辑存的《叙录》来看，西汉刘向等校书就是采用定本的形式来公布校勘成果的。如《晏子书录》云："所校中书《晏子》十一篇，臣向谨与长社尉臣参校雠太史书五篇、臣向书一篇、臣参书十三篇，凡中外书三十篇，为八百三十八章。除重复二十二篇，六百三十八章，定著八篇，二百一十五章。外书无有三十六章，中书无有七十一章，中外皆有以相定。"② 刘向所校《晏子》，主要是对篇目去重补漏，重新编排，比较适合用定本的形式。

另外，还有两种情况比较适合采用定本的形式：一是被校之书前人已做了大量校勘工作，几有定论。如中华书局点校本《二十四史》多数有校勘

---

① 徐震堮. 世说新语校笺 [M]. 北京：中华书局，1984：4.
② 郭沫若校订.《盐铁论》读本 [M]. 上海：上海人民出版社，1975：18.

记，而《史记》没有，因为《史记》正文直接采用了清人张文虎的校勘成果。二是普及读物的选注、选译本。这类古籍主要是供普通读者阅读和了解古代文化用的，只要词通意顺，没必要在文字的异同是非上过多纠缠。如清吴楚材、吴调侯选注的《古文观止》，上海古籍出版社出版的《中国古典文学作品选读》等都采用了定本的形式。

采用定本的形式出版，优点在于简洁明了，便于阅读。缺点在于读者不知道文本校改的过程，所定正文未必都是正确的。

2. 定本附校勘记

它是将正文写成定本的形式，但同时附以校勘记说明校定的依据和原因。郭沫若著《〈盐铁论〉读本》就是采用这种形式。例如，《本议》篇正文有"故川源不能实漏卮，山海不能赡溪壑。是以盘庚率苦，舜藏黄金"句，这是校定之后的文字。同时在篇后用校勘记说明："'率苦'，原误作'萃居'，依孙诒让校改。孙云：'萃居当作率苦，形近而误。张衡《西京赋》云'盘庚作《诰》，帅人以苦'。李《注》引《书·盘庚》'率吁众蹙，出矢言'。盖西汉经师有帅人以苦之说。桓、张并本于彼。'率''帅'，古字通。"

定本附校勘记的形式，既有定本简明直接的特点，又不至于使人不知定本文字所据何处；既便于阅读，又在很大程度上保留了底本和其他各本的面貌。如果把定本与校勘记结合起来读，很容易知道底本有哪些改动、他本与底本有哪些不同。这种形式相对于只提供定本的形式要审慎得多，因此较多古籍校勘成果采用这种形式发表。但这种形式还是有一个问题，即它的文字是校勘者认定的，相当于替读者作出了判断和选择，对读者来说有先入为主之嫌，而且万一校改有误，影响很大。

3. 底本附校勘记

底本是校勘的对象。它只保留校勘异同的记录，而不擅改原文，相当于叶德辉所说的"死校"。底本附校勘记的形式，是选择一个作为校勘基础的底本来和其他各本及其他资料互校，校勘完成后，连同底本和校勘记一起发表出来，其中多数是将校勘记整理后作为底本的附录，如《士礼居丛书》影刻宋本《国语》《战国策》，均附有黄丕烈所撰校勘记。阮元主持校刻的《十三经注疏》采用的也是这种形式，底本选用的是宋版，在参校其他版本之后，"明知宋板之误字，亦不使轻改，但加圈于误字之旁。而别撰校勘记，择其说附载于每卷之末。"① 如《公羊传·文公十三年》："自正月不

---

① （清）阮元. 研经室集·三集·卷二·江西校刊宋本十三经注疏书后. 清道光间刻本.

雨，至秋七月。"阮元在"至"和"秋"之间右侧旁加"○"号（今中华书局缩印本作▲），卷末校勘记云："'至秋七月'，唐石经、郑本皆作'至于秋'，此脱。"又如《论语·先进》："冉有子贡，侃侃如也。"阮元在"有"字右侧加"○"号，卷末校勘记云："'冉有子贡'，唐石经'有'作'子'。"

底本附校勘记这种形式特别适用于那些专业性、学术性较强，读者对象主要为文史研究者的古籍。因为它没有事先替读者去判断和选择文本，而只是客观地记录各本的异同于底本之上，使研究者底本在手，其他各本的情况也都尽在掌握之中，最后让读者自己去判断取舍，所以参考价值很高。这是目前为止，古籍校勘成果发表采用最多的形式。但底本附校勘记的形式也有一个缺点，就是异文罗列过多导致图书篇幅过大，读起来非常繁琐，一般读者根本无所适从。

4. 单行的校勘记

有的校勘记既不附于定本，也不附于底本，而是与古籍正文分开，另行发表，这就是单行的校勘记。之所以要与正文分开，可能是由于底本繁琐造成的篇幅过大、阅读不便，抑或是底本为习见易得的版本，所以发表时只摘录有校文的部分，这样可以节省刻书成本。早在宋代就有单行的校勘记问世，如毛居正的《六经正误》。

单行的校勘记大致有两种形式：一是为一书所作的校勘记，如张文虎的《校刊〈史记〉集解索隐正义札记》、章钰的《胡刻通鉴正文校宋记》、罗继祖的《〈辽史〉校勘记》、朱季海的《〈南齐书〉校议》等；二是为群书所作的校勘记，如卢文弨的《群书治要》、王念孙的《读书杂志》、孙诒让的《札迻》等，其中《读书杂志》所校书籍包括《逸周书》《战国策》《史记》《汉书》《管子》《晏子春秋》《墨子》《荀子》《淮南》内篇，以及《后汉书》《老子》《庄子》《吕氏春秋》《韩非子》《法言》《楚辞》《文选》等，《札迻》则集录了孙诒让校勘秦汉至齐梁间78种古书的成果①。

采用单行的校勘记形式发表，可以集中反映校勘成果，节省出版成本，但不便于人们随手检阅图书原文。

5. 与注释混合的校勘记

古籍整理过程中，注释与校勘有很大的交叉性。古籍注释分为内容注释和文字注释。文字注释对古籍中字词的形、音、义进行解释，往往会涉及文

---

① 张三夕. 中国古典文献学（第2版）[M]. 武汉：华中师范大学出版社，2007：167.

字的校勘问题；附于定本或底本之上的校勘记，多数采用篇后按正文注码顺序编排的形式，与注释在形式上没有区别。因此，与注释混杂在一起也是校勘记存在的一种重要形式。

历史上很多注家在做注释的时候，也是兼做校勘的。像注经书的郑玄、陆德明、孔颖达、贾公彦等，注史籍的裴松之、裴骃、司马贞、张守节、颜师古、李贤等，注子书的高诱，注文学著作的李善等，他们的注释作品都保存了大量的校勘成果。历史上很多以"校注""校释""校证""校读"等为书名的著作，多是校勘与注释并做的，如马其昶的《韩昌黎文集校注》、吴树平的《风俗通义校释》、李新魁的《韵镜校证》、张松如的《老子校读》等。兹举一例：《风俗通义序》云："《尚书》：'天子巡守，至于岱宗，觐诸侯，见百年，命大师陈诗，以观民风俗。'"吴树平校释"巡守"曰："'守'，郎本作'狩'，二字通。《孟子·梁惠王》云：'天子适诸侯曰巡狩。巡狩者，巡所守也。'《白虎通义·巡狩》云：'王者所以巡狩者何？巡者，循也；狩者，牧也。为天下巡行守牧民也。道德太平，恐远近不同化，幽隐不得所者，故必亲自行之，谨敬重民之至也。"① 这段文字很好地将校勘和注释结合在一起。也有一些"笺""注""集解"之类的著作，书名看上去是注释，实际也做了校勘工作。当然，也有少数既有校勘又有注释的著作把校勘和注释严格地区分开来，如余嘉锡的《世说新语笺疏》把校勘记放在"校文"栏下，把注释文字放在"笺疏"栏下，二者不相混杂。

6. 杂在笔记中的校勘记

古代的笔记谈古论今、不拘形式。就内容而言，大致可分为两类：一是历史杂记类，内容大抵为前朝旧闻、文献掌故、朝野佚事、风土人情等，如《世说新语》《西京杂记》《涑水纪闻》《南村辍耕录》《万历野获篇》《啸亭杂记》等；二是考辨评论类，内容涉及考证经史、辨析名物、注疏校勘、评论辨伪等，如《容斋随笔》《困学纪闻》《黄氏日钞》《焦氏笔乘》《日知录》《癸巳类稿》《陔余丛考》《十驾斋养新录》等。第二类笔记中，校勘成果较多。有的校及群书，如《困学纪闻》《日知录》《癸巳类稿》等；有的专校经史子集中的某一类书，如《经义述闻》《廿二史考异》《诸子平议》等；有的专校某一部书，如《史记新证》《汉书新证》等。兹举一例：《十驾斋养新录》卷七《邵雍传误》云："《宋史·道学传》谓雍年七十六。按尧夫（邵雍字）殁于熙宁十年，程伯淳志其墓云：'熙宁丁巳孟秋癸丑，尧夫先生疾终于家。先生生于祥符辛亥，至是盖六十七年矣。'叙述年寿明

---

① 吴树平．风俗通义校释［M］．天津：天津人民出版社，1980：5.

白可信,史作七十六,盖传写颠倒耳。"①

笔记中的校勘记有以下三个特点:首先,因为它是校者读书时随记所得,所以对某书的校勘是零散不成系统的;其次,这类校勘通常是对前人校勘成果的补校之作,如《三余札记》中的《淮南子补校》《韩非子简端记》等即是;再者,因为它多纠前人校勘之失,所以考证尤为详尽,令人信服。如王念孙《读书杂志》为证明《史记·周本纪》"散鹿台之财"为"散鹿台之钱"之误,用了十证897字。笔记中的校勘记也有一个缺点,那就是它太过分散,难以检索和为人所用。

7. 单篇文章形式的校勘记

以单篇文章形式发表的校勘记主要有书信、序跋、章表和学术论文等,其特点是能就一个具体的细节问题作很深入的探讨。如段玉裁《与诸同志书论校书之难》就是一封论校勘的书信。文中通过对"下迆"还是"不迆""四郊"还是"西郊""乡大夫"还是"卿大夫"等校勘例证的探讨,提出了"校经之法,必以贾还贾、以孔还孔、以陆还陆、以杜还杜、以郑还郑,各得其底本,而后判其义理之是非,而后经之底本可定,而后经之义理可以徐定。不先正注、疏、释文之底本,则多诬古人;不断其立说之是非,则多误今人"的论点。清人伍崇曜的《九经三传沿革例·跋》、王念孙《读书杂志·淮南内篇·后序》是以序跋形式发表的校勘记。顾广圻的《思适斋书跋》也多校勘成果,兹举一例:史部"《资治通鉴》二百九十四卷元刻本"跋云:"《通鉴》:'晋咸宁五年,禹分九州,今之刺史几向一倍。'注云:'时有司、豫、徐、兖、荆、扬、梁、益、宁、交、秦、雍、凉、冀、幽、并、青十八刺史。'今案:景参既云十八州刺史,而上文则司一、豫二、徐三、兖四、荆五、扬六、梁七、益八、宁九、交十、秦十一、雍十二、凉十三、冀十四、幽十五、并十六、青十七而止,尚阙其一。余以《通典》、晋宋两志、温公《考异》互考之,知本于'幽'下有'平'字,而以平为十六,并为十七,青为十八,故云十八州刺史也。元板刊刻时遗落'平'字,失景参之旧耳。"② 洪亮吉《卷施阁文集》卷七所录《上石经馆总裁书》则是用章表形式发表的校勘记,二十四条校例之下罗列了众多校勘实例。

今人则多采用论文的形式发表校勘记,如国务院古籍整理出版规划小组1984年编纂出版的《古籍点校疑误汇录》收录了大量校勘方面的论文,如《关于陶集校勘问题》《〈全宋词〉刊误拾遗》《〈全金元词〉刊误》《敦煌

---

① (清)钱大昕.十驾斋养新录[M].南京:江苏古籍出版社,2000:149.
② (清)顾广圻.思适斋书跋[M].上海:上海古籍出版社,2007:20.

变文校勘拾遗》《〈汉书〉校记二则》《〈三国志〉校勘一则》《〈金史〉校勘补遗》等。另外，报纸、期刊、文集上也发表了大量单篇论文形式的校勘成果，这类成果也多是对前人所作校勘的补遗、修正。

以上论及的七种校勘记的形式，各有其特点和适用范围，在实际古籍校勘工作当中，应根据校勘的目的、读者对象和具体的要求，选择最合理的形式。

第五章 古籍的辨伪

古籍在创作或流传过程中,由于作者、出版者的主观原因,或是其他各种客观原因,会造成古籍载体上所标记的作者署名信息、成书年代信息以及古籍的内容等与古籍历史上真实状况不相符合的情况。我们要准确、有效地利用古籍,就必须解决古籍的真实性问题,通过对古籍真伪的考辨,还原它的真实作者、真实的成书年代、真实的古籍内容,这就是古籍辨伪所要做的工作。

第一节 伪书与辨伪释义

一、什么是伪书?

伪书是中外图书史上一种普遍存在的客观文化现象,从古至今层出不穷,给人们利用古籍和从事学术研究带来了很大的危害。那什么是伪书呢?通俗地讲,就是那些作者署名不真、成书年代标记不实以及内容造假的图书。对于古籍中的伪书来讲,其实际出版年代还必须在1911年以前。

所谓作者署名不真,是指古籍的书名页、卷端、序跋等文献形态项明确标识的作者姓名与古籍的真实作者是不相符的。明明是张三的作品却署名李四,如《黄帝内经》为战国后期医家所撰,却署名黄帝;《列子》的作者为东晋的张湛,却署名战国时期的列御寇;《周秦行纪》作者为唐代的韦瓘,却署名同时期的牛僧孺。

所谓年代不实,是指古籍的书名页、序跋、牌记等文献形态项所反映的古籍成书年代是不真实的。年代不实与作者署名不真往往交织在一起,因为作为特定历史人物的作者,其署名本身就具有时代性。本来是汉代的作品,却要让人误认为是先秦的作品;本来是六朝的作品,却要让人误认为是秦汉间的作品。

所谓内容造假，是指古籍的内容与原作不符，其情况比较复杂：可以在具有特定作者、特定年代的古籍文献中搀入某些并不属于原作的内容，如李白的《李翰林集》、苏轼的《东坡集》里面就收录了不少其他作者的单篇作品；也可借助某部已经亡佚的真实古籍的书名，编造出新的内容，如今本《竹书纪年》、今本《古文尚书》；或是附会古代文献（书目）记载中提到的某人、某事、某书，凭空杜撰出一部新书，如《亢仓子》《子华子》《连山易》《归藏易》等。

"伪书"与"伪本"是一对比较容易搞混淆的概念，必须区别开来。伪书主要涉及作者和作品内容，它是在图书的创作或编辑成书环节作伪，作伪手段主要有作者署名作伪、成书年代作伪和内容作伪三种方式，目的在于传播作伪者的作品和学术思想。伪书的版本不一定是劣本，有的甚至可能是善本；而伪本主要涉及版本问题，它是在图书的出版环节作伪，其作伪手段主要在图书的出版时间、出版者和出版地这三方面做手脚，目的在于以俗本、劣本冒充善本，但其内容并不一定涉伪，可能是真本。

二、辨伪释义

古籍资料的利用，首先要求史料可靠、年代准确。我们研究古代哲学，必然要参考《周易》；研究古代文学和社会制度，必然要参考《诗经》。虽然前代学者对这两部书做过很多注解，但对这两部书成书年代的认识各有分歧，史实的真伪考证不一，作者更是众说纷纭。其他古籍类似的情况也很多。即使是近在唐宋，有的别集中仍搀杂了很多伪作，如唐代诗人李白的《李翰林集》，苏轼认为其中的《悲歌行》《笑矣乎》《赠怀素草书》等都不是李白的作品，乃"唐末五代间贯休、齐己辈诗也"。宋代词人李清照，处于北宋南宋之间，作品散佚真伪难辨，历来研究《漱玉词》的人不论其毁与誉，根据并不充分。1979年出版的《李清照集校注》，也还是有存疑的作品。研究李清照所援引的《琅嬛记》署名元伊世珍撰，《四库全书总目》称："其语皆荒诞猥琐……其余所引书名，大抵真伪相杂，盖亦《云仙散录》之类。钱希言《戏瑕》以为明桑怿所伪托，其必有所据矣。"[①] 如果没法弄清楚古籍的真伪，史料也就谈不上可靠和准确，研究得出的结论可能是错误的。

---

① （清）纪昀等. 钦定四库全书总目·卷131 [M]. 北京：中华书局，1997：1732.

所谓辨伪,通俗地讲就是通过文献考据的方法辨识古籍的真伪。辨伪有广义和狭义之说。广义的辨伪一般指对古籍文献内容所反映的史实、名物、学说真伪的考辨,主要是"辨伪说",属学术思想研究的范围;狭义的辨伪指对古籍本身的属性,包括作者、年代、内容文本真伪的考订,主要是"辨伪书",属传统古籍整理的范围。我们所讲的辨伪显然是指后者而言。严格地讲,辨伪"不仅要将群体文献中那些有伪的图书文献揭示出来,也要将个体文献(一部书等)中那些有伪的篇章和文字,如注文混入正文、他书或他人之文伪作某书或某人之文、后世增补之文被当成原有的内容等'伪篇'或'伪文'辨识考证出来,使之与原文相区别"①。古籍辨伪的目的有二:一是恢复古书的本来面目,真者复其真,伪者还其假,使读者和研究者能利用真实可靠的史料,不为伪书所蒙蔽;二是通过还原伪书的本来面目,认识其可利用的价值,为我所用。

古籍通过辨伪后,大致会有以下五种结果:一是曾经被当作"真书"的古籍,经考证后被判定为伪书;二是曾经被误认为伪书的古籍,经考证后恢复了"真书"的身份,如《孙子兵法》;三是曾经被当作伪书的古籍,经考证后虽然恢复了"真书"的身份,但书中仍夹杂着部分伪作的文句和段落;四是曾经被当作伪书的古籍,经考证后只是恢复了"半真"的身份,其中仍有伪作的篇章,如今本《尚书》;五是曾经被当作全伪的古书,经考证后虽没有恢复"真书"的身份,但局部有原书"真"的文句和段落。

第二节 伪书的数量与种类

一、伪书的数量

我国古籍中的伪书数量非常多。明人胡应麟在《四部正讹》中曾说:"余读秦汉诸古书,核其伪几十七焉。"② 清末张之洞在《輶轩语》中也说:"一分真伪,而古书去其半。"这两家的说法虽不排除有夸大的成分,但也足以说明我国古籍作伪之严重。

现存古籍当中的伪书究竟有多少?近人张心澂曾作《伪书通考》,经他

---

① 张三夕.中国古典文献学(第2版)[M].武汉:华中师范大学出版社,2007:177.

② (明)胡应麟.少室山房笔丛·四部正讹[M].上海:上海书店出版社,2001:323.

考辨的古籍涉伪者，经部73部，史部93部，子部317部，集部129部，道藏31部，佛藏416部。1959年再版新增伪书45部，合为1 104部。我们知道《四库全书》作为中国历史上最大的一部丛书，所收图书也不过3 500余种，可见伪书之多，而实际上《伪书通考》所录者肯定还不是伪书的全部。

二、伪书的种类

历史上最早对伪书进行系统分类的是明代的胡应麟。他在《少室山房笔丛·四部正讹》里按照伪书的流传情况、作伪的动机、伪书存在的形式等，将伪书分为21种：有伪作于前代，而世率知之者；有伪作于近代，而世反惑之者；有掇古人之事而伪者；有挟古人之文而伪者；有传古人之名而伪者；有蹈古书之名而伪者；有惮于自名而伪者；有耻于自名而伪者；有袭取于人而伪者；有假重于人而伪者；有恶其人，伪以祸之者；有恶其人，伪以诬之者；有本非伪，人托之而伪者；有书本伪，人补之而益伪者；有伪而非伪者；有非伪而曰伪者；有非伪而实伪者；有当时知其伪而后世弗传者；有当时记其伪而后人弗悟者；有本无撰人，后人因近似而伪托者；有本有撰人，后人因亡逸而伪题者。胡氏总结的这21条，几乎将伪书的种类及作伪之原因囊括殆尽，但未免失于烦琐。

后来梁启超在《古书真伪及其年代》一书里，又将伪书分为10种：①全部伪。即全书内容均为凭空捏造。此类伪书多见于子部，如《鬼谷子》《关尹子》等；经部书次之，如《尚书孔氏传》《子贡诗传》《孔子家语》等。②部分伪。此类伪书数量最多，几乎每部古书都有可疑之处。例如《庄子》《论语》《左传》《史记》等，均存有后人窜入之嫌。③本无其书而伪。有些书在历代史志、书目中均无著录，只因某书中提及过某人或某事，于是便有人借机附会而作伪，比如《亢仓子》《子华子》之类。④曾有其书，因佚而伪。这一类伪书数量也不少，例如《列子》，战国时确有其书，《汉书·艺文志》曾有著录，但后来亡佚了，魏晋间人张湛便辑佚若干古书材料，趁机作伪而成书。⑤内容不尽伪，而书名伪。如《左传》原名《左氏春秋》，与《吕氏春秋》《晏子春秋》一样本为创作，原书本真，虽经刘歆改窜，体例有所变化，但其中内容大部分是可靠的，后来书名被改为《春秋左氏传》，与《公羊传》《穀梁传》性质相同，成为《春秋》三传之一，因为书名假了，书的精神也全变了。⑥内容不尽伪，而书名、人名（作者）皆伪。此类书也不在少数，例如《管子》《商君书》，均为先秦古书，但又非管仲、商鞅本人所著，而是时人采摘其言行，杂之以有关史料而成书，其中有很多涉及管仲、商鞅身后之事，当然非管仲、商鞅所作，因此书名与作者皆不符。⑦内容、书名皆不伪而人名（作者）伪。图书的内容和书名都没有问题，但作者被改署他人了，例如《西京杂记》，分明是晋人葛洪所撰，述东晋时事甚详，然而后世皆题西汉刘歆所作。⑧盗袭割裂旧书而伪。历史上的剽窃之作都属此类，如西晋郭象的《庄子注》，除《秋水》《至乐》二篇外，均剽自向秀（事见《世说新语》）；王鸿绪利用任明史馆总裁之便，剽窃万斯同的《明史稿》，对其内容大加改窜，并自题横云山人（王鸿绪别号）所著。⑨伪后出伪。如《今文尚书》本来只有28篇，属真。汉武帝时，孔壁《古文尚书》多出16篇，后人已疑其伪，不久旋佚；东晋时重新出16篇，又非孔壁《尚书》之旧。⑩伪中益伪。原书本就是伪书，在经过一段时期的传播后，又有人在伪书的基础上再次作伪。此类伪书，古时谶纬之书最多。比如《乾凿度》，本是战国时期阴阳家及西汉方士所作，但他们恐后人不信其内容，乃伪托孔子于删定群经之后为之，全书皆伪。然而我们今天看到的《乾凿度》又非汉时旧物，而是后人在原伪书的基础上陆续增加补缀而成。

由此可见，古籍作伪的情况非常复杂，而前人对伪书的划分标准并不统一，各种标准之间又有交叉，因此伪书的种类既多又杂，非常烦琐。鉴于此，有学者认为可以从不同的角度分别对伪书进行划分，并在同一角度的划分中尽量采用相同的标准。比如，从行为动机的角度，伪书可以分为3类：①主观故意作伪的伪书；②主观过失造成的伪书；③客观因素促成的伪书。从存在形态的角度，伪书可以分为4类：①内容形态全伪之书；②内容真伪混杂之书；③内容真而形态伪之书；④本真而误认有伪之书。从实现方式的角度，伪书可以分为8类：①有掇拾古人之事而伪者；②有挟辑古人之文而伪者；③有假传古人之名而伪者；④有蹈用古书之名而伪者；⑤有自隐假托他名而伪者；⑥有剽窃题属自名而伪者；⑦有后世臆改妄题而伪者；⑧有后世增补附益而伪者①。

第三节　古籍作伪的动机与手段

一、古籍作伪的动机

对于古人作伪的动机，前代学者已经作了较好的归纳，现综述如下：

---

① 张三夕. 中国古典文献学[M]. 2版. 武汉：华中师范大学出版社，2007：177.

1. 因托古传道而作伪

中国古代社会普遍存在着厚古薄今、迷信古人、崇拜圣贤的心理，如春秋末年的孔子讲究"述而不作，信而好古"（《论语·述而》），西汉淮南王刘安说："世俗之人，多尊古而贱今。故为道者必托之于神农、黄帝而后能入说。乱世暗主，高远其所从来，因而贵之。为学者蔽于论而尊其所闻，相与危坐而听之，正领而诵之，此见是非之不明。"① 魏曹丕也说："常人贵远贱近，向声背实。"② 另外一个客观原因是，早期文献的传播主要依赖口耳相传的讲唱及简策帛书的传抄，如果不是圣贤之作，其流传范围是十分有限的。有些人偶有所作，深恐不能取重于当时而致湮没，为了使它传之广远，只好依托古人。早在战国及秦汉间，著书假托古代圣贤的风气就相当盛行，如儒家假托周公、农家假托神农、道家假托黄帝等，这在《汉书·艺文志》里有所揭示。《汉书·艺文志》指明是托古作伪的就有数十例，如农家《神农》20篇，注云："六国时，诸子疾时，怠于农业，道耕农事，托之神农。"杂家有《大禹》37篇，注云："传言禹所作，其文似后世语。"魏晋至隋唐时期，著书托古的风气仍然很盛，如曹冏作《六代论》，托名曹植；陆喜作《西州清论》，托名诸葛亮。这一时期的不少笔记小说也是托名汉人所作，如《西京杂记》由晋代葛洪伪托刘歆而作，《汉武故事》由南朝刘宋王俭伪托班固而作，《汉武内传》亦托名班固。唐代大天文学家、数学家李淳风，据《旧唐书·经籍志》的著录只有5种，可越到后来越多，历经宋元明清，竟然增加到27种之多。难怪《四库全书总目》对此有这样的感叹："夫古书日亡而日少，淳风之书独愈远而愈增，其为术家依托，大概可见矣！"③ 除托名古代圣贤外，也有借重名人以提高自己作品影响的，比如宋代的王铚，撰《龙城录》而托柳宗元之名，撰《杜诗故事》而托苏轼之名。

2. 因邀赏射利而作伪

古代不乏为了获得朝廷的奖赏而作伪的例子。中国古代每逢朝代更迭、政通人和之际，都有向民间征集藏书的传统。而征集的手段通常是以重价收购，甚至是皇家的恩赏，既有经济利益，又有精神奖励。有的人为了贪图这

---

① 张双棣. 淮南子校释 [M]. 北京：北京大学出版社，1997：2008.
② （魏）曹丕. 典论·论文 [C] // （梁）萧统. 文选. 北京：中华书局，1977：720.
③ （清）纪昀等. 钦定四库全书总目·卷110 [M]. 北京：中华书局，1997：1455.

蝇头小利，不惜作伪。如西汉时期的很多伪书，就与当时统治者大力搜求民间藏书有关。《汉书·艺文志》云："汉兴，改秦之败，大收篇籍，广开献书之路。"成帝时，"使谒者陈农求遗书于天下"。汉成帝因为特别喜欢《尚书》，可是自从秦始皇焚书坑儒以来，十丧其七，只剩下28篇，于是再三设法访求。"东海张霸案百篇之序，空造百两之篇，献之成帝。帝出秘书百篇以校之，皆不相应，于是下霸于吏。"① 成帝深爱张霸之才，又可怜他造假不易，仅仅革去博士一职，饶他一命。类似的故事在隋代也发生过，隋文帝酷爱古书，尤喜读《易经》。当时有个大学者刘炫，为了迎合文帝的这一嗜好，趁牛弘奏求购天下遗书的机会，"炫遂伪造书百余卷，题为《连山易》《鲁史记》等，录上送官，取赏而去。后有人讼之，经赦免死，坐除名，归于家，以教授为务。"②

书贾作伪则纯粹是为了经济利益，尤以明代为盛，或改题书名，换作新书；或改署作者，欺世盗名；或任意割裂裁剪他书，拼凑成书，再题一个书名，署一个作者名，哗众取宠。例如《谈薮》，旧题北宋庞元英撰，多记朝野轶事，但《四库全书总目》指出："案元英为宰相籍子，乃元丰中人。此书乃多述南宋宁、理两朝事，相距百载，其伪殆不足攻。书中凡载杂事二十五条，皆他说部所有，殆书贾钞合旧文，诡立新目，售伪于藏书之家者。厉鹗等《南宋杂事诗》注亦误采之，盖偶未考。然尤侗《明史·艺文志》作于康熙己未，业已著录，则其伪作自前明矣。"③

3. 因政治、学术相争而作伪

古代官场上不同的政治派系为了争权夺利，往往党同伐异，互为水火，为了制造舆论，不惜利用伪造书籍的手段来达到打击和陷害政敌的目的，这在历史上也是不鲜见的。例如，西汉后期社会上骤然出现了一系列谶纬之书，或托之孔府壁中所见，或托之中央秘阁所藏，或托之民间所传，而经后代学者研究认为，这其实都是刘歆、王莽等人为鼓吹托古改制而做的舆论宣传，实际上很多都是编造出来的伪书。再如，在唐代有名的牛李党争中，李德裕的门人韦瓘就曾伪撰《周秦行纪》，题作牛僧孺撰。该书以唐人小说笔法对君主多有不敬之语，借此构陷牛僧孺，但连唐文宗看了之后都觉得不可信。宋代的魏泰，也曾经假托梅尧臣之名，伪作《碧云騢》一书以攻击范

---

① （汉）王充. 论衡 [M]. 上海：上海人民出版社，1974：425.
② （唐）魏徵. 隋书·卷75 [M]. 北京：中华书局，1973：1720.
③ （清）纪昀等. 钦定四库全书总目·卷143 [M]. 北京：中华书局，1997：1890.

第五章　古籍的辨伪

仲淹。

封建社会的学者，论学时常有门户之争。特别是同时代而才名又相当的学者，更是互相轻视，彼此攻讦，因此有"文人相轻"的说法。为了维护自己的学术观点，甚至不惜伪造古书。这类事情在战国百家争鸣时期就已初露端倪，此后更是不乏其例，最典型的是曹魏时期王肃作伪《孔子家语》来攻讦郑学的例子。

东汉末年的郑玄注释经书兼采古今，与前代的贾逵、马融之学不同。王肃比郑玄略晚，但时代相近，那时郑氏经学已经大有其名，所注释的群经盛行于世。王肃想在郑学之外独辟蹊径，别树一帜，于是从他的学生孔子二十二世孙孔猛那里得到了一部《孔子家语》，并自注释。自序曰："郑氏学行五十载矣，自肃成童，始志于学，而学郑氏学矣。然寻文责实，考其上下，义理不安，违错者多，是以夺而易之。孔子二十二世孙，有孔猛者，家有其先人之书，昔相从学。顷还家，方取以来。与予所论，有若重规叠矩；而恐其将绝，故特为解，以贻后世之君子。"① 王肃郑重申明自己的这部书是出自孔子后人，而且与自己的学说多有重合的地方，以证明自己的学说不谬。王氏治经一味排斥郑学，有时超出了心平气和的学术争鸣，这引起了后世学者对其所注《孔子家语》的怀疑，宋代的王柏、清代的姚际恒、四库馆臣、范家相、孙志祖等均认为今本《家语》是王肃伪造的，目的是托古以自重，从而攻击郑玄之学。但也有学者持不同意见，如宋代的朱熹、黄震，清代的陈士珂、钱馥、沈钦韩等。尤其是陈士珂，撰《孔子家语疏证》，意在证明《孔子家语》渊源有自，决非王肃伪造。1973年，河北定县八角廊西汉墓出土竹简《儒家者言》，内容与今本《孔子家语》相近；1977年，安徽阜阳双古堆西汉墓也出土了篇题与《儒家者言》相应的简牍，内容同样和《孔子家语》有关。这说明《孔子家语》确有其书，它的原型早在汉初就已存在。因此不能说王肃完全伪撰了《孔子家语》。但王肃注本《孔子家语》相对西汉刘向整理本《孔子家语》确有增加，不过并非所有增加的部分都出自王肃之手。王肃注本《孔子家语》中某些语句的改易和添加，当是王肃所为，其目的在于为自己的学说辩护，或别有用心地让郑玄出丑②。这种对原书局部内容的改易和添加，称其作伪并不过分。

---

①　（魏）王肃注.孔子家语·解序［M］.上海：上海古籍出版社，1990.
②　王承略.论《孔子家语》的真伪及其文献价值［J］.烟台师范学院学报（哲社版），2001（3）：14-18.

4. 因剽窃成书而作伪

名垂青史是很多人的愿望，但有的人却为此不择手段，窃取他人的成果，为后人所不齿。儒家经典《礼记·曲礼上》云："毋剿说，毋雷同。"其注曰："剿，犹擥也。取人之说为己说。"① 这里的"剿说"作为一种不良现象而提出，其含义实际等同于后来的"抄袭"或"剽窃"。"剽窃"一词正式出现在唐代，据柳宗元《辨文子》载："其浑而类者少，窃取他书以合之者多。凡孟、管辈数家，皆见剽窃。"②

历史上比较有名的剽窃案例，除前文提到的晋郭象剽窃向秀的《庄子注》、清王鸿绪剽窃万斯同的《明史稿》以外，还有魏晋南北朝时期虞预剽窃王隐的《晋书》、何法盛剽窃郗绍的《晋中兴书》、释宝月剽窃柴廓的诗作《行路难》，五代齐丘剽窃谭峭的《化书》（旧题《齐丘子》）等。明清以后剽窃之风更盛，如陆以湉称："窃人之书为己有，自昔已然……元、明以来，如吴澄《三礼考注》，晏璧曾有之；倪士毅《四书辑释》，胡广等袭之；唐汝询《诗史》，顾正谊据之；张自烈《正字通》，廖文英攘之；张岱《石匮书》，谷应泰得之（原文小字注：改名《明末纪事本末》）。近代王尚书《明史稿》，实万季野所缮也；傅观察《行水金鉴》，实郑芷畦所撰也；王履泰《畿辅安澜》，实戴东原所著也。此皆彰彰在人耳目者。"③ 实际上，谷应泰《明末纪事本末》不仅剽窃了张岱的《石匮书》，还剽窃了谈迁、徐倬、蒋棻、陆圻、张溥等人的著述。《苌楚斋随笔》连举了五个清人剽窃的例子："高士奇所撰之《春秋地名考略》十四卷，实为秀水徐善所撰，见于《潜邱札记》及《勉行堂文集》；任大椿所撰之《字林考逸》八卷，实为归安丁杰所撰，见于□□□□及《国朝汉学师承记》；秦嘉谟所撰之《辑补世本》十卷，实为阳湖洪饴孙所撰，见于《史目表》中；马国翰所辑之《玉函山房辑佚书》□□□种，实为会稽章宗源所编，见于□□□□；傅洪泽所撰之《行水金鉴》一百七十五卷，实为休宁戴震所撰，或云归安郑余庆撰，见于□□□□。五人皆盗窃他人撰述以为己书，真撰述中之盗贼也。"④

古代剽窃盛行与古人著作权意识淡薄有很大关系，以下的例子就很能说

---

① （清）孙希旦撰；沈啸寰，王星贤点校. 礼记集解 [M]. 北京：中华书局，1989：38.
② （唐）柳宗元. 柳宗元集·辨文子 [M]. 北京：中华书局，1979：109.
③ （清）陆以湉. 冷庐杂识·卷4·窃人之书 [M]. 北京：中华书局，1984：206.
④ （清）刘声木. 苌楚斋随笔·续笔·卷4·盗窃他人著述 [M]. 北京：中华书局，1998：325.

明问题。据《东轩笔录》载:"欧阳文忠公修自言,初移滑州,到任,会宋子京曰:'有某大官,颇爱子文,俾我求之。'文忠遂授以近著十篇。又月余,子京告曰:'某大官得子文,读而不甚爱,曰:何为文格之退也?'文忠笑而不答。既而文忠为知制诰,人或传有某大官极称一丘良孙之文章。文忠使人访之,乃前日所投十篇,良孙盗为己文以赘,而称美之者,即昔日子京所示之某大官也。文忠不欲斥其名,但大笑而已。未几,文忠出为河北都转运使,见邸报,丘良孙以献文字,召试拜官,心颇疑之,及得所献,乃令狐挺平日所著之《兵论》也。文忠益叹骇。异时为侍从,因为仁宗道其事,仁宗骇怒,欲夺良孙之官。文忠曰:'此乃朝廷已行之命,但当口失于审详,若追夺之,则所失又多也。'仁宗以为然,但发笑者久之。"① 丘良孙与"某大官"合谋骗得欧阳修的 10 篇文章,伪署己名,不但没有做贼心虚,还让"某大官"大张旗鼓地宣扬其文名,替他造舆论,为丘良孙进一步谋取官位铺路。丘良孙接着又故伎重演,剽窃了令狐挺的《兵论》。正是凭借这部剽取来的《兵论》,丘良孙得以拜官授职。令人遗憾的是当事人欧阳修的态度,他在丘良孙丑行败露之际却做起了和事佬,劝阻了宋仁宗对丘良孙的惩戒。

5. 因辑补亡书而作伪

历代典籍因官府禁毁、兵燹战乱、自然灾害等原因造成了不可挽回的损失,故有"书厄"之称。封建社会的一些士大夫对古代典籍的亡佚感到非常痛心,心存缺憾,在搜寻不到的情况下,一些爱书人便自己动手查漏补缺,或辑录他人著作以充完篇。例如,《文心雕龙·隐秀》篇,其中有四百余字在流传的过程中脱落了,明代的钱允治称自己据宋本补全,但四库馆臣、黄侃、刘永济等都认为《隐秀》篇补文是伪作。《四库全书总目》卷一九五云:"其《隐秀》一篇,皆有阙文。明末常熟钱允治称得阮华山宋椠本,抄补四百余字。然其书晚出,别无显证。其词亦颇不类。如'呕心吐胆',似摭《李贺小传》语;'锻岁炼年',似摭《六一诗话》论周朴语;称班姬为'匹妇',亦似摭锺嵘《诗品》语,皆有可疑。况至正去宋未远,不应宋本已无一存,三百年后乃为明人所得。又考《永乐大典》所载旧本,阙文亦同。其时宋本如林,更不应内府所藏无一完刻。"② 不过也有学者持

---

① (宋)魏泰. 东轩笔录·卷4 [M] //宋元笔记小说大观(三). 上海:上海古籍出版社,2001:2704.

② (清)纪昀等. 钦定四库全书总目·卷 195 [M]. 北京:中华书局,1997:2737.

不同看法，近人胡玉缙就认为"允治所补，确出宋刊，并非影撰，《总目》误。"① 前文提到的东晋梅赜传出的《孔传古文尚书》，也是因为秦始皇焚书坑儒之后足本《尚书》不传，魏晋间古文经师才伪撰古文《尚书》，与今文《尚书》合成完编。再如，西晋时期出土的先秦编年体史书《竹书纪年》本是真书，但到唐朝后该书便失传了，明嘉靖年间忽然出现了范钦刊印的上下两卷本《竹书纪年》。清代学者研究认为，其书体例与原书不符，记事也与原本有异，定为伪书。不过今天也有学者认为，今本《竹书纪年》也不完全是范钦伪造的，而是他在辑佚过程中搜辑了古本《竹书纪年》的内容，不过加以删削，又伪造了其中的部分内容。

6. 因编者误收而致伪

古代文集的成书通常有一个较长的过程，先是以零散的单篇作品的形式流传，在累积到一定数量之后才纂辑成集，且有很多作者的文集生前并没有结集出版，而是在其死后由其后人、朋友或弟子编纂整理，有的可能还经历过多次辑补。因为不是由作者本人捉笔，编者难免因为粗心大意或水平有限而误收了他人的作品。这种情况在古代时有发生，有的是因为作者姓名相同或相近而误收，如北宋晏几道，号小山。南宋萧泰来，亦号小山。两人又都是词人，后人常常把两人的作品搞混淆。有的是因为作者和他人关系密切而误收，如王安石集中偶有其弟王安国的诗词，据宋周紫芝《竹坡诗话》载："大梁罗叔共为余言：'顷在建康士人家，见王荆公亲写小词一纸，其家藏之甚珍。其词云：'留春不住，费尽莺儿语。满地残红宫锦污，昨夜南园风雨。小怜初上琵琶，晓来思绕天涯，不肯画堂朱户，东风自在杨花。'荆公平生不作是语，而有此何也？'仪真沈彦述谓余言：'荆公诗如'浓绿万枝红一点，动人春色不须多''春色恼人眠不得，月移花影上阑干'等篇，皆平甫（按：王安国字）诗，非荆公诗也。'沈乃元龙家婿，故尝见之耳。叔共所见，未必非平甫词也。"② 有的是因为作品体裁或风格相近，如唐人王建著有百首宫词（中国古代诗歌的一个特殊种类，专以描写后妃、宫女的生活为主题），尤传诵人口，后人为之编集，误将张籍、白居易、杜牧、王昌龄、刘禹锡等人的作品收入其中。还有的是因为编者贪多求全而误收了他人的作品，例如杜牧的《樊川文集》是其外甥据杜牧手稿编订而成，当然十分可靠，但后人又在此之外编成了《樊川外集》《樊川续别集》，就难免

---

① （清）纪昀等. 钦定四库全书总目·卷195 [M]. 北京：中华书局，1997：2737.

② （清）何文焕. 历代诗话 [M]. 北京：中华书局，1981：242.

混入了伪作。

7. 因臆测妄题而作伪

这类作伪并非出于原书作者的本意,而是由后人代为完成的,且多见于秦汉以前的著作。先秦的著作是不署名的,这种风气一直延续到秦汉。如秦始皇时,韩非著《孤愤》《五蠹》《内外储》《说林》《说难》等十余万言,"人或传其书至秦。秦王见《孤愤》《五蠹》之书,曰:'嗟乎! 寡人得见此人与之游,死不恨矣。'李斯曰:'此韩非之所著书也。'"① 这说明韩非的著作当时是没有署名的。西汉司马相如所作《子虚赋》,偶然间被汉武帝读到。武帝甚为赞赏,叹曰:"朕独不得与此人同时哉!"恰好他身旁有一个叫杨得意的狗监(主管天子田猎犬的太监)是相如的同乡,乃禀告汉武帝:"臣邑人司马相如自言为此赋。"② 汉武帝大惊,乃召问相如。类似的情况在稍后的扬雄身上也发生过。据《文选·甘泉赋》唐李周翰注:"扬雄家贫好学,每制作,慕相如之文。尝作《绵竹颂》。成帝时,直宿郎杨庄诵此文,帝曰:'此似相如之文。'庄曰:'非也,此臣邑人扬子云。'帝即召见,拜为黄门侍郎。"③ 由此可见,扬雄作赋时并未署名,故有成帝之疑。由于秦汉以前的作者不自署名,而后世人因时间久远不明作者,故往往根据书的内容与古代某人有关,就妄题为某人所撰。如《山海经》题名大禹,《世本》题名刘向,《越绝书》题名子贡即是;也有一类书,本是由某人的门人、宾客或后学总辑而成,后世便将其本人当成作者,最典型的就是《管子》《荀子》《商君书》这类先秦子书。管仲是春秋时期的人物,但《管子》成书却在战国时期;《荀子》里面记录了荀况死后别人评论他的话;《商君书》记载了商鞅死后几十年的事情,可见都是后人所作。而那些题名管仲、荀况、商鞅所作的书,都属于臆测妄题而致伪。

8. 因避时讳而作伪

古人著述由于政治原因,不愿或不敢自署其名,而改题他人姓名的情况就属此类。例如,《子华子》旧题先秦晋国程本撰,但《四库全书总目》认为:"周氏《涉笔》则据其《神气》一篇,指为党禁未开之时不得志者所为……殆能文之士,发愤著书,托其名于古人者。观篇末自叙世系,以程出于赵,眷眷不忘其宗,属其子勿以二心以事主,则明寓宋姓。其殆熙宁、绍

---

① (汉)司马迁. 史记·卷63 [M]. 北京:中华书局,1959:2155.
② (汉)司马迁. 史记·卷117 [M]. 北京:中华书局,1959:3002.
③ 郑文. 扬雄文集笺注·卷4 [M]. 成都:巴蜀书社,2000:180.

圣之间宗子之忾时不仕者乎？"①

9. 因惜名誉而作伪

古代的出版商和作者都很爱惜自己的名誉，为此甚至不惜作伪。例如，有的书原作者在历史上的声名不佳，出版商担心读者不接受，遂改其名。《全唐诗话》的作者是南宋的奸相贾似道，旧题宋尤袤撰，《四库全书总目》称："考周密《齐东野语》载贾似道所著诸书，此居其一。盖似道假手廖莹中，而莹中又窃据旧文（按：指计有功的《唐诗纪事》），涂饰塞责。后人恶似道之奸，改题尤袤，以便行世。"② 五代时期的和凝年轻时创作了《香奁集》，内容多为"艳词"，后来他做了高官，认为该书内容有失庄重，也与自己的身份不符，怕别人耻笑，就改署唐人韩偓的名字。

10. 因好事妄为而作伪

世间确有一些好事之徒，本无功利性目的，只是出于技痒或炫才的心理就作了伪书。比如东晋张湛伪作《列子》，就是出于自己的一时兴趣；明代的杨慎，托汉人作《杂事秘辛》，本来只是遣兴之作，谁知后世反以为真；明代的丰坊，家有藏书数万卷，多宋元旧椠和法书名帖，范钦天一阁藏书不少就出自他家。其人博学工艺，尤善篆书，然性格怪癖，伪造《子贡诗说》《申培诗说》两部书，先用篆书写成正文，再附以楷书作音注，以抒发自己的才学而后快。但正如《四库全书总目》所指出的："二书皆以古篆刻之，不知汉代传经悉用隶书。故孔壁蝌蚪，世不能辨，谓之古文。安得独此二书参用籀体？"③

二、古籍作伪的手段

弄清楚古籍作伪的手段有助于我们辨识伪书。古籍作伪手段常见的有以下几种类型：

1. 伪署作者姓名

即通过篡改古籍作者署名来达到作伪的目的，大致有以下三种情况：一是由作者本人自愿伪署他人姓名，如前文提到的《本草》托名神农、《内经》托名黄帝、《易卦》托名伏羲、《礼经》托名周公、王铚撰《龙城录》

---

① （清）纪昀等. 钦定四库全书总目·卷117 [M]. 北京：中华书局，1997：1565.

② （清）纪昀等. 钦定四库全书总目·卷197 [M]. 北京：中华书局，1997：2765.

③ （清）纪昀等. 钦定四库全书总目·卷17 [M]. 北京：中华书局，1997：218.

伪署柳宗元、和凝撰《香奁集》伪署韩偓等，都属此类。二是并非出于署名者本人意愿，而由后人改窜作者姓名，如贾似道作《全唐诗话》，由后人改题尤袤撰；尹知章作《管子注》，由后人改题房玄龄撰等。还有的并非主观想作伪，而是因为粗心或水平有限致伪，如前文论及的编者误收的情况。三是由署名者主动剽窃他人作品。如明嘉靖间张之象编定《唐诗类苑》200卷，但书稿流落，为卓明卿（字征甫，钱塘人，万历中由国子监生官至光禄寺署正）所得。卓氏割裂此书初唐、盛唐部分先行刊刻，署上自己的名字。

2. 删改原书序跋

删削古籍原有序跋是书贾版本作伪的通常手段之一。如果只是改变古籍的出版时间、出版者和出版地，那属于版本作伪。但有时连同古籍的真正作者也一起改变了，那就既属伪本也属伪书了。如清初曹溶编的《学海类编》和陆烜编刻的《奇晋斋丛书》都收有《平巢事迹考》一卷，题宋人撰。陆烜还写了跋，说这部书是元人抄本。《四库全书总目》指出："今考其书，即明茅元仪之《平巢事迹考》，但删去元仪原序耳。盖溶为狡黠书贾所给，烜又沿溶之误也。"① 删削旧序只是掩盖了古籍的本来面目，有时为了给读者更明确的错误指向，作伪者还会将他人旧序或干脆冒充他人伪作新序置入原书中。如《两宋名贤小集》，书贾为了误导读者认为是宋人陈思所编，将陈思所编《宝刻丛编》的序言稍加改动，移至《两宋名贤小集》卷首。又如《家礼仪节》，旧题明杨慎编，前有杨慎序。但《四库全书总目》指出："是编前有慎序，词极鄙陋。核其书，即邱濬之本，改题慎名。其图尤为猥琐，《送葬图》中至画四僧前导，四乐工鼓吹而随之。真无知之坊贾所为矣。"②

3. 附会佚书旧名

有的古籍因年代久远不存于世，但其书名仍见于古代文献的记载，后人便趁机借旧书名伪作新书，并托名原作者，号称旧本复出。如《列子》八篇，《汉书·艺文志》诸子略道家类曾有著录，并注云："名圄寇（又作御寇），先庄子，庄子称之。"可见原来实有其书，但是今本《列子》八篇却是后人蹈袭古人书名、篇名而伪作。梁启超指出："《列子》乃东晋时张湛——即《列子注》的作者——采集道家之言凑合而成，真《列子》有八篇，《汉书·艺文志》尚存其目，后佚。张湛依八篇之目，假造成书，并载

---

① （清）纪昀等. 钦定四库全书总目·卷52 [M]. 北京：中华书局，1997：731.
② （清）纪昀等. 钦定四库全书总目·卷25 [M]. 北京：中华书局，1997：324.

刘向一序。大家以为刘向曾经见过，当然不会有错了。按理，列御寇是庄周的前辈，其学术当然不带后代色彩，但《列子》中多讲两晋间之佛教思想，并杂以许多佛家神话，显系后人依托无疑。"① 西汉张霸所献《尚书》、隋刘炫所献《连山易》《鲁史记》等，也属此类作伪。

4. 剽取他书内容

有的古籍作伪是从其他图书中抽取一部分内容出来，换上一个新的书名，与剽窃无异。如《诚斋挥麈录》一卷，旧题杨万里撰，实际上是书贾从王明清的《挥麈录》话内摘录出数十条、别题此名的伪作。古代的类书内容十分丰富，因此经常成为剽取的对象。例如《前定录》二卷，题明蔡善继编，前有蔡氏自序，后有泉州府训导张启睿跋语，但该书实际上是从《太平广记》卷一四六至卷一六〇"定数"一门剽窃而来，名姓次序，一字无异；又有无名氏作《剑侠传》二卷，题为唐人撰，也是从《太平广记》卷一九三至卷一九六"豪侠"剿袭而来，文字都一样，只是改题了一个书名；再有《陆氏虞初志》一书，《四库全书总目》称"其书所收诸家小说，惟吴均为梁人，余皆唐人杂传，不出《太平广记》之中，殊乏异闻"②，显见也是一部伪书。有的是将整部书的内容窃来，另换书名和作者，如明嘉靖间王良枢作《藻林》，卓明卿将之窃为己有，书名被改作《卓氏藻林》。

5. 变乱旧书体例

就是通过割裂、删削、颠倒、析分等方法，将原有古籍的体例打乱，再换一个新书名。例如《群贤梅苑》，旧题松陵朱鹤龄编，"乃取宋黄大舆《梅苑》而颠倒割裂之。一卷、二卷即黄书之六卷、七卷；而三卷则如其旧；四卷后八调，移为第五卷之首，而五卷中删除九调；六卷、七卷即黄书之一卷、二卷；至八卷则又如其旧；九卷后五调，移冠十卷之首；而十卷删去十调。颠倒错乱，殆书贾售伪者为之。鹤龄不至于斯也。"③ 又如《筠轩清秘录》，旧题董其昌撰，实际上是把明代书画家张应文所撰《清秘藏》二卷析为三卷，然后更换书名和作者，"盖应文之书，近日始有鲍氏知不足斋刊版，附其子丑《真迹日录》后。从前抄本，流传不甚显著，书贾以其昌

---

① 梁启超. 古书真伪及其年代 [M]. 上海：中华书局，1936：8.
② （清）纪昀等. 钦定四库全书总目·卷144 [M]. 北京：中华书局，1997：1910.
③ （清）纪昀等. 钦定四库全书总目·卷200 [M]. 北京：中华书局，1997：2819.

名重，故伪造继儒之序以炫俗射利耳"①。

6. 以假搀真，窜乱旧帙

在真书中掺假是颇能迷惑人的，这也是常见的作伪手法。如宋黄升撰有《散花庵词》一卷，附在他所编的《花庵词选》卷末。近人唐圭璋《〈全宋词〉跋尾》云："毛刻《散花庵词》四十三首，前三十八首即《花庵词选》所登，后五首乃戴石屏词。作伪者添此以惑人，而毛氏亦未辨明。"② 元人陈诚中为卢琦编《圭峰集》，竟有意搀入了蒙古族诗人萨都喇的诗作三十二首。说是有意搀入，是因为萨都喇原作《溪行中秋玩月》有序云："余乃萨氏子。"陈诚中就把这首诗的题目改为《儒有萨氏子》。序末"至元丁丑仲冬书"7字删去。故《四库全书总目》认为这"不得谓之误收"，而是有意作伪。以假搀真最著名的例子当属东晋豫章内史梅赜所献《尚书》。该书一共58篇，其中今文33篇是由原先的28篇分析而成，内容是真的；另有古文25篇则是采掇"佚《书》"零句、巧为连缀而成，属伪作的内容。

第四节 古籍辨伪的意义与方法

一、古籍辨伪的意义

战国时期的孟子曾说过"尽信书，则不如无书"（《孟子·尽心下》）的话，可见那时的人们就遭遇了伪书的困扰。正是由于伪书的大量存在，辨伪就成了古人读书治学必不可少的一项技能，正如清人姚际恒所言："造伪书者，古今代出其人，故伪书滋多于世，学者于此真伪莫辨而尚可谓之读书乎？是必取而明辨之，此读书第一义也。"③ 梁启超也指出："无论做哪门学问，总须以别伪求真为基本工作。因为所凭借的资料若属虚伪，则研究出来的结果当然也随而虚伪，研究的工作便算白费了。中国旧学，十有九是书本上学问，而中国伪书又极多，所以辨伪书为整理旧学里头很重要的一件事。"④ 郭沫若也有过类似的表述："无论作任何研究，材料的鉴别是最必要的基础阶段。材料不够固然成大问题，而材料的真伪或时代性如未规定清

---

① （清）纪昀等. 钦定四库全书总目·卷130［M］. 北京：中华书局，1997：1727.
② 唐圭璋. 词学论丛［M］. 上海：上海古籍出版社，1986：784.
③ （清）姚际恒. 古今伪书考［M］. 北京：中华书局，1985：1.
④ 梁启超. 中国近三百年学术史［M］. 武汉：崇文书局，2015：214.

楚，那比缺乏材料还更加危险。因为材料缺乏，顶多得不出结论而已，而材料的不正确便会得出错误的结论。这样的结论，比没有更要有害。"①

综上所述，中国历代学者对辨伪的认识达成了一点共识，即都把辨伪视作从事中国传统学术研究的基础性工作和必不可少的一项技能。如果没有辨伪的意识，则可能处处遭遇"陷阱"。以《史记》为例，大家都知道是司马迁的史学名著，是"真书"，似乎可以大胆放心地用了，但梁启超指出：

> 今本《史记》，不独太初天汉事盈篇累幅也，乃至记武帝后事者不一而足，如：
>
> （一）《酷吏传》载"杜周捕治桑弘羊昆弟子"，事在昭帝元凤间（西纪前八十至七五），距武帝崩六至十二年。
>
> （二）《楚元王世家》云："地节二年中，人上书告楚王谋反。"宣帝地节二年（西纪前六八），距武帝崩十九年。
>
> （三）《齐悼惠王世家》载："建始三年，城阳王景卒。同年，菑川王横卒。"成帝始建三年（西纪前三十），距武帝崩五十七年。
>
> （四）《将相名臣表》，武帝后续以昭、宣、元、成四帝，直至鸿嘉元年止。成帝鸿嘉元年（西纪前二十），距武帝崩六十七年。
>
> 右上不过举数条为例，书中所记昭、宣、元、成间事，盖更仆难数，无论如何曲解，断不能谓太史公及见建始、鸿嘉时事。然而此诸条者，固明明在今本正文中，稍稍粗心读去，绝不能辨矣。吾侪据此等铁证，可以断言今本《史记》决非史公之旧，其中有一部分乃后人屠乱②。

《史记》记事上起传说中的黄帝，下至汉武帝太初四年（前104年），而梁启超以上所举5条史料，其事均发生在汉武帝死（前87年）后，显然不是司马迁《史记》原书所记，是由"后人屠乱"。梁启超将《史记》遭到后人屠乱的情况归纳为三类：第一类，原本缺亡而后人补作者；第二类，后人续作者；第三类，后人故意窜乱者。最后指出："以上所论关于《史记》真本之种种考证，多来自近人著作而略断以己意，其言颇繁重，或为读者所厌，吾所以不惮为此者，欲学者知今本《史记》非尽原文而已。若

---

① 郭沫若. 郭沫若全集 [M]. 北京：人民出版社，1982：3-4.
② 梁启超. 饮冰室专集·要籍解题及其读法 [M]. 上海：中华书局，1936：23.

读《史记》以前,必须认定此事实,否则必至处处扞格难通也。"①

经过辨伪弄清楚了伪书的真实作者和写作时代,也可以帮助我们正确地利用古代的伪书。伪书之所以有害,是因为它们给了我们错误的信息,造成了作者和时代的错位。但当我们还原了它们本来的作者和写作时代,其文献价值就凸显出来了。比如东晋梅赜所献《孔传古文尚书》,这部书出来以后,成了儒家必备的经典,直到宋代才被吴棫和朱熹等人看出破绽。清代阎若璩在前人的基础上,潜心作《尚书古文疏证》,通过引经据典,旁参互证,以不可辩驳的论据证明了《古文尚书》及孔传、孔序均系伪造的事实。但这部伪《古文尚书》究竟出于何人之手,学界说法尚不统一,有学者认为是梅赜本人所作,也有学者认为是魏王肃所作,一般认为该书系魏晋间人士伪造。对于伪古文《尚书》及托名孔安国所作的传、序,在辨伪之前如果把它们当作研究夏商周历史及孔安国经学思想的第一手资料,显然是有问题的;但经过辨伪之后,我们知道了它们产生的真实时代,把它们当作魏晋间古文经学家对《尚书》所作辑佚和注释的成果,则对于研究魏晋经学史是极有价值的。

二、古籍辨伪的方法

中国古籍辨伪历史源远流长,学者们在丰富的辨伪实践中形成了较为系统的辨伪方法,其中最著名的当数明代胡应麟提出的"辨伪八法":

> 凡核伪书之道:核之《七略》以观其源,核之群志以观其绪,核之并世之言以观其称,核之异世之言以观其述,核之文以观其体,核之事以观其时,核之撰者以观其托,核之传者以观其人。核兹八者,而古今赝籍亡隐情矣②。

所谓"核之《七略》以观其源",是指对于先秦至西汉的古籍,可从《七略》著录的有无来辨其真伪。但《七略》已佚,而《汉书·艺文志》是根据《七略》"删其要"而成,因此主要是查考《汉书·艺文志》的著录情况。如无著录,则可疑为伪书。所谓"核之群志以观其绪",是指对于西汉以后的古籍,可从历代书目(包括正史艺文志、经籍志,以及各类官修和私家书目)著录的有无来辨其真伪。如某书前代书目有著录,而后代

---

① 梁启超. 饮冰室专集·要籍解题及其读法 [M]. 上海:中华书局,1936:29.
② (明)胡应麟. 少室山房笔丛 [M]. 上海:上海书店出版社,2001:322.

书目无著录，则较为可疑。以上两条都是从书目著录的源流来辨伪的。

所谓"核之并世之言以观其称"，是指考察与作者同时代的著述对某书的称引情况。这是对书与书的横向关系的考察。所谓"核之异世之言以观其述"，是指查看后世著述对某书的转述或引用情况。如果某书创作完成之后，其后的历代著述都没人提到或引用它，则较为可疑。这是对书与书的纵向关系的考察。

所谓"核之文以观其体"，就是考察文献的内容体例，看它是否与当时的文体特征相符合。如果某书的文体在署名作者所处的时代还没有出现，则很可能是后人伪作。所谓"核之事以观其时"，就是查验书中所记述的史实是否与当时的社会背景相符合，如果前代书中出现了后代的人物、典制，则很可能是后人伪作。

所谓"核之撰者以观其托"，就是查考作者的署名，看看是否存在假托的情况。所谓"核之传者以观其人"，就是考察一下书的传授源流究竟是从何而来，以及中间的流传过程，是否存在来历不明的情况。

胡应麟的"辨伪八法"提倡从书目著录、图书称引、文体风格、历史事实、作者署名及图书流传等诸多方面综合入手，是对我国古代辨伪方法所作的第一次系统总结，在辨伪学史上具有划时代的意义。近人胡适在《中国哲学史大纲》里将审定真伪的证据归纳为史事、文字、文体、思想、旁证五种，加入了文字和思想。国学大师梁启超在《中国历史研究法》中又提出了辨别伪书的十二条公例：

(1) 其书前代未从著录或绝无人征引而忽然出现者，什有九皆伪。

(2) 其书虽前代有著录，然久经散佚，乃忽有一异本突出，篇数及内容等与旧本完全不同者，什有九皆伪。

(3) 其书不问有无旧本，但今本来历不明者，即不可轻信。

(4) 其书流传之绪，从他方面可以考见，而因以证明今本题某人旧撰为不确者。

(5) 真书原本经前人称引，确有佐证，而今本与之歧异者，则今本必伪。

(6) 其书题某人撰，而书中所载事迹在本人后者，则其书或全伪或一部分伪。

(7) 其书虽真，然一部分经后人窜乱之迹既确凿有据，则对于其书之全体须慎加鉴别。

(8) 书中所言确与事实相反者，则其书必伪。

(9) 两书同载一事绝对矛盾者，则必有一伪或两俱伪。

(10) 各时代之文体，盖有天然界画，多读书者自能知之。故后人伪作之书，有不必从字句求枝叶之反证，但一望文体即能断其伪者。

(11) 各时代之社会形态，吾侪据各方面之资料，总可以推见崖略。若某书中所言其时代之状态，与情理相去悬绝者，即可断为伪。

(12) 各时代之思想，其进化阶段自有一定。若某书中所表现之思想与其时代不相衔接者，即可断为伪①。

以上所讲的只是公例。梁启超在《古书真伪及其年代》一书里对考证伪书的方法有更为详细的概括和总结，比胡应麟的"辨伪八法"又要系统和精密得多，可与十二条公例对照参看。为使表述更加符合今人的阅读习惯，可将以上诸家条例综合概况为以下六个主要方面：

1. 考察书目著录变化

任何一部古籍只要在历史上真实地存在过，总会留下一些痕迹，其中被书目著录就是一个很重要的方面。通过历代书目著录情况的变化来辨别古籍的真伪，是古籍辨伪最常用的方法，这与胡应麟所说的"核之《七略》以观其源，核之群志以观其绪"是一个道理。它大致又分为以下三种情况：

首先，古籍著录有无的变化。如果一部古籍在历代书目中从来没有被著录过，而突然以完整的面目出现，则作伪的可能性很大。例如，宋人陈振孙在辨别《关尹子》一书说："《汉志》有《关尹子》九篇，而《隋》《唐》及《国史志》皆不著录，意其书亡久矣。徐蒇子礼得之于永嘉孙定，首载刘向校定序，篇末有葛洪后序。未知孙定从何传授，殆皆依托也。序亦不类向文。"②

其次，古籍卷数的著录变化，如《昭明太子集》，《梁书》萧统本传称有集二十卷，《隋书·经籍志》《唐书·艺文志》均著录为二十卷，而《宋史·艺文志》仅著录五卷，元代马端临的《文献通考》已不见著录，这说明该集在宋末已佚。然而，清四库馆臣在编《四库全书》时发现了明叶绍泰刊六卷本《昭明太子集》，"凡诗赋一卷、杂文五卷。赋每篇不过数句，盖自类书采掇而成，皆非完本。诗中《拟古》第二首、《林下作伎》一首、《照流看落钗》一首、《美人晨妆》一首、《名士悦倾城》一首，皆梁简文帝诗，见于《玉台新咏》。其书为徐陵奉简文之令而作，不容有误，当由书

---

① 梁启超. 中国历史研究法 [M]. 北京：东方出版社，2012：93-97.
② （宋）陈振孙. 直斋书录解题·卷9 [M]. 上海：上海古籍出版社，1987：288.

中称简文帝为皇太子,辗转稗贩,故误作昭明。又《锦带书》《十二月启》亦不类齐、梁文体,其《姑洗三月启》中有'啼莺出谷,争传求友之声'句,考唐人试莺出谷诗,李绰《尚书故实》讥其事无所出,使昭明先有此启,绰岂不见乎? 是亦作伪之明证也。"①

再者,古籍作者的著录变化。例如,鲁迅先生对《汉武帝故事》的辨伪就是考察了书目对作者著录的变化:"称班固作者,一曰《汉武帝故事》,今存一卷,记武帝生于猗兰殿至崩葬茂陵杂事,且下及成帝时……《隋志》著录二卷,不题撰人,宋晁公武《郡斋读书志》始云'世言班固作',又云,'唐张柬之书《洞冥记》后云,《汉武故事》,王俭造也。'然后人遂径属之班氏。""其一曰《汉武帝内传》,亦一卷,以记孝武初生至崩葬事,而于王母降特详。其文虽繁丽而浮浅,而窃取释家言,又多用《十洲记》及《汉武故事》中语,可知较二书为后出矣。宋时尚不题撰人,至明乃并《汉武故事》皆称班固作,盖以固名重,因连类依托之。"②

2. 考察文献征引情况

如果一部古籍从未见任何文献征引,则可疑为伪书。如《文章缘起》一卷,《四库全书总目》提要云:"旧本题梁任昉撰。考《隋书·经籍志》载任昉《文章始》一卷,称有录无书,是其书在隋已亡。《唐书·艺文志》载任昉《文章始》一卷,注曰:张绩补。绩不知何许人。然在唐已补其亡,则唐无是书可知矣。宋人修《太平御览》,所引书一千六百九十种,挚虞《文章流别》、李充《翰林论》之类,无不备收,亦无此名……至于谢恩曰章,《文心雕龙》载有明释,乃直以谢恩两字为文章之名,尤属未协,疑为依托。"③

如果一部古籍被他书征引,但被征引的文句与其传本大异,或不见于传本,则所谓的传本就大大可疑。例如,东汉的马融发现当时流行的《尚书·泰誓》"其文似若浅露",又考诸书所引,发现《春秋》《国语》《孟子》《孙卿子》(即《荀子》,汉时避宣帝刘询讳)《礼记》等古书所引《泰誓》文句在传本《泰誓》中皆无,遂认定传本《泰誓》为伪。

如果一部古籍征引的文献实为后出之书,则该古籍必定有伪。例如,

---

① (清)纪昀等. 钦定四库全书总目·卷148 [M]. 北京:中华书局,1997:1987.

② 鲁迅. 中国小说史略 [M]. 南京:译林出版社,2014:23-24.

③ (清)纪昀等. 钦定四库全书总目·卷195 [M]. 北京:中华书局,1997:2738.

《直斋书录解题》著录《诗格》一卷，解题曰："题魏文帝，而所述诗或在沈约后，其为假托明矣。"又著录《评诗格》一卷，解题云："唐李峤撰。峤在昌龄之前，而引昌龄《诗格》八病，亦未然也。"①

3. 考察史实与名物典制

古籍中所记载的历史事件、年号、庙号、人名、地名、官制、书名等都是有具体的时间信息的。这些史实和名物典制所反映出来的时间信息，如果比作者所处的时代更晚，则这部分内容肯定存在作伪，因为作者是不可能预知未来的。例如，《商君书》《庄子》等先秦子书，梁启超指出："《商君书》有长平之战，乃商鞅死后七十八年之事，可知是书是长平之战以后的人做的。又如《庄子》说过'田陈子杀其君十二世而有齐国'的话，自陈恒到秦灭齐恰是十二世，到庄周时代不过七八世。庄周怎么能知陈氏有齐十二世呢？这可知那一篇一定是秦、汉间的人做的，否则不致那么巧，又可知《庄子》虽然是真的，外篇却很多是假的。"②

同样的道理，如果一部古籍中出现了作者死了之后的一些人名、地名、职官名、年号、讳字等，都不符合成书的客观规律。比如《山海经》，刘歆说是辅佐大禹治水的伯益作的，《隋书·经籍志》说是大禹作的。《四库全书总目》称："观书中夏后启、周文王及秦、汉长沙、象郡、余暨、下嶲诸地名，断不作三代以上。殆周、秦间人所述，而后来好异者又附益之欤？"③

4. 考察作者生平及著述

通过正史、方志、文集等可查考古籍作者的传记、墓志铭、神道碑等，这些资料对于作者的生卒年、履历、重要事迹及生平著述等一般都有详细的记载，也可以帮助我们辨伪。比如《续宋编年资治通鉴》，旧题宋李焘撰，但"考《宋史·艺文志》及焘本传"，只记李焘撰有《续资治通鉴长编》，而无此书之名。加上"书中所记皆北宋事迹，体例与《宋史》全文约略相似，且阙漏殊甚"，故《四库全书总目》断定此书绝非李焘所作，而是"当时麻沙坊本，因焘有《续通鉴长编》，托名以售其欺"④的伪书。

又如《斜川集》，旧题宋苏过（苏轼季子，字叔党）撰，而考晁说之所

---

① （宋）陈振孙. 直斋书录解题·卷22 [M]. 上海：上海古籍出版社，1987：642.

② 梁启超. 古书真伪及其年代 [M]. 上海：中华书局，1936：45.

③ （清）纪昀等. 钦定四库全书总目·卷142 [M]. 北京：中华书局，1997：1871.

④ （清）纪昀等. 钦定四库全书总目·卷48 [M]. 北京：中华书局，1997：666.

作苏过墓志，知其卒于北宋宣和五年（1123年），而书中载有南宋嘉泰（1201—1204年）、开禧（1205—1207年）等年号，还出现了周必大、姜尧章、韩侂胄等苏过身后的人物，内容多记南渡以后之事。清四库馆臣发现其内容与南宋词人刘过（1154—1206年）《龙洲集》所载之诗尽同，因而断定此书"盖作伪者因二人同名为'过'而抄出，冒题为《斜川集》，刊以渔利耳"①。

5. 考察文体和语言风格

古代任何一种文体的产生都是有其时代上限的，因此通过文体来辨古籍真伪是切实可行的。例如，南梁刘勰的《文心雕龙·明诗》从文体的角度对署名西汉李陵、班婕妤的五言诗提出了质疑："至成帝品录三百余篇，朝章国采，亦云周备，而辞人遗翰，莫见五言。所以李陵、班婕妤见疑于后代也。"再如收入《文选》的《古诗十九首》，语言朴素自然，描写生动真切，可以说是一字千金，在五言诗的发展上占有重要地位。南梁徐陵的《玉台新咏》将其中八首（如《行行重行行》《青青河畔草》《西北有高楼》等）归为西汉枚乘所作。枚乘是汉景帝、武帝时候的人，为什么他在此时能作出如此好的五言诗，而他死后的一百多年里竟无人能作？直到东汉末年的蔡文姬、三国时期的曹子健，其诗风似乎才可与《古诗十九首》相匹敌。如果这八首古诗真是枚乘所作，那从诗歌文体发展的规律来看，从西汉到三国，五言诗的创作毫无进步，实在不合情理，故李善在《文选》注中说："并云古诗，盖不知作者，或云枚乘，疑不能明也。诗云：'驱马上东门'。又云：'游戏宛与洛'。此则辞兼东都，非尽是乘明矣。"②又如"排律"一体，最早见于元末杨士宏所编《唐音》，明永乐间高棅所选《唐诗品汇》亦用"排律"之目，此后文集多所袭用。然编集于唐天宝年间的传本《孟浩然集》也标立"排律"，《四库全书总目》认为其书绝非原本，而是明人重刻时有所改动。

《汉书·艺文志》很早就注意从语言风格的角度来辨伪了，如诸子杂家著录《大禹》三十七篇，注曰："传言禹所作，其文似后世语。"小说家著录《天乙》三篇，注曰："天乙谓汤，其言非殷时，皆依托也。"后世也用这种方法来辨伪，如《列仙传》，旧题汉刘向撰，宋代的陈振孙指出："凡

---

① （清）纪昀等. 钦定四库全书总目·卷174 [M]. 北京：中华书局，1997：2366.

② （梁）萧统编；（唐）李善注. 文选 [M]. 上海：上海古籍出版社，1986：1343.

七十二人。每传有赞,似非向本书,西汉人文章不尔也。"①

6. 考察作者思想观念

古代著述总是要体现和传播作者的思想观念的,而思想观念无不带有鲜明的时代烙印和个体特征。如果作者生活的时代根本不可能产生古籍中所表达的思想观念,或是古籍所要表达的思想与作者一贯的思想主张相矛盾,那么古籍就可能存在作伪的情况。

例如,今本《管子·立政篇》里面有"寝兵之说胜,则险阻不守;兼爱之说胜,则士卒不战"的话。管仲是春秋时期的法家代表人物,而"寝兵""兼爱"是战国时期墨家的思想。前代人怎么可能去批判后代人的学术思想呢?显见是后人假托。再如《列子·天瑞》篇有云:"死之于生,一往一反。故死于是者,安知不生于彼?"明显宣扬的是佛教生死轮回的理论。而列子是生活在战国时期的道家代表人物,其时佛教远未传入中国,这段话不可能出于列子之口。后来事实也证明,《列子》一书是由晋人张湛所伪作。

最后要说明的是,古籍的辨伪不能专守一法,应尽量将多种方法结合起来进行综合考辨,这样得出的结论才是最可靠的。清四库馆臣对旧题宋岳珂撰的《棠湖诗稿》的辨伪就是如此:首先,通过书目的著录发现"宋以来公私书目悉不著录,不知其所自来,珂序亦无年月",因而对此书产生了怀疑。其次,通过查考史实,又发现了疑点:"然汴京图籍尽入于金,史有明文,诗中乃云'卷帙佚书三十万,至今光彩动奎星'。所谓'今'者何时也?"接下来,又将《棠湖诗稿》与岳珂的其他作品相对照,发现语言风格大不相同:"褚慕《兰亭》,始存己法;苏和陶诗,不掩本色。珂《玉楮集》具存,其词与此迥殊。虽酷学唐人,未必遽失故步,至于如此。"四库馆臣还检读了有关的图书,发现"王建、王珪、花蕊夫人、宋徽宗、杨皇后诸家宫词,今或有不省为何语者。盖宫禁旧事,载籍不能备录,往往无征。此一百首则检点宋人说部,无不可注其端委,何珂之所述?尽今人之所知也。"最后还探究了此书的来历:"昔厉鹗作《宋诗纪事》,凡鲍氏藏书,无不点勘。今所进本标识一一具存,独无一字及此书,则出在鹗后矣。疑鹗及符曾等七人,尝合作《南宋杂事》诗,而其《北宋杂事》诗,则未及成书,或遗稿偶存,好事者嫁名于珂耶?"②

---

① (宋)陈振孙. 直斋书录解题 [M]. 上海:上海古籍出版社,1987:345.
② (清)纪昀等. 钦定四库全书总目·卷174 [M]. 北京:中华书局,1997:2372.

第六章 古籍的辑佚

古籍在流传过程中，由于各种自然和社会的原因，会导致内容的整体损毁、亡佚，或内容的部分缺失，如逸文、逸篇等，造成有目无文的现象。从整体上复原古籍的内容，或从局部补齐古籍残缺的内容，以解决古籍完整性的问题，这就是古籍辑佚所要做的工作。

第一节 辑佚的涵义及功用

一、什么是辑佚？

所谓辑佚，是指将散见于现存文献中的佚书、佚文的残篇断简加以搜集、整理，按一定的原则、方法加工后编辑成册（篇），使之最大限度复现古籍（作品）原貌的文献整理活动。辑佚有广狭二义。狭义的辑佚，单指辑佚书。广义的辑佚，除了辑佚书之外，还有辑佚文、辑佚诗、辑佚书目等。

从以上定义分析，古籍辑佚必须具备三个构成条件：其一，所辑对象曾经作为一个独立的文献单位存在过。这个独立的文献单元，既可以是一本书，也可以是一篇文章，或一首诗；其二，现时辑佚对象已经不存在了，或即使存在内容也不完整；其三，现时客观上有着可供辑佚的内容或资料。这三个条件缺一不可。

古籍辑佚分三种情况：一是全辑，如果原书已经亡佚，但存文较多，则可以辑复其书；二是重辑，如果该书已经前人辑复，但质量较差，也可重新辑佚；三是补辑，如果原书尚存而有部分散佚，或原书虽已亡佚，但前人已有质量较好的辑本，只不过内容仍不完整，则可为它补辑佚文。

二、辑佚与辑录、拾遗的区别

辑佚与辑录、拾遗等概念在文献整理方法上多有相似之处,易引起混淆,须加以区分。

所谓辑录,是指把前代某一时期、某一文体或某一方面的资料从群书中摘录出来,按照一定的体例编辑成书,为研究和阅读提供方便。比如总集的编纂就是采取这种方式,清乾嘉时期编辑的《全唐诗》《全唐文》、清人严可均编辑的《全上古三代秦汉三国六朝文》、近人丁福保编辑的《全汉三国晋南北朝诗》,以及近些年编辑的《全宋文》《全元文》《全明词》《全清词》等,都属于辑录的方式。辑录与辑佚最大的共性就是编辑方法和手段,因此有人把辑录视为辑佚,这是不准确的。它们的最大区别就是,辑录完成的作品在辑录之前还不是书,不存在复原的问题,而辑佚的目的就是复原古籍。

拾遗,也称作拾补、补遗等,是在已经出版的某些汇编性成果中(如总集、全集、专题汇编等)发现有漏收的作品或材料,于是在再版时补加进去,但不改变原书的体例结构,通常以附录的形式存在。有些文集后面所附的"辑佚文"从文献整理性质上讲并不是辑佚,而是拾遗文,其根本原因就是,这些所谓的"佚文"本就不是原书固有的内容,当然便没有散佚的可能,也就不存在复原的行为。清康熙间彭敏求等奉敕编纂的《全唐诗》收录唐代诗作48 900余首,其本意是求全,但由于成书太快,遗漏还是不少,尤其是中晚唐的诗作缺略更多。曹寅在康熙四十四年(1705年)七月的奏折中就说:"再中晚唐诗,尚有遗失,已遣人四处访觅,添入校对。"[①]后日本人市河世宁(旧题上毛河世宁)辑《全唐诗逸》三卷,有清乾隆间《知不足斋丛书》本。后世陆续有《全唐诗》的补遗之作,如王重民的《补全唐诗》和《敦煌唐人诗集残卷》、孙望的《全唐诗补逸》、童养年的《全唐诗续补遗》等,被收入中华书局1982年版的《全唐诗外编》。1992年又有陈尚君辑校的《全唐诗补编》,包括删订本《全唐诗外编》和陈氏本人的《全唐诗续拾》两部分。

三、辑佚的功用

从浩如烟海的古代文献资料中披沙拣金似地搜检、辑录佚书佚文,虽是一项十分烦琐的文献整理工作,但对保存古代典籍和研究中国古代文化却具

---

① 方晓伟. 曹寅评传年谱[M]. 扬州:广陵书社,2010:421.

有非常重要的意义。

  首先，辑佚有利于复原和保存古籍。亡佚的古籍并非无迹可寻，但如果不去做辑佚工作，可能从此就真的湮没无闻了。通过对古代类书、杂钞、注释、字书等征引他书的文献类型的搜检和复原，可使许多失传已久的古籍不同程度地再现于世，为现存古籍增加新的种类。一个最典型的例子就是我国最大的类书《永乐大典》。1900年"庚子之变"，八国联军的焚掠使得《永乐大典》散失殆尽，但由于清代乾隆时期的四库馆臣在编修《四库全书》时已从《永乐大典》中辑出了516种古籍①，像我们今天仍在使用的《旧五代史》《续资治通鉴长编》《宋会要辑稿》《蛮书》《水经注》《明律》《直斋书录解题》等重要古籍才得以保存下来。

  其次，古籍的辑佚能影响和推动一时的学术研究。梁启超在谈到《永乐大典》的辑佚价值时说："其中于学术界有重要关系者颇不少。例如东汉班固、刘珍等之《东观汉记》，元代已佚。其书为范蔚宗所不采而足以补《后汉书》阙失者颇不少，今辑得二十四卷，可以存最古的官修史之面目。又如《五代史》，自欧书出后，薛书寖微，遂至全佚。然欧史摹仿《春秋》笔法，文务简奥，重要事实多从刊落。今重裒薛史，然后此一期之史迹稍得完备。又如汉至元古数学书：《九章算术》《孙子算经》、晋刘徽《海岛算经》《五曹算经》《夏侯阳算经》、北周甄鸾《五经算术》、宋秦九韶《数学九章》、元李治《益古演段》等，皆久佚。四库馆从《大典》辑出，用聚珍版刊布，唤起学者研究算术之兴味实非浅鲜。"②

第二节　古籍散佚的基本状况及原因

一、古籍散佚的基本状况

  中国古籍散佚的数量是十分惊人的。以《汉书·艺文志》为例，收录先秦至西汉时期的图书614种，而现存的仅87种，其中还有45种是残本。两汉400余年传注的旧籍和撰著的新书总数约在2 000种，到了清代编《四库全书》时所剩不过百种，其中还包括后人的若干辑佚本。三国六朝时期的文献也是如此。据清姚振宗《三国艺文志》辑考，魏、蜀、吴三国时期

---

  ①　曹书杰.《四库全书》采辑"永乐大典本"数量辨［J］.图书馆学研究，1986（1）：83-88.

  ②　梁启超.中国近三百年学术史［M］.武汉：崇文书局，2015：225.

的著述一共有1 122种,而《四库全书总目》仅著存 24 种。两晋人的著述,据清文廷式《补晋书艺文志》辑考,一共有2 438种,而《四库全书总目》著录仅存 33 种。南北朝时期公私著述,据杨家骆先生考定,一共有7 094种,而《四库全书总目》著录仅存 81 种。隋唐时期著述空前繁荣,据曹书杰《中国古籍辑佚学论稿》的统计,隋朝有书已多达903 580卷。唐人的著述,据《新唐书·艺文志》《旧唐书·经籍志》的记载和杨家骆先生的考订,大概有6 500种,但《四库全书总目》收录唐人著述仅 307 种①。

宋代以后,由于雕版印刷的普及,文献数量急剧增加,但留存至今的却是吉光片羽、屈指可数。据李致忠先生称:"两宋 316 年间刻书出版事业最为兴盛,据不完全统计,官私刻书有 1 万多种,印数当以百万计。到明代权相严嵩被弹劾而遭查抄的时候,据说其中还有宋版书籍6 853部。可是随着时间流逝,迄今就中国辖区所藏宋刻完帙、复本、残本通计超不过1 200部,可谓万不存一。元代掌握全国政权仅有 87 年,仅是宋代历史的四分之一强一点,据不完全统计,刻书也有3 142种,相当于宋代刻书总量的四分之一。元代迄今不过 600 多年,可中国辖区内现存元代刻书的完帙、复本、残本也超不过1 200部。"②

二、历代古籍散佚的原因

前人对古书散佚的原因有很好的总结,大体可归结为"天灾人祸"四字,其中"人祸"尤烈,具体包括:

1. 历代兵火造成的书厄

所谓书厄,是指中国古代因政治或战争动乱而造成的大规模的书籍毁灭事件。隋开皇初年,秘书监牛弘在《请开献书之路表》中归纳了隋代以前历史上的五次书厄,分别是:秦始皇焚书,是为一厄;王莽末年,长安兵起,宫室图书,并从焚烬,是为二厄;东汉末年董卓迁都,沿途图书散佚无数,是为三厄;西晋末年五胡乱华,进陷洛阳,文物荡然无存,是为四厄;南梁平定侯景之乱后,元帝萧绎迁旧都文德殿藏书七万余卷至江陵,后陆续收藏至十四万卷,后江陵城为西魏所破,萧绎焚书于外城,是为五厄。

明代的胡应麟在此基础上又续接了五厄,并称为"十厄"。这续接的五厄依次是:隋炀帝在江都被杀,一时天下大乱,西京嘉则殿、东都修文殿两

---

① 张三夕. 中国古典文献学(第 2 版)[M]. 武汉:华中师范大学出版社,2007:199-201.

② 李致忠. 中国古籍保护与利用 [J]. 山东图书馆学刊,2009(1):2.

地藏书三十七万卷被焚大半，是为六厄；安史之乱，唐玄宗李隆基仓皇奔蜀，宫中书籍损失殆尽，是为七厄；唐末黄巢之乱，僖宗出走，书籍焚毁不少，是为八厄；北宋靖康之难，金人攻破汴京，秘阁之书为之一空，是为九厄；元军破临安城，南宋图书礼器被掠劫一空，是为十厄。

后人又在胡应麟的基础上补充数厄：明末李自成起义，文渊阁藏书被付之一炬；清乾隆时纂修《四库全书》，打着稽古右文的旗号，实则寓禁于征，凡有民族思想的书籍，或销毁，或篡改，所禁毁的书籍与《四库全书》所收之书相当；清嘉庆二年（1797年）乾清宫大火，昭仁殿内天禄琳琅所藏400余种宋元抄校善本荡然无存；太平天国农民起义，江南诸省新旧文献大都被毁，几无书可读；清咸丰十年（1860年），英法联军攻陷北京，火烧圆明园，文源阁《四库全书》及味腴书屋《四库全书荟要》等毁于一旦；1900年庚子之变，八国联军再侵北京，肆行杀掠，抢去的珍贵文物、文献不计其数，《四库全书》编纂的底本、未收的"四库存目"之书及《永乐大典》大部被毁；1931—1945年，日本帝国主义发动侵华战争，对我国的文物典籍进行了疯狂的掠夺和破坏，被劫、被毁的古籍无以计数；1966—1976年"文化大革命"期间，无数文物被毁，大量古籍被当作废纸送造纸厂化成了纸浆。

由以上所举来看，每逢战乱或社会动荡，图书典籍都难逃厄运，而且往往是大规模的集中损毁，这是造成中国古代典籍散佚的最主要原因。

2. 重德轻艺的思想

中国古代封建社会非常注重典籍的宣传教化功能，而对科学技术之类的图书不是很重视，这就造成了很多科技类古籍的亡佚。以秦始皇焚书为例，其实当时所焚之书主要是儒家经典、百家之书及各国史书，"所不去者，医药、卜筮、种树之书"（《史记·秦始皇本纪》），除卜筮有封建迷信的内容之外，医药、种树（农业）之书都属于当时的科技文献，但到后来都没有流传下来。相反，那些曾经被禁毁了的儒家经典，或藏在山洞里，或藏在墙壁的夹层里，或通过人脑的记忆，到后来又复现于世。对此，元代马端临在《文献通考·经籍考序》中感叹道："若医药、卜筮、种树之书，当时虽未尝废锢，而并无一卷流传至今。以此见圣经贤传，终古不朽；而小道异端，虽存必亡。初不以世主之好恶为之兴废也！"可见，在封建社会的学者看来，科技类文献都是被当作"小道异端"来看待的，在这种思想的支配下，又能有多少科技文献有幸流传下来呢？

3. 便于获取和利用的心理

在古代图籍制作技术落后的条件下，如果一种图书能方便人们获取和利用，那它的生命力就很强，反之则弱。人们对于图书的这种便于获取和利用的心理，也会造成古籍的散佚。这个道理很简单，一部大部头的书，其传抄和刻版都很不易，复本自然就少，其流传势必会受影响，古代的类书很多都是因为这个原因亡佚的。例如，三国魏文帝曹丕时编纂的中国第一部类书《皇览》，当时还没有发明印刷术，传抄非常不便，到南北朝时候就已不见原书，只有节抄本，到隋朝时连节抄本也不存。还有南齐1 000卷的《四部要略》、南梁700卷的《华林通略》、北齐360卷的《修文殿御览》、唐代1 200卷的《文思博要》，都是因为部头过大传抄不易而失传了。再比如，明代《永乐大典》编成之后，花了5年时间才抄写完一部副本，如果不是因为部头太大，一定可以多抄写几部副本，甚至可以雕版印刷，也就不会那么容易散佚了。

另外，假如有一种书能够删繁就简，足以概括和融会其他书籍，很方便人们利用，这种书就会大行其道，其他书籍则可能散佚。例如，东汉的郑玄是中国历史上有名的经学家，他与"五经博士"专守一家不同，主张"通学"，即融会贯通今文和古文的不同说法。他遍注群经，写成的简要注本成为人们争相传抄的对象，而原来立于官学的各家今文经学的著述却无人问津，时间一长就亡佚了。再如，唐代诏命颜师古考定《五经》，孔颖达撰《疏义》，"《易》主于王弼，《书》主于安国，《诗》主于毛、郑，《三礼》主于康成，杜预之《左传》、何休之《公羊》、范宁之《穀梁》，皆卓然显行于世，而其他数十百家尽废。"①

4. 秘藏吝借的陋习

封建社会的官方藏书机构一般情况下是不对外开放的，一旦遇到战乱或天火，则很难保全。私家藏书楼也是秘不示人，特别是一些孤本、珍本，更是居为奇货，一旦有祸事降临，比如自然灾害、家庭变故等，往往散佚殆尽，无可挽回。例如《后汉书》，除南朝刘宋时期的范晔之外，还有很多人写过此书，如晋人华峤的97卷本《后汉书》、谢沈120卷本《后汉书》、袁崧100卷本《后汉书》等，其中以三国时吴国的武陵太守谢承所作的130卷《后汉书》为最早，但历代学者却很难得见这部书。清乾嘉年间民间尚有人保存着这部书，当时阮元在浙江任学政，章学诚曾写信托他设法求访，但终不得见。可见，中国古籍中的一部分秘册孤本，确因少数收藏家的垄断而致湮没了。

---

① （唐）吴兢编著；王贵标点. 贞观政要 [M]. 长沙：岳麓书社，2000：233.

5. 因人废言的传统

我国历史上有因人废言的传统，由于著书人获罪被诛，其著述也往往跟着遭殃，最后导致散佚。比如范晔著《后汉书》，他独自完成了纪、传的写作，又与好友谢俨共同完成了《礼乐志》《舆服志》《五行志》《天文志》《州郡志》等"志"的部分，后因牵涉谋立彭城王刘义康案下狱而死，谢俨怕受株连，便将合作的"志"稿销毁了。现存本《后汉书》里的"志"是南梁刘昭作注时，将晋司马彪《续汉书》里的八志补入的。又如，王安石在宋神宗时做宰相，为推行变法，曾颁行自己写定的《三经新义》作为变法的理论工具，当时的学校把它作为必读的教科书和科举考试的依据。但当王安石变法失败、政治上失势之后，士大夫对他口诛笔伐，他的《三经新义》和《字说》等著述也随之亡佚。这种"以成败论英雄"的浅见在中国古代根深蒂固，无形中也造成了文献的损失。

6. 人为选择的原因

内容相近的图书之间存在竞争关系，当其中一种图书在社会上广为流行，其他的就逐渐不行于世了，这就是人为选择的原因。例如，唐以前所撰《晋史》有18家之多，但唐太宗认为都不是很理想，遂命房玄龄重修一部。房玄龄130卷本《晋书》一出，其他诸家《晋史》皆废。北宋时先有薛居正所著《五代史》150卷行于世，后欧阳修又撰《五代史》74卷，修成后由朝廷正式印行。这样一来，形成薛、欧二史并行之势。但后来由于欧阳修名气太大，其书体例亦严谨，文笔简洁，更适合统治者的需要，南宋开禧三年（1207年），宁宗诏学官削去薛氏《五代史》，只存欧阳修《五代史》，于是薛居正的《五代史》渐废。我们今天读到的薛居正《旧五代史》，是当年四库馆臣从《永乐大典》里辑出来的。

第三节　历代古籍辑佚的成就

辑佚作为一种文献整理方法的运用，远早于它作为一门学科的出现。中国古代书目、伪书、杂钞等文献的形成过程中，经常伴随有辑佚活动。如《汉书·艺文志》载："武帝时，军政杨仆捃摭遗逸，纪奏《兵录》，犹未能备。"这里所谓的"捃摭遗逸"就带有辑佚性质；东晋梅赜所献伪《古文尚书》，很多篇句都能找到出处，可见它不是凭空架阁，而是采缀古书而成，也带有辑佚性质；唐代马总《意林》，是从各种类书、经注中，将当时已经亡佚的汉朝以前诸子著作中的散见条文摘抄出来，杂编成书，同样带有辑佚的性质。但必须强调的是，这些辑佚活动与后世辑佚学所指的辑佚活动还是有区别的,即不以恢复古籍原貌为目的,而是另成他书。

同样,文献学家在进行校勘时,对古籍佚文的搜集、征引、增补,也属于辑佚方法的运用。民国时期孙德谦在《刘向校雠学纂微》中就指出,早在西汉成帝时刘向校书活动中就有增补佚文的内容。辨伪时也常涉及对佚文的搜集和利用,如东汉马融在证《尚书·泰誓》之伪时,就是通过古本《泰誓》篇佚文的辑佚,与当时通行的《泰誓》篇相比较,发现传本与佚文多有不同,从而证明传本《泰誓》篇之伪。但这些毕竟只是片段或部分佚文的辑佚,是服从于校勘和辨伪的需要,与从整体上恢复古籍原貌的辑佚书还是有区别的。

一、宋元的辑佚

辑佚学作为一门专门的学问,大致是在宋代才确立的,其标志主要体现在以下两方面:

首先,郑樵从理论上提出了古书"名虽亡而实不亡者"的观点。他在《通志·校雠略》中说:"书有亡者,有虽亡而不亡者;有不可以不求者,有不可求者。《文言略例》虽亡,而《周易》俱在;汉、魏、吴、晋《鼓吹曲》虽亡,而乐府俱在;《三礼目录》虽亡,可取诸《三礼》;《十三代史目录》虽亡,可取诸《十三代史》……凡此之类,名虽亡而实不亡者也。"① 郑樵将"名虽亡而实不亡"的书归为三类:第一,后书直接取诸前书,后书虽亡但前书犹存,后书名虽亡而实不亡;第二,后书据前书编撰而成,后书虽已亡佚,但可据前书再编写一部;第三,前书被后书收录,前书虽亡但后书犹存,前书名虽亡而实不亡。他还在《阙书备于后世论》《亡书出于后世论》《亡书出于民间论》中进一步阐明了找寻阙书、亡书的途径,又在《求书之道有八论》中提出了收集遗书的8种方法,为佚文的查找提供了系统方法。

其次,宋代出现了一批纯辑佚的成果,如陈景元辑《相鹤经》,高似孙辑《古世本》,王应麟辑《三家诗考》等,对后世的辑佚活动产生了重大影响。如王应麟所辑《三家诗考》的体例上较有特点:书前、书后皆有序;韩、鲁、齐三家诗前均有小序,用于介绍各家授受源流;佚文和注文严加区分,佚文用大字书,释文用小字注,体例规整;凡所辑之文,均注明出处;释文有考校内容,对文字内容进行释难解疑。王应麟《三家诗考》所创体例被章学诚誉为辑佚之"成法",为后世所效仿。已知宋人辑佚而成的唐人

---

① 张舜徽选编. 文献学论著辑要 [M]. 西安:陕西人民出版社,1985:321-322.

以上的文集还有汉扬雄《扬子云集》、三国魏曹植《魏陈思王曹植集》等。

元代历年有限，在辑佚方面值得称道的仅有陶宗仪、吴澄两人。陶宗仪《说郛》一书，书名取"天地，万物郛也；五经，众说郛也"之意，也就是要囊括五经众说。这是一本综合性的大型丛书，分类选辑了历朝士林罕见的经、史、小说、杂记千余家，有100卷本和120卷本传世。它虽不是专门的辑佚丛书，但其中原书亡佚而从类书中抄录而成的辑佚之书也有相当的数量，如汉应劭的《汉官仪》、晋郭颁《魏晋世语》等，皆为纯粹的辑佚之作。将类书作为辑佚的主要来源，是《说郛》的一大特色，然而不足之处在于不注出处。吴澄辑有《仪礼逸经》两卷，然该书体例欠周密，其所引郑注，亦不注出处。元人辑佚不注佚文出处的做法对明代辑佚产生了不良影响。

二、明清的辑佚

明代学者沿着宋元学者开辟的道路也做了一些辑佚工作，其代表人物是胡应麟，曾辑佚过古佚小说《百家异苑》、晋干宝《搜神记》、宋张耒《柯山集》。他最大的贡献在于辑佚理论方面，如对关于古佚书的考辨、对佚文的搜集整理、对时人辑佚现象的总结、类书在辑佚中的作用以及辨伪法在辑佚中的应用等问题都有重要阐述，代表了明代辑佚理论的发展水平。其他参与辑佚的学者还有范钦、冯惟讷、薛应旂、陆楫、顾元庆、梅鼎祚、姚士粦、屠乔孙、吴琯等人。

总体来看，明代辑佚有以下几个特征：一是体现了明人好奇、好异的治学风气，如所辑《百家异苑》《搜神记》及大量纬书之类就体现了这一特点。二是辑佚的对象以消遣类的小说、杂记、诗文集居多，如《古今说海》《会稽先贤传》《津逮秘书》《历代文纪》《汉魏六朝百三家集》等。这也是明代社会生活发展状况所决定了的。三是辑佚方法不够严谨，如除了将群书保存下来的散佚文献搜集出来外，还加入了其他文献记载的相关内容。结果往往不是恢复古书的原貌，而成了另外的新书，有的辑完之后既不说明原书作者，也不说明新书体例，更不注明材料出处，所以经常被清代学者当作伪书看待。这些都体现了明代辑佚学不成熟的一面。

清代是我国古籍辑佚的鼎盛时期，尤以乾嘉时期为甚。这一时期，官方辑佚主要依托《永乐大典》，先后从中辑出了516种古籍，如《旧五代史》《续资治通鉴》《建炎以来系年要录》《东观汉记》《直斋书录解题》《宋会要辑稿》等，都是官方辑佚的代表作。民间私家辑佚的来源则扩大到其他类书、古注、子史群书、总集、杂纂杂钞、方志、石室密藏与出土佚书，甚

至海外流散文献。总体而言,清代私家辑佚呈现出以下特点:

第一,辑佚大家辈出,辑佚成果众多,且多以丛书形式出现。乾嘉至道光以来,涌现出一大批辑佚家,如章宗源、严可均、孔广森、任大椿、马国翰、黄奭、洪颐煊、汪文台、陈寿棋、王谟、张澍、臧庸、茆泮林、王绍兰等,所辑丛书有马国翰的《玉函山房辑佚书》、黄奭的《汉学堂丛书》、张澍的《二酉堂丛书》、王谟的《汉魏遗书钞》、茆泮林的《十种古佚书》等。

第二,辑佚门类广泛,在辑佚方法上形成了一定的流派。清代辑佚经史子集无所不包,既有综合性的辑佚丛书,如马国翰的《玉函山房辑佚书》、黄奭的《汉学堂丛书》,也有专辑经史子集中一部或一类的,如惠栋的《九经古义》、余肖容的《古经解钩沉》、任大椿的《小学钩沉》等,还有专辑一书的,如戴震辑《九章算术》《五曹算经》等。从辑佚方法上来看,清人辑佚大致可以分为三大流派①:一是单纯辑佚,也就是收罗群书,寻章摘句,如马国翰的《玉函山房辑佚书》与黄奭的《汉学堂丛书》就是此类代表;二是辑佚之外另加评议,如劭瑛的《春秋左传校注规过》,从《左传》注疏中辑出;三是辑佚之外另加引申,如陈寿祺的《尚书大传》与《驳五经异义》辑本,还有李贻德的《左传贾服注》辑本,对经义加入了新的注解。

第三,辑佚程序和方法严密,体例规范。经过长期的辑佚实践,清人逐渐形成了一套严密的辑佚程序和方法。首先,通过检阅历代史志目录和私家目录,并辅之以民间访书确定辑佚对象,进一步查访是否有辑本。如宋李焘的《续资治通鉴长编》明时已佚,清初徐乾学在民间访得175卷残本。严可均辑《全上古三代秦汉三国六朝文》时,采用了明梅鼎祚辑本《历代文纪》中的不少材料。其次,确定和查找佚文的来源。一书的佚文散落在类书、辞书、同时代或同一学派著作之中的几率比较大,可以优先查找。另外古注、史书、子书、方志、字书、杂钞也是重点检寻的途径。再者,选择辑佚底本并辑录佚文,并对佚文进行辨伪和校勘。清人辑佚优先利用前人辑本,如马国翰辑佚,曾先后利用过孙鏚、丁杰、张惠言、张澍等多家辑本为底本。如无辑本,则以记载佚文资料较详、成书较早的本子为底本。最后,编排佚文,使之成为一个有序的整体。清代辑佚的体例是一个不断发展完善的过程,在早期也存在体例不严谨,内容粗糙的问题,乾嘉以后辑佚体例才越来越规范,首先表现在结构上比较完整,有序言、目录和编撰凡例;其次

---

① 吴枫.中国古典文献学·辑佚书[M].济南:齐鲁书社,2005:146.

是内容完整，编排合理；再者是注释得当，注明出处。

三、民国的辑佚

与清代相比，民国的辑佚进入相对低潮的时期，辑佚成果不是很多，代表性的有王国维的《古本竹书纪年辑校》，鲁迅的《会稽郡故书杂集》8种、《古小说钩沉》36种。另外，还有张鹏一《魏略辑本》《晋令辑存》、郭绍虞《宋诗话辑佚》等零星的辑佚成果。虽然辑佚的数量无法与清代相比，但民国以来辑佚理论有较大发展，如梁启超《中国近三百年学术史》专辟"辑佚书"一节，总结评述了辑佚的历史，指出"辑佚之举，本起于汉学家之治经"，列举了辑佚"所凭借之重要资料"，提出了四条"鉴定辑佚书优劣之标准"。另外，刘咸炘《目录学·辑佚书纠缪》一文，对清代辑佚存在的问题作了比较精辟的论述。

第四节 古籍辑佚的程序与方法

与版本鉴定、校勘和辨伪不同，辑佚是一项综合性较强的古籍整理工作，其工作内容不仅融合了版本学、校勘学、辨伪学的方法，还要借助目录学、史源学、注释学（传注学）、编纂学等文献学分支学科的方法，并有相对严格和复杂的工作程序，包括佚书的认定、佚文的搜集、佚文的加工、佚书的编排等。

一、佚书的认定

1. 文佚的认定

所谓"文佚"的认定，是指对古籍中散佚之篇、脱佚之文的确认过程。散佚之篇是指编辑诗文总集、别集时，漏收的单篇诗文作品；脱佚之文是指古籍内容中脱落的段落、文句。汇辑散佚之篇而成总集、别集的辑佚活动，如果是编辑断代的诗、文或其他文体的总集，首先要认定的是作者的时代、作品的文体，然后是有见必录，无论存佚；如果该作者已有别集传世，那就是辑拾漏佚，辨别诗、文是否存在于该别集；如果此前有类似的总集，如逯钦立编《先秦汉魏晋南北朝诗》之前，已有丁福保编《全汉三国晋南北朝诗》，剩下的工作就是搜寻漏佚和校勘的问题。

文佚的认定，只能逐一查核比勘篇名目录，以及文句、篇名、作者索引之类的工具书，如《全上古三代秦汉三国六朝文篇目、作者索引》《全唐诗篇名、作者索引》《元人文集篇目分类索引》《清代文集篇目分类索引》等。

文佚认定的原则有如下 6 条①：①旧存的个人诗文全集（非选集）的集外之篇。②只有选集而无全集的选集外之篇。③通代、断代总集的集外之篇。④完整流传下来诸书的见于他书（非同书的不同版本）的书外脱文。⑤残缺之书的书外之文。⑥亡佚文献的遗存之文。

2. 书佚的认定

所谓"书佚"的认定，是指对古籍中亡佚之书的确认过程。古籍辑佚之前，必须明确辑佚的对象是否真的亡佚。这是必不可少的步骤，否则有可能辑佚了半天，却发现该书有足本存世，整个工作就变得劳而无功了。这就跟图书编目之前必须查重、科学研究定题之前必须查新是一样的道理。

（1）书佚认定的原则

凡见于前代书目著录、文献称引的书名，而在后代书目中未有著录者，即可视为佚书。例如，某种古籍在《汉书·艺文志》中有著录，而《隋书·经籍志》未见著录；《隋书·经籍志》有著录，而《旧唐书·经籍志》《新唐书·艺文志》未见著录；《旧唐书·经籍志》《新唐书·艺文志》有著录，而《崇文总目》《宋史·艺文志》未见著录，一般可认定为佚书。或是先秦、汉初文献称引的图书，未见《汉书·艺文志》著录；汉魏文献称引的图书，未见《隋书·经籍志》著录；六朝文献称引的图书，未见《旧唐书·经籍志》《新唐书·艺文志》著录；隋唐文献称引的图书，未见《崇文总目》《宋史·艺文志》以及《直斋书录解题》《郡斋读书志》等私家书目著录者，一般也可认定为佚书。

（2）书佚认定的途径和方法

前代佚书的基本状况，可以划分为先秦至唐五代、宋元、明清三个阶段。五代以前著作的存佚情况，经后人特别是清人的梳理已完全清楚，凭借历代史志目录及私家书目完全可以解决；宋元著作的存佚情况，经清人和今人的整理，也基本清楚，凭借现有的书目一般也可以解决。需说明的是，明修《元史》未立《艺文志》，但清儒对其进行了补修，其中影响较大的有三家，即钱大昕的《元史艺文志》，黄虞稷和卢文弨的《补辽金元艺文志》，金门诏的《补三史艺文志》，可供查考；明清著作的存佚情况，特别是晚清的著作，有许多稿本、写本尚在存佚之间，凭借现有的书目尚不能完全解决，需多途径查找线索，比如个人文集、随笔、札记、学术专著等。

除史志目录和私家书目外，一些专记禁、毁、阙、佚、未见等情况的书目也需查找，如宋代的《嘉祐搜访阙书目》《秘书省四库阙书目》《秘书省

---

① 张三夕. 中国古典文献学 [M]. 武汉：华中师范大学出版社，2007：208.

续编到四库阙书目》，清《乾隆销毁抽毁书目》，姚觐元编《清代禁毁书目四种》（含《军机处奏准全毁书目》《军机处奏准抽毁书目》《浙江省查办奏缴应毁书目》《外省移咨应毁各种书目》），阮元撰阮福编《四库未收书提要》，孙殿起的《清代禁书知见录》等。还有一些相关的史料书也需要查找，如王利器的《元明清三代禁毁小说戏曲史料（增订本）》等。

通过以上的方法，只是大致知道哪些古籍属佚书的范围，最后还需要通过馆藏书目的查找来排除存世的古籍，即据存知佚，就是到国内外大型图书馆的馆藏书目、联合目录、专题书目中去查找这些初步认定的佚书。如能找到这些书，则可排除；如找不到，则为佚书。

3. 调研和查找相关资料

佚书确定后，接下来需要对所辑佚对象进行相关情况的调研和资料的收集。调研的范围包括：①该书的价值，主要考察所辑对象的学术价值和史料价值，如价值不大，可以不辑或缓辑；②该书作者情况，包括作者的姓名、籍贯、主要生平事迹等。通过对作者交游的社会圈子的掌握，可以扩展查找作者佚文的范围和线索；③该书的成书年代及成书经过，有利于了解该书成书时的基本概貌；④该书的主要内容及编排体例，有助于后期对佚文的组织和编排；⑤该书的出版和流传情况，以及亡佚的大致年代，可为确定佚文查找的大致范围提供线索；⑥考察后世有无假托本书作伪的情况，可防止在佚文查找时误检了伪本；⑦考察后世有无该书的辑本以及各辑本的情况，有助于我们利用前人辑佚的相关成果。

对于所辑古籍的价值、成书年代及成书经过、主要内容及编排体例、出版和流传情况等情况的考察，可以通过前代的书目解题和遗存的该书序跋来完成；对于作者的情况，可以查找《二十五史人名索引》《二十四史纪传人名索引》《唐五代人物传记资料综合索引》《宋元方志传记索引》《元人传记资料索引》《八十九种明代传记综合引得》《明人传记资料索引》《三十三种清代传记综合引得》《清代传记丛刊索引》等工具书；对于前人相同或相近辑佚成果的了解，可以查找专门的辑佚书目，如孙启治、陈建华编的《古籍佚书辑本目录（附考证）》，但这部目录只收录1949年以前的辑本（辑佚书），最近50年的辑佚成果没有反映。民国以来的辑佚成果，多散见于各种书目内，也有一些辑佚成果存在有关著作中；当代的一些辑佚成果也不乏以论文的形式在期刊、文集中发表者。在完成了上述工作之后，就可以初步确定佚文保存的主要文献范围、可能保存或散见的大致图书范围，并拟定出一个初步查阅的主要书目及调查书目。

二、佚文的搜集

1. 佚文的来源

古籍中有这样一种类型，它们在编纂成书时具有征引群书的特点，因而保存了其他古籍的大量内容，这就决定了它们成为佚文查找的主要文献来源。这类文献包括类书、古注、史书、方志、字书、杂钞等。

（1）类书

类书是原文辑录已有文献中的史实典故、名物制度、诗赋文章、丽词骈语等，分门别类或按字韵编排，以供寻检或征引的古代百科全书式的工具书。类书因为大量摘引古书，所以成为古籍辑佚的重要文献源。对此，明人胡应麟就深有体会："宋世不存而近世往往迭出者，又以钞拾类书得之。此皆余所自验，故知之最真。"① 以宋代四大类书中的《太平御览》和《太平广记》为例，前者引书1 689种，而被引之书十之八九已不传，这些书的佚文有相当一部分保存在《太平御览》里；后者摘引古小说约500种，原书大半已失传，可从《太平广记》里辑出这些古小说的佚文。前文多次提到的《永乐大典》，也是成为清四库馆臣的辑佚宝库，从中辑出的古书多达516种。

（2）古注

注释是中国古代著述形成的一种重要方式。古人在对文献内容进行训释时，常寻章摘句，引为论据，因此保留了其他古籍的大量佚文。以"四大名注"为例，裴松之的《三国志注》征引前人著作210余种，其中经部20种，史部142种，子部23种，集部23种②。而这210余种古书，到宋代后已是十不存一；郦道元的《水经注》征引各类图书凡436种，其中经部84种，史部208种，子部62种，集部82种。这些图书今存者91种，辑存者149种，引存者127种，今亡者69种③；刘孝标《世说新语注》征引之书，经部35家，史部288家，子部39家，集部42家，释氏10家，共414家④；李善《文选注》征引群书达1 689种⑤，是一部集大成性质的作品。潘岳

---

① （明）胡应麟.少室山房笔丛［M］.上海：上海书店出版社，2001：46.

② 申畅等编.中国目录学家辞典［M］.郑州：河南人民出版社，1988：13.

③ 郑德坤.《〈水经注〉引书考》序［C］//郑德坤古史论集选.北京：商务印书馆，2007：79.

④ 明文书局编.中国史学史辞典·世说注所引书目［M］.台北：明文书局，1986：82.

⑤ 曹之.经书的著作方式［J］.图书情报知识，1986（1）：37-40.

《关中诗》原文并不长,但李注征引史料竟达一二十种。其他还有《史记》三家注(即裴骃的《史记集解》、司马贞的《史记索隐》和张守节的《史记正义》),颜师古的《汉书注》,胡三省的《资治通鉴音注》、韦昭《国语注》及《十三经注疏》等,皆是传世之名注。这些注释作品里保留了大量的原始佚文。因此,古注文成了辑佚的又一宝藏。

(3) 史书

历史上的正史都是在实录、起居注等原始档案汇编材料的基础上编纂而成的,因此,史书里也保留了很多原始文献。以"正史"为例,在本纪里,保留了大量的诏令、上谕、敕书;在世家和列传里,保留了很多臣子上奏给皇帝的奏疏以及他们的诗文、辞赋等,如《史记·司马相如列传》里就保存了司马相如的《子虚赋》《上林赋》,《汉书·扬雄传》保存了扬雄的《甘泉赋》《河东赋》《羽猎赋》《长杨赋》等作品。因此,史书也是辑佚的重要资源。清人严可均辑《全上古三代秦汉三国六朝文》,采自前四史、《晋书》及南北朝诸史者颇多。

(4) 方志

方志是全面记载某一时期某一地域的地理、历史、人物、风俗、物产等各方面情况的史志,也兼记地方著述,是地方性的百科全书。历代方志在编纂过程中,或多或少地引用了他人的著述,这些被引用的文献借此得以保存下来。利用方志辑佚有两种情况①:一是从未刊行的佚文、佚诗,唯方志中见存,如《朝邑县后志》中有清顾炎武《寄王仲复先生书》一文,为《顾亭林诗文集》所未收。《常州府志》《余姚县志》等有元人高明佚文《华孝子故址记》《余姚州筑城志》等四篇,也为别处所不见。二是一些曾经编纂成书或刊行过,但随着时间的流逝而亡佚的文字,因方志的引用而保存下来。例如,北宋乐史所编《太平寰宇记》"征引繁富,多南宋所未见本",其中保存的方志就多达百余种,如晋《太康土地志》、南朝顾野王《舆地记》、唐魏王李泰《括地志》等。南宋大儒卢宪所编《嘉定镇江志》,保存了唐孙处玄《润州图经》《祥符镇江图经》《润州类集》《京口集》等佚书多种。

(5) 字书

作为解说汉字的形、音、义的工具书,字书往往引录旧文作为例证,这些被引录的古书旧文,也是佚文的宝贵资源。比如南梁顾野王的《玉篇》,每字先用反切法注音,再征引群书以训诂,解说颇详。近代语言学家胡朴安

---

① 戴南海. 校勘学概论 [M]. 西安:陕西人民出版社,1986:167.

曾高度评价该书有五大特色，其中两条："一引证悉出原书，可以覆按"，"五保存古书之材料"①。《玉篇》原书 30 卷，今仅存 4 卷，但所征引的古籍今多不传。再如《康熙字典》，其引证十分丰富，"自经史百子以及汉晋唐宋元明以来诗人、文士所述，莫不旁罗博证，使有依据"②，一般每字每义下均有例证，有的一义之下还不止一条例证，如"舟"字船义下，引有《易》《书》《世本》《吕氏春秋》《山海经》等多条书证。清人任大椿所辑《小学钩沉》就是以这些字书为主要辑佚来源的，马国翰的《玉函山房辑佚书》也从字书中多有采获。

(6) 杂钞

杂钞是古代抄纂的一种文献类型。它与类书不同，类书是事先有计划地、分门别类地摘抄资料，按一定体例编排而成，杂钞更多的是信手摘录古书的某些资料，有的也按分类编排，但不严格，通常注明出处；有的只是摘录书中的精华部分，类似于今天的读书笔记。比如唐人马总的《意林》、魏徵的《群书治要》、林宝的《元和姓纂》、宋人曾慥的《类说》等，他们摘抄之书很多都亡佚了，因此杂钞也成为辑佚的重要来源。

2. 佚文的查找

明确了佚文的文献来源，下一步就是对佚文可能存在的范围进行仔细的查找，尽可能全面搜集一书所有的佚文，不要有所遗漏。南宋的郑樵在《通志·校雠略·求书之道有八论》中说："求书之道有八：一曰即类以求，二曰旁类以求，三曰因地以求，四曰因家以求，五曰求之公，六曰求之私，七曰因人以求，八曰因代以求，当不一于所求也。"③ 这八种图书采访之法，对于我们今天查找佚文仍有重要的启示意义。

所谓"即类以求"，就是今天的"类检法"，即直接按照辑佚对象在古代书目中所属的类别去查找佚文。从佚文的分布规律来看，它们被同类文献征引的可能性最大；所谓"旁类以求"，就是到辑佚对象所属类目的邻近类目的文献中去查找佚文，因为相邻类目的文献在内容上通常有一定的关联性，相互征引的可能性也比较大；所谓"因地以求"，就是今天的"区检法"，指从一定地域入手，查找出在特定地域范围内可能保存佚文（篇）的有关文献，如方志保存了大量的地方乡贤的作品；所谓"因家以求"，就是根据作者所属学术流派去查找佚文，一个作者的作品有可能保存在同一学术

---

① 胡朴安. 中国文字学史 [M]. 北京：中国书店，1983：103.
② （清）张玉书等编纂. 康熙字典·序 [M]. 北京：中华书局，1958.
③ （宋）郑樵. 通志·卷71·校雠一 [M]. 北京：中华书局，1987.

流派的其他学者的文集中；所谓"求之公"，原指到官府的藏书楼去查找资料，今指利用图书馆等公藏机构的馆藏文献；所谓"求之私"，就是利用官藏机构以外的民间文献收藏来发现佚文；所谓"因人以求"，就是根据佚书的作者或文献内容所反映的历史人物去查找相关资料，如通过对作者社会交往的考察，可以将文献搜检的范围扩大到作者的老师、朋友和门人弟子的著述；所谓"因代以求"，就是今天的"时检法"，即按一定的时间顺序查找出一定历史时期内保存佚文（篇）的有关图书文献。通过判定某种文献曾经流传于世的时间范围，在该时段内有可能保存佚文的文献中去查找，这样可以大大缩小检索范围。

查找佚文、佚诗时，要注意利用索引工具，特别是书名、篇名索引及作者索引，如陆峻岭编的《元人文集篇目分类索引》（中华书局1979年版）、叶绍钧编的《十三经索引》（中华书局1983年版）、武秀珍等编的《万首唐人绝句索引》（书目文献出版社1984年版）、马绪传编的《全唐文篇名目录及作者索引》（中华书局1985年版）、孙公望编的《唐宋名诗索引》（湖南人民出版社1985年版）、（日）佐伯富编的《宋代文集索引》（台北宗青图书出版公司1986年版）、常振国、绛雪编的《先秦汉魏晋南北朝诗作者篇目索引》（中华书局1988年版）、史成编的《全唐诗索引》（上海古籍出版社1990年版）、杨玉芬、柳过云编《全唐诗作者索引》（中华书局2000年版）、王重民、杨殿珣等编的《清代文集篇目分类索引》（北京图书馆出版社2003年版）、陈尚君编的《唐五代文作者索引》（中华书局2010年版）等。

对于查找到的佚文（篇），可以有以下不同的技术处理方法：一是一次定成法，即随见随抄（或剪贴）所见佚文；二是签注法，即每查到一条佚文便在书中标示出来，并夹上纸条批签，最后统一转录；三是索引法，即每查到一条佚文也在书上标示出来，但在另外的纸上记明出处（如册、卷、页等），待一书检阅完毕，则索引自成，最后统一转录。对于同一佚文有多处互见的情况，也有两种处理方法：一是并注法，即一条佚文所有出处均一一注明，如《八家后汉书辑注》；二是校注法，即无论一条佚文有多少出处，一般只注明其中一处，其余出处则在校注中加以说明，如《东观汉记校注》。

三、佚文的加工

1. 佚文的转录

所谓转录，也叫移录、迻录，是指将佚文（篇）的信息内容如实地转移到新的纸质载体上的过程，如抄录、复印、粘贴等。对于分散在各种不同文献源中的佚文，须将它们从原有文献中一一摘录出来，并集中在一起，这样便于下一步的加工整理。佚文的转录有如下要求：一是保证转录件与被转录件原文的高度一致，防止因粗疏草率而误录原文，转录后应仔细校对；二是要求字迹清晰工整、用字规范、载体及记录形式划一；三是注明出处。转录后的佚文可按一定的原则和方法初步厘定和编排。

2. 佚文的考辨

对于搜集到的佚文，须对其来源文献加以辨伪。有的可能是来源文献本身就是伪书，有的可能是文献中的伪篇，有的可能是篇中的虚文，要认真辨识，加以删除和淘汰，以确保佚文的真实可靠。有的佚文所载内容互有出入，则须通过多方面资料进行深入的考证，再用按语、注释、备考等方式加以说明，以供读者参考。

3. 佚文的校勘

对于互见佚文（指从两种以上的图书中搜集到的同一条佚文）以及那些文义不通的佚文文字，有的可能是原文有误，有的则可能是抄写有误，须仔细校勘，订正谬误。

4. 佚文的补缀

对于记述不完整的佚文，一定要仔细审查，详细核对，以确定其属于整个文献的哪一部分，找到它的合适位置。前后不连贯者，则要科学地补缀文字，使其文义明确。补缀时尽量使用风格近似的语言文字，通常用小字补缀，以示和佚文的区别，如鲁迅在《古小说钩沉》中就是这样做的。

四、佚文的编排

这是最后的成书阶段，要做的工作依次包括：第一，根据所辑对象的文献类型和辑佚标准，将加工整理后的佚文，按照按一定的原则和体例进行排列，使内容、性质相同或相近的佚文集中，各分篇卷；第二，撰写全书的序言和跋记；第三，撰写全书的凡例（对全书的内容要旨和编排体例所作的说明）、编写正文的目录；第四，编制辑佚、校勘、考证、注释过程中曾征引、利用过的文献的主要内容，实际上就是《征引参考书目》；第五，编制全书的内容索引，以方便读者查找和利用正文；第六，附录资料的整理和编排；第七，全书全部内容、资料的最后排定，并最终形成全书的目录。

第三编　古籍语义的阐释性整理

古籍经过文本的复原性整理之后还远未结束，因为古籍的语义内容对现代的普通读者来说，可能仍然是不能理解的。这是因为，中国古代文字的字形、字义和读音是在不断发展变化的，而另一方面，古籍内容中提到的地理名称、行政区划、职官制度等也是随着朝代的更迭不断变迁，这些都可能造成现代读者阅读古籍的障碍。所谓古籍语义的阐释性整理，就是以还原古籍作者所要表达的真实语义为目的，运用传统的注释方法（包括传、注、解、集传、集注、集解、训诂、笺注、疏义、章句、音义、直解等），辅之以准确的断句和标点，再用现代通行的语言对局部内容进行解释，或对全文进行通释，以帮助读者准确理解文义，而不至于因为语言文字、地理名称、行政区划、典章制度的发展变迁而曲解作者原意。本编以三章的篇幅依次讲述古籍的标点、注释和翻译的基础知识。

第七章　古籍的标点

古人著书一般不加标点符号，但在读书时却必须找到适合停顿的地方，这就是古人常说的"句读"。"句"表示文中句子的休止，相当于今天用句号的地方；"读"表示句中需停顿的地方，相当于今天用逗号、顿号的地方。在特定的汉语言环境中，"句读"不仅能表示语句的完整和停顿时间的长短，帮助读者领会语义，有时还能兼顾书面语言所要表达的情感。因此，给古籍标点断句已成为古籍整理必不可少的内容。

第一节　古籍不重标点的原因

汉人何休在《春秋公羊传序》中曾提到"援引他经，失其句读"[①] 的话，可见在那个时候人们读古书就遇到了句读的麻烦。但古人为什么不对古书加以标点呢？从历史上看，它有以下几个深层次的原因。

一、与书面语产生之初的特点有关

古代汉语是指从先秦到"五四"运动以前，以先秦口语为基础而形成的上古书面语和后来历代文人仿古作品中的语言。上古书面语在形成之初有两个特点：

一是文字简略。甲骨卜辞是迄今为止发现的我国最早的书面文字，其内容都非常简略，少则几个字，多者也不过几十个字。再以《春秋》为例，用语精省，用18 000多个字的篇幅叙述了自鲁隐公元年（前722年）至鲁哀公十四年（前481年）242年的历史。经文最长的条目才47个字，最短者只有一个字，如隐公八年，只记一"螟"字。先秦其他古籍也大抵如此，

---

① （清）阮元校刻．十三经注疏附校勘记［M］．北京：中华书局，1980：2191.

文句都非常短,且单个的字的含义都很丰富,有时一个字就相当于我们今天的一个词或一条短语。上古书面语这种简略的特点,降低了人们对标点断句问题的关注度。

二是与口语较为接近。上古书面语是以先秦口语为基础而形成的,只是到后来才逐渐与口语脱节,形成了一套较为定型的词汇、语法系统。因为与当时人们的口语比较接近,书面语的断句也就不是什么难题。

二、与早期古籍的成书过程和流传方式有关

中国古代早期的著作绝大多数是由集体创作完成的,既非成于一时,也非作于一人,而是经过多少年、多少代人的不断创作、积累,又经后人的编纂整理,最后才成书的,这是早期古籍形成的一大特点。以我国最早的诗歌总集《诗经》为例,一共是305篇(此外有目无诗者6篇),是由众多无名氏在劳动生产和社会生活中集体创作,并通过传唱的方式流传的,最后由乐官采集、编订成书。因为通过口头传唱,大家都耳熟能详,当然也就不需要用标点来断句。其他儒家经典,包括后来的佛经、话本等,很多也是通过口耳相传的方式流传的。既然烂熟于胸,自然就不需要专门的断句符号。本书绪论第三节"古籍的产生及流传方式"对"讲诵"已有论及,此不赘述。

三、与古代文言文自身的特点有关

古代文言文自身的一些特点,让人们在阅读古籍时很容易找到停顿的地方,部分起到了标点符号的断句功能。

1. 对称性

古代汉语具有鲜明的对称性,表现在书面上,就是文句的对偶,这是古人"阴阳并存"的哲学思想在语言中的反映。《老子》第二章提到的"故有无相生,难易相成,长短相形,高下相倾,音声相和,前后相随"①,讲的就是这种阴阳对立的思想,反映在审美上,就是追求文字的对称性。以屈原的《离骚》为例,基本上都是六字句,第一句的末尾有兮字,接着一句则无兮字,格式颇为固定,如首篇"帝高阳之苗裔兮,朕皇考曰伯庸。摄提贞于孟陬兮,惟庚寅吾以降"②。又如《尚书·皋陶谟》:"宽而栗,柔而

---

① 朱谦之. 老子校释[M]. 北京:中华书局,1963:6.
② (战国)屈原著;黄灵庚校诂. 离骚校诂[M]. 郑州:中州古籍出版社,1996:10-32.

立，愿而恭，乱而敬，扰而毅，直而温，简而廉，刚而塞，强而义。"① 这是一连串的三字对偶短句。再如《淮南子·览冥篇》："往古之时，四极废，九州裂，天不兼覆，地不周载。火爁炎而不灭，水浩洋而不息。猛兽食颛民，鸷鸟攫老弱。"② 对称性不仅是古汉语的一大特点，客观上也起到了标点断句的作用。

2. 多虚词

文言文中一些表示判断、疑问、反问、感叹、发语的虚词，或在句首，或在句尾，也在文中起到了停顿的作用。置于句首者，有表示发语的"夫"，如《左传·庄公十年》："夫战，勇气也。"表示反问的"焉"，如《孟子·梁惠王下》："吾之不遇鲁侯，天也。臧氏之子，焉能使我不遇哉?"置于句尾者，有表示判断的"者""也"，如司马迁《报任安书》："修身者，智之符也；爱施者，仁之端也；取与者，义之表也；耻辱者，勇之决也；立名者，行之极也。"表示疑问的"乎""与（欤）""邪（耶）"，如《史记·廉颇蔺相如列传》："臣以布衣之交尚不相欺，况大国乎?"陶渊明《五柳先生传》："无怀氏之民欤? 葛天氏之民欤?"司马迁《史记·滑稽列传》："谚曰：相马失之瘦，相士失之贫。其此之谓邪?"表示反问或感叹的"哉"，如明代张溥《五人墓碑记》："激昂大义，蹈死不顾，亦曷故哉?"表示感叹的"矣"，如王安石《游褒禅山记》："尽吾志也而不能至者，可以无悔矣。"

3. 讲押韵

押韵就是在句尾最后一个字多次重复出现同一韵母或相近的音节，使文章读起来有节奏感，既可以渲染气氛，增强艺术感染力，还利于记忆和传诵。如李煜的《相见欢》："无言独上西楼，月如钩。寂寞梧桐，深院锁清秋。剪不断，理还乱，是离愁。别是一般滋味在心头。"词中"楼""钩""秋""愁""头"押韵，"断"和"乱"押韵。再如范仲淹《岳阳楼记》："至若春和景明，波澜不惊，上下天光，一碧万顷；沙鸥翔集，锦鳞游泳；岸芷汀兰，郁郁青青。"文中"明""惊""顷""青"押韵。朗读时，诗文中的韵脚自然就是该停顿的地方。

四、与古时的学术风气有关

1. 训诂之风

当依靠古籍自身的语言特点还不足以完全解决句读问题时，古人还有一种方法，那就是训诂。如《左传·昭公三年》记载了春秋时期晏子与公室

---

① 王世舜译注. 尚书译注 [M]. 成都：四川人民出版社, 1982：26.
② （汉）高诱注. 淮南子注 [M]. 上海：上海书店出版社, 1986：95.

贵族叔向之间的一段对话："叔向曰：齐其如何？晏子曰：此季世也，吾弗知。齐其为陈氏矣！"在这段对话中，晏婴准确地预言了历史上有名的"田陈篡齐"的故事。读者如果不知道该怎么断句，参看晋杜预和唐陆德明的注释完全可以解决这一问题。《春秋左氏传集解》注曰："不知其他，唯知齐将为陈氏。"《经典释文》注曰："吾弗知绝句。"杜注是就文义进行解释，这有助于读者准确断句，而陆氏则在注文中直接指明了该如何断句，即该在"吾弗知"后面"绝句"。另外，古人在编排注释文字的时候，往往与正文合编在一起。正文单行大字，注文双行小字，而注文编排的位置一般是正文断句处，因此注文也有断句的功能。

2. 尚古之风

古人尚古之风比今人尤甚。秦汉以后的作家在写作时，喜欢模仿先秦经典作品进行写作，虽然他们在模仿过程中不自觉地受到了当时口语的影响，不断给书面语增加新的词汇和表达方式，从而促使书面语不断发展变化，并逐渐形成了一套自己的词汇和语法系统，但书面语还是保留了它最初不加标点的传统。

第二节　从句读到标点符号

古人写文章虽不加标点，但却有着丰富的句读实践，据《春秋公羊传·定公元年》载："主人习其读而问其传。"何休解释说："读谓经，传谓训诂，主人谓定公。"看来当时鲁定公看的经书是经过句读的。《韩非子·外储说左下》记载了一则关于鲁哀公句读的小故事："哀公问于孔子曰：'吾闻夔一足，信乎？'曰：'夔，人也，何故一足？彼其无他异，而独通于声。尧曰：夔一而足矣，使为乐正。故君子曰：夔有一，足。非一足也。'"鲁哀公因为断句错误而误会了原意，差点闹出笑话，幸好孔子及时纠正了他。《礼经·学记》也载："比年入学，中年考校。一年，视离经辨志。"郑玄注云："离经，断句绝也。""断句绝也"就是句读的意思。可见，古人入学读书考核的一项重要内容就是断句的功夫。

一、先秦两汉的句读符号

古代句读由师承家学口授，因而不重视书面表现形式，符号简单，用法也很不规范。从考古发现的文献实物来看，早期的句读符号主要有以下几种：①钩识号"乚"。念"觉"音，用于句中左下方，表停顿，如睡虎地秦简《南郡守腾文书》："古者乚民各有乡俗"；也可用于句末，表终止，如睡虎地秦简《南郡守腾文书》："故后有间令下者㇄"。②顿点号"、"。念"煮"音，用于句中右下方，表停顿，如马王堆帛书《经法》："至知者为天稽、称以权横"。③大圆点"●"。常用于篇首，表示一篇的开始，如武威汉简《仪礼》①丙本《丧服》云："●丧服斩衰常苴"。④小圆点"•"。该符号有两种用法：一是作篇号，用于章首，表开始，如武威汉简《仪礼》甲本《服传》云："•疏衰常资牡麻经冠布缨削杖布带疏屦基者问者"；也可用于句末行中，表终止，如武威汉简《仪礼》甲本《服传》云："妻则小君也父卒然后为祖后者服斩•"。⑤圈句号"○"。它有两种用法，一是用于句末行中，表示终止，如武威汉简《仪礼》甲本《特牲》云："再拜稽首尸入主人退○"；二是用于章首，表开始，如武威汉简《仪礼》甲本《服传》云："○疏衰常资牡麻经无缨者寄公为所禺寄公者何也"。⑥黑方块"■"。用于章首，表开始，如武威汉简《仪礼》甲本《服传》云："■缌麻三月者缌者十五升陶其半有事其缕无事其布曰缌"。⑦黑三角"▲"。它也有两种用法，一是作篇号，用于章首，表开始，如武威汉简《仪礼》甲本《燕礼》云："▲燕礼小臣戒与者善宰具官选于寝东"；二是用作句号，在句末行中表终止，如武威汉简《仪礼》甲本《燕礼》云："公合再拜宾以旅州于西阶上▲"。

汉代使用句读符号也多见于文献记载，如东汉许慎的《说文解字》十二下"亅"部记录了钩识号："㇄，钩识也，从反亅。"《史记·滑稽列传》提到东方朔"初入长安，至公车上书，凡用三千奏牍。公车令两人共持举其书，仅然能胜之。人主从上方读之，止，辄乙其处，读之二月乃尽。"对于文中的"辄乙其处"，清人段玉裁认为："此非甲乙字，乃正㇄字也。今人读书有所钩勒即此。"②《后汉书·班昭传》还记录了马融句读《汉书》的事迹："《汉书》始出，多未能通者。马融伏于阁下，从昭受读。"

魏晋至隋唐五代七百年间标点符号的发展较为缓慢，整体所表现出来的特点趋向保守。以这一时期出版的文献与两汉简帛相比，敦煌卷子和其他少量的写本、刻本共使用各式标点符号约18种，其中许多已在两汉文物中见到，新出现的有双圈号、方围号、卜字号、代字号和钩识号的变体圆钩号等数种。这一时期的注释与两汉相比，无论是义疏、讲疏，还是其他注释，从分章析句的角度看，皆未出两汉之上。

---

① 甘肃省博物馆，中国科学院考古研究所. 武威汉简［M］. 北京：文物出版社，1964.

② （清）段玉裁. 说文解字注［M］. 上海：上海古籍出版社，1981：633.

二、宋元的标点符号

宋元时期的读书人继承了先秦两汉以来句读的传统，如《宋史·何基传》云："凡所读书，无不加标点。义显意明，有不待论说而自见者。"这是第一次出现"标点"一词。对于宋人的"标点"，今人张舜徽先生认为："当时的所谓'标点'，必然是除句读外，还有符号。'点'是指句读说的；至于'标'，只是将书中重要的或特殊的内容，用各种符号标记下来以帮助记忆。有了这种符号，书中要义，便可一望而知。传中所说'有不待论说而自见者'，道理便在这里。"① 这里的句读之外的标记符号是什么呢？

据岳浚《相台书塾刊正九经三传沿革例》②"句读"条云："监、蜀诸本，皆无句读。惟建监（案'监'似衍）本始仿馆阁校书式，从旁加圈点，开卷了然，于学者为便，亦但句读经文而已。惟蜀中字本、兴国本并点注文，益为周尽。"③ 可见，宋人发明的这种标记符号，就是从字旁加圈点。南宋毛晃《增修互注礼部韵略》卷四也说："今秘书省校书式，凡句绝则点于字之旁，读分则点于字中间。"④ 宋末马延鸾在《仪礼注疏序》中曾提到："余生五十八年，未尝读《仪礼》之书，一日从败箧中得景德中官本《仪礼疏》四帙，正经注语，皆标起止，而疏文列其下。"（《文献通考》卷一八〇《仪礼疏五十卷》提要引）。以绍兴二年（1132年）余仁仲万卷堂刻本《春秋公羊经传解诂》为例，书中所用标点符号就是圈句号"〇"，按形状大小有大、中、小三种，用法界限分明。大圆圈用于段落层次之间，中圆圈用于注文中不同性质语言间层次的划分，小圆圈用于断句和表发音。

除圈句号之外，宋人所用标点符号还有圆角方连围号（表正文前的"叙"）、半圆连围号（表正文前的"叙"）、圆角单围号（表引语）、长方框号（表篇名）、长竖线号（用于划出重点）、扁方框号（表职官名和河流名）、短竖线号（表国名和人名）、黑三角号（表山名）、半圆号（表湖海沼泽名）、方围号（表州名）、短横号（用于划分段落层次）、圆围号（表校注）、顿点号（用于"句读"中的"读"）、小圆点号（用于"句读"中的"句"或表示发音的声调）、直角号（用于区分篇下的各章）、贯栏横线

---

① 张舜徽. 中国古代史籍校读法 [M]. 昆明：云南人民出版社，2004：20.
② 一说该书为宋人岳珂所撰，但据《中国版刻图录》298解题考证，实为元人岳浚所撰。
③ （元）岳浚. 相台书塾刊正九经三传沿革例 [M]. 北京：中华书局，1985：13.
④ （宋）毛晃. 增修互注礼部韵略·卷四 [M]. 清文渊阁四库全书本.

号（用于区分比章更小的语言层次）等。既有多号一用的，如圆角方连围号和半圆连围号都可用以表示正文前的"叙"；也有一号多用的，如小圆句号既可用于断句，也可用于表发音。

  元人刻书所用标点符号沿用了宋人旧式，如大圈句号（用于曲中表语言的段落层次）、中圈句号（表卷名或人名）、小圈句号（用于评点）、顿点号（表重点）、长竖线号（表重点或被注释的原文词语）、短竖线号（表各条目之首）、小圆点号（用于断句）、短横号（表节段）、阴文号（表重点、引用、注释或校勘）、双短横号（表曲牌）、圆括号（表曲牌）、重文号（表重复出现的文字）等①。从现有文献发现来看，元代标点符号的种类并没有多少发展，甚至宋本中使用的标点符号元本中却未能见到，但元代还是出现了一些新的标点符号，如圆括号、重文号等（重文号在汉简中已大量存在，但那是手写的，刻本中出现多变的重文号，则以元曲刊本最早）。另外，元人标点符号使用的范围有所扩大，宋代多见于经部图书，而元代除经部书以外，其他很多类型的书籍也使用了标点符号。

三、明清的标点符号

  明清句读符号的使用较之宋元又有了很大发展。明代沿用的宋元旧式标点符号，出现了一些新的用法，如用圈句号分隔词的上下阕，或分隔集注中的各家注释；用空心顿点号表示评点；用扁方框号表示诗歌词曲名、地名或表示强调；用圆围号表示人名；用圆围阴文号表示朝代名，等等。另外，明代戏曲刊本中出现了新的标点符号，如表示角色名、曲牌名的八角方围号、双八角方围号，表示重文的反冰点号、匕字号等。明人著书评点成风，诗词、小说、戏曲无所不评。将评点符号纳入标点符号的体系，是明人的一大贡献。唐顺之将宋元至明以来评点著作中出现的圈、点、虚抹等符号收入标点符号体系中，撰成《大明唐顺之标点法》，用长圈"○○○○○○○○"表示"精华"，短圈"○○"表示"字眼"，长点"、、、、、、、"表示"精华"，短点"、"表示"字眼"，长虚抹"━━━━"表示"敞"，短虚抹"━━"表示"故事"，抹"────────"表示"处置"，撇"───────"表示"转调"，截"｜"表示"分段"②。明代另一位在评点符号的使用上颇有创意的是归有光，他在评点《史记》时是这样使用评点符号的："《史记》起头处来得勇猛者，圈；缓些者，点。然须见得，不得不圈、不得不

---

① 袁晖．汉语标点符号流变史［M］．武汉：湖北教育出版社，2002：153-160.
② （明）徐师曾．文体明辨序说［M］．北京：人民文学出版社，1962：97.

点处乃得。黄圈点者人难晓，朱圈点者人易晓。朱圈点处总是意句与叙事好处，黄圈点处总是气脉。亦有转折处用黄圈而事乃联下去者。墨掷是背理处，青掷是不好要紧处，朱掷是好要紧处，黄掷是一篇要紧处。"① 可见，归有光评点《史记》的符号有圈、点、掷三种形式，所用颜色有黄、朱、墨、青四色，其使用标点符号有两大特点：一是注重文义和文法，如"朱圈点处总是意句与叙事好处，黄圈点处总是气脉"；二是区分难易，如"黄圈点者人难晓，朱圈点者人易晓"。

旧式标点符号发展到宋元明时期就已较为成熟，因此到了清代，标点符号的种类和数量并无多大发展，有所变化者，有以下几种情况：一是出现了规范的六角括号。该符号可用于卷下的小标题，相当于主题词，或表示戏曲中的曲牌、角色、做科等。另外，六角括号在注释著作和工具书中应用也很广泛，如《十三经注疏》中的"疏"字都用了六角括号，《经籍纂诂》中的书名亦是如此。二是钩识号的新用法，即在行款上段末最后一字抵下栏处，用钩识号表示分段。三是广泛采用短竖线号表示专有名词，包括人名、地名等，但不再用于表示书名。书名另用六角括号或六角方括号表示。四是采用方框号表示押韵情况，如康熙内府套印本用 韵、句 来注明压韵或不压韵。五是多号配合使用的情况大量增加。

明清时期标点符号的使用范围比之前更为广泛，不仅经书、史书，而且子书、集书，特别是诗词、戏曲、通俗小说，大多都有标点符号，适应了明清市民阶层兴起后对通俗文化传播的需求。另外，儿童启蒙读物为了便于阅读和普及，也多施以句读，如清末李光明庄刻印的《三字经》《百家姓》《千字文》《史鉴节要》《幼学琼林》《龙文鞭影》等。句读符号和旧式标点符号的使用，为新式标点的出现创造了条件。

四、新式标点符号

文言文句式简短、虚词发达、结构形式变化不大的特点，使得古代的句读和旧式标点符号基本能满足阅读的需要。但另一方面，文言文最终与口语脱离，词义逐渐变得深奥难懂，所用句读和标点符号既不完备，也不规范。另外，从宋元至明清，旧式标点符号的使用都有一个共性：即并不是所有的稿本、钞本和刻本都使用标点符号。虽然有不少书从始至终都使用标点符号，但更多的书用或不用，用在何出，怎么用，都表现出很大的随意性。这

---

① （汉）司马迁著；（明）归有光，（清）方苞评点. 归方合评史记·评点史记例意 [M]. 清光绪二年（1876年）武昌张氏刻本.

又使得句读和旧式标点符号表现出不适应阅读需要的一面。就在这种"基本满足"和"不适应"的矛盾中，中国古代标点符号缓慢向前发展和演化。

鸦片战争后，随着西学东渐，西式标点符号开始传入中国。最早介绍西式标点符号的是同文馆学生张德彝。1869年，他在《再述奇》一书中记载了"泰西各国"的9种标点符号，并标明了各自的用法。此后，严复、朱文熊等人或整体或部分地介绍和使用了西式标点符号。也有学者根据古代的句读符号，参酌西式标点，开始了创制新式标点符号的尝试，如王炳耀在《拼音字谱》里提出了10种符号，如"一读之号""一句之号""慨叹之号""一节之号""惊异之号"等。作者虽未冠以"标点符号"之名，但察其形体，考其功用，都有标点符号之实，是中国最早的新式标点符号。卢戆章在《中国字母北京切音合订》和《北京切音教科书》中提出了15种新式标点符号，其中5种已和我们今天使用的标点符号完全一致，如"句、问、注释、骇声、引书"等。新文化运动加速了新式标点符号的创制进程。1916年1月，胡适在《科学》第2卷第1期上发表《论句读及文字符号》一文，全面阐述了创制新式标点符号的设想，拟定"文字符号"11种，即住、豆、分、冒、问、诧、括、引、不尽、线、破。后马裕藻、周作人、朱希祖、刘复、钱玄同、胡适等六人提出《请颁行新式标点符号议案》，颁布的标点符号种类有：（一）句号。或．（二）点号，或、（三）分号；（四）冒号：（五）问号？（六）惊叹号！（七）引号""''（八）破折号——（九）删节号……（十）夹注号（）〔〕（十一）私名号｜（十二）书名号～～。该议案作为教育部1920年2月训令第53号公布，为我国新式标点符号奠定了坚实的基础。

中华人民共和国成立后对标点符号的规范工作相当重视。1951年9月26日，《人民日报》全文刊载中央人民政府出版总署制订的《标点符号用法》，适用于直行文稿。10月，政务院发出《关于学习标点符号用法的指示》，要求全国遵照执行。1956年4月通俗读物出版社出版了再版本，主要适用于横排文稿。1990年3月22日，国家语言文字工作委员会和新闻出版总署联合发布了修订后的《标点符号用法》，对40年来我国使用和研究标点符号作了科学的总结，在原有基础上增加了连接号"—"和间隔号"·"。1995年12月13日，经国家技术监督局批准，成为国家标准。在古籍标点方面，中华书局编辑部草拟了《古籍点校通例》（初稿），标点部分发表于国务院古籍整理出版规划小组编的《古籍整理出版情况简报》第112期，颇适合于古籍的标点工作。《古籍点校通例》（初稿）关于"标点"的内容如下：

（一）与本局（中华书局）出版的《二十四史》的标点用法大致相同。

（二）文义已完，便加句号。使用句号须注意上下文气，避免将紧相呼应的分句从中圈断。

（三）韵文一般可在押韵处用句号。

（四）使用逗号，既要注意文气，也要顾及文义，避免把许多句点成一句。

（五）顿号限用于并列名词而易引起误解者，不会引起误解的并列名词，不加顿号。习惯连称如尧舜，隋唐之类，分别加专名号，而两词之间就不用加顿号。

（六）文义紧接而并列明确的分句，可用分号。能用逗号或句号代替的，就不用分号。

（七）引文不是完整的句子，末尾不宜用句号者，前面尽量避免用冒号。末尾用句号的，前面也不一定就用冒号。

（八）书中引文无论长短，都加单引号，以明起讫。引文中复有引文，则加双引号。

（九）凡引文只用引号不加冒号者，引文末尾的标点放在引号之外；引号冒号俱全的，引文末尾的标点放在引号之内。

（十）校改之处使用符号者，圆括号括住的字词，表示删去（删去的字用小号字体）；方括号括住的字词，表示改正或增补。

（十一）谥号尊称意在专指者，都标专名线。

（十二）民族名称标专名线，泛指性的胡、番、蛮、夷则不标。

（十三）集合名称，指时代的，如三代、两汉之类，连标；指地指人的，如五岳、七贤之类，不标。

（十四）神名、星名一般不标专名线。

（十五）书名、篇名之简称，如班书、隋志之类，连标书名线。

（十六）人名、官名意指书篇者，如孟子、大司徒之类，加书名线。

（十七）"云""曰"字上毛传、郑笺、杜注、孔疏之类，传、笺、注、疏等字不必标书名线。

（十八）标点古籍不用省略（……）、反诘（!?）、音界（·）等符号。

在使用新式古籍标点符号时，要注意以下事项：

第一，引号：「 」和『 』、" "和' '

引号用于标明文中直接引用的原话。「 」相当于" "，而『 』相当于' '。首次引用时，竖排用「 」，横排用" "。在引文中再引时，竖排用『 』，横排用' '。

第二，括号：（ ）、〔 〕、【 】

括号在正文中用于标明解释性的话，相当于校改符。比如，古籍中存在衍文，需要删去，可用圆括号括住，删去的字词通常用比正文小一号的字体排版；古籍中存在错字或缺文，可用方括号括住，表示改正或增补。也可以不用以上的校改符，而是直接在正文中改正或删补文字，然后在改正或删补处加上注释编码，在编码对应的注释中用校勘记的形式予以说明。

第三，书名号：《 》、〰〰〰

书名号用于标明图书名、文章或诗歌的篇名、乐曲名等。横排时书名号用《 》，书名与篇名连用时，中间用间隔号隔开，如《三国志·魏书·王粲传》。当有多个书名号《 》并列时，中间顿号可省略。竖排时书名号用〰〰〰，书名与篇名连用时，只需断开即可，中间不用间隔号。当有多个书名号并列时，中间加顿号。

此外，古籍在标点时通常不用省略号"……"，着重号"·"和连接号"—"，也不用反诘号（!?）。省略号用"略""下略"表示。

第三节　古籍标点致误的原因

给古籍断句和标点，看似一件十分简单的事情，但在实际操作过程中，却很容易因为各种原因而出错，即使一些名家也不例外。为了避免重复前人犯过的错误，有必要对古籍标点错误的原因进行分析和总结。王力认为，古籍标点致误的原因大致可分为三个方面：一是意义不明，二是语法不明，三是音韵不明[1]。吕叔湘在对1956年版标点本《资治通鉴》校读后，将古籍标点错误归纳为"当断不断之例""不当断而断之例""'而''以'之前断否不当之例""谋事误为成事之例"等30种类型[2]，其中涉及不明句子的层次结构而误、不明引言而误、不明作者语气而误、不明专有名词而误等多

---

[1]　王力. 古代汉语（修订本）[M]. 北京：中华书局，1981：1109.
[2]　吕叔湘.《通鉴》标点琐议 [J]. 中国语文，1979（1）.

种原因。杨树达在《古书句读释例》中将古书误读的原因归纳为"因文省而误读""因不识古字通假而误读""因不识古韵而误读""因字误而误读""因字衍而误读""因字脱而误读"① 等。现将前人的总结综合如下。

一、不明文义而误

不能准确理解词语、句子乃至一个文章段落的意思，是古籍标点出错的主要原因。而导致曲解文义的原因很多，不识字义，不明词义，不通事理，不知典出，不明通假，都有可能导致标点错误。

1. 不识字义

识字是读书的根本，如果连字都不认识，则很难正确断句。例如，1936年版商务印书馆《国学基本丛书简编》本《文选》中有贾谊《过秦论》的一段话，断句为："收天下之兵。聚之咸阳。销锋鍉铸。以为金人十二。以弱天下之民。"句中"鍉"又作"镝"，意为箭镞。"铸"是"镕铸"的意思。该本《文选》的断句者将"销锋鍉铸"连读，其意不通。《汉书·项羽传》载贾谊《过秦论》，如淳、颜师古诸家皆读"鍉"字断句。因此，正确的标法是："收天下之兵，聚之咸阳，销锋鍉，铸以为金人十二，以弱天下之民。"②

2. 不明词义

有些词语在古代汉语里很常用，但在今天的现代汉语里已不通行或很少用了，遇到这类词语时，标点就很容易出错。例如，中华书局1979年版《老学庵笔记》卷五："赖是时前辈犹在，雅正未衰，不然与五代文体何异？此事系时治，忽非细事也。"其中的"治"与"忽"被断开，殊不知"治忽"在古代是一个很常用的词，相当于"治乱"，如《元史·王恂传》："每侍左右，必发明三纲五常为学之道，及历代治忽兴亡之所然。"因此，上句末当断作"此事系时治忽，非细事也。"中华书局点校本《三国志·魏书·管辂传》："然天与我才，明不与我年寿，恐四十七八间，不见女嫁儿娶妇也。"这里的"才"与"明"被断开，造成文义不可解。实际上，古代"才明"也可作一个词讲，相当于今天的"才智"，如《高僧传》卷一《译经上》："又有沙门帛延，不知何人，亦才明有深解。"③ 同上："昱还，叹

---

① 杨树达. 古书句读释例 [M]. 北京：中华书局，1954：60-67.
② 王力. 古代汉语（修订本）[M]. 北京：中华书局，1981：1109.
③ （梁）释慧皎. 高僧传 [M]. 北京：中华书局，1992：13.

（康）会才明，非臣所测，愿天鉴察之。"①《出三藏记集》卷十一云："或有论者曰：'岂唯此子才明过人，抑亦吾等经论易穷耳。'"②

另外，古代的方言俚语（多见于唐代传奇小说、宋话本、元杂剧以及明清小说等）对今人来讲比较生僻，标点起来确实难度较大，需多查考专门的工具书。如广西人民出版社 1980 年版《侠女奇缘》第 256 页里有这样一段话："他又叫人在外面，给那马车跟人，煮的白肉，下得新面，过水合漏，里里外外，上上下下，轰轰乱乱，匆匆忙忙的吃了一顿饭。"董树人指出："由于校点者不懂'新面过水合漏'是一种饭食，所以在'新面'后妄加了一个逗号，使得句子变得不可解。'煮的白肉''下得合漏'，结构是一样的。'新面''过水'就是修饰'合漏'的。所谓'新面'，就是刚打下来的粮食磨的面，是指'合漏'是用什么样的面做的。'过水'是指'合漏'煮熟后用凉水过凉了再吃。全句应标点为：'他又叫人在外面给那马车跟人煮的白肉，下得新面过水合漏……'"③又同书第 322 页："他又忙道：'我的姑奶奶，我可不知道吗，叫个让礼呀！'"隋文昭指出："'吗'下不当点断。'吗'是疑问代词，义同天津方言之'嘛'。'吗叫个'即'什么叫个'。校点者误将'吗'认作语气词……乃使文义扞格。"④

3. 不通事理

有的古文标点，对词义的理解没有问题，字面上也算通顺，但细究起来却有违常理，这也是标点错误造成的。如中华书局 1975 年版《史记·管晏列传》第 2135 页："越石父贤，在缧绁中。晏子出，遭之途，解左骖赎之，载归。弗谢，入闺。久之，越石父请绝。晏子憱然，摄衣冠谢曰：'婴虽不仁，免子于厄，何子求绝之速也？'"依此断法，越石父"久之"方"请绝"，而晏子却责怪他"求绝之速"，文理上有矛盾。原文的意思是，晏子未告辞即入房中，时间甚久。这是怠慢客人之举，所以越石父立即"请绝"，这才引出晏子摄衣冠谢罪，并说出"何子求绝之速"的话。因此，正确的标法是"弗谢，入闺久之。越石父请绝"。再如，中华书局 1962 年版《汉书·元帝纪》第 295 页："群臣上寿置酒，以其图书示后宫贵人。"依此断法，"以其图书示后宫贵人"的是"群臣"，这在纲常伦理森严的封建社会是不可想象的。因此，正确的断法是："群臣上寿。置酒，以其图书示后

---

① （梁）释慧皎. 高僧传 [M]. 北京：中华书局，1992：17.
② （梁）释僧祐. 出三藏记集 [M]. 北京：中华书局，2003：408.
③ 董树人.《儿女英雄传》校点商榷[J]. 唐山师专·唐山教育学院学报，1987(4).
④ 隋文昭.《儿女英雄传》标点辨误[J]. 天津师范大学学报，1986(5).

宫贵人。"做出"置酒"和"以其图书示后宫贵人"动作的主体都是汉元帝，这里显然省略了主语。

4. 不知典出

古人写诗作文喜用典故，如果不知这些典故的出处，自然就很难理解原文的意思，也就容易出现标点断句的错误。例如，中华书局1981年版《归田录》第43页："公生于洛中，祖第正寝至易，箦亦在其寝。"这里两处逗号都标错了。正确的标法是："公生于洛中祖第正寝，至易箦亦在其寝。"标点者出错的主要原因是不知道"易箦"这个典故。《礼记·檀弓上》记载：季孙曾送给曾子一床华美而光滑的竹席——箦，曾子把它垫在床上。但按照当时的礼制，只有大夫才能使用这样规格的箦，而曾子不是大夫，因此心中颇为不安，临死时对儿子曾元说："元，起易箦。"意思就是把箦换掉。后人就用"易箦"代指人病危将死。"祖第正寝"，指的是祖宅正室。再如，中华书局1983年版《历代诗话续编》第1302页有这样一段话："芧栗，木果也，庄子所谓'狙公《赋芧》'者。"标点者误认为"狙公"是人名、"赋芧"是篇名。其实，这是出自《庄子·齐物论》里的一个寓言故事，"朝三暮四"这个成语就是出自这里。因此，"狙公"是指一个养猴子的老人，不当加专名号；"赋芧"是指给猴子们分栗果，不当加书名号。

5. 不明通假

所谓通假，是指汉字互相通用及假借的用法，即用读音相同或相近的字来代替本字。如果不知本字为何字，而被假借字的字义干扰，就很容易望文生义，导致标点错误。例如，中华书局1959年版《三国志·魏书·华佗传》有这样一段话："（华佗）复与两钱散，成得药去。五六岁，亲中人有病如成者……"文中"成得药去"的"去"，显然被标点者理解成"来去"之"去"。1982年该书第2版改为："复与两钱散。成得药，去五六岁，亲中人有病如成者……"这里的"去"，显然是个通假字，其本字乃"藏弆"之"弆"，收藏的意思。据"何忍无急去药"句下裴松之注"古语以藏为去"可知，第2版的断句更符号原文的本意。再如，《汉书·贾谊传》中有颜师古的一段注文："诸侯之地其削颇入汉者，为徙其侯国及封其子孙也，所以数偿之。"清人沈彤指出："'也'当作'他'。谓诸侯或以罪黜，其地被削，多入于汉者。若因其所存地为国，则国小而其子孙亦不得封，故为之徙其侯国，并封其子孙于他所，如其被削之数偿之也。颜注误。"今人杨树达按："沈说是也。'也''他'二字古音同通假，不必改作'他'。"①

---

① 杨树达. 古书句读释例[M]. 北京：中华书局，1954：106.

二、不明语法而误

古代文言文有自己的语法、句法特点和行文习惯，如不熟悉，也容易导致断句错误。

1. 不明词法

中华书局1982年版《陈与义集》第454页："慈入羊群，化老羝人，立而言曰……"依此断句，"羝人"义不可解。正确的断法当是："慈入羊群，化老羝，人立而言曰……"大意是，左慈进入羊群中，化身成老羝（公羊）的模样，像人一样站立起来说话。句中"人"修饰"立"，即像人一样站立。名词用作状语，这在古代文法中很常见。再如，上海人民出版社1984年版《水经注校》第206页："得石棺，铭曰：帝令处父，不与殷乱，赐汝石棺，以葬死，遂以葬于。霍太山有岳庙……"此处的"以葬死"不通，"葬"若用作及物动词，后接宾语只能是名词，而"死"是动词。"遂以葬于"亦不通，"于"是介词，其后必须接名词、代词或名词性词组，不能在此断句。因此，正确的标法是："得石棺，铭曰：'帝令处父，不与殷乱，赐汝石棺以葬。'死，遂以葬于霍太山。"又同书第786页："谷有清泉，泉上数丈，有石穴二口，容人行入。穴丈余，高九尺许，广四五丈。"赵新德指出："'口'，穴口。标点者误以为量词。应标作'……有石穴二，口容人行，入穴丈余……'谓石穴口仅能容人，入穴丈余，则豁然开朗。"①

2. 不明句法

与现代汉语一样，古代文言文也有自己固定的句式，如陈述句、判断句、否定句、疑问句、被动句、倒装句等，如不熟悉古代句式的特点，也容易造成标点失误。比如，中华书局1983年版《历代诗话续编》第510页："陈后山亦有此论！甚矣。其妄议人也。"由于标点者不懂"甚矣，其妄议人也"是主谓倒装，本当作"其妄议人也，甚矣"，为了加强语气，所以将"甚矣"提前。所以正确的标法应该是："陈后山亦有此论。甚矣，其妄议人也！"再如，上海人民出版社1984年版《水经注校》第23~24页："六合之内，水泽之藏，大非为巨，小非为细，存非为有，隐非为无，其所苞者，广矣于中；同名异域，称谓相乱，亦不为寡。"鲍善淳指出："'广矣于中'古无此法。后几句当读为：'其所苞者广矣。于中同名异域，称谓相乱，亦

---

① 赵新德.《水经注校》标点误例举［J］.苏州大学学报，1987（3）：85-89.

不为寡。'盖谓六合所苞者广，故于其中多有名同而地异的现象。"① 句中的"矣"是一个语气助词，常用在陈述句的句末。

三、不明专有名词而误

专有名词是指专属于文中某个特定对象的称呼，如人名、地名、职官名、文献名、年号名等，古籍标点需加专名号，其形式是一条直线，标注在专有名词左侧（竖排）或下方（横排），但文献名例外，用波浪线"～～"表示。

1. 不明人名

中华书局1974年版《魏书》第548页："高祖曰：'朕昔置此官，许三年考绩，必行赏罚……自非释之于公，何能尽其至理。虽不可精其微致，且望粗有殿最。"标点者可能将"释之于公"理解为"用公心来解释"，殊不知"释之"乃人名（即张释之，字季），"于公"指于定国（字曼倩），两位都是西汉有名的司法官。因此，应该标作："自非释之、于公，何能尽其至理。"古人行文在提到某人姓名时，名与字常常并出，因此中间不能施以顿号，否则就成两个人了。例如，中华书局1982年版《陈与义集》第462页："命江参、贯道为之图。"这里的"江参""贯道"实为同一人，前者是姓名，后者是字，名与字的来历当出自《论语·里仁》："参乎，吾道一以贯之。"正确的标法是："命江参贯道为之图。"除了姓名之外，古人还有字号及各种谥号、庙号、尊号、室名、别号等，如不加以辨别，标点也容易标错。如中华书局1983年版《楚辞补注》第13页："屈原死于顷、襄之世。"俞明芳指出："楚顷襄王是楚怀王之子，名叫熊横，顷襄王是一个楚王的谥号，所以顷襄之间不当用顿号，顿号示并列，易使人误解为二人。"② 古人也有外号，如果忽视，也易导致标点错误，如上海古籍出版社1984年版《水经注校》第247页引《春秋左传·隐公元年》的话："庄公以居弟段，号京城，大叔祭仲曰：京城过百雉，国之害也。"据原文的上下文可知，共叔段是郑庄公的弟弟。"'祭仲'乃郑大夫。共叔段'号京城大叔'，'大叔'当属上。"③

---

① 鲍善淳.《水经注校》标点商榷 [J]. 古籍研究，1987（4）：45-54.

② 俞明芳. 对《楚辞补注》点校本的一些意见 [J]. 上海师范大学学报，1985（1）：30-34.

③ 赵新德.《水经注校》标点误例举 [J]. 苏州大学学报，1987（3）：85-89.

2. 不明地名

古籍中经常涉及地理名称，标点断句如有疑问时，可查考相关的地理工具书。例如，中华书局1974年版《明史·地理志》第1150页有这样一句话："富川……西南有钟山县，旧治于此。"查万斯同《明史》卷八三《地理五·富川》："西南有钟山，洪武初县治此，兼至钟山千户所，二十八年移县于霭石山下。"《（嘉靖）广西通志》卷二三《公署下·富川县》："富川县治，旧在钟山下，洪武二十九年，知县张纯迁置千户所建。"由上述记载可知，洪武初富川县的治所在西南钟山下，后移至霭石山下。因此，原文标点应改作："西南有钟山，县旧治于此。"再如，上海古籍出版社1984年版《水经注校》第299页："《魏志》云：既下，射犬生擒种公，曰：唯其才也，释其缚而用之。"显然，标点者将"射犬"和"种公"都当作人名了。联系上文"四年夏四月，公遂济河，围射犬。以魏种为河内太守，属以河北事"，可知"公"指曹操，"种"为魏种，射犬乃地名。因此，原文标点应改作："既下射犬，生擒种。公曰：唯其才也，释其缚而用之。"

3. 不明职官名

古代的职官名称非常复杂，如不熟悉也很容易导致标点错误，因此标点时应尽可能查考一下历代正史中的职官志、选举志以及会要等政书。如商务印书馆1934年版程树德《九朝律考·北齐律考》第473页"强盗长流"条引《北齐书·苏琼传》："并州尝有强盗长流参军推其事。"程氏将"强盗长流"连读，还把它用作标题，显然是把"流"理解为流放的意思。但查张政烺《中国古代职官大辞典》（河南人民出版社1990年版）可知，"长流参军"乃职官名，是"长流贼曹参军"与"长流贼曹参军事"的简称。中华书局1963年版第404页将原文标点为："并州尝有强盗，长流参军推其事。"这样就没有问题了。再如，《丛书集成》本《历代职官表》里有这样的话："凡他官入院未除学士，谓之直院学士。俱阙他官，暂行文书，谓之权直。"查《宋史·职官志·翰林学士院》可知，宋代翰林学士院由翰林学士等掌管起草制诰诏令，别的官到翰林学士院就职，还没有任命为翰林学士时称作"直院"。翰林学士院一时阙员，暂时由别的官掌管文书，叫做"权直"。因此，原文标点应改作："凡他官入院未除学士，谓之直院；学士俱阙，他官暂行文书，谓之权直。"

4. 不明文献名

古籍行文时常常引用前人著述，因此提到的文献名（包括书名和篇名）需标注书名号。但在标点实际工作中，非书名（篇名）误为书名（篇名），书名（篇名）误为非书名（篇名），一书误为两书，两书误为一书，篇名衍出、割裂等情况时有发生。前文所举中华书局1983年版《历代诗话续编》中"庄子所谓'狙公《赋芧》'者",就是非书名(篇名)误为书名(篇名)的例子。上海人民出版社1982年版《章太炎全集》第二卷《春秋左传读》"爰也"条:"僖十五年:'爰田'。服注:'爰,易也。'《小尔雅·广诂》同书:'般庚既爰宅于兹。'义亦同。"标点者不知文中"书"指《尚书》,"般庚"是《尚书》中的一篇。因此,正确的标法是:"服注:'爰,易也。'《小尔雅·广诂》同。《书·般庚》'既爰宅于兹',义亦同。"这是书名(篇名)误为非书名(篇名)的例子。又如,上海古籍出版社1983年版《列朝诗集小传》第561页《徐记室渭》:"有《阙编樱桃馆》诸集。"查《四库全书总目提要·徐文长集》可知,徐渭所著有《文长集》《阙编》《樱桃馆集》三种,显然,标点者误将两书标为一书。再如,上海人民出版社1982年版《章太炎全集》第二卷《春秋左传读叙录》:"如扬子云作《剧秦》《美新》并未以此意入《太玄》《法言》中。"《剧秦美新》为扬雄的一篇文章,这是将一篇文献误为两篇。

5. 不明年号名

年号也是专有名词的一种。标点时如遇年号不明的情况,应查考《中国历史纪年》《中国历史纪年表》(方诗铭)、《中国历史纪年表》(万国鼎)等予以核实,否则标点容易致误。例如,中华书局1959年版《顾亭林诗文集》第7页:"太武帝太延元年冬十一月丙子,幸邺。十二月癸卯,遣使者以太牢祀北岳太平真君。四年春正月庚午,至中山。"标点者误以为"太平真君"是一尊神,殊不知是北魏太武帝拓跋焘紧接"太延"的另一个年号。正确的标法是:"遣使者以太牢祀北岳。太平真君四年春正月庚午,至中山。"再如,上海古籍出版社1984年版《水经注校》第435页有这么一段话:"祁夷水……又迳昌平郡,东魏太和中置,西南去故城六十里。"查《中国历史纪年》,东魏只有"天平""元象""兴和""武定"四个年号,"太和"乃是北魏孝文帝的年号。因此,正确的标法是:"祁夷水……又迳昌平郡东,魏太和中置,西南去故城六十里。"文中的"魏"是指北魏。

四、不明引文而误

古籍行文中引用他人所言或其他文献的原文,要求用引号标出来,为的是和作者自己的话区别开来。但由于不明引文的起讫,可能导致引号的标点错误。

1. 非引用文字误加引号

清潘德舆《养一斋李杜诗话》卷二(上海古籍出版社1983年版《清诗

话续编》第 2187 页）:"按王敬美云：'杜诗有深句，有雄句，有老句，有秀句，有丽句，有险句，有拙句，有累句，拙累不能为掩瑕也。抑知拙累正所以为古气哉？'"句中引文出自王世懋《艺圃撷余》，文有删节。但"抑知拙累正所以为古气哉"与上文义思针锋相对，显见是作者潘德舆之语，而非王世懋所言。王氏认为拙句、累句仍然是瑕疵，潘氏却以为这或许正是古气之所在。"抑知拙累正所以为古气哉"误入引号内。又如，中华书局 1982 年版《不下带编》第 127 页："昔上官婉儿在娠时，母梦巨人授之大秤曰：'以是秤量天下，产则女也。'母曰：'秤量天下，岂即汝乎？'孩遂哑哑应之曰：'是。'"文中"产则女也"是在陈述客观事实，是记事之文，不属对话内容，当置于引号外。再如，中华书局 1982 年版《苏轼诗集》第 1032 页："李台暇言，韩昭曰'韩八座事艺，如拆袜线，无一条长者。'""言"字在这里是谈论的意思，后面不应有逗号。引号里的话不是韩昭说的，他不会称自己为"韩八座"①。

2. 本是引文却漏加引号

古籍中引文引语常用"曰""对曰""云""问""言""谓"之类的动词带出，但有时不用这类动词，导致漏加引号。如中华书局 1982 年版《三国志》第 912 页《诸葛亮传》裴松之注云："老氏称知人者智，自知者明，凡在贤达之流，固必兼而有焉。"方北辰指出："'知人者智，自知者明'乃《老子》三十三章语，当加引号。否则一般读者就会误以为'凡在'二句亦是老子的话。"② 有时标点者不明引语该在何处结束，误将引语标在引号之外，如中华书局 1984 年版《五灯会元》第 899 页："遂作舞云：'见么见么？怎么见得？'过桥村酒美。又作舞云：'见么见么？怎么见得？隔岸野花香。'"按："过桥村酒美"当入引号，以"见么见么？怎么见得？过桥村酒美"为句，这正与下句"见么见么？怎么见得？隔岸野花香。"相对为文③。再如潘德舆《养一斋李杜诗话》卷三（上海古籍出版社 1983 年版《清诗话续编》第 2207 页）:"黄氏彻曰：'东坡问老杜何如人，或云似司马迁，但能名其诗耳。'愚谓老杜似孟子，盖原其心也。"文中"愚谓"以下也是黄氏语，故应在引号内，原文见北宋黄彻《䂖溪诗话》卷一。

3. 不同引文误标在同一引号内

清潘德舆《养一斋李杜诗话》卷一（上海古籍出版社 1983 年版《清诗

---

① 吕叔湘. 整理古籍的第一关 [J]. 出版工作, 1983 (4): 44-50.
② 方北辰.《三国志》标点商榷 [J]. 四川大学学报, 1987 (1): 90-97.
③ 董志翘. 中华版古籍标点献疑 [J]. 古籍整理研究学刊, 1991 (1): 30-34.

话续编》第2175页）："葛氏立方曰：'太白古风两卷近七十篇，身欲为神仙者殆十三四。然《梁父吟》云：'阊阖九门不可通，以额扣关阍者怒。'人间门户，尚不可入，太清倒景，岂易凌蹑乎？有谈玄之作云：'茫茫大梦中，惟我独先觉。腾转风火来，假合作容貌。问语前后际，始知金仙妙。'则所得于佛氏者益邃。'"张忠纲指出："葛立方语，'岂易凌蹑乎'以上见《韵语阳秋》卷十一，'有谈玄之作'以下见该书卷十二，两段文字宜分引。'谈玄之作'即《与元丹丘方城寺谈玄作》，见《李太白全集》卷二三，'茫茫'四句与'问语'两句之间尚隔四句诗，也应当分引。另，'文语'本集作'郎悟'。"①

五、不明文体而误

古代不同的文体有不同的特点，比如诗词讲求压韵平仄，字数很有规律，骈体文则强调四六对仗，熟悉这些特点将有助于标点古籍，否则也容易造成标点错误。例如，上海人民出版社1984年版《水经注校》第297页："（清水）南流西南曲瀑布，垂岩悬河，注壑二十余丈，雷抃之声震动山谷，左右〔石〕壁层深，兽迹不交，隍中散水雾合，视不见底，南峰北岭，多结禅栖之士，东岩西谷，又是刹灵之图，竹柏之怀，与神心妙远，仁智之性，共山水效深。更为胜处也。"《水经注》一书的文字多用骈体，显然标点者对此并不熟悉，又不仔细推敲文义，因此错误不少，且不能显示语句之间的对仗关系。当改作："（清水）南流，西南曲。瀑布垂岩，悬河注壑二十余丈。雷抃之声，震动山谷。左右〔石〕壁层深，兽迹不交；隍中散水雾合，视不见底。南峰北岭，多结禅栖之士；东岩西谷，又是刹灵之图。竹柏之怀，与神心妙远；仁智之性，共山水效深。更为胜处也。"又如中华书局1982年版《不下带编》第79页："韩公之于戎昱，既徇所求。奇章之望，牧之更宜自爱。"这里是四六文，应点作："韩公之于戎昱，既徇所求。奇章之望牧之，更宜自爱。"文中"韩公""戎昱""奇章""牧之"都是指人，其中"韩公"指韩滉，"奇章"指牛僧孺（曾封奇章郡公）、"牧之"是杜牧的字。

六、不明音韵而误

关于韵文的句读问题，前人已有多论及，如元代程端礼说："凡诗铭韵

---

① 张忠纲.《养一斋李杜诗话》点校本拾遗[J]. 古籍整理出版情况简报, 1988, 总191.

语，以韵为句，未至韵皆读。"① 一般来讲，凡是偶句韵字（韵脚）后，皆应为句。以现代通用的标点来说，偶句韵字（韵脚）后应为句号或与之作用相当的标点符号（如";""?""!"等），但不能是逗号。例如，有个版本的《论衡·自纪篇》将以下这段话标为："养气自守，适食则酒，闭目塞聪，爱精自保。适辅服药引导，庶冀性命可延。斯须不老，既晚无还，垂书示后。"这段文字中，"守""酒""保""导""老""后"都是韵脚。"延"不是韵脚，其后用句号是不对的。"老"字是韵脚，其后该用句号。"斯须不老"是暂时不老的意思，和"性命可延"的意思是连贯的，中间不能断开。因此，正确的标法是："养气自守，适食则酒。闭目塞聪，爱精自保。适辅服药引导，庶冀性命可延，斯须不老。既晚无还，垂书示后。"② 又如上海古籍出版社1982年版《汤显祖诗文集》第810页《读延庚楼诗有怀》："……翕沓锦云连，迸裂珠泉跑。安得携此卷。登楼向星匏。始知富贵儿，不如贫贱交。君看古名迹，常得照蓬茅。"按：此韵段押肴韵，并为偶行韵。"卷"不是韵字，其后的"。"应改为","③。

七、不明史实而误

古籍标点在文义、语法、专有名词、引文、文体、音韵等方面都没有问题，但不能违背基本的史实，尤其是历史类古籍在断句标点时应注意这一点。例如，中华书局1959年版《三国志·魏书·曹休传》："刘备遣将吴兰屯下辩，太祖遣曹洪征之……进兵击兰，大破之……太祖拔汉中，诸军还长安。"句末"太祖拔汉中，诸军还长安"不当断开。建安二十年（115年），曹操已得汉中。二十三年（118年），刘备率军来夺汉中，分遣将军吴兰入武都。曹操西征，魏军不利。二十四年（119年），曹操亲至汉中，率汉中诸军撤回长安。因此"汉中"后面的逗号应去掉。又同书《蜀书·霍峻传》："子弋……（诸葛）亮卒，为黄门侍郎。后主立，太子璿以弋为中庶子。"如果依此断法，则诸葛亮死在前，后主立在后，且后主即位当年，太子璿即以霍弋为中庶子。而史实是，后主即位12年后诸葛亮才死，又过了4年后才立刘璿为太子。因此，正确的标法为："亮卒，为黄门侍郎。后主

---

① （元）程端礼著；姜汉春校注. 程氏家塾读书分年日程［M］. 合肥：黄山书社，1991：72.
② 王力. 古代汉语（修订本）［M］. 北京：中华书局，1981：1120.
③ 杜爱英.《汤显祖诗文集》韵文的标点问题［J］. 古籍整理研究学刊，2000（1）：48-49.

立太子璿，以弋为中庶子。"①

八、不明古代文化常识而误

中华书局1983年版《历代诗话续编》第1170页："子美五言绝句，皆平韵，律体景多而情少。太白五言绝句平韵，律体兼仄韵，古体景少而情多。二公各尽其妙。"如此断法，让人不知所云。这是因为，标点者不懂得五言绝句分律体和古体，律体押平韵，古体则可平可仄。这段话正确的标法为："子美五言绝句，皆平韵律体，景多而情少；太白五言绝句，平韵律体兼仄韵古体，景少而情多。二公各尽其妙。"又如，中华书局1980年版《陆九渊集》第487页："先生既奏，名声振行都，廷对考官，意其必慷慨极言天下事，欲取置首列。及唱第，乃在末甲。或问之，先生曰：'见君之初，岂敢过直。'识者称其得事君之体云。"按：文中"奏"后逗号应移在"名"之后。"奏名"连用，指科举考试中殿试前会试考官将录取士子的名单上奏皇帝。"奏名"之后，再由皇帝进行"殿试"，也叫"廷对"。因此，"考官"下的逗号应当移至"廷对"之下，"考官"是"意其必慷慨极言天下事"的主语。另外，"先生既奏名，声振行都"一事既毕，下宜施句号②。因此，这段话正确的标法为："先生既奏名，声振行都。廷对，考官意其必慷慨极言天下事，欲取置首列。及唱第，乃在末甲。或问之，先生曰：'见君之初，岂敢过直。'识者称其得事君之体云。"以上两例涉及中国古代诗歌、科举考试的文化常识，而在古籍标点的实践中，古代的生活习俗、宗教信仰、社会制度、天文地理、中医药知识等，都需广泛涉猎和积累，这样才能将标点错误降至最低。

第四节　古籍标点的基本要求

通过以上第三节所举，我们对容易导致古籍标点错误的原因有了较全面的了解。在古籍整理工作中，可有意识地参照这些致误因素，并勤于翻检工具书和相关文献资料，还是能够有效避免古籍标点错误的。那究竟怎样的古籍标点才算是合格的呢？以下四句话简单概括了古籍标点的基本要求：文从字顺、通识语法、符合音韵、合乎情理。

---

① 刘琳，吴洪泽. 古籍整理学 [M]. 成都：四川大学出版社，2003：80.
② 赵瑞民.《陆九渊年谱》标点商兑 [J]. 古籍整理出版情况简报，1989，总219.

第七章 古籍的标点

一、文从字顺

从标点古籍的基本要求看，首先应该做到标点之后的字句语义都能讲得通。所谓讲得通，就是正确断句，不仅每句话没有多余或缺漏的字词，且句与句之间衔接得也很自然。而正确断句是建立在对文中一个个字、词含义的准确理解基础之上的。只有准确理解字、词的含义，才可能做到文从字顺。因此，识字辨义是古籍标点断句的基础。例如，世界书局1935年版《柳河东全集》第144页韩愈《柳子厚墓志铭》断句为："子厚前时少年。勇于为人。不自贵重。顾藉谓功业可立就。"句中"顾藉"是"顾念""爱惜"的意思，是说柳宗元不知道自重、不爱惜自己。这是韩愈对柳宗元因参加王叔文革新集团而遭到贬谪表示惋惜和不满。断句者因不理解"顾藉"的含义，让"顾藉"与下句连读，结果无法讲通。因此，这段话的正确标点为："子厚前时少年，勇于为人，不自贵重顾藉，谓功业可立就。"又如，中华书局1962年版《汉书·辛庆忌传》第2996页："始武贤与赵充国有隙，后充国家杀辛氏，至庆忌为执金吾。"这里"后充国家杀辛氏"讲不通。实际上，"杀"在这里不作砍杀解，而是衰杀、衰败的意思。如《仪礼·士冠礼》："德之杀也。"注："杀，犹衰也。"《汉书·扬雄传》："事罔隆而不杀。"颜师古注："杀，衰也。"因此，后两句应读作："后充国家杀，辛氏至庆忌为执金吾。"意思是说，后来赵充国的家道败落，而辛家从武贤（庆忌之父）至庆忌，两代人都官为执金吾。

古籍断句时要注意利用古代文言虚词和文体的特点。例如，中华书局1977年版《文选》中《曹植与杨德祖书》有段话是如此断句的："今往仆少小所著辞赋一通。相与夫街谈巷说。必有可采。击辕之歌。有应风雅。匹夫之思。未易轻弃也。"第一句话意思是说："现在送我少年时代所著的一篇辞赋给你。""相与"是"给予"的意思，不可与"夫"连用。"夫"在这里是发语虚词，通常放在句首，没有实际意义。因此，这段话正确的标点为："今往仆少小所著辞赋一通相与。夫街谈巷说，必有可采。击辕之歌，有应风雅。匹夫之思，未易轻弃也。"又如中华书局1982年版《不下带编》第72页："故呻吟椎凿，几于伐性之斧；豪咏纵挥，自傅爱书之竹矛；刃起于兔锋，网罗布于雁池，是二合也。"这段话的标点没有注意行文的对仗关系，当改为："故呻吟椎凿，几于伐性之斧；豪咏纵挥，自傅爱书之竹。矛刃起于兔锋，网罗布于雁池，是二合也。"

古籍标点时必须要有全局意识，不能只关注局部的某一句或某一处是否通顺，还要注意上下文乃至全段、全篇是否通顺。如中华书局1981年版

《渑水燕谈录》第 36 页："丞相王荆公志其葬，博士梅圣俞表其墓。尤悉所弃女，予子采妇也。"标点者只顾了前两句，而没有注意到第三句"尤悉所弃女"不可通。"尤悉"二字应属上句。

二、通识语法

标点古籍要熟悉和掌握古代汉语用词造句的规律，尤其是与现代汉语不同的规律，不能以今律古，而断错标错。王力先生在《古代汉语》中举了这样一个例子：有个版本的《论语·乡党》是这样断句的："厩焚。子退朝。曰。伤人乎不。问马。"古代汉语一般都是在"乎"字断句。陆德明《经典释文》说，"一读至不字绝句"。王若虚在《滹南遗老集》卷五《论语辨惑》中曾批评这种断法。他说，这样断句，意谓"圣人之仁，必不至贱畜而无所恤也。义理之是非，姑置勿论，且道世之为文者，有如此语法乎？故凡解经，其论虽高，其于文势语法不顺者，亦未可遽从，况未高乎！"古汉语没有这种在疑问语气词后再加"不"字的疑问句，因此这种断法是错误的，正确的断法为："厩焚。子退朝，曰：伤人乎？不问马。"①

古汉语中有的语法现象相当复杂，如中华书局上海编辑所 1961 年版《挥麈录》第 311 页："昔柳柳州云：'辨如孟轲，渊如庄周，壮如李斯，明如贾谊，哀如屈原，专如扬雄。'柳州之论古人，以一字到，今不可移易。"吕叔湘按："'以一字到'费解，'到'字属下无疑。'古人'后逗号亦宜去。"② 即末句断为："柳州之论古人以一字，到今不可移易。"仔细分析一下该句的结构，"柳州之论古人"是主谓短语在整句中作主语，"之"用在主语和谓语之间，起取消句子独立性的作用。"以一字"是介词结构，用作状语修饰"论古人"，表明论古人的方式。为突出主语"柳州之论古人"，采用倒装句式。"到今不可移易"是整句的谓语。

三、符合音韵

古籍中韵文（包括辞赋、诗歌、词曲以及有韵的箴、铭、赞、颂、诔等文体）的标点有一些不同于一般散文的规律，如要求押韵，有的还讲求格律。因此，要求标点者要懂一点古代音韵和诗词格律的知识，否则就容易点错，把韵文点成散文。例如，中华书局 1983 年版《归潜志》第 173 页《归潜堂记》："又歌曰：潜于农挚之侣兮，潜于渔望之徒兮，顾惟不肖，岂

---

① 王力. 古代汉语（修订本）[M]. 北京：中华书局，1981：1116.
② 吕叔湘. 标点古书不可掉以轻心 [J]. 文献，1982（13）：11-14.

敢与俱兮！惟兹一堂，有琴有书兮，学其所不知，求进于圣途兮。潜乎！潜乎！亦可以为娱兮。嘻！"这段文字既然称之为"歌"，自然是一首诗歌，则必有诗韵。文中以"徒""俱""书""途""娱"为韵，当改作："又歌曰：潜于农，挚之侣兮；潜于渔，望之徒兮；顾惟不肖，岂敢与俱兮。惟兹一堂，有琴有书兮。学其所不知，求进于圣途兮。潜乎潜乎，亦可以为娱兮。嘻！"

韵文的标点要尽可能突出韵脚，使读者读起来铿锵押韵。通常来讲，押韵之句用句号，无韵之句多用逗号。例如杜甫《春望》："国破山河在，城春草木深。感时花溅泪，恨别鸟惊心。烽火连三月，家书抵万金。白头搔更短，浑欲不胜簪。"而像中华书局1981年版《高适诗集编年笺注》第70页《苦雪四首》之一："二月犹北风，天阴雪冥冥，寥落一室中，怅然惭百龄，苦愁正如此，门柳复青青。"这首诗的标点，直至结束才有一个句号，十分不妥。很显然，这首诗每两句一押韵，每两句构成一个独立的意境，因此须在"冥""龄"字后施以句号。

然而，当韵律和文义相矛盾时，标点应先顾及文义通顺，不可迁就韵律而害文。如《（道光）广东通志》卷二三二载宋蒋之奇《吴隐之赞》："康伯之母号称贤明每谓其子汝居铨衡举如此人乃获阶升"。此文若按韵律，当点作："康伯之母，号称贤明。每谓其子，汝居铨衡。举如此人，乃获阶升。"两句一韵，韵脚为"明""衡""升"。但如此断法，则文义不明。据《晋书·吴隐之传》载："（隐之）与太常韩康伯邻居。康伯母……谓康伯曰：'汝若居铨衡，当举如此辈人。'及康伯为吏部尚书，隐之遂阶清级。"因此，这段话当标为："康伯之母，号称贤明。每谓其子：'汝居铨衡，举如此人。'乃获阶升。"这样标点虽破坏了韵律，但文义通顺可解。

四、合乎情理

所谓合乎情理，是指古籍标点在文义、语法、音韵等都没有问题的情况下，还必须与作者所处时代（或作品内容所描述的时代）的社会背景、风俗习惯、典章制度以及历史事实、生活常识等相吻合。例如，中华书局1981年版《渑水燕谈录》第117页："小词有'烧残绛蜡泪成痕，街鼓破黄昏'之语，或以为黄昏不当烛。已见跋解者曰：'此草庐窭陋者之论，殊不知贵侯戚里，洞房密室，深邃窈窕，有不待夜而张烛者矣。"""跋"本是火炬下部可以用手把握的地方。《礼记·曲礼上》："烛不见跋。"这是古人待客之礼。意指火炬烧完更换时，主人将残跋藏起来，以免客人看见而告辞。

因此，原文当标作："或以为黄昏不当烛已见跋。解者曰……"①又如，《汉书·靳歙传》："击秦军开封东，斩骑千人，将一人，首五十七级。"这是《汉书补注》（断句本）的句读。这段话颇使人困惑不解，既云斩骑千人，何以止得首五十七级？显然不合情理。原来，秦汉时期，骑将号为"千人"，故又称"骑千人将"。后人不明古制而误读两句②。再如，中华书局1965年版《后汉书·冯衍传》第984页李贤注："（冯）参姊为中山王太后，后为哀帝祖母，傅太后陷以大逆，参自杀，亲族死者十七人。"照这样标点，冯参的姐姐是中山王的太后，后来成为汉哀帝的祖母。但根据《汉书·外戚传》的记载，傅太后是哀帝的祖母，而冯参的姐姐冯太后是汉平帝的祖母，与史实不符。因此，正确的标法为："参姊为中山王太后，后为哀帝祖母傅太后陷以大逆。参自杀，亲族死者十七人。""哀帝祖母"是"傅太后"的同位语，本为一人，这样才符合历史的真实状况。

综上所述，古籍标点是一项十分烦难细致的工作，要求标点者必须具备广博的文史知识和严谨缜密的态度，并在实践中反复磨练和积累经验才能胜任。

---

① 龚勉之. 古籍校点讹失举例 [J]. 浙江师范学院学报（社学科学版），1984（1）：92-97.

② 鲍善淳. 漫谈古书的句读 [J]. 安徽师范大学学报（哲学社会科学版），1985（2）：108-115.

第八章　古籍的注释

经过标点的古籍，虽然消除了阅读时断句的障碍，但对于一般读者而言，并不是所有内容都能准确理解。这是因为，古籍在流传过程中，随着时间的推移又产生了新的阅读障碍。这种障碍主要来自两个方面：一是记录古籍内容的文字在读音、字义、语法结构等方面发生了变化，同样的字、词和短语，其语义可能与今天有很大的出入；二是古籍中出现的专有名词和典制，都有着特定的历史背景和指向，脱离了具体的历史背景，今天的普通读者就很难理解其所指。这就要求古籍整理者为读者一一作出解释，扫除这些阅读障碍，这就是古籍的注释。

第一节　古籍注释的名称

早在先秦时期我国就有了注释古籍的作品，如《春秋》的三传（《左氏传》《公羊传》《穀梁传》）和《易传》等。从汉代开始，各种名称、各种方式、各种风格的古籍注释作品大量涌现。两千多年来，注释发展成为中国古代文献产生的重要方式之一。遗存今天的四部古籍中，有相当一部分是注释作品，其中尤以经部和史部为多。从前人注释作品的名称来看，注释有许多不同的名称，在注释方法上也有细微的差别或倾向性，今举其要概述如下：

一、传（集传）

"传"是转述、解说的意思，是注释或解释经义的文字。前文提到的《春秋》三传和《易传》（《易经》的"十翼"）都属这一类。但因为侧重点有所不同，其体例又有所区别。"有论本事以明经意者（即侧重于叙述史实），《春秋左氏传》是也；有阐明经中大义者，《公羊》《穀梁》是也；有循文解释者（即依着经文逐字逐句解释），《诗·毛氏传》是也；有不必循文解释，而别自为说者，伏生之《书传》是也。"① 传又有内传、外传、大传、小传、补传等名称。内传在内容上与经义紧相比附，如《汉书·艺文志》著录有《韩诗内传》四卷；外传与内传相对，其书杂引古书古语，证以诗词，与经义不相比附，如左丘明所作《国语》，又称《春秋外传》；大传用于阐发经书大义，如传自秦博士伏生的《尚书大传》；小传用于己作传注的谦称，如宋代刘敞的《七经小传》；补传用于补充旧注缺略，如南宋范处义的《诗补传》。

"集传"是汇集前代各家所作"传"重新加以解说的注释，如南宋朱熹的《诗集传》，杂取《毛传》《郑笺》，间用三家诗义，而以己意定取舍，先宗《小序》，后从郑樵之说，故得其名。朱熹弟子蔡沈（一名沉）所作《书集传》亦是此类注释作品。

二、注（集注）

"注"的本意是灌注、疏通的意思，后引申为疏通文义。最早以注为书名见于西汉，如《史记·淮南衡山列传》唐司马贞《史记索隐》引刘向《别录》云："《易》家有《救氏注》也。"《隋书·经籍志》著录了东汉时期马融的《周易注》《尚书注》《毛诗注》等。稍后的郑玄也有很多以"注"为名的注释作品，如《易注》《仪礼注》《周礼注》《礼记注》等。文献史上有"四大名注"之称的郦道元《水经注》、裴松之《三国志注》、刘孝标《世说新语注》、李善《文选注》也都是以注为名。其他以注为名的作品还很多，如高诱的《战国策注》、颜师古的《汉书注》等。因为"注"字之义涵盖的范围较广，后代注释古籍以"注"为名者最多。又因传、注这两种名称用得最多，故文献学上称注释也叫"传注学"。至于传与注的区别，"或曰：博释经意，传示后人，则谓之传；约文敷畅，使经义著明，则谓之注。或曰：汉以上称传，汉以下称注。或曰：传必亲承圣旨，或师儒相传，其无所传授，直注己意而已者，则必谦而称注。然案之昔人注述，初亦无此区分，盖二者俱解书之通号也。顾传之所起甚早，而注之标目较迟，则固昭然易了。"②

---

① 张舜徽.广校雠略·注书流别论二篇［M］.上海：上海古籍出版社，2013：36.
② 张舜徽.广校雠略·注书流别论二篇［M］.上海：上海古籍出版社，2013：36.

所谓"集注",就是集多家注释于一身,在此基础上再进行注释。如南宋朱熹的《楚辞集注》《四书章句集注》、元陈澔的《礼记集注》、明朱棣的《金刚经集注》、清程夔初的《战国策集注》等。

三、解(集解)

"解"的本义为分解,引申为对语义的分析解说。先秦子书中有很多以"解"为篇名的书,如《管子》中有《牧民解》《形势解》《版法解》等篇名,《韩非子》有《解老》(解释《老子》)篇等。以"解"为书名的有东汉服虔的《春秋左氏传解》、高诱的《孝经解》《淮南解》、曹寿的《急就篇解》,三国吴韦昭的《国语解》等。"解"还经常与诂、说、谊、注等连用,称为解诂、解说、解谊、注解,如东汉何休的《春秋公羊传解诂》、伏黯的《齐诗解说》、服虔的《春秋左传解谊》,南宋李嘉谋的《先天道德经注解》等。

如果是集众家之"解",则称"集解",比较有名的有魏何晏的《论语集解》、晋杜预的《春秋经传集解》、刘宋裴骃的《史记集解》、清王先谦的《后汉书集解》等。这类书以解释文义为主。

四、笺(笺注)

笺的本义是小竹片。古人读书时为了备遗忘,在竹简上系上一枚小竹片作为标志,称为"笺",跟今天的书签差不多,因此《说文》释云:"笺,表识书也。"也有人在笺上写上简单的注释、心得之类的文字,后来被引申为注释的意思。注书称为"笺",最早是从东汉郑玄开始的。郑玄注《诗经》,对于《毛传》一些比较简略和隐讳的内容加以补充阐发,并提出了自己的不同见解。为了不使后人将自己的注释和《毛传》的内容相混杂,他把自己的解说标明为"笺"。后世也有人仿郑氏称注为笺的,如清汪师韩的《观象居易传笺》。也有将笺和注连用称为笺注的,如清吴兆宜的《玉台新咏笺注》、徐炯的《李义山文集笺注》、李陈玉的《楚辞笺注》等。

五、训、故(诂)、训诂

"训"就是用通俗的语言去解释深奥的含义,如东汉高诱注《淮南子》,每篇的题目下加一个"训"字,如《览冥训》《天文训》。也有以"训"为书名的,如汉贾逵《古文尚书训》、谢曼卿《毛诗训》、魏钟繇《周易训》、董遇《老子训》等。"故",就是以今言解释古言,或用通行的话去解释方言,与"诂"相通。西汉人的传注多称"故",如《诗经》有《鲁故》《齐后氏故》《齐孙氏故》《韩故》、杜林的《仓颉故》等。后世也有称"诂"的，如魏张揖《古今字诂》、清洪亮吉《春秋左传诂》等。

汉代训、诂两字经常连用，或叫"训诂"，或叫"诂训"，如西汉毛亨、毛苌有《毛诗诂训传》，贾谊有《春秋左氏传训诂》。东汉叫训诂的更多，如张衡的《周官训诂》、刘陶的《尚书训诂》、贾逵的《春秋三家经本训诂》等。凡称"诂"者，都注重对字句本身的含义进行解释，用今语解释古言，或用通行的话去解释方言，这跟一般的论说经义还是有较大区别的。

六、说

说即说明、解释的意思，引申为用以解说的词语。如《墨子》有《经说上》《经说下》；《韩非子》有《说林》《内储说》《外储说》；《易》有《五鹿充宗略说》；《诗》有《鲁说》《韩说》；《书》有《欧阳说义》；《礼》有《中庸说》《明堂阴阳说》；《论语》有《齐说》《鲁夏侯说》《鲁安昌侯说》等；《孝经》有《长孙氏说》《江氏说》等；《老子》有《传氏经说》《徐氏经说》等。"说"这类注释的特点是比较空泛地论说经义，而不是逐字地进行解释。

七、章句

传注的一种。与传注比较简明不同，它往往比较烦琐，是对古书进行逐句逐章地加以详细注释的一种体例。它的特点除了解释词义外，还注重以分章析句的方式串讲经文大意，并在每章的末尾总括此章的内容要旨。汉代的经注以章句为名的较多，如西汉《易经》施、孟、梁丘氏各有章句，《尚书》有欧阳章句、大小夏侯章句，《诗经》有韦君、许氏、伏氏章句等。东汉的很多经传也都有诸家章句，流传至今的有赵岐的《孟子章句》、王逸的《楚辞章句》等。因章句比较烦琐，古代的通人往往"羞为章句"（《文心雕龙·论说篇》）。

八、音义

辨音识义的注释方式。早在汉代就有了以"音义"为名的书，如东汉延笃的《史记音义》。其后，晋代的徐广也著有《史记音义》。音义类注释最著名者当属唐陆德明的《经典释文》。它一共对14部儒家经典文献进行了注释，其中以注音为主，也有少数义训和校勘的内容，是一部研究古代音韵的重要著作。音义类注释也有称为音训者，如服虔的《汉书音训》、臧竞的《范汉音训》；有称为音诂者，如杨慎的《周官音诂》、来斯行的《五经音诂》；有称为音释者，如罗复的《诗集传音释》、韩性的《诗音释》；有称为音解者，如许翰的《太玄经音解》；有称为音证者，如刘芳的《毛诗音证》；还有称为音隐者，如服虔的《春秋音隐》。

九、义疏（疏义）、正义

义疏即疏通文义之意。早在三国时期，就有以"疏"为名的注释作品，如东吴陆玑的《毛诗草木鸟兽虫鱼疏》，对《诗经》中提到的动植物名称进行了解释。南北朝时期流行一种"义疏"的注释体裁，即仿效佛家讲经的办法，逐字逐句地讲解古书。其特点在于，注释经书的时候同时选取一种古注，不但解释经文，而且对古注也一并解释，因此内容十分详尽。我们可以从《隋书·经籍志》中可以看到当时很多这类书名，如《周易义疏》《尚书义疏》《毛诗义疏》等，但那一时期流传至今的义疏只有皇侃的《论语义疏》。到唐太宗时，孔颖达奉敕以义疏之例注释"五经"（《易》《尚书》《毛诗》《左传》《礼记》），用以统一经义，称为"正义"。因此后人也多有用正义为其名的，如唐张守节的《史记正义》、清焦循的《孟子正义》、清孙诒让的《周礼正义》等。

十、直解

直解，顾名思义就是直白的解释，就是用白话去译释经书。这种注释方式在元代就已出现，如许衡的《大学直解》《中庸直解》，贯云石《孝经直解》等。明代张居正的《书经直解》《四书集注直解》也属此类注释。今人对古籍的翻译也有叫直解的，如浙江文艺出版社 2000 年出版的俞志慧《韩非子直解》。"直解"也有取"平易正直"之意的，如清人方苞的《春秋直解》。

除以上所举 10 类较常见的名称外，注释还有记、诠、释、证、述、微、隐、索引等不同名称，兹不一一列举。

第二节 古籍注释的类型

根据注释的对象和内容，古籍注释大致可以分为文字注释、语法注释、修辞注释、内容注释等四大类型。

一、文字注释

阅读古籍时遇到的文字障碍，主要来自字形、读音、字义三方面。

1. 辨字

用注释的方式校明古籍中文字的讹、脱、衍、倒等情况，属前文所述"校勘记"的一种形式。如《周礼·夏官·训方氏》："诵四方之传道。"郑玄注："故书'传'为'傅'，杜子春云：'傅当作传。'"①《礼记·乡饮酒义》："介僎象阴阳也。"郑玄注："古文《礼》'僎'皆作'遵'。"②《诗经·王风·扬之水》："彼其之子，不与我戍申。"郑玄笺："其，或作记，或作己，读声相似。"③

2. 注音

阅读古书时，经常会遇到难字、生僻字、通假字以及有特殊读音的字的读音问题，除了查看《广韵》《集韵》等专门的韵书，还可通过注释来为读者扫清阅读障碍。例如，《诗经·邶风·北风》："北风其凉，雨雪其雱。惠而好我，携手同行。其虚其邪，既亟只且。"④ 郑玄笺："邪读如徐。"《春秋公羊传·庄公二十八年》："《春秋》伐者为客，伐者为主。"何休注："伐人者为客，读伐，长言之，齐人语也；见伐者为主，读伐，短言之，齐人语也。"⑤何休大致说明了"伐"字在表主动和被动时的不同读音。

3. 释义

注释字、词的意义，分释词、串讲、通释三种形式。

（1）释词

用一个词解释对应的另一个词，也叫"直训"。如《诗经·周南·卷耳》："嗟我怀人，寘彼周行。"《毛传》："怀，思；寘，置；行，列也。"⑥

（2）串讲

或称串解、释句，就是解释一句或几句话。这种注释方式的特点是对整

---

① （清）阮元校刻．十三经注疏附校勘记·周礼注疏［M］．北京：中华书局，1980：864．

② （清）阮元校刻．十三经注疏附校勘记·礼记正义［M］．北京：中华书局，1980：1683．

③ （清）阮元校刻．十三经注疏附校勘记·毛诗正义［M］．北京：中华书局，1980：331．

④ （清）阮元校刻．十三经注疏附校勘记·毛诗正义［M］．北京：中华书局，1980：310．

⑤ （清）阮元校刻．十三经注疏附校勘记·春秋公羊传注疏［M］．北京：中华书局，1980：2241．

⑥ （清）阮元校刻．十三经注疏附校勘记·毛诗正义［M］．北京：中华书局，1980：277．

句话进行解释。如《诗经·魏风·硕鼠》:"三岁贯女,莫我肯顾。"郑笺曰:"我事女三岁矣,曾无教令恩德来顾眷我。"① 这里表面上虽没有专门把单个的字词拿出来解释,但在串讲过程中实际上已对个别字词进行了解释,如以"事"释"贯",以"顾眷"释"顾"。

(3) 通释

解释全篇或全章的大意。有的以"题解"形式对篇题进行解释,如王逸《九章章句》:"《九章》者,屈原之所作也。屈原放于江南之野,思君念国,忧心罔极,故复作《九章》……章者,著也,明也。言己所陈忠信之道,甚著明也。卒不见纳,委命自沉。楚人惜而哀之,世论其词,以相传焉。"② 有了这样一段"题解",对人们阅读《九章》自然有很大帮助。有的以"章指"解释各章大意,如《诗经·小雅·采薇》共六章,最后一章郑笺云:"上三章言成役,次二章言将率之行,故此章重序其往反之时,极言其苦以说之。"③ 现存汉赵岐的《孟子章句》,每章之后都有"章指",用以解释各章的大意。如《梁惠王上·寡人之于国也》后"章指言:'王化之本,在于使民养生丧死之用备足,然后导之以礼义;责己矜穷,则斯民集矣。'"④ 这样使原文的意思更加突出了。

二、语法注释

阐述语法也是古文注释的一大内容,包括阐述词法和句法。《诗经·周南·麟之趾》里有"于嗟麟兮"的话,《毛传》:"于嗟,叹辞。"⑤《诗经·大雅·文王》:"思皇多士,生此王国。"《毛传》:"思,辞也。"《正义》:"思,语辞,不为义。"⑥ 以上是注虚词的用法。再如,《春秋·襄公二十五年》:"十有二月,吴子谒伐楚,门于巢卒。"《春秋公羊传》注云:

---

① (清) 阮元校刻. 十三经注疏附校勘记·毛诗正义 [M]. 北京:中华书局,1980:359.
② (宋) 洪兴祖. 楚辞补注 [M]. 北京:中华书局,1983:120-121.
③ (清) 阮元校刻. 十三经注疏附校勘记·毛诗正义 [M]. 北京:中华书局,1980:414.
④ (清) 焦循. 诸子集成·孟子正义 [M]. 北京:中华书局,1954:37.
⑤ (清) 阮元校刻. 十三经注疏附校勘记·毛诗正义 [M]. 北京:中华书局,1980:283.
⑥ (清) 阮元校刻. 十三经注疏附校勘记·毛诗正义 [M]. 北京:中华书局,1980:504.

"门于巢卒者何？入门乎巢而卒。"① 以"入门"释"门"，这是注实词活用的功能。古籍注释中也常见对句子结构进行语法分析，如《左传·文公六年》："教之防利，委之常秩，道之礼则，使毋失其土宜。"杜预注："防恶兴利。"② 这里杜注一方面说明"防""利"为动词，另一方面指明两者为并列结构。

三、修辞注释

《毛诗·大序》云："《诗》有六义焉，一曰风，二曰赋，三曰比，四曰兴，五曰雅，六曰颂。"③ 其中赋、比、兴，就是修辞手法。所谓"赋"，是铺陈的意思，对事物直接陈述，不用比喻；所谓"比"，就是比喻，以彼物比此物；所谓"兴"，就是联想，触景生情，因物起兴。以上艺术表现手法，是诗歌创作的主要形象化方法，对后世诗歌创作产生了深远影响。后人在对《诗经》进行注释时，也特别对它的修辞方式加以说明。如首篇《关雎》："关关雎鸠，在河之洲。"《毛传》："兴也。"④ 古代诗文还有很多其他修辞手法，如稽古、引经、代称、迂回、隐喻、倒置、委婉、夸饰等，在注释中也经常见到。东汉王逸在《楚辞·离骚经章句》中说："《离骚》之文，依诗取兴，引类譬喻，故善鸟香草，以配忠贞；恶禽臭物，以比谗佞；灵修美人，以媲于君；宓妃佚女，以譬贤臣；虬龙鸾凤，以托君子；飘风云霓，以为小人。"⑤ 如《楚辞·离骚》："纫秋兰以为佩。"王逸《章句》："纫，索也。兰，香草也，秋而芳。佩，饰也，所以象德。"⑥ 这段注文注的就是比喻的修辞手法。

对典故的注释也是修辞注释的一部分。用典是古代诗文常见的写作手法，有的作品刻意用典，甚至句句用典，因此注释典故便成了注释的一大任务。注释典故首先要说明典故的出处，如晋左思的《咏史》有："哀歌和渐

---

① （清）阮元校刻. 十三经注疏附校勘记·春秋公羊传注疏 [M]. 北京：中华书局，1980：2311.

② （清）阮元校刻. 十三经注疏附校勘记·春秋左传正义 [M]. 北京：中华书局，1980：1844.

③ （清）阮元校刻. 十三经注疏附校勘记·毛诗正义 [M]. 北京：中华书局，1980：271.

④ （清）阮元校刻. 十三经注疏附校勘记·毛诗正义 [M]. 北京：中华书局，1980：273.

⑤ （宋）洪兴祖. 楚辞补注 [M]. 北京：中华书局，1983：2-3.

⑥ （宋）洪兴祖. 楚辞补注 [M]. 北京：中华书局，1983：5.

离，谓若傍无人。"唐李善引《史记》注曰："荆轲之燕，与屠狗及高渐离饮于燕市。酒酣以往，高渐离击筑，荆轲和而歌于市中，相乐也，已而相泣，旁若无人。"①《史记·太史公自序》有"藏之名山，副在京师，以俟后世圣人君子"之语，司马贞《索隐》曰："'以俟后圣君子'，此语出《公羊传》。言夫子制《春秋》以俟后圣君子。"有时还需解释作者用典的意图，如南梁庾信《哀江南赋序》："壮士不还，寒风萧瑟。荆璧睨柱，受连城而见欺。"王力分别引用《战国策·赵策》和《史记·廉颇蔺相如列传》里的故事注明了这两个典故的出处，还解释了作者要表达的意图：前一句"这是说他（作者庾信）一去西魏，即不得重返故国"；后一句"是说相如出使没有被骗，而自己却为西魏所欺"②。

四、内容注释

为了帮助读者阅读和理解古籍的内容，注者所作的注释非常广泛，包括对文句的句读、文义的阐释、名物典制的解说、内容的补充、辨误和评价等。

1. 断句读

如前章"古籍的标点"所述，注释也有断句的作用，这在一定程度上可以帮助读者理解古籍的内容。例如，《左传·僖公二十五年》："昔赵衰以壶飧从径，馁而弗食。"《经典释文》："一读'以壶飧从'绝句，读'径'为'经'，连下句。"③

2. 阐文义

《孟子·梁惠王上》："孟子见梁惠王。王立于沼上，顾鸿雁麋鹿，曰：'贤者亦乐此乎？'"赵岐章句："沼，池也。王好广苑囿，大池沼，与孟子游观，顾视禽兽之众多，心以为娱乐，夸咤孟子曰：'贤者亦乐此乎？'""沼，池也"是解释词义，后几句都是串讲文义。在这一章末尾，为了说明全章的大意，又加了一个章旨："此章言圣王之德，与民共乐，恩及鸟兽也。"④

---

① （南梁）萧统选；（唐）李善注. 文选[M]. 上海：上海古籍出版社，1986：990.
② 王力. 古代汉语（修订本）[M]. 北京：中华书局，1981：1162.
③ （清）阮元校刻. 十三经注疏附校勘记·春秋左传正义[M]. 北京：中华书局，1980：1821.
④ （清）阮元校刻. 十三经注疏附校勘记·孟子注疏[M]. 北京：中华书局，1980：2666.

3. 注名物

所谓注名物，就是对古籍中出现的各种人名、物名、地名等专有名词进行注释。如李白《古风·大雅久不作》："哀怨起骚人，扬马激颓波。"清王琦注："扬、马，扬雄、司马相如也。"① 这就是注人名。宋文彦博《中书令鲁国宣靖鲁公挽词四首·其一》："三朝辅翊秉钧，功在旂常泽在民。"申利注"旂常"曰："古代帝王、诸侯之旌旗，上绘日、月、星辰、交龙等图案。王用常，诸侯用旂。"② 这就是释物名。古书中有很多地名，由于历史的变迁发生了很多变化，比较复杂，因此读者需要弄清楚它的历史沿革。文彦博《中书令鲁国宣靖鲁公挽词四首·其三》："龟蒙启土世传荣，犹倚耆英作成卿。"申利注"龟蒙"曰："龟山与蒙山。龟山，在今山东省新泰县西南四十里。蒙山，今山东省蒙阴县南。《诗经·鲁颂·閟宫》六章：'奄有龟蒙，遂荒大东。'"③ 这就是注地名。

4. 释典制

各个朝代的典章制度都有所不同，为了便于后人对前代典章制度有所了解，常常用注释的方式加以解释说明。例如，《周礼·冬官·考工记》："国有六职，百工与居一焉。"郑玄注："百工，司空。事官之属，于天地四时之职，亦处其一也。司空，掌营城郭，建都邑，立社稷、宗庙，造宫室、车服、器械，监百工者。唐虞已上曰共工。"④ 百官各司其职，郑注解释了"司空"的职责，并说明了这个官职在远古时期的名称。再如，《诗经·召南·鹊巢》："之子于归，百两御之。"《毛传》："百两，百乘也。诸侯之子嫁于诸侯，送御皆百乘。"⑤《毛传》解释了古代诸侯之间嫁女的礼制。

5. 补史实

有的古籍在叙述内容时，存在原文简略的情况。为使读者能详知历史事件的始末原委，注者可补充相关细节，这在历史类书籍的注释中比较常见。例如，《三国志·魏书·武帝纪》："公至赤壁，与备战，不利。于是大疫，吏士多死者，乃引军还。"裴松之注引《山阳公载记》曰："公船舰为备所烧，引军从华容道步归，遇泥泞，道不通，天又大风，悉使羸兵负草填之，

---

① （清）王琦注．李太白全集 [M]．北京：中华书局，1977：88.
② 申利校注．文彦博集校注 [M]．北京：中华书局，2016：456.
③ 申利校注．文彦博集校注 [M]．北京：中华书局，2016：457.
④ （清）阮元校刻．十三经注疏附校勘记·周礼注疏 [M]．北京：中华书局，1980：905.
⑤ （清）阮元校刻．十三经注疏附校勘记·毛诗正义 [M]．北京：中华书局，1980：283.

骑乃得过。羸兵为人马所蹈藉,陷泥中,死者甚众。军既得出,公大喜,诸将问之,公曰:'刘备,吾俦也,但得计少晚;向使早放火,吾徒无类矣。'备寻亦放火而无所及。"① 这段注文增补了很多细节性的史料。再如,南梁刘孝标为《世说新语》作注,引书400余种,补充了大量史料。北魏郦道元的《水经注》,是对汉代桑钦《水经》的注释作品。原书只叙述了137条主要河流,而《水经注》补充叙述了1200多条大小河流,篇幅是原书的数十倍。

6. 辨是非

注者认为原书有错误或失当之处,也可以通过注释的方式加以辨正。例如,《汉书·外戚传·孝文窦皇后传》:"太后后景帝六岁,凡立五十一岁,元光六年崩。"颜师古注:"《武纪》:建元六年太皇太后崩。此传云'后景帝六岁'是也,而以建元为元光,则是参错。又当言'凡立四十五年',而云'五十一',再三乖谬,则是此传误。"② 又如,《史记·秦始皇本纪》:"秦使章邯将而东征,章邯因以三军之众要市于外,以谋其上。"司马贞《索隐》注曰:"此评失也。章邯之降,由赵高用事,不信任军将,一则恐诛,二则楚兵既盛,王离见虏,遂以兵降耳,非三军要市于外以求封明矣。"③

7. 评得失

通过注释,还可就古籍内容中所涉人物、事件、观点等进行评价。下面以裴松之注《三国志》为例分别说明之。《三国志·蜀书·黄权传》载黄权谏阻刘备伐吴不成,后因道路隔绝,"权不得还,故率将所领降于魏。有司执法,白收权妻子。先主曰:'孤负黄权,权不负孤也。'待之如初。"裴松之注:"臣松之以为汉武用虚罔之言,灭李陵之家,刘主拒宪司所执,宥黄权之室,二主得失县邈远矣。诗云'乐只君子,保艾尔后',其刘主之谓也。"④ 这是对历史人物刘备的人品进行评论。《三国志·魏书·张鲁传》载张鲁降魏,曹操封张鲁为阆中侯、邑万户。裴松之注:"臣松之以为张鲁

---

① (晋)陈寿撰;(南朝宋)裴松之注.三国志[M].北京:中华书局,1959:31.

② (汉)班固撰;(唐)颜师古注.汉书[M].北京:中华书局,1962:3945.

③ (汉)司马迁撰;(南朝宋)裴骃集解,(唐)司马贞索隐,(唐)张守节正义.史记[M].北京:中华书局,1959:276.

④ (晋)陈寿撰;(南朝宋)裴松之注.三国志[M].北京:中华书局,1959:1044.

虽有善心，要为败而后降，今乃宠以万户，五子皆封侯，过矣。"① 这是对历史事件发表评论。《三国志·蜀书·后主传》末载陈寿评诸葛亮辅佐后主语："然经载十二而年名不易，军旅屡兴而赦不妄下，不亦卓乎！" 裴松之注："臣松之以为'赦不妄下'诚为可称，至于'年名不易'，犹所未达。案建武、建安之号，皆久而不改，未闻前史以为美谈。"② 这是对作者陈寿的观点进行评论。

第三节　古籍注释的术语

古籍注释常用的术语极多，仅拣其要，按其功能分类并举例说明之。

一、"某，某也""某者，某也""某也者，某也"

这组术语采用判断句式，直释其义，被解释的字、词和用以解释的字、词，是义同或义近的关系，其注释的对象和内容很广，单词、词组、句子、实词、虚词，甚至名物制度等，都可以采取这种注释形式。例如，《周礼·天官·冢宰》："掌建邦之六典。"郑玄注曰："典，常也，经也，法也。"③《荀子·修身》："劳苦之事，则偷儒转脱。"郝懿行注："儒者，柔也，弱也。"④《礼记·杂记下》："子贡观于蜡。"郑玄注："蜡也者，索也。"⑤ 以上所注的对象都是单字。还可注释单词和句子，如《国语·周语上》："穆王将征犬戎。"韦昭注："穆王，周康王之孙、昭王之子，穆王满也。"⑥《诗经·邶风·简兮》："日之方中，在前上处。"郑笺曰："'在前上处'

---

① （晋）陈寿撰；（南朝宋）裴松之注. 三国志 [M]. 北京：中华书局，1959：265.

② （晋）陈寿撰；（南朝宋）裴松之注. 三国志 [M]. 北京：中华书局，1959：903.

③ （清）阮元校刻. 十三经注疏附校勘记·周礼注疏 [M]. 北京：中华书局，1980：645.

④ （战国）荀况著；王天海校释. 荀子校释 [M]. 上海：上海古籍出版社，2005：63.

⑤ （清）阮元校刻. 十三经注疏附校勘记·礼记正义 [M]. 北京：中华书局，1980：1567.

⑥ （三国吴）韦昭注. 国语 [M]. 上海：商务印书馆，1937：1.

者，在前上列也。"①

二、"曰""为""谓之"

这组术语常用来注释名物制度，并且常用来区别同义词或近义词之间的细微差别，相当于现代汉语中的"叫做"。使用这几个术语时，被解释的词总是放在它们的后面。例如，《论语·学而》："有朋自远方来，不亦说乎？"邢昺疏曰："郑玄注《大司徒》云：'同师曰朋，同志曰友。'"②《论语·先进》："加之师旅，因之以饥馑。"朱熹注："谷不熟曰饥，菜不熟曰馑。"③《离骚》："惟草木之零落兮。"汉王逸注："草曰零，木曰落。"④ 以上是"曰"字例。又如，《离骚》："余既滋兰之九畹兮，又树蕙之百亩。畦留夷与揭车兮，杂杜衡与芳芷。"汉王逸注："十二亩曰畹。""二百四十步为亩。""五十亩为畦也。"⑤《离骚》："各兴心而嫉妒。"王逸注："害贤为嫉，害色为妒。"⑥ 以上是"为"字例。再如，《诗经·鲁颂·駉》："在坰之野。"朱熹注："邑外谓之郊，郊外谓之牧，牧外谓之野，野外谓之林，林外谓之坰。"⑦《尔雅·释器》："金谓之镂，木谓之刻，骨谓之切，象谓之磋，玉谓之琢，石谓之磨。"⑧ 以上是"谓之"例。

三、"谓""言"

"谓"的格式是"甲谓乙也"，被解释的词放在它的前面，相当于"指的是"，一般用在以具体释抽象或以一般释特殊的情况下。例如，《离骚》："恐美人之迟暮。"王逸注："美人，谓怀王也。"⑨《离骚》："昔三后之纯

---

① （清）阮元校刻．十三经注疏附校勘记·毛诗正义［M］．北京：中华书局，1980：308.
② （清）阮元校刻．十三经注疏附校勘记·论语注疏［M］．北京：中华书局，1980：2457.
③ （宋）朱熹集注；郭万金编校．论语集注［M］．北京：商务印书馆，2015：198.
④ （宋）洪兴祖．楚辞补注［M］．北京：中华书局，1983：6.
⑤ （宋）洪兴祖．楚辞补注［M］．北京：中华书局，1983：10.
⑥ （宋）洪兴祖．楚辞补注［M］．北京：中华书局，1983：11.
⑦ （宋）朱熹．诗集传［M］．上海：上海古籍出版社，1980：237.
⑧ （清）阮元校刻．十三经注疏附校勘记·论语注疏［M］．北京：中华书局，1980：2600.
⑨ （宋）洪兴祖．楚辞补注［M］．北京：中华书局，1983：6.

粹兮。"王逸注："后，君也。谓禹、汤、文王也。"①以上是以具体释抽象。又如，《论语·子罕》："后生可畏。"何晏注："后生谓年少。"②《楚辞·九章·橘颂》："受命不迁，生南国兮。"王逸注："南国，谓江南也。"③以上是以一般释特殊。"谓"有时还用来串讲句意，与下面所述"言"的用法相同，如《史记·陈涉世家》："今亡亦死，举大计亦死。等死，死国可乎？"司马贞《索隐》曰："谓欲经营图国，假使不成而败，犹愈为戍卒而死也。"④

"言"通常是用来串讲词语、句意或通释全章全篇的大意，相当于现代汉语"说的是"。比如：《楚辞·九歌·国殇》："旌蔽日兮敌若云。"王逸注："言士兵竟路趋敌，旌旗蔽天，敌多人众，来若云也。"⑤

四、"犹"

"犹"字通常用来注释同义词或通假字，相当于"等于说"。例如，《楚辞·离骚》有："长太息以掩涕兮，哀民生之多艰。"宋洪兴祖补注："掩涕，犹抆泪也。"⑥枚乘《七发》："淹沈之乐，浩唐之心。"李善注："唐，犹荡也。"⑦

五、"貌"

"貌"字常用来注释形容词或副词，表事物的状态，相当于"……的样子"。例如，《楚辞·九章·涉江》："冠切云之崔嵬。"王逸注："崔嵬，高貌也。"⑧《周易·咸卦》："憧憧往来，未光大也。"陆德明《经典释文》注"憧憧"曰："王肃云，往来不绝貌。"⑨

---

① （宋）洪兴祖. 楚辞补注[M]. 北京：中华书局，1983：7.
② （清）阮元校刻. 十三经注疏附校勘记·论语注疏[M]. 北京：中华书局，1980：2491.
③ （宋）洪兴祖. 楚辞补注[M]. 北京：中华书局，1983：153.
④ （汉）司马迁撰；（南朝宋）裴骃集解，（唐）司马贞索隐，（唐）张守节正义. 史记[M]. 北京：中华书局，1959：1951.
⑤ （宋）洪兴祖. 楚辞补注 [M]. 北京：中华书局，1983：82.
⑥ （宋）洪兴祖. 楚辞补注 [M]. 北京：中华书局，1983：14.
⑦ （南梁）萧统选；（唐）李善注. 文选 [M]. 上海：上海古籍出版社，1986：1561.
⑧ （宋）洪兴祖. 楚辞补注 [M]. 北京：中华书局，1983：128.
⑨ （清）阮元校刻. 十三经注疏附校勘记·周易正义（释文）[M]. 北京：中华书局，1980：101.

六、"之言""之为言"

这两个术语是用来释义的,但释者和被释者之间还有语音的关系,有的是音同,有的是音近,所以这种释义方法也叫"声训"或"音训"。比如:《诗经·召南·采蘋》:"于以采蘋,南涧之滨;于以采藻;于彼行潦。"郑笺:"蘋之言宾也;藻之言澡也。妇人之行尚柔顺,自洁清,故取名以为戒。"① 《荀子·修身》:"以不善先人者谓之谄。"杨倞注:"谄之言陷也,谓以佞言陷之。"②

七、"音某"

古代注音多用直音法,即直接用同音字注释原字,注为"音某"。如《周易·坤卦》:"君子有攸往。"唐陆德明《周易音义》注:"攸,音由,所也。"③

八、"某某反""某某切"

三国魏孙炎时始用反切法,即用两个字合注一个字的读音。具体来讲,就是取第一个字的声母和第二个字的韵母及声调,拼成被注字的音,注为"某某反"或"某某切"。例如,《尚书·盘庚上》"不惕予一人",《经典释文》注:"惕,他历反。"④ 再如,《楚辞·离骚》"鸣玉鸾之啾啾",清蒋骥注:"啾,即由切。"⑤

九、"如字"

用来注多音字的方法。一字有多音,在特定的上下文里,这个字要依照它惯有的读音去读,叫"如字"。如《礼记·大学》里有:"所谓诚其意者,毋自欺也。如恶(wù)恶(è)臭,如好(hào)好(hǎo)色,此之谓自

---

① (清)阮元校刻.十三经注疏附校勘记·毛诗正义[M].北京:中华书局,1980:286.
② (战国)荀况著;(唐)杨倞注;耿芸标校.荀子[M].上海:上海古籍出版社,2014:11.
③ (清)阮元校刻.十三经注疏附校勘记·周易正义[M].北京:中华书局,1980:98.
④ (清)阮元校刻.十三经注疏附校勘记·尚书正义[M].北京:中华书局,1980:169.
⑤ (清)蒋骥.山带阁注楚辞[M].上海:上海古籍出版社,1958:47.

谦。"《经典释文》注："恶恶，上乌路反，下如字……好好，上呼报反，下如字。"①

十、"读如""读若"

古籍中常用"读如""读若"来注近音字。与"直音法"准确地注音稍有不同，它们注音只取其近似，即所谓"拟其音"。如《楚辞·九歌·国殇》："霾两轮兮絷四马。"洪兴祖补注："霾，读如埋。"②《说文解字·人部》："佽，安也。从人，炎声，读若谈。"③《说文解字·玉部》："玖，石之似玉者。从王，厶声，读与私同。"④

十一、"读为""读曰"

这两个术语主要用来注通假字，又称作"破读"，即用本字本义来说明通假字。如《诗经·卫风·氓》："淇则有岸，隰则有泮。"郑玄笺："泮，读为畔。"⑤畔是本字，泮是通假字。"泮"不但可以读成畔，而且还可以当作"畔"来解释，兼有注音及释义的功能。再如，《礼记·曲礼》："国君则平衡，大夫则绥之。"郑玄注："绥，读曰妥。"⑥意即"绥"字不但可以读成"妥(tuǒ)"，而且可以当作"妥"来解释，也就是停止的意思。

"读如""读若"也可用来破通假字，如《礼记·儒行》："虽危起居，竟信其志。"郑玄注："信，读如屈伸之伸，假借字也。"⑦"读为""读曰"与"读如""读若"的区别在于，前者必然是用本字破通假字，后者则不一定，既可用本字破通假字，也可以通假字来解释本字。

---

① （清）阮元校刻．十三经注疏附校勘记·礼记正义［M］．北京：中华书局，1980：1673．

② （宋）洪兴祖．楚辞补注［M］．北京：中华书局，1983：82．

③ （汉）许慎撰；（清）段玉裁注．说文解字注［M］．上海：上海古籍出版社，1988：367．

④ （汉）许慎撰；（清）段玉裁注．说文解字注［M］．上海：上海古籍出版社，1988：17．

⑤ （清）阮元校刻．十三经注疏附校勘记·毛诗正义［M］．北京：中华书局，1980：325．

⑥ （清）阮元校刻．十三经注疏附校勘记·礼记正义［M］．北京：中华书局，1980：1256．

⑦ （清）阮元校刻．十三经注疏附校勘记·礼记正义［M］．北京：中华书局，1980：1670．

十二、"当为""当作"

这是一组用来校正误字的注释用语。如《礼记·缁衣》:"资冬祈寒。"郑玄注:"资当为至,齐鲁之语,声之误也。"① 《诗经·邶风·绿衣》:"绿兮衣兮,绿衣黄里。"郑玄笺:"绿当作褖……字之误也。"②

除以上术语外,还有说明上下文相互参见的"互文见义"、解释反义词的"反训"、说明近义词差别的"析言"等,此不赘述。

第四节 古籍注释的源流

一、古籍注释的发展历程

从历史的纵向角度考察,古籍注释由先秦至清代,经历了以下六个发展阶段。

1. 萌芽阶段:先秦

中国古籍注释起源于训诂,早在殷商时期的甲骨卜辞中就已出现。稍后,《尚书》的《禹贡》和《洪范》篇也出现了解释词语的文句。以上训诂的例证虽然总体数量不多,但可看作注释的早期萌芽。春秋战国时期,学术由官府下移民间,讲学之风大盛。而在当时,诸侯各自为政,各国文字尚未统一,因时代和地域的差别,记录古籍内容的语言文字也有很大差异,这为文献训诂提供了发展空间。据张新武《先秦文献正文中词义训诂辑录》的统计,《周易》《孝经》《左传》等 31 部先秦古籍中共有训诂资料 1 562 条③,涉及形训、音训、义训三个方面。子夏所作《易传》《丧服传》堪称儒家注经的鼻祖,《春秋》的《左氏传》《公羊传》《穀梁传》虽成书于西汉,其注释成果却是先秦经师通过师承口授流传下来的。其他诸子百家也都有注释作品出现,如《管子》有《牧民解》《形势解》《立政九败解》《版法解》《明法解》等,就是对《牧民》诸篇的注解;《韩非子》中的《解老篇》和《喻老篇》,是对《老子》的注解;《墨子》有《经说上》和《经说

---

① (清)阮元校刻. 十三经注疏附校勘记·礼记正义 [M]. 北京:中华书局,1980:1650.

② (清)阮元校刻. 十三经注疏附校勘记·毛诗正义 [M]. 北京:中华书局,1980:297.

③ 周大璞. 训诂学初稿 [M]. 武汉:武汉大学出版社,1987:292.

下》，是对《经上》和《经下》两篇的注解。总之，至战国末期，训诂对象已不限于儒家经典，训诂体式呈多样化发展趋势。

2. 初兴阶段：两汉

两汉时期因经学的繁盛，注释学也随之进入初兴阶段。汉武帝罢黜百家，独尊儒术，经学的地位空前提高，而讲说经义必从训诂入手，之后又出现了经学的今古文之争，极大地推动了注释学的发展，涌现出毛亨、贾逵、马融、何休、服虔、高诱、郑玄等一大批注释家，注释的作品有毛亨《毛诗古训传》、贾逵《周官解诂》《毛诗集义难》《左氏传解诂》、马融《毛诗注》《周官传》《丧服注》《论语注》、何休《公羊解诂》《公羊墨守》《左氏膏肓》《穀梁废疾》《孝经注训》、服虔《左氏传解谊》、高诱《孝经解》等。郑玄更是兼综古今，遍注群经，存世至今的有《周礼注》《仪礼注》《礼记注》和《毛诗笺》，此外还注释过《周易》《尚书》《论语》《孝经》以及纬书和法律书籍。整体来看，东汉为儒家经典所作经注，比西汉要多得多。除以上所举随文释义的以外，还有总释群经的，如班固《白虎通义》、许慎《五经异义》、郑玄《驳五经异义》等。两汉儒家经典注释的大量涌现，是统治者独尊儒术的结果，也是训诂成为经学附庸的具体表现。

另外值得一提的是，汉代出现了通释语义的系列训诂学的专著，如《尔雅》《释名》《方言》《通俗文》和《说文解字》等。《尔雅》（作者不详）是我国第一部词典，系统汇集春秋战国以来至秦汉时期训诂研究的丰富成果，以释古今之异言，通方俗之殊语，分类诠释各种名物，为我国注释学奠定了良好的基础；刘熙的《释名》因声求义，推求事物名称的由来，首开辞源学之先河；扬雄的《䡈轩使者绝代语释别国方言》是我国第一部对方言词汇进行比较研究的专著；服虔的《通俗文》（已佚）专释不登大雅之堂的俚言俗语；许慎的《说文解字》是我国第一部字典，它不专释语义，而是对汉字的形、音、义作全面的解说。

3. 沿袭阶段：魏晋南北朝隋唐五代

魏晋南北朝时期，注释虽仍以儒家经典为主，但所注范围进一步扩大，史部、子部、集部的重要著作，乃至佛教经典都有了注释，并出现了音义、义疏、集解等新的注释体式。史部注释有韦昭《汉书音义》、徐广《史记音义》、郭璞《山海经注》、裴松之《三国志注》、裴骃《史记集解》、陆澄《汉书注》、刘昭《后汉书注》、郦道元《水经注》等；子部注释以道家的《老子》《庄子》为主。据《隋书·经籍志》著录，《老子》注疏有30家，《庄子》注疏有15家。其他纵横家、小说家、兵家、医家等也都有注释作品问世，如皇甫谧《鬼谷子注》、刘孝标《世说新语注》、贾诩《吴起兵法注》、陶弘景《本草经集注》等。集部如郭璞《楚辞注》《子虚上林赋注》，皇甫遵《参解楚辞》、刘杳《离骚草木疏》、薛综《二京赋注》等。佛经的注释有《大乘经疏》379卷、《小乘律讲疏》23卷、《大乘论疏》47卷、《小乘论讲疏》76卷、《杂论讲疏》138卷等。以上成果表明，注释学逐渐摆脱经学附庸的地位，开始为其他类型的文献研究服务。这一时期的训诂专书有三国魏张揖《广雅》、晋吕忱《字林》、南梁顾野王《玉篇》等。

隋唐以后，经、史、子、集四部的注释又有所增加，其中对后世影响较大的有李鼎祚的《周易集解》、陆淳的《春秋集传辨疑》、司马贞的《史记索隐》、张守节的《史记正义》、颜师古的《汉书注》、李贤的《后汉书注》、何超的《晋书音义》、杨倞的《荀子注》、王冰的《黄帝素问注》、李善的《文选注》等。另外，还有五臣《文选注》、贾公彦《周礼疏》《仪礼疏》、杨士勋《春秋公羊传疏》等。出于统一社会政治、文化思想，适应科举考试的需要，唐代由官方指定孔颖达等儒学家，以前代注释为基础，对《周易》《尚书》《毛诗》《礼记》《春秋左传》五经的注释进行了整理和删定，编成《五经正义》，成为天下士子学习的定本。这一时期的训诂学专书有陆法言的《切韵》、陆德明的《经典释文》。隋唐时期的注释作品保存了大量的古书佚文和丰富的训诂资料，但其特点是"疏而不破"，只是发凡汉人旧注，不立新说，因而显得继承有余，发明不足。

4. 变革阶段：两宋

宋代处于注释学发展的变革期，主要表现在对经部文献的注释上。欧阳修作《诗本义》，刘敞作《七经小传》和《春秋权衡》，开疑古的先声。他们发扬孟子"尽信书不如无书"的见解，以摆脱汉唐旧说，创发新义。宋代学者喊出"六经注我"的口号，注释讲求义理，一改前代注释严谨烦琐的风气，注重用简明的语言阐述前人的作品，且敢于疑古翻新，如王安石于北宋神宗熙宁间主持完成的《三经新义》（即《周官新义》《诗经新义》《书经新义》），开宋代义理之学代替汉唐传注经学之风，在当时的思想界产生了很大的影响，被称为"荆公新学"。理学家张载、程颐、朱熹等都为儒家经典作过注释，如张载有《横渠易说》、程颐有《易传》、朱熹有《周易本义》《诗集传》《大学章句》《中庸章句》《论语集注》《孟子集注》《楚辞集注》等。他们虽也解释词语、考证名物，但常常借机大谈义理，把注疏变成了宣传理学的工具。其他较著名的经部注释作品还有邢昺的《论语注疏》《孝经注疏》《尔雅注疏》，后收入《十三经注疏》中。

宋人对史部文献的注释以《新唐书》和两《五代史》居多。注《新唐书》较早的有窦苹《唐书音训》、不著撰人的《唐书音义》、题名樊先生的

《注唐纪》和董冲（一作董衡）《唐书释音》等；王皞《唐余录》注《旧五代史》，徐无党注《新五代史》。另外较著名者还有姚宏、鲍彪分别为《战国策》作的注。集部文献代表性的注释有洪兴祖《楚辞补注》、郭知达《九家集注杜诗》。宋代通释语义的训诂学专著有陆佃《埤雅》、罗愿《尔雅翼》、王安石《字说》（已佚）、王洙和司马光等合撰的《类篇》等。

5. 衰落阶段：元明

元代统治者尚武而抑儒，致有"九儒十丐"之称。明代学者多数墨守成规，空疏浅陋，因而元、明两代的注释学呈现衰落之势。元人的古籍注释作品不多，所见者仅郝经《周易外传》、吴澄《易纂言》《书纂言》《礼记纂言》《春秋纂言》，陆淳《礼记集说》、胡炳文《周易本义通释》、胡三省《资治通鉴音注》、吴师道《战国策校注》等十余种而已。明成祖命胡广、杨荣等编《五经四书大全》，并以朱熹《四书集注》和宋人所注《五经》命题，八股取士，使得明人只能墨守朱、程理学之成规，古籍注释难有创新，稍可一提的有刘三吾《书传会选》、冯时可《左氏释》。新编的训诂学专著只有朱谋㙔《骈雅》、方以智《通雅》和黄扶孟的《字诂》《义符》可以独树一帜①。

6. 复兴阶段：清代

清初顾炎武、黄宗羲、王夫之等学者有感于明代统治者空谈性理之学，造成政治、经济、文化各方面的积弱，导致亡国之祸，遂展开了对宋、明理学的批判，提出"舍经学无理学"和"经世致用"的口号，号召摆脱宋、明理学的束缚，转而求助于古经，从而迎来了古籍注释的复兴。

清代涌现出一大批高质量的注释成果，较著名者经部有惠栋《周易述》、孙星衍《尚书今古文注疏》、马瑞辰《毛诗传笺通释》、孙诒让《周礼正义》、胡培翚《仪礼正义》、朱彬《礼记训纂》、洪亮吉《春秋左传诂》、陈立《春秋公羊义疏》、钟文杰《穀梁补注》、刘宝楠《论语正义》、焦循《孟子正义》、皮锡瑞《孝经郑注疏》、郝懿行《尔雅义疏》。以上为《四部备要》本清人"十三经注疏"。另外还有阎若璩《古文尚书疏证》、陈奂《毛诗传疏》、胡承珙《毛诗后笺》、孙希旦《礼记集解》、刘文淇《左传旧疏考证》、孔广森《春秋公羊通义》、柯劭忞《春秋穀梁传注》、邵晋涵《尔雅正义》等；史部有梁玉绳《史记志疑》、郭嵩焘《史记札记》、张文虎《史记及三家注校勘札记》、沈钦韩《汉书疏证》、王先谦《汉书补注》、周寿昌《汉书注校补》、惠栋《后汉书补注》、王先谦《后汉书集

---

① 周大璞. 训诂学初稿 [M]. 武汉：武汉大学出版社，1987：312.

解》、赵一清《三国志注补》、郝懿行《山海经笺疏》、杨守敬、熊会贞《水经注疏》等；子部有戴望《管子校正》、洪颐煊《管子义证》、郭庆藩《庄子集释》、王先谦《庄子集解》和《荀子集解》、王先慎《韩非子集解》、孙诒让《墨子间诂》、孙星衍《晏子春秋音义》、赵曦明《颜氏家训注》等；集部有王夫之《楚辞通释》、戴震《屈原赋注》、蒋骥《山带阁注楚辞》、胡文英《屈骚指掌》、朱骏声《离骚赋补注》、马其昶《屈赋微》、王闿运《楚辞释》、胡克家《文选考异》、孙志祖《文选李注补正》、朱珔《文选集释》、王琦《李太白诗集注》、钱谦益《钱注杜诗》、仇兆鳌《杜诗详注》、浦起龙《读杜心解》、马通伯《韩昌黎集校注》、沈钦韩《王荆公文集注》等。

清代训诂专著数量众多，体式完备。有注释前代训诂专著，寓作于述的，如邵晋涵《尔雅正义》、郝懿行《尔雅义疏》、王念孙《广雅疏证》、戴震《方言疏证》等；有仿《尔雅》体例而实有创新的，如吴玉搢《别雅》、洪亮吉《比雅》、夏味堂《拾雅》等；有遍注群书或一类书的，如王念孙《读书杂志》、王引之《经义述闻》、俞樾《群经平议》等；有纂集古训汇为一遍的，如阮元《经籍纂诂》；有仿效《说文》编为字典的，如《康熙字典》①。

清代学者继承了汉学求实的传统，又勇于打破对古人的迷信，以实事求是的精神对前代注释存在的问题进行了纠正，比如阎若璩考证出伪《古文尚书》和伪《孔传》，并对前代注释中的空疏妄说用新的方法加以辨正，提出了很多新的见解。戴震、段玉裁、王念孙等学者注意到语音与语义具有非常密切的关系，提出"声义同源"说，主张因声求义。声训法虽不是清代学者的首创，但直到清代才形成了科学的理论依据。借此方法，清代学者解决了不少前人遗留下来的疑难问题，如《穀梁传·隐公五年》："苞人民，殴牛马曰侵。"范宁注"苞"为"制"。而王引之认为，苞应读为俘，两者古声相近。《尔雅》："俘，取也。"贾逵《国语》注："伐国取人曰俘"，与此正同。苞是借字，又可写作包、抱、捋，晋灼注《汉书·贾谊传》"包陈以南"，亦训包为取②。不过，清代注释也存在滥用声训、轻言假借的情况。此外，烦琐寡要、未能彻底摆脱经学束缚的缺点依然存在。

"五四"运动之后，新文化运动进一步深入开展，加上西方语言学理论的引入，传统古籍注释出现了新的面貌。在注释学理论方面，代表人物

---

① 周大璞. 训诂学初稿 [M]. 武汉：武汉大学出版社，1987：339.

② （清）王引之. 经义述闻 [M]. 南京：江苏古籍出版社，1985：592.

有章太炎、刘师培、黄侃、沈兼士、杨树达等。章太炎著有《国故论衡》《小学答问》《文始》《新方言》等，上探语源，下明流变，多有创获，尤其《文始》一书，为汉语语源学奠定了坚实的基础。刘师培著有《小学发微》《论小学与社会学之关系》《论中土文字有益于世界》等；黄侃著有《训诂述略》《尔雅略说》《说文略说》《声韵略说》等；沈兼士著有《右文说在训诂学上之沿革及其推阐》《声词论》等；杨树达著有《词诠》《古书疑义举例续补》等。至于具体的注释成果，更是数不胜数，此不再一一列举。

二、经书注释举要

传统四部文献中，经部数量最多。以《四库全书》为例，收经、史、子、集四部书凡3 503种，其中经部图书就有1 773种、20 427卷。儒家经典从最初的"六经"（《乐》亡佚后变成"五经"），发展为"九经""十二经""十三经"，原始经典就那么十几种，最后发展累积到上千种，其中绝大多数是对原始经典注释、演绎的结果。今人利用前代的经书注释成果，常用的有以下几套经解丛书。

1. 《十三经注疏》

所谓"十三经"，是指儒家的13部经典，包括《周易》《尚书》《诗经》《周礼》《仪礼》《礼记》《春秋左氏传》《春秋公羊传》《春秋穀梁传》《论语》《孝经》《尔雅》《孟子》。"十三经"之名的形成经历了一个漫长的过程：汉代官方以《易》《书》《诗》《礼》《春秋》为"五经"；唐初以《易》《书》《诗》加上"三礼"（《周礼》《仪礼》《礼记》）、"三传"（《左氏传》《公羊传》《穀梁传》）为"九经"；唐文宗时刊刻开成石经，又加入《论语》《尔雅》和《孝经》，成为"十二经"；五代后蜀孟昶在"十二经"的基础上加入《孟子》，而将《孝经》《尔雅》排除在外，形成"十一经"；南宋时又在"十一经"基础上，重新加入《孝经》和《尔雅》，最终形成"十三经"。

《十三经注疏》是将以上13部儒家经典的正文以及汉魏至隋唐以来对它们所作的最具代表性的注释汇刻在一起，形成的一套经解丛书。北宋时期，"十三经"及其注、疏都已形成并版行于世，但当时经、注、疏都是各自单行之本，因此读起来颇为不便。南宋绍兴至庆元末，两浙东路茶盐司首次将《易》《书》《诗》《周礼》《礼记》五经的经、注、疏合刻在一起，而《春秋》一经的经、注、疏则由绍兴府知府沈作宾完成合刻。它们合在一起，史称"越州本六经"，是八行本经、注、疏合刻的开山之作。南宋淳熙年间，建安一经堂主人刘叔刚刊刻了十行本附释音群经注疏①，历经元、明两代翻刻、递修，有多种刻本传世。清嘉庆间，阮元以南宋建安十行本附释音十一经注疏（有部分元翻刻本）为底本，参校唐石经等古本，重刻《十三经注疏》，并于每卷之后附以《校勘记》，号为善本，为世人所重，是我们阅读和研究十三经的必备参考书。中华书局1980年影印本《十三经注疏》就是原世界书局缩印的阮元校刻本，具体名目胪列如下：

《周易》：魏王弼、韩康伯注；唐孔颖达等正义
《尚书》：旧题汉孔安国传；唐孔颖达等正义
《诗经》：汉毛亨传；汉郑玄笺；唐孔颖达等正义
《周礼》：汉郑玄注；唐贾公彦疏
《仪礼》：汉郑玄注；唐贾公彦疏
《礼记》：汉郑玄注；唐孔颖达等正义
《春秋左氏传》：晋杜预注；唐孔颖达等正义
《春秋公羊传》：汉何休注；唐徐彦疏
《春秋穀梁传》：晋范宁注；唐杨士勋疏
《论语》：魏何晏集解；宋邢昺疏
《孝经》：唐玄宗注；宋邢昺疏
《尔雅》：晋郭璞注；宋邢昺疏
《孟子》：汉赵岐注；宋伪孙奭疏

所谓"附释音"，是补入了唐陆德明《经典释文》的内容。为了说明《十三经注疏》经、注、疏和释音的合刻版式和读法，下以《诗经·国风·魏风·硕鼠》（见图8-1）为例作一说明。

文中首句大字"硕鼠，刺重敛也。国人刺其君重敛，蚕食于民，不修其政，贪而畏人，若大鼠也"，是解释本篇主题的"小序"。一说是孔子弟子子夏所作，一说为毛公所作，亦有人认为是出于东汉卫宏之手。从"硕鼠硕鼠，无食我黍"到"逝将去女，适彼乐郊"的大字是《硕鼠》一诗的正文。正文之后的双行小字就是注疏：首先开始的是毛传："贯，事也。"紧接着是郑笺："笺云：硕，大也。大鼠大鼠者，斥其君也……古者三年大比，民或于是徙。""〇"后面是《经典释文》注音的内容："贯，古乱反，徐音官。复，快又反。税，始锐反。比，毗志反。"在多段双行小字注文之

---

① 李致忠. 十三经注疏版刻略考［J］. 文献，2008（4）：19-29.

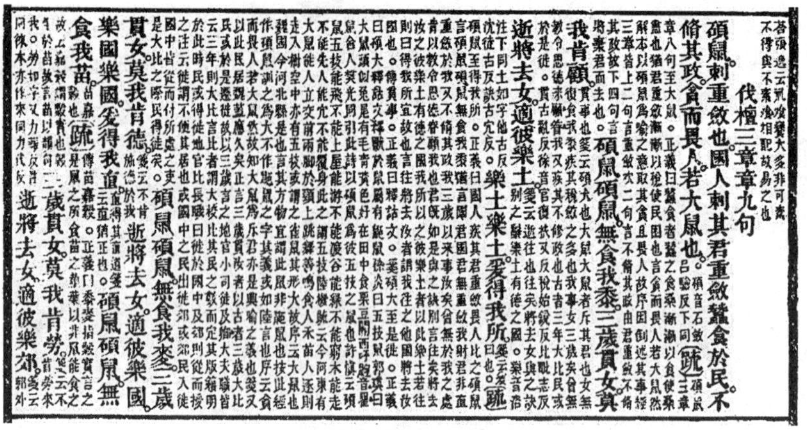

图 8-1　《诗经·国风·魏风·硕鼠》

后，有一个用括号括起的大字"疏"，提示下面是孔颖达的疏义内容。一般是先疏正文，次疏毛传，再疏郑笺。作疏时，先指定经文的范围"'硕鼠'至'得我所'"，"〇"后是对这段经文的疏义；疏完后用"〇"隔开，然后引毛传内容"传：贯，事"，"〇"后再疏毛传；疏完又用"〇"隔开，然后指定郑笺范围"笺：'硕大'至'是徙'"，"〇"后是疏郑笺的内容。以此类推，每项内容之间都用"〇"隔开。

2.《通志堂经解》

本名《九经解》，清康熙中叶编成的一部大型经学丛书，署名纳兰性德辑，实出于徐乾学、何焯之手，辑录宋元经师关于《易》《书》《诗》《春秋》《三礼》《孝经》《论语》《孟子》《四书》等经书的注释共 146 种，间及汉唐并明儒经注，成为对宋元经学成就的总结之作。《通志堂经解》有康熙十九年（1680 年）通志堂初刻本和同治十二年（1873 年）粤东书局重刻本传世，1993 年江苏广陵古籍刻印社据同治本影印出版。

3.《皇清经解》

又名《学海堂经解》，是阮元任两广总督时组织学者在广州学海堂辑刻的一部大型经学丛书，汇集清初以来顾炎武、胡渭、阎若璩、毛奇龄等 73 位著名学者的注经之作 183 种，以作者年辈先后为序编排。作者多数在小学领域卓有建树，戴震、段玉裁、王念孙、王引之、郝懿行等更是其中的训诂学大家，所收著作多数与训诂关系密切，或本身就是训诂学专著，因此该丛书是对清代中前期经学成就的一次系统总结。《皇清经解》初刻于道光九年（1829 年），藏版于学海堂文澜阁。咸丰七年（1857 年）九月，英军攻粤，书版毁失过半，咸丰十一年（1861年）完成补版。光绪间上海鸿宝斋、点石斋又出石印本。

4.《续皇清经解》

原名《皇清经解续编》，又名《南菁书院经解》，清王先谦汇刻。清光绪十一年（1885年），江苏学政王先谦搜集阮元所刻《皇清经解》所遗漏者，及乾嘉以后111家经学著作209种，沿用原书体例汇编而成，其中以乾嘉学派著作为主，兼及其他学者的著作。光绪十四年（1888年）刻竣，初版于江阴南菁书院。

三、史书注释举要

先秦史籍《春秋》和《尚书》被划入了经部，因此史注和经注是同源的，像《春秋》"三传"实际上也是最早的史注。与经书注释对象多是先秦典籍不同，史书注释对象——史籍各代都有，时代越往后越需要注释。两汉的史注和经注一样，主要是训释文字的音义，如延笃《史记音义》、应劭《汉书集解音义》、服虔《汉书音训》等。注释范围即便扩大，亦不过是增加对名物、地理及典故的解释。

魏晋南北朝以后，私人修史成风，史注作品也随之大量涌现，仅《史记》《汉书》的注家就有数十家，如《史记》有裴骃《史记集解》、徐广《史记音义》、邹诞生《史记音》；《汉书》有晋灼《汉书集注》、陆澄《汉书注》、刘显《汉书音》等。其他史书也都各有注释，如《后汉书》有刘昭《后汉书注》、萧该《范书音》、臧竞《范汉音训》、刘芳《后汉书音》；《三国志》有裴松之《三国志注》；编年史注有刘彤《晋纪注》、崔浩《汉纪音义》等；杂史注有王肃、韦昭、虞翻诸家《国语注》，孔晁《国语注》和《逸周书注》，郭璞《山海经注》《水经注》和《穆天子传注》，刘孝标《世说新语注》，郦道元《水经注》等。值得一提的是，这一时期的史注已突破传统经注模式的藩篱，进一步扩大了史注范围，出现了增补史实、条列异同、考辨史料、发表评论等新的注释体例，形成了史注自身的特色。

兹将《国语》以下重要史注列举如下：

1.《国语注》

三国吴韦昭注。《国语》是我国第一部按国别体编写的史书，记载了从西周穆王征犬戎至战国初韩、赵、魏灭智伯约五百年间有关周、鲁、齐、晋、郑、楚、吴、越八国的重要历史。《国语》叙事少，记言多，与《左传》以叙事为主形成鲜明对比，可与《左传》相印证，故有《春秋外传》之称。三国时吴人韦昭作《国语注》，兼采东汉郑众、贾逵、三国虞翻、唐固、王肃等五家的注释成果，文字简洁易懂，成为流传下来的最早的《国语》注本。清洪亮吉《国语韦昭注疏》、近人吴曾祺《国语韦解补正》对韦注又多所发明、补充、订正，可与韦注一并参考使用。

2. 《战国策注》

东汉高诱注，南宋姚宏、鲍彪续注。《战国策》经西汉刘向整理后，东汉高诱为之作注21卷，流传至唐代初年散佚不全，仅存10卷。北宋时曾巩为之校补，但高诱注文仍残缺不全。南宋绍兴间，姚宏依曾巩校补本和高诱散佚的注本重加校订和训释，成33卷。清嘉庆八年（1803年）黄丕烈刻有姚宏注本《战国策》，即《士礼居丛书》本；几乎与姚宏同时，鲍彪亦于绍兴间为《战国策》作注。他依据曾巩校本，但不取高注，因为高注"既疏略无所稽据，注又不全，漫微浸页，殆于不存"（《战国策》鲍彪序），于是根据《史记》等文献资料，重作新注。该注本把刘向所定篇目按相关事迹的年月先后重新排序，将西周的篇目置于卷首，有《四部丛刊》影印元至正年间鲍注吴（师道）校本传世。

3. 《史记三家注》

刘宋裴骃集解，唐司马贞索隐、张守节正义。东汉时已有延笃为《史记》作音义，至唐时《史记》注家已有近20家，但流传至今的只有三家：刘宋裴骃《史记集解》、唐司马贞《史记索隐》和唐张守节《史记正义》。裴骃以晋代中散大夫徐广《史记音义》为基础，广采先儒百家之说，集录经史诸注，又搀入己意，撰成《史记集解》80卷；至唐代，司马贞认为裴骃之书"虽粗见微意，而未穷讨论"（《史记索隐序》），于是在《史记集解》的基础上，探求异闻，采拾典故，解裴氏所未解者，著《史记索隐》30卷。后人认为《史记索隐》长于探幽索微，多得司马迁写作之本意；尔后，张守节积30年之精力为《史记》正文作注，并为《史记集解》和《史记索隐》疏义，成《史记正义》30卷。《史记正义》详于历史地理的考证，凡《史记集解》《史记索隐》未注、错注或注而不详者，都一一补注或订正。

以上三家注开始都是单独流传的，至北宋时始合刻于正文之下。现存最早的三家注合刻本，是南宋宁宗庆元间黄善夫本，后收入商务印书馆影印的《百衲本二十四史》。不过，宋人将三家注散附于《史记》正文后，不但卷帙变了样，文字上也有不少删节，其中尤以《正义》问题最为严重，因此清代学者钱大昕指出："《史记正义》失传，宋人合《索隐》《正义》两书散入正文之下，妄加删削，使后人不得见守节真面，良可叹也。"①

---

① （清）钱大昕. 十驾斋养新录·卷六 [M]. 南京：江苏古籍出版社，2000：119.

4.《汉书注》

唐颜师古注，清王先谦补注。班固的《汉书》因多用古字，奇奥难读，行世不及百年，就有人为之作注。最早为《汉书》作注的是东汉桓帝时的延笃，灵帝时的服虔、应劭等人。魏晋南北朝后为之作注的就更多了，至隋末已不下三十余家。因此，唐初颜师古（名籀，以字行，官至秘书少监）为《汉书》作注，是对前人注释的一次系统整理和集成。他继承《汉书》音义的传统，兼采众注家之长，以注音释义为基础，同时做了校正文字、疏通旧注、删繁补阙等工作，形成了集注式的音义注本，对后世史注产生了深远的影响。颜注的特点是释义浅显、内容详备，中华书局1962年点校本《汉书》用的即是颜注。

清末学者王先谦（字益吾，长沙人，曾任江苏学政）认为，颜师古《汉书注》虽集诸家注释之长，但仍不免有讹误之处，于是采宋、明以下，尤其清人研究《汉书》的成果，积30余年之功，征引专著和参订者六十七家，抄集百万余言，为《汉书》作补注。王氏补注取材审慎，考证翔实，史地部分尤为精审，是研读《汉书》的必备书。王先谦《汉书补注》有光绪二十六年（1900年）虚受堂初刻本，中华书局1983年据此本影印。

5.《后汉书注》

《后汉书》本纪10卷、列传80卷，由南朝刘宋范晔撰，唐李贤注；八志共30卷，由晋司马彪撰，南梁刘昭注。刘昭所注风格略同于裴松之《三国志注》，偏重于补充史实，而略于文字训诂，惜大部分散失。李贤，字明允，唐高宗第六子，谥章怀太子，因此《后汉书注》又称章怀太子注，实际上是李贤召集儒臣张大安、刘讷言、格希元（玄）等共注。李注与刘注不同，更侧重于训诂，其征引广博，注音释义精当，但也略有不足，如清王先谦评价说："详观章怀之范注，不减于颜监之注班。惜非一手所成，不免有踳驳漏略之处。"（《后汉书集解述略》）。今通行本为中华书局1965年点校本。

李贤《后汉书注》流传至清代，惠栋以其舛错遗漏，为之作补注。清末王先谦又在惠氏《后汉书补注》的基础上，广泛吸取前人的研究成果（如陈景云《两汉书举正》、钱大昭《两汉书辨疑》、洪亮吉《四史发伏》、周寿昌《两汉书注补正》、李慈铭《后汉书札记》等），撰成《后汉书集解》。该书详校版本，勘合纪传异同，对事件、人名、地名、典章制度等均有辨正和诠释，成为注《后汉书》之集大成者。惜王氏未完稿即死，后由其门生黄山及柳从辰等人续完此书。有1915年虚受堂刊本，1984年中华书局据此本影印。

6.《三国志注》

南朝裴松之注。裴松之，字世期，河东闻喜人。宋文帝以陈寿《三国志》记事过于简略，命裴松之为之作注。松之广搜资料，引用书籍多达 245 种（另有 11 则引文出处不详）①，字数是原书的三倍。除少数训诂内容外，注释的绝大多数内容都是补充阙漏，备载异说，矫正谬误，辨明是非，并对史家和史著予以评论。该书的主要价值在于提供了大量史料，使史事更加详明，弥补了《三国志》的不足。后世学者公认裴注与《三国志》具有同等重要的史学价值。现中华书局点校本《三国志》即采用的裴注。

7.《世说新语注》

南朝梁刘孝标注。刘孝标，名峻，以字行。他注《世说新语》仿裴松之例，重点不在训释文字，而在辑补史料。《世说新语注》征引书籍凡 453 种，其中经部 39 种，史部 305 种，子部 42 种，集部 47 种，释家类 10 种，其他不可考者 10 种②。该书注释内容丰富，对原作人物事迹，一一寻检史籍，考核异同；对事乖情理的，则有详论，以明是非；对原书不备的，略为增补，以广异闻。订正原书谬误，尤为精确，兼及解词释义，注明典出。高似孙《纬略》评价该书说："梁刘孝标注此书，引援详确，有不言之妙。如引汉、魏、吴诸史及子传地理之书，皆不必言。只如晋氏一朝史及晋诸公列传谱录文章，皆出于正史之外，纪载特详，闻见未接，实为注书之法。"③

8.《资治通鉴音注》

元初胡三省注。胡三省，字身之，台州海宁人，博学善文，尤精史学，宋宝祐四年（1256）进士，官至朝奉郎，宋亡后不仕，用 30 年的时间专意注《资治通鉴》。胡三省注《资治通鉴》有三个特点：一是随文释义，内容繁复，凡词语间义、名物辨析、典故出处、制度沿革、史实订正等无不具备，对职官、地理考证尤为精详；二是着力于贯连事件始末，凡涉及上年的事情，必注明见某年某卷；涉下年之事，必注明为某事张本；重要人物出现，必注明某人事始于此。从而使事之原委，人之始末，前后照应，以便读者。三是字里行间充满民族气节和爱国忠君思想。今通行本为中华书局 1956 年点校本。

---

① 伍野春．裴松之《三国志注》引书辨析［J］．东方论坛，2005（2）：97-102.

② 张明．刘孝标《世说新语注》引书研究［D］．长春：东北师范大学，2009：367.

③（宋）高似孙著；左洪涛校注．高似孙《纬略》校注［M］．杭州：浙江大学出版社，2012：175.

第九章 古籍的翻译

翻译也是古籍整理的诸多方式之一。它是对古籍使用的语言进行整体转换，把原书的古代汉语转换成现代汉语，同时尽可能保持语义不失真、不增损。历史地看，翻译源于注释，两者关系密切，但发展到后来又有所区别：翻译强调的是从整体上复述古籍内容，要求忠于原文，不能添加或遗漏任何文献信息；注释强调的是对古籍局部内容进行解释，以训音释义为主，虽也涉及对古籍内容的解释，但可以对原文内容进行补充、辨正和评论，因此相对来说要灵活得多。古籍翻译对于普及和弘扬传统文化具有重要意义。

第一节 古籍翻译的原则

18世纪英国翻译家泰特勒（Tytler, A. F.）在《论翻译的原则》（*Essay on the Principles of Translation*）一书中提出了翻译的三个基本原则：一是译作应该完整再现原著的思想内容；二是译文的风格和笔调应与原著保持一致；三是译文应该像原著一样流畅通顺。类似地，19世纪末，我国著名翻译家严复在《〈天演论〉译例言》中提出了著名的"信、达、雅"三字原则："译事三难：信、达、雅。求其信，已大难矣；顾信矣，不达，虽译犹不译也，则达尚焉……《易曰》'修辞立诚'，子曰'辞达而已'，又曰'言之无文，行之不远'。三者乃文章正轨，亦即为译事楷模。故信、达而外，求其尔雅。"[①] 严复提出的这三条原则，是就西方文献翻译成中文而言的，大体上也适用于古籍的翻译。对于"信"和"达"，绝大多数学者没有异议，问题在于"雅"，当时受到了梁启超、黄遵宪等人的质疑。严复用典

---

① （清）严复.译《天演论》例言［M］//钱基博编.国学必读（上）.上海：上海古籍出版社，2015：92.

雅秀丽的桐城派古文翻译西方思想名著，显得过于深奥，也有些不伦不类，但对于古籍翻译而言，"雅"是其所需要的。不过，这三字原则不是并列关系，其中"信"是第一位的，"达"在其次，最后才是"雅"。"信"和"达"是前提和基础，脱离了"信"和"达"，翻译得再"雅"，也不是翻译。

一、第一原则：信

所谓"信"，就是要求译文绝对忠实于古籍原文。翻译不同于创作，创作是发表自己的意见，而翻译是传达别人的意思。翻译的这一性质决定了它必须忠于原著，这是一条最根本的原则，在这一点上，古今中外的翻译家都没有异议。忠实于原文有几层意思：既要准确表达原文的语义，还要如实转达原文的情感和语气，甚至尽可能地体现出原文的风格、意境和神韵。古籍翻译不能任由译者自由发挥，这与注释是很不一样的。如果译文背离了原文的意旨，违反了"信"的原则，那就不是翻译，而属于改写原文了。

1. 准确表达原文的语义

有的语言学家提出，译文和原文之间应该是一种等值关系。所谓"等值"，是指在对古籍文字进行转换时（可用直译法，也可用意译法），使用的现代汉语与对应的古代汉语（包括词、词组和句子）应具有相同或相近的语义。

以《论语·为政》为例："子曰：'温故而知新，可以为师矣。'"译文为："孔子说：'在温习旧知识时能有新体会、新发现，就可以做老师了。'"这里既有词一级的对应，如"子"译为"孔子"，"曰"译为"说"，"师"译为"老师"；也有词组一级的对应，如"温故"译为"温习旧知识"，"知新"译为"有新体会、新发现"。这段译文与原文就是语义的等值关系。又如《老子》第五章："天地不仁，以万物为刍狗；圣人不仁，以百姓为刍狗。"上古的祭祀，习惯用活狗作祭品，大约在商周以后，改用草扎成的狗，用完之后就扔掉，这就是所谓的"刍狗"。现代汉语里找不到与之语义对应的词，不好用直译法，只能意译。中华书局1984年版《老子注释及评介》译为："天地无所偏爱，任凭万物自然生长；圣人无所偏爱，任凭百姓自己发展。"译文基本表达了原意，这就是译文与原文语义相近的情况。

如果译文与原文的语义既不相同，也不相近，那就存在以下几种可能：
（1）译文的语义大于原文

例如，《陋室铭》有"无丝竹之乱耳"句，湖北人民出版社1984年版《古文观止注译》译为："没有音乐来扰乱听觉。"这里把"丝竹"译为音乐，扩大了原文语义的外延，因为文章前面还有一句"可以调素琴，阅金经"，可见刘禹锡并不排斥所有的音乐，而只是反对那些鄙俗的音乐。另外，"乱耳"直译为"扰乱听觉""扰乱耳朵"显得过于呆板，可意译。因此，原句译为"没有鄙俗的音乐来扰乱心神"比较贴切。

（2）译文的语义小于原文

例如，《论语·学而》："子曰：道千乘之国，敬事而信，节用而爱人，使民以时。"文中的"爱人"，杨伯峻《论语译注》译为"爱护官吏"，贵州人民出版社1988年版《四书全译》译为"爱护各级部下"，都有不妥。"爱人"一词在《论语·颜渊》中也有出现："樊迟问仁。子曰：'爱人'。"可见，孔子主张的"爱人"不是针对特定的某一类人，而是泛指所有的人。因此，"爱人"应译为"爱护人民"。下文"使民以时"就是"爱人"的重要体现，因而特别提出。

（3）译文与原文的语义只有部分重合

即译文只有一部分意思符合原文，但不很确切。如《国语·周语》："厉王虐，国人谤王。"有人将这句话译为："周厉王暴虐，国内的人都诽谤周厉王。"这里有两处不当："国"是指国都，"国人"译成"国内的人"不确切；"谤"在上古汉语中的本义是公开批评某人，并无贬义，与今天的"诽谤"带有恶意不同。因此，原句当译为："周厉王暴虐，国都里的人都议论周厉王。"

（4）译文与原文的语义相背，或两者并无必然联系

例如，《韩愈·送董邵南序》："董生举进士，连不得志于有司。"文中"举进士"，有人译为"中了进士"。译文显然有违原文的意思，如已得中进士，又何来"连不得志于有司"？这是译者不了解唐代科举制度与明清的不同造成的误译。"举"在这是"推举"之意，指董邵南为乡里所推举，去长安参加进士科考试。再如，欧阳修《释秘演诗集序》："曼卿隐于酒，秘演隐于浮图。""曼卿"，宋代诗人石延年的字。"隐"是隐居、隐遁的意思，"隐于酒"就是"借饮酒这种形式隐遁起来"。浮图，梵语音译，指佛教徒或佛塔，"隐于浮图"可译作"借佛教这种信仰隐遁起来"。吉林人民出版社1982年版《古文观止译注》将这句话译为："曼卿隐匿在酒肆当中，秘演隐匿在寺庙当中。"显然误会了原文的语义。

2. 如实转达原文的情感和语气

语义之外，古籍文字和现代文字一样，也可以表达情感和语气。如果原作有强烈的感情色彩或特定的语气，而译作没有如实翻译出来，造成了原著信息的遗漏或失真，实际上也是违反了"信"的原则。因此，在翻译古籍

时，尤其要注意如实转达原文的情感和语气。例如，《左传·襄公二十五年》："人谓崔子：'必杀之！'"中华书局1981年版《左传译文》译为："有人对崔武子说：'一定要杀了他！'"译得很准确，表达出了人物的情感和语气。而齐鲁书社1983年《古文观止今译》译成："亲信人等告诉崔武子，都主张必须杀死晏子。"把原作的语气译得非常平淡。又如，李觏《袁州州学记》："（秦亡之时）武夫健将，卖降恐后，何耶？诗书之道废，人惟见利而不闻义焉耳。"中国画报出版社2003年版《古文观止（图文版）》译为："是因为诗书的道义废止，一般人只知道贪利，不懂得道义。"没有译出原文"焉耳"所要表达的愤懑、痛惜的语气。应当译为："只因诗书的教化被废弃，人们只看见功利，而不懂得道义罢了。"再如，范仲淹《岳阳楼记》："予观乎巴陵胜状，在洞庭一湖。"湖北人民出版社2007年版《古文观止注译》将这句话译为："我看巴陵一带最美好的景色，就在洞庭湖。"译文不仅未能将原文"一"字的语义译出，也使作者的强调语气顿失。更准确的译法为："据我看来，巴陵（今岳阳市）的优美景色，全在一个洞庭湖。"

3. 尽力体现原文的文风和意境

古籍作品都属于特定的体裁，而每种体裁都有自己的特点，有的长于叙事，有的擅于说理，还有的精于抒情。同样体裁的作品，不同作者也有不同的文风，有的文辞华丽，有的语言朴实，有的意境深远。古籍翻译要考虑到不同体裁、不同文风的特点，尤其是文学类作品的翻译，不仅要做到形似，还要做到神似，即意境要到位。以《诗经》为例，新文化运动以来各种译本纷出，有全译者，有选译者，有译中加注者，风格各异，粗精不同。下面以郭沫若1923年出版的《卷耳集》和余冠英1956年出版的《诗经选译》为例，进行对比说明。

《诗经·国风·周南·卷耳》原诗第一段：

采采卷耳，不盈顷筐。
嗟我怀人，寘彼周行。

【郭译】
一片碧绿的平原，
原中有卷耳蔓草开着白色的花。
有位青年妇人左边肘上挂着一只浅浅的提篮，
她时时弓下背去摘取卷耳，

又时时昂起头来凝视着远方的山丘。
她的爱人不久才出了远门,
是骑着一匹黑马,携着一个童仆去的。
她在家中思念着他坐立不安,
所以才提着篮儿走出郊外来摘取卷耳。
但是她在卷耳的青白色的叶上,
她在卷耳的银白色的花中,
也看见她爱人在向她微笑。
远方的山丘上也看见她的爱人在立马踟蹰,
带着个愁惨的面容,
又好像在向她诉说别离羁旅的痛苦。
所以她终竟没有心肠采取卷耳了,
她终竟把她的提篮丢在路旁,
尽在草茵上思索①。

【余译】
东采西采采卷耳,
卷耳不满斜口筐。
一心想我出门人,
搁下筐儿大路旁②。

两相对比,郭译虽然意境很美,但只是掠取古诗大意而另铸新辞,借题发挥的主观创作成分较多,不是译诗。而余译以通行的白话诗,把古诗的意境表达了出来,语言质朴,更符合"国风"的风格,显然更忠实于原文。再以《诗经·豳风·七月》其中的一段为例:

【原文】
九月筑场圃,
十月纳禾稼。
黍稷重穋,
禾麻菽麦。

---

① 郭沫若编. 卷耳集 [M]. 上海:泰东图书局,1923:1-3.
② 余冠英. 诗经选译 [M]. 北京:作家出版社,1956:3.

嗟我农夫！
我稼既同，
上入执宫功。
昼尔于茅，
宵尔索绹。
亟其乘屋，
其始播百谷。

【余译】
九月垫好打谷场，
十月谷上仓。
早谷晚谷黄米高粱，
芝麻豆麦满满装。
咱们这些泥腿郎！
地里庄稼才收起，
城里差事又要当。
白天割得茅草多，
夜里打得草索长。
赶紧盖好房，
种田播种又要忙①。

  以上这段译文以直译为主，与原文的词句都是相互对应的关系，文体也保持了诗的形式，每句押韵。有些词并没有机械地直译，而是适当地加入了一些动词、形容词或名词，较好地表达了原文的风貌。正因为如此，余冠英的《诗经选译》成为一本颇有影响的古诗翻译的范本。余氏在《诗经选译·后记》中提出的古诗今译原则值得我们学习和借鉴：①原作如果是格律诗，译文也要是格律诗；②原作如果是歌谣，译文要尽可能保存歌谣体的风格；③逐句扣紧原诗的意思，但须少用直译，避免硬译、死译；④译文要读得上口，听得顺耳；⑤词汇和句法要有口语的根据②。

4. 勿将现代事物的概念强加给古代

  古籍翻译要遵从历史唯物主义的基本原则，不可"以今律古"，具体来

---

① 余冠英. 诗经选译 [M]. 北京：作家出版社，1956：146.
② 余冠英. 诗经选译·后记 [M]. 北京：作家出版社，1956：186.

说就是不能脱离原文所处的时代背景,切忌用今天的事物概念去代替古代固有的事物概念,否则就是对原著的不忠实。例如,《诗经·卷耳》中有一句"我姑酌彼金罍",中州书画社1982年版《〈国风〉的普通话翻译》译作"我姑且青铜海碗斟白干"。"白干"是一种酒精浓度很高的蒸馏酒,其产生历史较晚,而周代只有浓度很低的发酵酒,一般连酒糟一起饮用,所以那时的人不可能"斟白干"。台湾的伯杨先生所译《现代汉语版〈资治通鉴〉》,将原书中的"步兵校尉"译为"步兵指挥官","尚书左仆射"译为"国务院左副行政长官","吏部尚书"译为"国务院文官部长"等,也违背了这个原则。遇到上述情况,可在保留原文的基础上加注释予以说明。还有的译本将现代的一些政治术语用于古籍翻译,如《孟子·尽心下》有"民为贵,社稷次之,君为轻"的话,有人将之译为"奴隶主阶级最贵重,国家在其次,新兴地主阶级的国君最轻",这显然是"文革"后期"评法批儒"运动中的产物,借古人之口贩卖私见,殊不可取。

二、第二原则:达

所谓达,也就是通达,指的是文从字顺,上下文语义流畅。"信"只是做到了如实转达原文的语义,如果文字表达不符合今人的行文规范,读起来不顺畅,还是会让人觉得晦涩难懂,达不到应有的效果。而要做到文字通达,必须具备两个条件:一是必须使用规范的白话文词语。规范的白话文词语,并不排斥现代人已经习惯使用的古文词语,尤其是一些成语、方言俗语、外来语等。这类语词不但要用,有时还是无可替代的;二是必须符合现代汉语的语法规范或习惯的表达方式。只有在"信"的基础上,做到了以上两点,才能译出明白流畅的高质量译文。反之,译文就会佶屈聱牙、令人费解。下面通过举例加以说明。

《战国策·齐策四》:"威后问使者曰:'岁亦无恙耶?民亦无恙耶?王亦无恙耶?'""无恙"本义是"没有生病"的意思,但如果译作"赵威后问使者:'年岁没有生病吧?老百姓没有生病吧?大王没有生病吧?'"就很让人莫名其妙,因为现代汉语没有这样的表达。这里不能用直译法,而应改用意译法,可译作:"赵威后问使者:'今年收成还好吧?老百姓都安居乐业吧?大王身体还好吧?'"又如,《左传·僖公三十年》:"夫晋,何厌之有?"有人译作:"晋国,有什么满足?"这种译法看起来与原文的结构保持了一致,但读来别扭,且容易让人产生歧义。更恰当的译法为:"晋国,哪里有满足的时候？"这才符合"达"的要求。再如，《论语·子罕》："子绝四——毋意，毋必，毋固，毋我。"钱穆先生1985年巴蜀书社版《论语新解》译为："一无臆测心，二无期必心，三无固执心，四无自我心。"所谓的"期必心"，一般人很难明白其所指。杨伯峻先生译为："不悬空揣测，不绝对肯定，不拘泥固执，不唯我独是。"这就好得多。

从以上所举可以看出，古籍今译要做到"达"，首先还是要吃透原文的意思。因此"达"是以"信"为基础的，离开了"信"，也就无所谓"达"。

三、第三原则：雅

所谓"雅"，就是要求译文优美典雅。古人云："言之无文，行而不远。"说明好的文章是优美的，有文采的，读起来能给人以美感。但也有学者认为，古籍翻译不必强求典雅。首先，译文有没有文采，并没有统一的标准，往往见仁见智，不好评价。其次，如果原文本身是质朴无华的，译文硬性添入文采，变得辞章华美，那就是不"信"；如果原文很有文采，译文自然也应该很有文采，这本身就是"信"。下面就讨论后一种情况。

鲁迅先生说："凡是翻译，必须兼顾着两面，一当然力求其易解，二则保存着原作的风姿。"这里所谓"原作的风姿"就是指原作的个性化风格，如有的含蓄委婉，有的简洁明快，有的辛辣深刻，有的诙谐幽默，有的严谨缜密，有的奔放热烈。对此，译者不能任意改变原文的个性化风格，而要尽力体现原文的艺术特点。因此，古籍翻译时尤其要注意原文的修辞手法。如李斯《谏逐客书》："是以太山不让土壤，故能成其大；河海不择细流，故能就其深；王者不却众庶，故能明其德。"显然，原文采用了排比的修辞格。译文一："因此，泰山不拒绝土壤，才能变成那样大；江河大海肯容纳细小的水流，才能达到那样深；做君主的不拒绝一切民众，才能使他的道德发扬光大。"这段译文虽然基本意思都译出来了，但用词平淡无奇，毫无原文的气势。再对比一下译文二："因此，泰山不拒绝粒粒尘土，所以能够成就它的巍峨；河海不挑剔涓涓细流，所以能够成就它的深邃；帝王不排斥芸芸众生，所以能够彰显他的德行。"毋庸置疑，译文二无论是在句式的排比（连续用了三个"不……所以能够"），还是用词的选择方面（如叠声词"粒粒""涓涓""芸芸"，形容词"巍峨""深邃"），都远胜于译文一，读来铿锵有力，扣人心弦。

第二节 古籍翻译的方法

"信""达""雅"只是为古籍翻译提供了一般原则，还需要用具体的方法来实现和达到这些标准，这就是古籍翻译的方法问题。古籍翻译方法，总的归纳起来主要有以下两种：

一、直译法

所谓"直译"，就是按照原文的字词顺序，逐字逐句地翻译，译文的语言顺序和语法结构基本与原文保持一致，译文与原文的用词是一一对应的关系。这种对应，包括词语的意义、词性、词在句中的位置、句法结构等。例如，《论语·学而》："曾子曰：'吾日三省吾身。'"译文："曾子说：'我每天多次反省我自己。'"这句译文全是按原有的词汇和语序对译过来的，这就是直译。但在具体的操作过程中，直译法有一些小的技巧需要掌握。

1. 留

所谓"留"，就是直接保留原文中的词语。古籍中的词语并不是都需要或都能翻译的，在有的情况下，原文保留是最好的处理方法。

对于什么样的词语可以保留不译，有学者作了如下归纳①：①古今词语完全相同并没有歧义者。如牛、马、蟋蟀、桃花、凄凉等。另外，大量至今仍在使用的成语也可以保留，甚至应当原文保留，如任继愈《老子新译》第九章"金玉满堂""功成身退"等成语就没有翻译，而是原样保留了下来。②专有名词。如人名、地名、国名、族名、朝代名、职官名、庙号、谥号、年号等。③已经消失的事物，或不知为何物的事物，或神话传说中的事物。如瑚琏（古代盛黍稷的祭器，用以喻人有立朝执政的才能）、睢鸠（鸟名）、貘（兽名）、龙、穷奇（《山海经》记载的一种凶恶的异兽）等。④特殊的专业名词。如中医里的医学术语、天文术语等。⑤有特定涵义，或涵义抽象，或涵义复杂，无法用现代词语确切表达的哲学术语或其他一些名词。如《老子》书中的"道""德""无为"，以及"圣人""君子"等。

以上这五类词语，有的是今天大家都熟悉的，不必翻译；有的是今人不知为何物，或过于抽象，不能翻译。如果强行翻译，可能还会适得其反，弄巧成拙。如柳宗元《黔之驴》："虎见之，庞然大物也。"有个译本译为：

---

① 刘琳，吴洪泽. 古籍整理学 [M]. 成都：四川大学出版社，2003：238.

"老虎看见了驴子,是个很大的东西。""庞然大物"是个今天仍在使用的成语,完全没有必要翻译。

2. 换

汉语的不断发展,造成有的字词消亡了。所谓"换",就是用现代汉语中的字词替换已经消亡的字词,当然前提是两者的语义对等。例如古代汉语中的"屐""屦""履""屣",除"履"字可组合成"履历""履带"外,其他几个字都已消亡了,遇到这些字时就要用现代汉语中的字词替换它,如"屐"要译成"木底鞋"(有的有齿,有的无齿);"屦"是一种用麻、葛制成的鞋,可译为"草鞋";"屣"特指"拖鞋"。当然,翻译的时候还是要联系上下文才能确定其具体含义,如"屣履",应译作"拖着鞋子走路"。在选择替换的现代词语时,一定要注意义项的准确、简练及其与原文是否贴切。例如,柳宗元《黔之驴》:"向不出其技,虎虽猛,疑畏,卒不敢取。"对于其中的"向不出其技",黑龙江人民出版社1983年版《唐宋八家文译释》译为"当初如果不使出自己的本事",但如果我们仔细斟酌一下的话,就会发现这种译法的不妥:"本事"是指真实的本领,而黔驴之"技"并非真实的本领,只是唬人的伎俩。"出"译作"使出"也不够准确,译为"暴露"则更恰当。因此,原话译为"如果当初不暴露自己的拙劣伎俩",这样就更加准确了。再如,韩愈《师说》:"师不必贤于弟子。"有三种译本:译文一:"老师也不一定都比弟子贤德";译文二:"老师也不一定任何地方都比弟子贤明";译文三:"老师不一定比弟子贤能"。这里关键是看"贤"字怎么翻译。古代汉语中的"贤"字,其含义是"才能道德都好",上面三种译法都是按照这个含义来翻译的,但这样不是很符合现代汉语的表达习惯,也不够贴切。其实,"贤"字还有一个义项,即"胜过",因此可以替换为:"老师不一定胜过弟子""老师也不一定都比弟子强",或"不一定都比弟子高明",这样更符合现代的表达方式,既简明又贴切。

3. 补

也叫扩词法,即翻译时补充必要的词语或语素,使整个句子的意思表达得更加完整和通畅。古汉语以单音节词为主,而现代汉语以双音节词为主。有人曾经作过统计,古文中单音词占80%~90%(先秦作品中单音词所占比率达90%以上),而现代汉语恰恰相反,双音词占80%~90%。也就是说,古代许多单音节词在现代汉语中是不能作单词使用的,翻译时必须添加一个语素,把它变成双音词才行。

扩词法通常有以下三种形式①：①在古汉语的单音词上添加一个附加成分，如"桃""李"译成"桃子""李子"。②在古汉语的单音词上添加一个近义词，如"入"译成"进入"，"窃"译成"偷窃"，"众"译成"群众"，"罚"译成"处罚"。③在古汉语的单音词上添加一个与之有连带关系的语素。例如，诸葛亮的《诫子书》："夫君子之行，静以修身，俭以养德。"其中的"行"应译成"操行"，"静"应译成"清净"，"身"应译成"自身"，"俭"应译成"俭朴"，"德"应译成"德行"。又如李斯《谏逐客书》中的"色""乐""珠""玉"，应译成"女色""音乐""珍珠""宝玉"。

当古籍原文比较隐晦时，仅仅通过扩词还是难以做到"达"，这就有必要补充句子了。例如，《论语·为政》："子曰：君子不器。"不器，即不是一个器物，翻译时如果不补足意思，读者就不能明白。因此杨伯峻译为："君子不像器皿一般，只有一定的用途。"后面"只有一定的用途"就是因文义隐晦而补充的句子。古代汉语行文时经常省略句子成分，翻译时应结合上下文将省略的主语、谓语、宾语等补足。例如，《左传·定公四年》："楚人为食，吴人及之，奔。食而从之。"这里"奔"的主语是"楚人"，"食"的主语是"吴人"，都省略了。翻译时如不补充说明，极容易使读者产生误会。因此，这句话应译作："楚军做饭，吴军赶到，楚军奔逃。吴军吃完楚军做的饭，接着又追赶上去。"

4. 省

所谓"省"，是指古代汉语中有很多虚词，在文中并没有实际意义，翻译时既不需要保留，也不用译出。例如《尚书·尧典》首句"曰若稽古"中的"曰若"，《左传·庄公十年》"夫战，勇气也"中的"夫"，都是发语虚词，没有实际意义，无法翻译。另外，古代汉语中同义词重复使用是一种十分普遍的现象，例如，《尚书·多方》"克堪用德，惟典神天"中的"克"和"堪"同义；《左传·僖公四年》"一薰一莸，十年尚犹有臭"中的"尚"和"犹"同义；《左传·文公十八年》"人夺女妻而不怒，一抶女，庸何伤"中的"庸"和"何"同义；《礼记·檀弓下》"人喜则斯陶"中的"斯"和"则"同义②；《孟子·滕文公上》"后稷教民稼穑，树艺五谷"中的"树"和"艺"同义；《汉书·食货志》："天下大抵无虑皆铸金钱矣"中的"大抵"和"无虑"

---

① 吴其宽，吴瑞华. 古文今译技巧［M］. 上海：上海人民出版社，1996：121-122.

② （清）俞樾. 古书疑义举例五种［M］. 北京：中华书局，2005：68.

同义,等等。对于这种现象,我们在翻译时只需要择其一翻译即可,不可重复翻译。

5. 调

所谓"调",就是对调、调整的意思。由于古代汉语语法与现代汉语基本相同,因此大部分可以对译。但还是有差异之处,为了符合现代汉语的习惯和表达方式,可以作适当调整,包括改变词性、调整语序、变换句型等。

(1) 改变词性

例如,柳宗元《黔之驴》:"驴不胜怒,蹄之。""蹄"是名词用作及物动词,当译作"用蹄子踢它"。《史记·张丞相列传》:"张苍……常父事王陵。""父"是名词用作状语,当译作"像对待父亲一样侍奉王陵"。

(2) 调整语序

例如,《愚公移山》:"甚矣!汝之不惠。"这是个主语倒置的句式,翻译时要调整语序,当译作:"你真是太不聪明了!"《史记·滑稽列传补》:"巫行视小家女好者。""女好"是定语后置,翻译时要译成顺装句式,可译为"巫师到那些小户人家去寻找漂亮的女孩子"。另外,古代文学作品中经常将上下文中对应的词语位置互换,如江淹《恨赋》:"孤臣危涕,孽子坠心。"李善注:"然'心'当云'危','涕'当云'坠',江氏爱奇,故互文以见义。"原文当译作:"放逐的远臣落魄忧惧,失宠的庶子哀伤落泪。"欧阳修《醉翁亭记》:"泉香而酒洌。""香"与"洌"互换,当译作:"泉水清洌,美酒香醇。"

(3) 变换句型

有的文言句式修饰语过长,如果强行直译,会明显不符合现代汉语的表达习惯,这时就需要改变原有的句式。例如,《孟子·公孙丑上》:"宋人有闵其苗之不长而揠之者,芒芒然归……"其中"宋人……者"是一个很长的名词性短语,在整个句子中作主语,如果硬译为"宋国有个担心自己种的禾苗长不高而去拔高它的人",就显得很生硬,可以把这个名词性短语改成句子,译为:"宋国有个人,担心他的禾苗长不高而去拔高它。"古文中也有将一句话拆分成两句说的"互文"句,如果其中相对应的词语现在已经不能单用,翻译时可将两句合并成一句。例如,《战国策·赵策》:"鄂侯争之急,辩之疾。"可译为:"鄂侯为这件事争辩得很激烈。"

直译是古文翻译优先选用的一种方法,其优点是能够保持原文用词造句的特点,比较容易反映原文的句型结构和语言风格,便于读者借助译文去理解原文。因此,古籍能够直译的,最好采用直译的方法。

二、意译法

由于古今语言差异很大，词法、语法、句式等都有很大的不同，不可能所有的古文都适用直译法。在某些古代词语没有恰当的现代汉语转换的情况下，即便强行采用直译，也难以符合现代语法的规范，甚至令人无法读懂，这个时候我们就要考虑采用意译法。所谓"意译"，是指撇开原文的字面表达，而仅取其大意的翻译方法。例如，《论语·里仁》："人之过也，各于其党。"如果直译为"人们的错误，各自在它的同类之中"，就让人费解，只能译作"哪一类的人，就会犯哪一类的错误"，这就是意译。

意译以读者准确理解原文的思想大意为原则，而不受字词顺序，句法结构的束缚，甚至可以增添或删减一些词语和句子，以使译文表达通畅，语意更符合原意。例如，《论语·为政》："吾与回言终日，不违，如愚。退而省其私，亦足以发，回也不愚。"杨伯峻《论语译注》（中华书局2007年版）译为："我整天和颜回讲学，他从不提反对意见和疑问，像个蠢人。等他退回去自己研究，却也能发挥，可见颜回并不愚蠢。"对于原文省略的内容，译文应予以补充完整。例如，《孟子·万章上》："万章曰：'父母使舜完廪，捐阶，瞽瞍焚廪。使浚井，出，从而掩之。'"杨伯峻《孟子译注》（中华书局2005年版）译为："万章问道：'舜的父母打发舜去修缮谷仓，等舜上了屋顶，便抽去梯子，他父亲瞽瞍还放火去焚烧那谷仓。（幸而舜设法逃了下来。）于是又打发舜去淘井，（他不知道舜从旁边的洞穴）出来了，便用土填塞井眼。'"括号中的内容非原文所有，而是译者所加，以便准确说明事情发生的当事方，不致使读者混淆。对于原文重复性的内容，译文也可以删减。例如，贾谊《过秦论》："有席卷天下，包举宇内，囊括四海之意，并吞八荒之心。"如果直译成"怀有像用席子卷东西一样卷起天下、像用布包东西一样包取宇内、像用口袋装东西一样装进四海的意愿，又有像吞吃东西一样兼并八荒的雄心"，虽然保留了原文的修辞方式，但显得非常啰嗦，读者也感到别扭，可意译为："怀有征服天下、统一全国的雄心。"与直译相比，意译简单明了，但意译也有不足，由于未能表达原文的修辞特点，原文的气势、节奏感没有译出来，让人感到单薄无力，不符合"雅"的标准。

由此可见，直译和意译互有利弊，且意译的难度比较大，它首先要建立在对原文的思想精髓的准确把握上，如果对原文基本的理解都出现了偏差，则意译的效果就可想而知了。所以，凡是能直译的，都应尽量采用直译，因为这样能保存原文的内容与特色，也符合"信"的翻译要求。例如，《列女传·齐管妾婧》："婧曰：'妾闻之也：毋老老，毋贱贱，毋少少，毋弱弱。'"岳麓书社1986年版《文言今译教程》译为："不要轻视老人，不要轻视地位低的人，不要轻视少年人，不要轻视弱者。"译者大概觉得前边的"老、贱、少、弱"四个词不好直译，因此一律翻译为"轻视"，这就是意译法。大意是对的，但还没有确切地表达出原意。其实，这四个词都是以形容词作动词使用的"意动用法"，也就是"不以老者为老""不以贱者为贱""不以少者为少""不以弱者为弱"。因此，我们可以采用直译，译为："不要认为老人就老而无用，不要认为地位低下的人就卑微下贱，不要认为少年人就无知，不要认为弱者就软弱可欺。"再如，丘迟《与陈伯之书》："主上屈法申恩，吞舟是漏。"《历代书信选译》（云南人民出版社1984年版）译为："梁武帝轻法度，重恩典。俗话说吞舟大鱼也可以漏掉，梁武帝正是这样，对罪恶深重的人也愿意赦免。"首先，丘迟写这封信的时候，梁武帝还活着，不可能称他的谥号，应译为"当今皇上"。"吞舟是漏"一语，译者认为不能直译，因此采用了好几句解释的话，虽然意思不错，但原文的含蓄、精练、典雅全没有了。我们可以译为："即使是吞舟的大鱼也可网开一面。"这样基本上还是直译，但更贴切，也更简练含蓄。

　　在古籍翻译的实际过程中，直译和意译往往相伴而行，两者你中有我，相辅相成，相得益彰。例如，《孟子·告子上》："孟子曰：'仁，人心也；义，人路也。舍其路而弗由，放其心而不知求，哀哉！人有鸡犬放，则知求之；有放心而不知求。学问之道无他，求其放心而已矣。'"杨伯峻《孟子译注》（中华书局2005年版）译为："孟子说：'仁是人的心，义是人的路。放弃了那条正路而不走，丧失了那善良之心而不晓得去找，可悲得很呀！一个人，有鸡和狗走失了，便晓得去寻找；有善良之心丧失了，却不晓得去寻求。学问之道没有别的，就是把那丧失的善良之心找回来罢了。'"此例译文"仁""义"二字涵盖儒家学说，一两句话不易说清楚，便采取直译法；而"放心""放其心""求其放心"则采用了意译法。直译和意译的选择，当随文所宜，无须强行规定，但就一般规律而言，历史、哲学类的古籍宜以直译为主，而文学类的古籍宜以意译为主。

　　古籍翻译有时会遇到一些专用术语，或不宜直接对译的语句，此时则需要通过注释的方式加以说明，将翻译与注释结合在一起。例如，《论语·子罕》："子曰：譬如为山，未成一篑，止，吾止也。譬如平地，虽覆一篑，进，吾往也。"杨伯峻《论语译注》（中华书局2007年版）译为："孔子说：'好比堆土成山，只要再加一筐土便成山了，如果懒得做下去，这是我自己停止的。又好比在平地上堆土成山，纵是刚刚倒下一筐土，如果决心努力前进，还是要自己坚持啊！'"译者在上述译文之外，还加了注释："子曰……

往也——这一章也可以这样讲解:'好比堆土成山,只差一筐土了,如果(应该)停止,我便停止。好比平地堆土成山,纵是刚刚倒下一筐土,如果(应该)前进,我便前进。'依照前一讲解,便是'为仁由己'的意思;依照后一讲解,便是'唯义与比'的意思。"此例中的注释将另一版本符合孔子思想的译文补充给读者,避免了因偏狭的翻译而影响读者的思路,不失为一种译注结合的成功范例。

第四编　古籍内容的组织性整理

　　经过文本复原性整理和语义阐释性整理之后,人们对单种古籍的文献信息需求基本能得到满足。但面对数以十万计的古籍总量,大部分读者在阅读利用古籍之前,并不能确定哪些类型是自己所需要的,而限于个人的时间和精力,不可能对所有古籍的内容一一浏览以定取舍,因此往往感到无所适从。这就需要古籍整理工作者对大量的古籍进行分门别类,以简要的形式揭示和报道其内容,有必要的话,还要对古籍的内容加以重新组织和编排,形成新的内容集合体,以满足某类读者的专门需要。以上这些工作都属于古籍内容的组织性整理,具体包括古籍编目、古籍编纂等。

第十章 古籍的编目

古籍编目是将数量众多的古籍的外部特征和内容要点著录成款目，并按需要组织成分类、书名、著者或专题书目，使之成为一种便于检索的工具。它一方面能揭示和报道图书馆的古籍馆藏，帮助读者迅速、准确地获取古籍的文献信息；另一方面能有序地组织图书馆的古籍资源，以利于古籍的长期保存。

第一节 古籍款目的著录

古籍款目的著录是古籍编目工作的第一步。它是指按照一定的方法描述一部古籍的形式特征和内容要点，并按一定的格式将之记录下来，以便读者和图书馆员通过这条记录了解和确认这部古籍，从而起到揭示馆藏和检索古籍的作用。著录时所遵循的方法叫做著录法，如国家标准《古籍著录规则》（GB/T 3792.7—2008）。按照著录法编成的一条一条的记录叫做款目。它是组成一部完整书目的基本单位，一条完整的古籍款目包括古籍的书名项、责任者项、版本项、载体形态项、附注项、提要项等。

一、书名项的著录

书名是古籍的基本属性之一，是一部古籍区别于其他古籍的代称，也是读者认识一部古籍的起点。读者在查阅一部古籍时，大多习惯从书名入手，因此著录古籍首先当确定其书名。古籍书名项包括一书的书名、卷数和附录等。

1. 书名项分析

（1）一书多见不同书名

对于一部古籍而言，我们可以从它的封面、书名页、序跋、目录、卷端、版心等不同位置获知其书名,但有时这些来自不同信息源的书名并不完全相同。例如,明焦竑撰、"闽建书林"叶贵刊本《锲两状元编次皇明要考》,卷端题作此名,而目录题作《国朝人物考》,版心题作《皇明要考》,李廷机序题为《皇明人物考》。究竟该以哪个书名为准呢?一般情况下,应尽可能选取正文卷端题名作为书名。这是因为:封面题签上的书名是作者或刻书者请人题写贴在封皮上的,容易脱落或破损,而由后人重新题写,容易造成书名的更换;序跋中的书名,因序跋有自撰和他撰的区别,作者自撰序跋中的书名较为可靠,而由作者之外的人撰写的序跋中的书名,则可能与原书名有一定的差异;版心中的书名,因版心空间有限,如果原书名过长,往往只刻一两字以示标识,因而版心中的书名可能是不完整的。但在古籍著录过程中,并不是毫无例外,有时也可能选取卷端之外的书名。例如,《春秋穀梁经传补注》一书,书的封面、书名页均题此名,而各卷卷端题名分别为"春秋隐公经传第一""春秋桓公经传第二"等,这里的卷端题名是篇名,无全书名,这时就不能以卷端题名作为书名。

(2)"小题在上、大题在下"的卷端题名

年代较久远的古籍,卷端书名的格式通常是把篇名题写在上面,而把书名题写在下面,这就是所谓的"小题在上、大题在下"。如图10-1所示,《史记》卷端上方题篇名"五帝本纪",下方题书名"史记"。这种题名形式是从简策制度沿袭而来的,宋代雕版盛行以后,书名标识多沿用此法。今天较古老的刻本及仿宋刻本,有的还保留了这一题名形式。遇到这种题名形式,我们在确定书名时,应选用下面的书名,而不能误选上方的篇名。

图10-1 《史记》卷端

(3) 书名前有各种冠词

古籍正书名前，常见反映本书种种情况的冠词：有反映一书刊刻情况的，如《新刊王氏脉经》《监本诗经》；有反映一书作者及校刻者情况的，如《刘向古列女传》《须溪先生校本唐王右丞集》；有反映一书著作方式的，如《笺注陶渊明集》《注解伤寒论》；有反映古代统治者参与著述情况的，如《御纂春秋直解》《钦定春秋传说汇纂》《御选唐宋文醇》；有反映一书插图情况的，如《绣像批点红楼梦》《全相古今小说》；有反映一书内容所属朝代的，如宋赵汝愚编的《国朝诸臣奏议》、清陈弢编的《圣朝名公奏议》、清吴弥光编的《胜朝遗事》等。"国朝""昭代""皇朝""圣朝"是指作者所处的朝代，即当代；而"胜国""胜朝"指本朝所灭的朝代，即作者所处朝代的前朝，如清人称明朝为前朝，明人称元朝为胜朝。也有同时使用多种不同类型冠词的，如《新刊重订出像附释标注琵琶记》，其书名冠词反映了刊刻、插图、著作方式等几种情况。对于书名冠词，著录时应作适当处理。

(4) 卷数是书名著录的重要部分

古籍的卷数在区分同书异本中具有重要价值，因此在著录古籍书名时，往往将卷数与书名一并著录，如"诗传大全二十卷""齐民要术十卷"等。古籍卷数发生变化的原因有很多：有的因增加注释而改标卷数，如《文选》旧本作三十卷，唐李善作注后每卷一分为二，故作六十卷；有的因重刻而改动卷数，如明冯惟讷编《古诗纪》，原为前集十卷正集一百三十卷初集四卷别集十二卷。吴琯重刻时，统为一集，编为一百五十六卷；同一种古籍，因计算方法不统一，卷数也可能不一致。如顾嗣立《元诗选》，《四库全书总目》著录为一百一十卷，而《四库全书简明目录》著录为卷首一卷初集六十八卷二集二十六卷三集十六卷。有的古籍篇幅过大，一卷之下又分子卷，导致了不同的计卷结果，如班固的《汉书》，本纪分为一子卷，表分为二子卷，志分为八子卷，传分为九子卷，因此有的著录为一百卷，有的著录为一百二十卷，后者是把子卷也计算在内了。古籍卷数的复杂状况，在著录时应有统一的规范。

(5) 正文以外多有卷首、卷末、附录等

古籍的正文以外，常见卷首、卷末、附录等资料，这些内容大多不是作者所写，而是由后来的编纂整理者加入，著录时应与正文有所区别，不宜统一记入总卷数。例如，明成化本《圭斋文集》，该书目录标作十六卷，但该书第十六卷标有"附录"二字，所收内容均为欧阳玄的传记、行状、神道碑等个人资料，为欧阳铭镛所编。刘钊后序称："圭斋文集十五卷附录一卷"，如果依据刘钘后序将卷数著录为十六卷，那是有欠妥当的。

2. 书名项的著录要求

（1）书名选取一般以卷端为准

单行本书名的著录，通常以正文卷端第一行所题书名为依据。例如，《荀子》一书，卷端第一行题"荀子"，书中其他位置没有不同的书名，在书名项内直接著录"荀子"。其他各处有异名的，可在附注项内说明。宋章如愚撰《群书考索》，又名《山堂考索》，附注项内说明："本书亦名《山堂考索》。"正式题名之外，别有通行习见之书名，可加括号附注于正式题名之后（不称"一名""又名"）。例如，"娄东杂著（棣香斋丛书）""张亟斋遗集（张力臣先生遗集）六种"。

（2）有时选取卷端以外的书名

当正文各卷的卷端题名不一，或卷端题名不足以准确反映古籍全书的内容时，可酌取封面、书名页、目录、序文、版心等处所题总书名为书名，并在附注项内加以说明。前例《春秋穀梁经传补注》，各卷的卷端题名都是篇名，当依封面、书名页的总书名"春秋穀梁经传补注"著录，并在附注项说明："书名据封面题签及书名页题名著录。"若一书的封面、书名页等处亦无总书名，则按各卷顺序著录卷端题名，如"唐诗始音一卷唐诗正音六卷唐音遗响四卷"。

（3）书名冠词应如实著录

书名前带有"新刊""监本""互注""附音""门类""增订""新编""绣像""钦定""御纂"等冠词，均照卷端所题如实著录，不应省略，如"新刻历代圣贤像赞二卷"。在遇到书名前带有"国朝""皇朝""圣朝""胜朝"等冠词时，著录时因在其后著录具体的朝代名，并用括弧括起，如宋赵汝愚编的《国朝诸臣奏议》，著录为"国朝（宋）诸臣奏议"。

（4）原书无书名的处理

当原书各个部位均找不到书名时，可依据书目等资料考证出书名，著录时置于方括号"[　]"中，并在附注项中加以说明。例如，"[梅梦缘四十回]"，附注项说明："原书未题书名，据《中国通俗小说书目》'风月轩人玄子'条补入。"如果根据其他资料查考不出原书名，可由编目者根据古籍内容和著作情况自拟书名，同样置于方括号"[　]"中，并在附注项中加以说明。例如，"[浦氏二君诗集]二卷"，附注项说明："书名代拟。"

（5）合刻书的书名著录

有的古籍由几部书合刻而成，因此不具有总书名和总卷数，著录时应依次著录各书名和各卷数，中间用逗号隔开，如"扬子法言十三卷，法言一卷，太玄经十卷"。有的古籍分成各集，题有总书名和总卷数，著录时应著录总书名及总卷数，必要时可在附注项内著录子目书名及卷数。例如，"柏岘山房文集三十一卷"，附注项说明："古文十六卷，文续一卷，骈文二卷，近体诗十卷，诗续二卷。"

（6）卷数著录以正文实际卷数为准

古籍卷数的著录，计数时应以正文实际卷数为依据。因为古籍中存在"有录无书"和"有书无录"的情况，目录中标明的卷数与正文实际卷数可能不一致，如宋罗从彦《豫章文集》目录题十七卷，正文只有十六卷，第一卷有录无书。明天一阁刻本《京氏易传》目录两卷，正文多出一卷，实为三卷。对于上述情况，应按正文实际卷数著录。

（7）正文残缺不全的卷数著录

正文卷数残缺不全者，可在书名项内著录全书应有卷数，并于附注项内说明实存或实缺卷数及卷次。例如，"相鉴二十卷"，附注项说明："缺四卷：贤臣传卷五至卷六、奸臣传卷三至卷四。"也可在书名项内著录实存卷数，在数字前加一"存"字，并在附注项内说明原书全帙应有卷数、种数、回数及残存数字。例如，"严陵集存五卷"，附注项内说明："本书原为九卷，残存五卷。"

（8）不分卷、分子卷的著录

对于不分卷的古籍，可以著录"不分卷"或"一卷"，也可只著录书名，不著录卷数。例如，"古周易一卷""诗集传大全二十卷"。一卷之中又分卷上、卷中、卷下等子卷的，仍作一卷著录，不再分别著录子卷数量，但可在附注项内说明。例如，"世说新语三卷"，附注项说明："本书每卷内又分上、下卷。"对于用干支、韵目、成语、诗句等分卷者，著录其合计卷数。例如，明郑太和编《麟溪集》，前十卷用"甲、乙、丙、丁、戊、己、庚、辛"命名，后十二卷用"子、丑、寅、卯、辰、巳、午、未、申、酉、戌、亥"命名，应著录为"麟溪集二十二卷"。

（9）卷首、卷末、补遗、附录的著录

古籍正文前后的卷首、卷末、补遗、附录等独立成卷的，如果其著者、版本与正文相同，将之依次著录在书名、卷数之后，但其卷数不与正文卷数累加，应分别著录。例如，"伤寒论本义十八卷卷首一卷卷末一卷""延平答问一卷后录一卷补遗一卷"。如果其著者、版本与正文不同，则只需著录书名及正文卷数，并在附注项内依次注明卷首、卷末、附录等资料的书名、卷数、著者、版本等。古籍目录单独成卷的，将其卷数著录在正文卷数之后。例如，"墨子间诂十五卷目录一卷附录一卷后语一卷"。

(10) 章回小说、戏曲的书名著录

古籍章回小说、戏曲等,书名后应同时著录卷数及章、回、折、出数等,如"新刻钟伯敬先生批评封神演义二十卷一百回"。

(11) 丛书的书名著录

整套的丛书,著录时以丛书总名为书名,书名后记种数,并在附注项后提要项前注明丛书的目次及每种子目的书名、卷数等。目次排列严格按照原书总目的次序,如不完全,应加以考证或作必要说明。例如:

医学摘粹五种
(清) 庆恕 撰
清光绪二十三年(1897年)刻本
子目:
①伤寒十六证类方二卷
②伤寒证辩一卷
③四诊要诀二卷
④杂证要法三卷
⑤本草类要一卷附天人解、六气解二种

丛书所收的单种著作,应分别为其编制丛书子目款目,即著录单种书的书名,并在附注项内注明该书属于哪种丛书的第几种、第几册。例如,"莲棠诗话二卷",附注项说明:"《琳琅秘室丛书》第四集,会稽董氏取斯堂重排活字印本第二十四册。"对于单独流传的丛书零种著作,可按单行本著录,并在附注项内注明"为××丛书零本"。

(12) 地方志的书名著录

地方志著录书名时,应将纂修的年代著录在书名之前。原书名前已有纂修年代的,可按原书直接著录;原书名前没有纂修年代的,应查考出年代,著于书名之前,并用方括号"[ ]"括起来,以示和原书所题不同。例如,"[嘉靖]湘潭县志二卷""[万历]绩溪县志二十卷"。书名前冠有"续""再续""续修""增修""增补""重订""重刻""重印"等字样,应照原题著录。原书名所题省、府、厅、县等,名称与现在不同者,照原书著录,并在附注项内说明现在对应的地理名称。

(13) 登科录、缙绅录、名臣录的书名著录

传记类中的登科录、缙绅录、名臣录等古籍,卷端所题已含年代或地名者,照原题著录。原题未说明年代或地名者,应查考出年代或地名,著录时

冠以方括号。例如，"[万历二十三年]浙江乡试录一卷""[永康]应氏先型录六卷卷首一卷"。传记类中的日记、登科录、行纪等书，书名后应加括号附注其起讫年代。例如，"三鱼堂日记（清康熙十六年至三十一年）二卷""庚子辛丑甲辰科乡会殿试题名录（清顺治十七至十八年、康熙三年）不分卷"。传记类的年谱等书，书名未含谱主姓、名者，应查考其姓、名，加方括号著录于书名中。例如，"荀卿[况]年表一卷""盱江[李觏]年谱一卷"。

（14）家谱的书名著录

谱牒类中家谱等书，卷端所题已含郡望或地名者，照原题著录。原题未标明地名者，应查考其地名，加方括号冠于书名前著出。例如，"[江苏武进]灵台丁氏宗谱四卷""[浙江义乌]太玄吴氏总谱二十五卷卷首一卷"。

二、责任者项的著录

古籍的责任者项包括著者时代、著者姓名、著作方式等。

1. 责任者项分析

（1）著者时代的区分

古籍著录要标明著者朝代，包括周、春秋、战国、秦、汉、魏、蜀、吴、晋、南朝宋、齐、梁、陈、北魏、东魏、西魏、北齐、北周、隋、唐、五代、宋、辽、西夏、金、元、明、清等28个朝代。但有些作者介于两个朝代之间，究竟算前朝人，还是后朝人？之前区分的方法大致有三种：一是以作者卒年为准；二是以作品的创作年代为准；三是以作者的政治态度（即仕与不仕）为准。例如，《九灵山房集》的作者戴良，在明朝生活十五年，因未食明禄，《四库全书总目》将其著录为元人；《百正集》的作者连文凤，入元二十四年，未食元禄，《四库全书总目》将其著录为宋人。由于区分方法的不统一，著录时容易产生分歧。早期书目在著录作者时代时，经常有同一人入不同朝代的情况，如马端临，有题宋人者，有题元人者。甚至在同一书目中，也有著录为不同时代的，如朱申，《四库全书总目》著录《周礼句解》时将其标为宋人，著录《春秋左传句解》《孝经句解》时，将其标为元人。因此，有必要采用一个相对统一的标准。

（2）著者的"名、字、号"

古人"名、字、号"的取法深受封建伦理习俗的影响。比如，古人取"名""字"，喜欢用"伯（孟）、仲、叔、季"等字来显示他们在家族中的行辈，如曹操，字孟德。孙权，字仲谋。陆逊，字伯言。古人的"名"与"字"之间往往是有联系的：有的"名"与"字"意义相同，如唐代诗人孟郊，字东野。宋代文学家曾巩，字子固；有的"名"与"字"意义相反，如唐代诗人王绩，字无功。宋代理学家朱熹，字元晦；有的"名"与"字"意义相辅，如宋代文学家晁补之，字无咎。宋代词人刘过，字改之。古人"名""字"常取自古籍词句，如《茶经》作者陆羽，字鸿渐。其"名""字"取自《周易》"鸿渐于陆，其羽可用为仪"句。也有的"名""字"取自作者崇拜的历史人物，如元人辛文房，字良史，其"名"取自唐代诗人刘长卿的"字"，其"字"取自唐代诗人于良史的"名"。清人沈钦韩，字文起。其"名"表达了"钦佩韩愈"的意思，其"字"出自苏轼在《韩文公庙碑》中对韩愈的评语"文起八代之衰"。古人的"号"相当于今人的"笔名"，其取法灵活多样。有的表性格，如明人海瑞自号"刚峰"；有的表志向，如唐人司空图晚年自号"耐辱居士"，拒绝与朱全忠合作；有的表喜好，如明代张丑喜欢宋代书法家米芾的作品，自号"米庵"；有的以居地为号，如陶渊明的住宅旁有五棵柳树，自号"五柳先生"；有的以生年为号，如元代书法家赵孟頫生于甲寅年，自号"甲寅老人"。熟悉了古人"名、字、号"的取法，有利于我们在著录古籍时准确分析著者姓名。

(3) 著者美称"甫""父"

古籍的作者署名之后，经常可以看到"甫""父"等字样。"甫"是"父"的假借字，两者都是古代贵族男子取名时表示身份的一种美称，后来作为一种习俗沿袭了下来，附缀于表字后，如"东吴缪希雍仲淳甫""秀州沈德先天生父"等。但有时，作者的名字之中恰有"甫"或"父"字，这时就要注意加以区分，如"建安蔡庆之宗甫校正"，其中"宗甫"是蔡庆之的字，"甫"并没有美称的意思。

(4) 著者"以字行"的情况

古籍著者的著录，通常是著录其姓名，但也有例外。历史上有的作者以"字"在社会上流传，其"名"反倒不为多数人所知。例如，《世说新语注》的作者刘孝标，名峻，以字行；《汉书注》的作者颜师古，名籀，以字行；《经典释文》的作者陆德明，名元朗，以字行。遇到这种情况，应著录其"姓"和"字"，而不著录其"名"。到底哪些作者是以字行的，可以参考古代人名辞典及前代书目的处理方法。

(5) 著者的郡望和籍贯

如前所述，责任者项只涉及著者时代、著者姓名、著作方式三个要素，著录时一般不著录作者籍贯。但有的图书馆在著录作者时，凡本省、本地区人士的著作，一律标明籍贯，这对于地方文献的整理和保护是有积极意义的。如果需要著录籍贯，应当将之与郡望区别开来。所谓"郡望"，是指某个家族世居某郡，成为当地的名门望族，相当于一个家族的发祥地，如陇西李氏、彭城刘氏、陈郡谢氏、琅琊王氏等。郡望的形成与古代的门阀制度和选举制度有密切关系。古人重视郡望的思想，反映到作者署名上，就是不标真正的籍贯而动辄称郡望。例如，《唐文粹》作者姚铉，本是庐州人，但自署郡望称吴兴。清人毛奇龄，浙江萧山人，而自署郡望称西河。因此，在对地方文献进行整理时，一定要注意区分作者的籍贯和郡望。

（6）著作方式的题署

本书绪论部分介绍了古籍的产生方式，大致可以分为著作、编述、抄纂三种类型，但在具体的卷端署名上，却有着更为具体的著作方式：①著（撰）：据己意写作，多称为撰（著）；②注（传、正义、音义、笺注等）：对古籍正文内容加以训诂、注释；③评（阅、批评、评点、批点等）：对古籍中的人物、事件等发表评论，阐明观点；④编（纂、辑、选、集等）：将古籍中原有的各种资料按照自己的目的和需要，重新加以编排组织，以成新书；⑤校（订）：对古籍的内容文字进行校勘、订正。

上述著作方式中，①属于原创性质，其作者为主要责任者；其他属于二次著述，作者为次要责任者。这些不同的著作方式反映在卷端题署形式上，大致有单一题署和组合题署两种类型①。

单一题署包括以下几种形式：

第一，单署某某著（撰）。有题籍贯、姓名、字号者，如元延祐七年（1320年）叶辰南阜书堂刻本《东坡乐府》卷端题："眉山苏轼子瞻"（见图10-2）；有题朝代、籍贯、姓名者，如明万历商濬半埜堂刻本《桯史》卷端题："宋相台岳珂"；有籍贯、姓名、字号、著作方式连署的，如明万历癸巳（1593年）刻本《呻吟语》卷端题："宁陵吕坤叔简父著"；也有籍贯、字号、姓名、著作方式连署的，如清康熙三十三年（1694年）竹林堂刻本《玉茗堂全集》卷端题："临川义仍汤显祖著。"

如果书名已包含作者信息，或作品本身是含有多个作者的总集，则卷端通常不再署"某某著（撰）"，而是单署二次著述的作者及注、评、编、校等著作方式，这就是下面第二至第五的四种情况。

第二，单署某某注（传、集传、正义、音义、笺注等）。例如，南宋刻本《诗集传》卷端题："朱熹集传"（见图10-3）；清康熙三十三年（1694年）补刻本《徐孝穆全集》卷端题："吴江吴兆宾显令笺注"；也有将传和

---

① 李明杰. 中国古代图书著作权研究 [M]. 北京：社会科学文献出版社，2013：35-41.

图 10-2　元延祐七年（1320 年）叶辰南阜书堂刻本《东坡乐府》

本义分开题署者，如明正统十二年（1447 年）司礼监刻本《周易传义》卷端题："程颐传，朱熹本义。"宋刻本中有卷端只题某氏者，如南宋嘉定六年（1213 年）淮东刻本《注东坡先生诗》卷端署名"吴兴施氏　吴郡顾氏"，实际上后面省略了"注"，也是因为书名有"注"。

图 10-3　南宋刻本朱熹《诗集传》

第三，单署某某评（阅、批评、评点、批点等）。例如，明万历七年

(1579年）刻本《宋大家王文公文钞》卷端题："归安鹿门茅坤批评"（见图10-4）；明天启间刻本《文子》卷端题："句余孙𨥥文融评，武林梁杰廷玉阅"；明万历间刻本《集千家注批点补遗杜工部诗集》卷端题："须溪刘会孟评点。"会孟，是刘辰翁的字，此是籍贯和字连署。

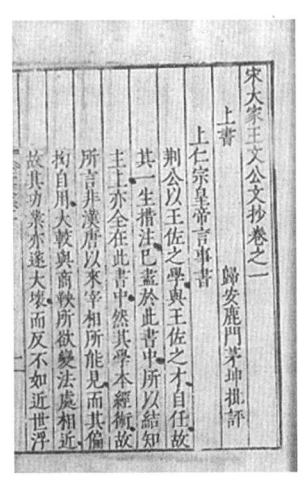

图10-4　明万历七年（1579年）刻本《宋大家王文公文钞》

第四，单署某某编（纂、辑、选、集等）。例如，明刻本《苏文忠公外纪》卷端题："琅琊王世贞编"；明嘉靖七年（1528年）晋藩养德书院刻本《唐文粹》卷端题："吴兴姚铉纂"；明万历丁未（1607年）杨尔曾夷白堂刻本《图绘宗彝》卷端题："武林杨尔曾字圣鲁辑"；明万历刻本《新刻三苏论策选粹》卷端题："海岱李时渐伯鸿甫选"；南宋绍定三年（1230年）俞宅书塾刻本《乖崖张公语录》卷端题："门生朝奉郎尚书虞部员外郎致仕李畋集"（见图10-5）。

第五，单署某某校（订）。例如，明万历十二年（1584年）慎懋官刻本《新锓抱朴子》卷端题："吴兴郡山人慎懋官校"；清尚德堂刻本《丹溪先生心法》卷端题："明新安吴中珩校"（见图10-6）。

组合题署是将几种不同性质的著作方式组合在一起，包括以下几种形式：

第一，署某某著（撰），某某注（传、正义、音义、笺注等）。例如，明嘉靖南京国子监刻本《前汉书》卷端题："汉兰台令史班固撰；唐正议大夫行秘书少监琅邪县开国子颜师古注"；清乾隆癸酉（1753年）槐荫草堂刻

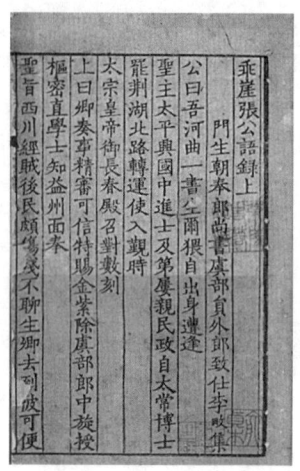

图 10-5　南宋绍定三年（1230年）俞宅书塾刻本《乖崖张公语录》

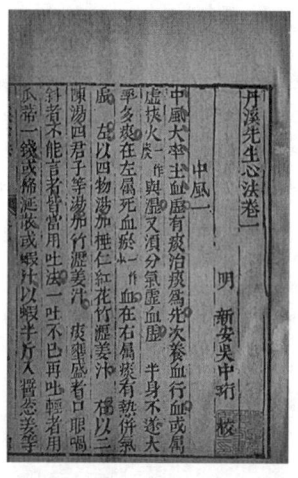

图 10-6　清尚德堂刻本《丹溪先生心法》

本《水经》卷端题："汉桑钦撰；后魏郦道元注"（见图10-7）。当撰者和注者为同一人时，也可合署为"撰注"，如清乾隆二十一年（1756年）刻本《绿萝山庄文集》卷端题："会稽胡浚（小字：字希张）撰注。"

第二，署某某著（撰），某某评（阅、批评、评点、批点等）。例如，明张溥刻本《蔡中郎集》卷端题："汉陈留蔡邕著；明太仓张溥评"；明末刻本《庾开府集》卷端题："周新野庾信著；明太仓张溥阅"；明崇祯己巳

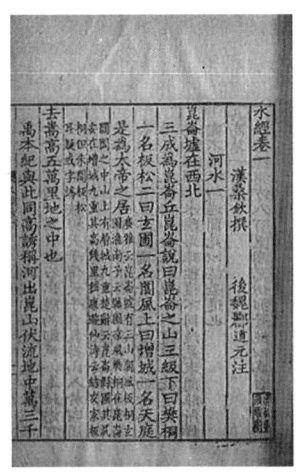

图 10-7　清乾隆癸酉槐荫草堂刻本《水经》

(1629 年)刻本《宋文文山先生全集》卷端题:"宋庐陵文天祥文山父著;明武林后学钟越巽度父评阅,兄钟天均小天父、钟天埅云桓父参阅"(见图 10-8);清乾隆刻本《半舫斋古文》卷端题:"高沙夏之蓉醴谷氏著;秣陵戴祖启敬咸批点。"

图 10-8　明崇祯己巳(1629 年)刻本《宋文文山先生全集》

第三,署某某著(撰),某某编(纂、辑、选、集等)。例如,明万历三十九年（1611年）吴邦彦刻本《存心堂遗集》，卷端署："元处士渊颖先生吴莱著；明学士门人宋濂编，后学晋陵庄起元重编"；明天启己丑（1625年）刻本《两汉奇抄》，卷端署："汉太史令班固著；明史官陈仁锡、督学使钟惺纂定"（见图10-9）；清乾隆辛巳（1761年）承学堂刻本《梅氏丛书辑要》卷端题："宣城梅文鼎定九甫著；弟文鼐尔素学孙毂成重校辑"；明崇祯间刻本《元次山集选》卷端题："唐元结著；明陈应元选。"

图10-9　明天启己丑（1625年）刻本《两汉奇抄》

第四，署某某著（撰），某某校（订）。例如，明万历马元调鱼乐轩刻本《元氏长庆集》，卷端题："唐河南元稹微之著；明松江马元调巽甫校"（见图10-10）；明毛晋汲古阁刻本《图画闻见志》卷端署："宋郭若虚撰；明毛晋订。"即便是校对责任人，古人的署名也分得十分清楚。如宋刻本《张先生校正杨宝学易传》二十卷，该书前三卷卷端第一行均署"张先生校正杨宝学易传上经第×"；第二行下题"庐陵杨万里廷秀"；第三行下题"门人张敬之显父校正"。但从第四卷起，只题"庐陵杨万里廷秀"[1]，第四卷以后张敬之没有校对，即不署名。

以上四种署名形式，是将原创和二次著述组合在一起，原创在前，二次著述在后。组合题署还有将撰著之外的几种二次著作方式组合在一起的，这就是下面的第五至第七的情况。

---

[1] 李致忠. 宋版书叙录［M］. 北京：书目文献出版社，1994：27.

图 10-10　明万历鱼乐轩刻本《元氏长庆集》

第五，撰著之外，将其他两种二次著作方式组合题署。有评、校组合题署的，如清乾隆仿范轩刻本《昭明文选集成》卷端题："古榕方廷珪伯海评点；男辉祖叔景校刻"；有编、校组合题署的，如明万历刻本《有象列仙全传》卷端题："吴郡王世贞辑次；新都汪云鹏校梓"（见图 10-11）。

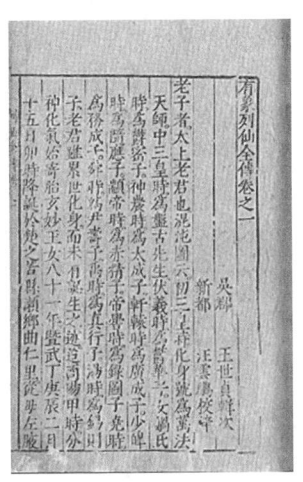

图 10-11　明万历刻本《有象列仙全传》

第六，撰著以外，将其他两种二次著作方式合并题署。有注、评合署的，如明万历周宗孔刻本《诗经品节》卷端题："东粤复所杨起元注评"；

有评、编合署的，如明天启六年（1626年）沈飞仲刻本《太平广记》卷端题："古吴冯梦龙评纂"（见图10-12）；有编、校合署的，如明万历十一年（1583年）刻本《汉魏诗乘》卷端题："宣城梅鼎祚禹金编校。"

图10-12　明天启六年（1626年）沈飞仲刻本《太平广记》

第七，撰著以外，将三种以上二次著作方式分列题署。有分署评、注、校者，如清康雍间刻本《金匮要略方论本义》卷端题："松江何炫嗣宗、广平冀栋隆吉评定；柏乡魏荔彤念庭释义；男士敏、士说校刊"（见图10-13）；有

图10-13　清康雍间刻本《金匮要略方论本义》

将编、校、评、注等多种著作方式混合题署的，如明万历二十四年（1596年）汪启文刻本《新镌焦太史汇选中原文献》卷端题："修撰漪园焦竑选；少傅颍阳许国校；编修石篑陶望龄评；修撰兰嵎朱之蕃注；新安庠生汪宗淳启文父、汪元湛若水父、许继登尔先父、汪宗伋予淑父阅梓。"

需要指出的是，卷端作者署名与书名是有一定关系的。有的古籍书名已揭示了作者信息，同时又没有编、校、注、评等其他二次著述方式，此种情况下卷端往往只署书名、卷次，而不署任何作者姓名和著作方式。例如，明嘉靖壬辰（1532年）张大轮刻本《晦庵先生朱文公文集》，卷端只署书名卷次，不署朱熹名；清康熙活字本《陈同甫集》，其卷端也只署书名卷次，不署陈亮名（见图10-14）。

图10-14　清康熙活字本《陈同甫集》

2. 责任者项的著录要求

（1）著者时代用"（　）"括起

著者时代应在著者姓名前用括号"（　）"标明，如（宋）朱熹、（元）汤显祖、（明）杨慎、（清）章学诚等。著者时代的确定，一般以卒年为准。对于跨越两朝的著者，可遵照传统书目的处理方法，如（宋）王应麟、（元）胡三省、（清）黄宗羲等。如果采取其他标准，比如按人物的生平活动或政治倾向等，必须前后一致，以免产生混乱。民国以后的著者不作如上处理。

（2）著者姓名以卷端署名为准

与书名一样，古籍的封面、书名页、目录、牌记、序跋等处都可能标识著者，但一般应以卷端所题为准。著录时，只著录姓名。姓名之前冠有的籍贯、郡望、官衔、职务、封爵，以及字号、别名等，概不著录。例如，《畴人传》的卷端题："经筵讲官南书房行走户部左侍郎兼国子监算学扬州阮元"，责任者项应著录为"（清）阮元撰"。著者除"以字行"外，一律著录真实姓名。如果靠卷端题署不能确定著者时，可参阅封面、书名页、牌记、序跋等处的题署情况，由编目人员酌定。如果凭借书内本身条件仍无法解决著者问题，可查考书目、人名辞典等工具书，确定并著录著者，并在附注项内加以说明。

（3）特殊著者的著录要求

有些古籍作者身份比较特殊，其责任者项的著录也有一些特殊要求：历代帝王或后妃撰著的书，著者姓名前加庙号或谥号，如"（宋）高宗赵构撰""（明）仁孝皇后徐氏撰"等；"钦定""御纂"之类的书，在考知实际主持修纂人的情况下，著录主持修纂人的姓名，并省略"奉敕"等字，如"御纂周易折中二十卷卷首一卷"，责任者项著录为"（清）李光地等撰"；僧人的著作，在其法号前冠以"释"字（取"释迦牟尼"之首字），如"（梁）释僧祐""（唐）释玄奘"等；女子所著之书，古时习惯在女子姓名前冠以夫姓，如阮元之妻刘文如的作品，署名为"（清）阮刘文如"，今一般照录女子本人姓名；外国人的著作，姓名前用括弧括出其国别，不著朝代，如（意）利玛窦、（比）南怀仁等。

（4）机构署名的著者著录

由官方撰辑、机构署名的古籍，著录时应以官方衙署为著者，如"农桑辑要七卷"，责任者项著录为"（元）司农司撰"。

（5）合著者的著录

两人合著的古籍，著者姓名应并录；三人以上合著的古籍，只需著录第一人姓名，并在其后加一"等"字。

（6）著者不明的著录

古籍的著者情况不明，或书内不题著者，可由编目人员查考相关工具书，据考证结果著录，用方括弧"[ ]"括起，并在附注项内说明，例如"唐诗三百首补注"，责任者项著录为"（清）[孙洙] 辑"，附注项说明："原题'蘅塘退士辑'，考孙洙，号蘅塘退士。"查考未定者，责任者项可省略。

（7）佚名或伪书的著者处理

著者佚名或伪书著者，一般可不著录著者。如要著录，可按照传统的题法著录，冠以"佚名"或"旧题"二字。例如，《大宋宣和遗事》作者无考，可著录为"（宋）佚名辑"。《列子》一书，一般认为是晋代张湛的伪作，著录时照旧书目将责任者项题为"旧题（周）列御寇撰"，然后在附注项内说明作伪的情况。

（8）不同著作方式的著录

一书有原著，同时有注、评、编、修、纂、辑等多种二次著作方式，均应一一著录。多种著作方式并存时，将原著者与副著者连题，不同性质的著作方式之间用"；"隔开，相同性质的著作方式之间用"，"隔开。例如"史记一百三十卷"，责任者项著录为"（汉）司马迁撰；（南朝宋）裴骃集解，（唐）司马贞索隐，（唐）张守节正义"；"资治通鉴二百九十四卷"，责任者项著录为"（宋）司马光撰；（元）胡三省注；（明）陈仁锡评"。

（9）与书名中的著者方式的呼应

有的古籍书名中含有著作方式，著录时应与书名所题相呼应，避免相互矛盾。例如，《金匮要略方论》的著者是汉代的张机（仲景），而《金匮要略方论本义》是清人魏荔彤对《金匮要略方论》一书所作的释义。因此，《金匮要略方论本义》的责任者项应著录为"（清）魏荔彤撰（或释义）"，或者"（汉）张机撰；（清）魏荔彤释义"，但不能单独著录为"（汉）张机撰"。《荀子集解》是清人王先谦对《荀子》一书所作的注解，其责任者项应著录为"（清）王先谦撰（或集解）"，或者"（战国）荀况撰；（清）王先谦集解"，不能单独著录为"（战国）荀况撰"。

三、版本项的著录

古籍版本的著录，是将古籍版本鉴定的成果用规范的格式记录下来，具体著录事项包括古籍的出版年代、出版地、出版者、版本类别等。前文第三章第二节"古籍版本的鉴定"已详细阐述古籍版本的方法，此不赘述。

1. 版本项分析

（1）出版年代

古籍的出版年代越早，版本价值越高，因为它更接近祖本原貌。因此，著录古籍版本首先要准确揭示其出版年代。古籍的出版年代在书名页、序跋、卷端、牌记、书口等处都可能有标记，如果不一样，则以年代最晚者为准。还须注意的是，有的翻刻本可能将原刻本上的版刻信息照录下来，此时不能以原刻本的刻印时间为出版年代。

（2）出版地

中国早在宋代就形成了汴京、四川、浙江、福建、江西等五大刻书中心。四川刻书主要分布在成都、眉山、广都、涪州、剑州、潼川等地；浙江刻书主要分布在临安、绍兴、吴兴、台州、建德、婺州、宁波、金华等地；福建刻书主要分布在建阳、建安、福州、泉州、汀州、莆田、邵武、南平、长乐、武夷等地；江西刻书则以南康、宜春、萍乡、饶州、吉州、抚州较为发达。辽、金的地方刻书以山西的平水享有盛名。明、清以后，北京成为北方刻书的繁盛之地。对历代刻书事业的发展及其演变源流的了解和掌握，将有助于古籍出版地的鉴别和著录。

（3）出版者

出版者是指刻书的主体，既可以是个人，也可以是组织和机构。中国古代刻书的主体分为官刻、家刻、坊刻三大系统，此外还有书院刻书、寺观刻书作为补充。所谓官刻，是指由国家政府部门出资组织雕版印行的图书。按照出资的渠道，可分为中央官刻和地方官刻。中央官刻如历代的国子监本、元代的兴文署本、明代的司礼监本、清代的武英殿本；地方官刻如宋代的公使库本、元代的各路儒学本、明代的藩府本、清代的官书局本等。官刻由于资金充裕和人才集中，大多刻印精美、质量上乘。所谓家刻，是指不以营利为目的，由私人出资刻印的图书，多以家族教育、留存文献、保护古籍为目的。这些人由于具有一定的文化水平和经济实力，能注意版本的选择、内容的校勘、印刷技术的考究，因而有大量的善本传世，如宋代廖莹中世綵堂、建安黄善夫宗仁家塾、明代袁褧嘉趣堂、震泽王延喆恩褒四世之堂、吴元恭太素馆、毛晋汲古阁、清代钱熙祚守山阁、鲍廷博知不足斋、阮元文选楼、黄丕烈士礼居、卢文弨抱经堂等。坊刻则以营利为目的，通常以家庭作坊为刻书单位，其特点是数量大、流通广、质量参差不齐。除刻印传统的经、史、诸子百家书外，还大量刻印戏曲、小说、字书、历书、医书等普通大众喜闻乐见的书。

（4）版本类别

古籍版本按照不同的划分方式，能形成多种不同的类别。但古籍版本项著录的版本类别，不是从出版年代、出版地和出版者去划分的（因为它们已经有明确的著录要求），而更多的是从版本工艺、出版过程、内容和形式特征去划分的。例如，按照制版工艺分，有写本、拓本、刻本、活字本、套印本、钤印本、石印本、影印本等；按写本的形态分，有乌丝栏本、朱丝栏本、××抄本、精抄本、影写本、稿本等；按刻印的前后分，有初刻本、初印本、后印本、重刻本、翻刻本、递修本等；按内容的加工方式分，有注本、批点本、校本、译本等；按内容的分合和完整性分，有节本、增订本、足本、残本等。这些都可著录为版本类别。

2. 版本项的著录要求

（1）出版年代著录的形式要求

出版年代的著录，要求以朝代名加上年号纪年表示，其后用括弧括起对应的公元纪年，例如"清乾隆二十八年（1763年）"。干支、太岁及佛历等纪年方式，应统一转换成年号纪年，如"光绪戊子九月"，著录为"清光绪十四年（1888年）"，月份省略；"淳熙柔兆涒滩中夏初吉"，著录为"宋淳熙三年（1176年）"，月份、日期省略。外国刻本在著录原书出版年代后，应在其后的括弧内注明我国对应的朝代及年号纪年，并在年号纪年之后注明公元纪年，如"朝鲜宪宗十年（清道光二十四年 1844年）"。

（2）出版时间跨年代的著录

出版时间在两年以上者，著录起讫年，如"清乾隆二十至二十二年（1755—1757年）刻本"；出版时间跨越两个朝代的年号时，在年号后加一个"间"字，如"明崇祯至清顺治间刻本"；仅在一朝内而不知道具体年份时，可不用"间"字，以免混淆，如"清咸丰至光绪刻本"。

（3）出版年代不明的著录

书内没有明确标明出版年代，但有序、跋的题写年代，可参照版刻风格、字体、纸张等条件，确认刻书时间与作序跋的时间大体一致，可以序跋题写年代为出版年代。但在著录出版年代时，应注明××年序、跋，并在附注项内说明；书内没有明确标明出版年代，也无其他线索可供查考，应就可能识别的范围确定出版年代的下限，如"明初刻本"（指洪武至永乐年间）、"明末刻本"（指天启至崇祯年间）、"清初刻本"（指顺治至康熙中期）、"清末刻本"（一般指咸丰、同治、光绪、宣统四朝）。

（4）出版地的著录

著录出版地时，个人出版的古籍，应著录其籍贯、姓名及斋、堂、室名，如"清乾隆五十一年（1786年）余姚卢氏抱经堂刻本""清光绪十一年（1885年）苏州永慎堂王氏刻本"。出版地不详者，可省略不著录，只著录出版者。

（5）出版者的著录

出版者的著录以原书序跋、牌记、内封等所题为依据。序跋、牌记、内封无记录者，可依次查考原书卷端、版心、版框及相关文献著录。各处所题出版者不同时，可于附注项说明。官刻之书，以官刻机构为出版者，如"杭州西湖书院刻本""湖北崇文书局刻本"等；坊刻之书，以书坊主人为出版者，如"明金阊书林龚太初刻本"；家刻之书，以出资人、组织者为出版者，出版者的姓名、室名、堂号等一并著录，如"清康熙四十一年洞庭席氏琴川书屋刻本"。

（6）藏版者的处理

原书或载刻书人姓名堂号，但也可能只载藏版者。如前所述，不能简单地把"藏版"者等同于刻书者。著录时，应注意区分确系刻书人之藏版处，还是非刻书人之藏版处。前者可将藏版处（如某某堂、斋、室）著录为刻书人；后者或系转版，或为借印，著录时应斟酌处理。

（7）增刻序、跋、附录的著录

一部古籍在若干年后，仅增刻了序、跋或附录，而正文没有任何改易增删，著录时仍以正文原刻的年份为出版年，刻在附注项内说明××年补刻序、跋或附录。例如，《见闻随笔》，版本项著录为"清同治十年（1871年）天空海阔之居刻本"，附注："有清同治十一年（1872年）补刻跋。"

（8）重刻本、翻刻本的著录

重刻、翻刻的古籍，应著录重刻、翻刻的年份为出版年，但须尽量著录其所据底本的刊刻年份。例如，"菊䃜集二十卷"，著录为"清道光八年（1828年）翻刻康熙二十六年（1687年）高士奇刻本"；如果查考不清原刻年份，则只著录重刻、翻刻年，如"秣陵集六卷"，著录为"清光绪十年（1884年）淮南书局重刻本"；书版刻成后，经数十甚至上百年后重印，应同时著录刊刻和印刷时间，如"新镌经苑二十五种"，版本项著录为"清道光至咸丰（1821—1861年）大梁书院刻同治七年（1868年）王儒行等刷印"。

（9）补版、续刻的著录

刻本经修补、续刻者，应据原书序跋、牌记、题识等一并著录原刻及修补、续刻年代。例如，"春秋属辞十五卷"，版本项著录为"元至正二十年至二十四年（1360—1364年）休宁商山义塾刻明弘治六年（1493年）高忠重修本"；"稗海四十八种续二十二种"，著录为"明万历商濬刻清康熙振鹭堂重编补刻本"。

（10）版本类别的著录

抄本书据其题识及版本特征（如行格、堂号、纸张、字迹、避讳、印签等），以确定抄写年代，著录方法同刻本。例如，"仁庙圣政记二卷"，著录为"明抄本"。稿本的著录应审慎，确有证据者（如熟悉著者字体、有印签、题词等）方可著录，否则作一般抄本著录。凡雕版印刷的古籍，版本类别可直接著录为刻本或刊本；活字本应著录是哪种活字，如泥活字本、木活字本、铜活字本等；凡摹拓的金石、碑碣及印谱，都可著录为拓本。拓本还可根据其颜色，著录为墨拓本、朱拓本。印谱如果是钤印的，应著录为钤印本；影印的书著录为影印本，但应尽可能著录影印所依据的底本，如"疫疹一得二卷"，版本项著录为"1956年人民卫生出版社据清道光八年（1828年）延庆堂刻本影印"。

四、载体形态项的著录

载体形态项，也叫稽核项，是对古籍本身及其附件的外形特征和数量所作的描述，包括对古籍的册数（函数）、书内图表、装帧形式及其他特殊标志的说明。

1. 载体形态项分析

（1）册数

与"卷"是古籍内容的计量单位不同，"册"是古籍刻印、装订完成之后的物理分割单位。一册古籍，包含的内容可能是一卷，也可能是多卷。册的计数方法通常是采用汉字数码一、二、三、四等，也有采用干支或千字文顺序编排一书册次的。古籍的书根处，常印有书名、册数和册次。册数一般用"凡×"或"×止"表示，比如一部书共有五册，可以在第一册的书根处印上"凡五"，也可以在第五册的书根上印上"五止"，第二、三、四册的书根上分别印上"二""三""四"。同一种著作，由不同的刻书者刻印，可能装订成不同的册数；有的古籍在流程过程中散乱，后经收藏者、出版者重新加工装订，册数可能与原来的版本不同；还有的书贾故意将一书拆散，重新装订以冒充新本。可见，册数的著录对于古籍来说是很重要的。

（2）函数

"函"是用表面裱糊蓝布的硬纸板制成的书套。它由古代的书帙演变而来，对古籍图书起收存、保护的作用。古籍在装订成册之后，常常要加装函套。一部册数较少的古籍，用一个函套就够了。但对于册数较多的古籍，可能要用多个函套才行。函数的多少，反映了古籍部帙的大小，因此在著录册数的同时，也需要著录古籍的函数。

（3）图表

魏晋南北朝时期插图本就已大量出现，为此王俭在《七志》内设立《图谱志》。宋代雕版印刷技术普及以后，出现了用多幅画面连续叙述故事情节的连环画形式。古籍插图多见于佛经、医书、农书、话本小说等。有的冠于卷首，有的插印在正文中间，有的附于书后，这些图、像、表是正文的补充，也是全书不可或缺的一部分，著录时应尽量全面地予以揭示。

（4）装帧形式

如本书绪论第二节"古籍的结构及装帧形式"所述，古籍除了常见的线装形式外，还有卷轴装、折叠装、梵夹装、旋风装、经折装、蝴蝶装、包背装等多种形式。这些不同的图书装帧形式，反映了古籍在不同历史阶段的发展形态，是很重要的图书信息，应在载体形态项内予以著录。

此外，其他一切反映古籍外在形式特征的相关事项，都应在载体形态项内予以揭示，例如墨色、印章、题记、手笔、纸张、字体、刻工等。

2. 载体形态项的著录要求

（1）册数、函数的著录

多册古籍分装成函的，应著录几册、几函，如"十二册两函"；装订过程中册数发生变化的，著录时应说明，如"二册合订成一册"；残缺不全的书，著录现存的册数，如"残存第×-×册"；如果所缺的不多，也可著录总册数和残缺的册数，如"共×册　缺第×册"。

（2）合装、不装订的著录

两种以上的书合装在一起，应注明与某书合装一函；不装订成册的书，应照书原有的形式著录。例如，卷轴装应著录几卷，画轴应著录几轴，散页应注明几页，单幅应著录几幅。

（3）图表的著录

图表在正文之内的，应在册数、函数之后注明有图表，一般可不计数。图表不计入正文之内的应分别著录：图表冠于正文之前的，著录"冠图（表）×幅"；图表装订在正文之后的，著录"附图（表）×幅"；图表插入在正文之间的，著录"插图（表）×幅"。

（4）装帧形式的著录

装帧形式及其他特殊标志的著录。线装一般不特别著录；其他的装帧形式，如卷轴装、经折装、蝴蝶装、包背装等须著录。如果是卷轴装，还应注明卷轴的具体数量；对于用墨色以外的颜色印刷的本子，应注明朱印本、蓝印本；对于两色以上颜色套印的本子，应注明朱墨套印本、三色套印本、四色套印本等；书内有名人藏印、题签或材质特殊的纸张、字体等，也应尽量详细记录下来，以全面准确地反映这部书的实际情况。例如：清同治刻本《陶渊明集》，载体形态项著录："四册一函，四色套印，正文墨色版框蓝色，注文绿色圈点红色。"晋杜预注《春秋经传集解》三十卷，载体形态项著录："二十二册二函，卷前有春秋名号归一图一卷、春秋年表一卷。"唐玄奘译《大般若波罗蜜多经》六百卷，载体形态项著录："十册，经折装。"宋李衡撰《周易义海撮要》，载体形态项著录："卷内有'翰林院印'满汉文大方朱印。"

五、附注项的著录

所谓附注项，是对书名项、责任者项、版本项、载体形态项的未尽事宜，以及书内的附录、合刊、丛书子目等的补充说明。

(1) 关于书名项的补充说明

对于与卷端书名不同的其他别名、异名，附注项应予以说明。例如，某版本《红楼梦》的书名项据卷端著录为："原本石头记八卷八十回"，附注项："封皮题原本红楼梦。"古籍内未题书名，由编目人员根据前朝书目或其他资料自行拟定的书名，在书名项著录后，应同时在附注项内说明；有的书名涵义对于现代读者来说比较生僻，可在附注项内作简单说明。例如，《银海指南》一书，"银海"，道家指眼睛。苏轼《雪后书北台壁》诗云："冻合玉楼寒起粟，光摇银海眩生花。"但一般读者仅从书名难以明白其所指，因此可在附注项说明："本书是关于眼科方面的医学著作。"

(2) 关于责任者项的补充说明

对于责任者项内关于著者时代、著者姓名、著作方式等著作事项不便说清楚，或责任者项著录不完全、不准确的，或根据其他资料有不同说法的，都可以在附注项说明。例如，《书目答问》一书，责任者项据原书卷端著录为"（清）张之洞撰"，但据编目人员考证，该书实为缪荃孙代撰，因此在附注项内说明："缪荃孙《艺风堂自订年谱》称为缪氏代撰。"

(3) 关于版本项的补充说明

为使版本项著录简明，重刻、翻刻、影刻所依据的底本，可在附注项内说明；一书之中个别卷册的出版事项与全书不同时，应对个别卷册的出版事项单独在附注项内说明；善本古籍的版本项著录要求比较细致，除在版本项著录出版年代、出版者、出版地、版本类别等基本信息外，还可在附注项内对善本的行款、高广、边栏、字体、书口、刻工等进行详细说明。例如，二卷本《尚书旁注》，版本项："明内府刻本"，附注项："半页六行，行十六字，27.4×16.7cm。"二十卷本《诗传大全》，版本项著录"明刻本"，附注项："半页十一行，行二十一字，四周双边，细黑口，双鱼尾。"

(4) 对附录的补充说明

古籍的正文之后常附有作者年谱、小传、行状、墓志、索引、书目等附录资料，而这些资料大多不是正文作者所作，是由后来的编者所加，因此有必要在附注项内注明附录名称、卷数及其作者。例如，清嘉庆十五年（1810年）三友草堂刻本《银海指南》，书名项："银海指南四卷"，责任者项："（清）顾锡撰"，附注："顾锡小传一卷，（清）朱方增撰。"还有的古籍在书内另附他人著作（附刻本），但在书名项内没有反映出来，这时就可以在附注项内加以说明。例如，书名项："礼记二十卷"，责任者项："（汉）郑玄注"，附注项："附：礼记郑氏注考略二卷，（清）张敦仁撰。"

（5）对合刊的补充说明

所谓合刊，是将两种以上不同著者的单书刻印在一起，或同一著者版本不同的著作合订（同一册）、合装（同一函）在一起。附刻是从属关系，而合刊是并列关系，没有主次之分。以上情况，应在附注项内说明与某书合刊、合订、同函。例如，书名项："旧典备征五卷"，责任者项："朱彭寿著；何双生整理"，附注项："本书与《安乐康平室随笔》一书合刊。"

（6）对丛书子目的补充说明

成套丛书是作为一种书著录的，但丛书的零种作为单种书著录时，它所从属的丛书名应在附注项说明。例如，书名项："诗序辨说一卷"，责任者项："（宋）朱熹撰"，附注项："本书为明胡文焕所编《格致丛书》本。"

六、提要项的著录

编写提要是中国古代目录学的一项优良传统。所谓提要，也称解题，是编目人员根据一书的内容，并参考有关资料编写的，用以揭示图书的思想内容，介绍作者生平、成书经过和版本源流，评论该书学术得失及社会影响的概述性文字。

1. 提要的编写体例

历史地看，我国古代书目提要主要有以下三种编写体例：

（1）叙录体

叙录体最早萌芽于书序。余嘉锡说："目录之学，由来尚矣！《诗》《书》之序，即其萌芽。"①《诗》《书》中介绍单篇诗、文的写作背景和意图者，即为小序，相当于后世目录中的叙录。西汉时，刘向受命整理西汉宫廷藏书，为所校的每一部书撰写一篇叙录，阐明该书校雠经过，介绍作者生平，叙述学术源流，辨别图书真伪，评价图书得失，正式创立叙录体。《别录》就是刘向校书时所撰叙录体提要的汇编本，为后人"辨章学术、考镜源流"提供了示范，宋代晁公武《郡斋读书志》、陈振孙《直斋书录解题》就是这类提要的杰出代表。

（2）传录体

魏晋时期，叙录体解题在喜好"品评人物"的"魏晋风度"中发生了

---

① 余嘉锡. 目录学发微 [M]. 成都：巴蜀书社，1991：1.

某些变通，原有提要中介绍著者生平的内容逐渐扩大，发展成为以著者传记为核心的传录体提要。所谓传录体，是在著录图书之后，"不述作者之意，但于书名之下，每立一传"（《隋书·经籍志序》）。西晋挚虞的《文章志》作为较早的一部文学专科书目，是传录体提要的开山之作。南北朝刘宋时期王俭所编《七志》，则是传录体提要的代表作。其后，不少文学目录都是传录体，且多以"文章志"命名。但由于传录体不能对古籍内容作出全面的介绍，不能很好地反映作者思想，因而很少得到后世学者的认同，影响不大。

(3) 辑录体

辑录体提要的最大特点，就是辑佚与一书相关的所有资料。它基本上是引用成文，广泛辑录与一书有关的资料（如序、跋、题记、历代目录的叙录、注释、列传中的叙述文字等）于书名之下，成为提要，供研究参考之用①。辑录体的创立源于文献编纂和注释中的汇辑思想，如司马迁为"以究天人之际，通古今之变"，"网络天下放失旧闻"；释僧祐《出三藏记集》卷六至卷十二，专辑佛经中的序、跋；注释中汇集前代诸家成果的"集注""集解""集释"等。辑录体提要以元代马端临《文献通考·经籍考》为代表，它不仅辑录了《郡斋读书志》和《直斋书录解题》的资料，还辑录了汉、隋、唐、宋等朝的艺文志、经籍志中各种书目的序跋文字，以及史书列传、各种文集内的相关资料。清代朱彝尊《经义考》、章学诚《史籍考》皆仿其例。

清乾隆年间官修的《四库全书总目》继承了历代书目提要编写的优良传统，"于所列诸书，各撰为提要。分之，则散弁诸编；合之，则共为总目。每书先列作者之爵里，以论知世人；次考本书之得失，权众说之异同，以及文字增删，篇帙分合，皆详为订辨，巨细不遗"（《四库全书总目·凡例》）。从编写方法上看，《四库全书总目》总结了刘向以来公私藏书目录提要的编写经验，并参考《读书敏求记》及朱彝尊等人的题跋撰写方法，将叙录体、传录体和辑录体融为一体，形成了别具一格的风格。但须指出的是，《四库全书总目》毕竟是从封建正统观念出发，维护清朝统治者利益的，读者在利用该书目时，对其中一些错误的思想观念应予以摒弃。

现以《四库全书总目》子部儒家类魏王肃注《孔子家语》一书的提要为例：

---

① 彭斐章. 目录学教程 [M]. 北京：高等教育出版社，2004：130.

魏王肃注。肃字子雍，东海人。官至中领军散骑常侍。事迹具《三国志》本传。是书肃自序云：郑氏学行五十载矣，义理不安，违错者多，是以夺而易之。孔子二十二世孙有孔猛者，家有其先人之书，昔相从学。顷还家，方取以来。与予所论，有若重规叠矩云云。是此本自肃始传也。考《汉书·艺文志》有《孔子家语》二十七卷，颜师古注云：非今所有《家语》。《礼·乐记》称舜弹五弦之琴以歌南风。郑注：其词未闻。孔颖达疏载肃作《圣证论》，引《家语》阜财解愠之诗以难康成。又载马昭之说，谓《家语》，王肃所增加，非郑所见。故王柏《家语考》曰：四十四篇之《家语》，乃王肃自取《左传》《国语》《荀》《孟》、二戴记，割裂织成之。孔衍之序，亦王肃自为也。独史绳祖《学斋占毕》曰：《大戴》一书，虽列之十四经，然其书大抵杂取《家语》之书，分析而为篇目。其公冠篇载成王冠，祝辞内有先帝及陛下字，周初岂曾有此？《家语》止称王字，当以《家语》为正云云。今考陛下离显先帝之光曜已下，篇内已明云孝昭冠辞，绳祖误连为祝雍之言，殊未之考。盖王肃袭取公冠篇为冠颂，已误合孝昭冠辞於成王冠辞，故删去先帝陛下字，窜改王字。《家语》袭《大戴》，非《大戴》袭《家语》，就此一条，亦其明证。其割裂他书，亦往往类此。反覆考证，其出于肃手无疑。特其流传已久，且遗文轶事，往往多见于其中。故自唐以来，知其伪而不能废也。其书至明代，传本颇稀，故何孟春所注《家语》，自云未见王肃本。王鏊《震泽长语》亦称《家语》今本，为近世妄庸所删削。惟有王肃注者，今本所无多具焉，则亦仅见之也。明代所传凡二本。闽徐𤆵家本，中缺二十余页；海虞毛晋家本，稍异而首尾完全。今徐本不知存佚，此本则毛晋所校刊，较之坊刻，犹为近古者矣。

又例，《四库全书总目》集部别集类魏嵇康撰《嵇中散集》提要：

旧本题晋嵇康撰。案康为司马昭所害，时当涂之祚未终，则康当为魏人，不当为晋人。《晋书》立传，实房乔等之舛误。本集因而题之，非也。《隋书·经籍志》载康文集十五卷。新、旧《唐书》并同。郑樵《通志略》所载卷数尚合。至陈振孙《书录解题》则已作十卷。且称"康所作《文论》六七万言，其存于世者仅如此"，则宋时已无全本矣。疑郑樵所载，亦因仍旧史之文，未必真见十五卷之本也。王楙《野客丛书》云："《嵇康传》曰：'康喜谈名理，能属文。撰《高士传赞》，作《太史箴》《声无哀乐论》。'余得毗陵贺方回家所藏缮写《嵇康集》十卷，有诗六十八首。今《文选》所载才三数首。《选》惟载康《与山巨源绝交书》一首，不知又有《与吕长悌绝交》一书。《选》惟载《养生论》一篇，不知又有《与向子期论养生难答》一篇，四千余言，辨论甚悉。集又有《宅无吉凶摄生论难》上、中、下三篇，《难张辽叔自然好学论》一首，《管蔡论》《释私论》《明胆论》等文。《崇文总目》谓《嵇康集》十卷，正此本尔。唐《艺文志》谓《嵇康集》十五卷，不知五卷谓何。"观楸所言，则樵之妄载确矣。此本凡诗四十七篇、赋一篇、书二篇、杂著二篇、论九篇、箴一篇、家诫一篇。而杂著中《嵇荀录》一篇，有录无书。实共诗文六十二篇，又非宋本之旧，盖明嘉靖乙酉吴县黄省曾所重辑也。杨慎《丹铅录》尝辨阮籍卒于康后，而世传籍碑为康作。此本不载此碑，则其考核犹为精审矣。

综上所述，提要项的撰写主要包括以下五个方面内容：一是介绍著者生平（以上两例首句对著者的说明与责任者项重复，可略去），包括其字号、别名、生卒年、籍贯、仕履、师承、事迹、著述、学术思想等；二是考察成书经过；三是概述古籍内容；四是考订版本源流，包括历代书目著录的变化、历代刊刻情况等；五是评论学术得失（包括真伪的考辨）。

2. 提要的编写依据

古籍书目提要的编写毕竟不同于文学作品的创作，它不可能由编目人员凭空想象、杜撰，必有所依据才行。

（1）古籍辅文

作为编目对象的古籍本身，除了正文之外，还有大量的辅文资料，如正文之前的凡例、序跋、像赞、目录，正文之中穿插的评点、注释，正文之后的作者小传、碑志、行状、年谱、著述目录等，这些都是编写提要的直接依据。如撰写《周悫慎公全集》作者周馥的身世时，可参阅该书卷首的《清迁谕旨》《清廷谕赐祭文》《清廷御制碑文》《国史本传》等。要叙述一书的编刻经过，可参看该书的序、跋等。如宋刘弇三十三卷本《龙云集》卷首周必大序对该书的编刻经过作了说明："先是，汴京及麻沙刘公集二十五卷。绍兴初，予故人会昌尉罗良弼遍求别本，手自编纂，增至三十三卷，凡六百三十余篇。嘉泰三年（1203年），贤守豫章胡元衡平一表郑公之乡里，访襄阳之耆旧，欲广其书，激厉（励）后学。予属罗尉之子泌缮写定本，授侯刻之。"①

（2）与著者生平相关的辞典、年谱、传记资料

例如，为《石林居士建康集》撰写提要，涉及作者叶梦得的生平，可以查阅臧励和主编的《中国人名大辞典》、梁廷灿编的《历代名人生卒年表》、姜亮夫编的《历代人物年里碑传综表》、吴光荣编的《历代名人年谱》、哈佛燕京学社引得编纂处编的《四十七种宋代传记综合引得》、北京图书馆出版社影印室编的《宋代传记资料丛刊》等工具书。

（3）与古籍内容介绍及评价相关的书目提要、解题和专著等

前代书目中的解题资料，可为后来编目者提供参考，如晁公武《郡斋读书志》、陈振孙《直斋书录解题》、纪昀等编《四库全书总目》、阮元编《四库未收书目提要》、中国科学院图书馆编的《续修四库全书总目提要》、吴格等编《续修四库全书总目提要·丛书部》、王太岳等编《四库全书考证》、王重民编《四库抽毁书提要稿》和《中国善本书提要》、江苏社会科学院文学所编《中国通俗小说总目提要》、金恩辉等编《中国地方志总目提要》、余嘉锡著《四库提要辩证》、胡玉缙著《四库全书总目提要补正》、张舜徽著《中国史学名著题解》、王树民著《史部要籍解题》，以及期刊上发表的有关该著作研究的最新论文等。

（4）与古籍版本考订相关的叙录、版本目录、题跋和校勘记等

刘向之后的学者多仿其例，为整理完的古籍撰写叙录。例如，宋代曾巩整理过《新序》《梁书》《列女传》《礼阁新仪》《战国策》《陈书》《唐令》《南齐书》《徐干中论》《说苑》《鲍溶诗集》等书，每校一书，撰写一叙录，收在《元丰类稿》卷十一中，内容多涉及版本问题，如《列女传目录序》详述了《列女传》的版本演变经过。历代版本目录（包括各种题跋）对于撰写提要具有重要参考价值，如毛扆《汲古阁珍藏秘本书目》、钱曾《读书敏求记》、朱彝尊《潜采堂宋金元人集目录》、徐乾学《传是楼宋元本书目》、黄丕烈《百宋一廛书录》、于敏中等《天禄琳琅书目》、张金吾《爱日精庐藏书志》、陆心源《皕宋楼藏书志》、丁丙《善本书室藏书志》、瞿镛《铁琴铜剑楼藏书目录》、邵懿辰《增订四库简明目录标注》、莫友芝《宋元旧本书经眼录》、傅增湘《藏园群书经眼录》等。题跋专集如王士禛《渔洋书籍跋尾》、彭元瑞《知圣道斋读书跋尾》、陈鳣《经籍跋文》、黄丕烈《士礼居藏书题跋记》、顾广圻《思适斋题跋》、瞿中溶《古泉山馆题跋》、吴寿旸《拜经楼藏书题跋记》、钱泰吉《曝书杂记》、陆心源《仪顾

---

① （宋）刘弇. 龙云集［M］. 文渊阁《四库全书》本.

堂题跋》等,均为版本考订的专题汇编,可资参考。有的专书校勘记,如余靖《汉书刊误》、张淳《仪礼识误》、方崧卿《韩集举正》、朱熹《孝经刊误》和《韩集考异》等,也有很多版本研究的内容,可供借鉴。

3. 提要项的著录要求

(1) 实事求是,述而不作

提要项的著录,实际上是由编目人员把对古籍自身内容及相关资料的研究和考证结果,用自己的话重新表述出来。它要求以史实和史料为基础,撰写的每一句话都要有事实依据或文献出处,不能由编目人员凭空去创作,否则轻者不准确,重者出现知识性错误,令人无法信服,也就失去了编写提要的价值。

(2) 文字简洁,详略得当

提要介绍性的内容,要求文字简明扼要,无须过多铺垫和夸饰。近年来我国新出版的古籍常有点校、整理、纂辑、出版说明,对于一书的作者生平、内容梗概、版本流传经过,以及对当前开展学术研究的价值等,均有简要的文字介绍,可作为编写提要时的参考依据。提要考辨性的内容,特别是对于有疑难症结之处,可引用文献原文详加考证分析,该详则详,增强提要的学术性。

(3) 注意评论的导向性和时代特色

前代书目提要固然有许多可取之处,但限于历史条件,还是存在一定的局限性,因此在撰写提要时,在政治观点上不能完全沿袭旧说,应运用历史唯物主义原理,对古籍内容和学术观点进行客观评论,突出时代特色。

第二节 古籍目录的组织

古籍著录完成之后,将大量零散的款目按一定方法有序地编排起来,这就是古籍目录的组织。传统的古籍目录组织方法,主要有两种:一是分类组织法,二是字顺组织法,后者又包括书名字顺组织法、著者字顺组织法等。

一、古籍分类目录的组织

1. 分类目录的产生及演变

(1) 六分法

《七略》是中国古代最早的图书分类法。它名为"七略",但由于其中的"辑略"是总论性质的序论,不是一个类目,实际上是六分法,即把当时的图书分为六大类三十八个小类,其体系结构如下:

六艺略：易、书、诗、礼、乐、春秋、论语、孝经、小学
　　诸子略：儒家、道家、阴阳家、法家、名家、墨家、纵横家、杂家、农家、小说家
　　诗赋略：屈原赋、陆贾等赋、孙卿等赋、杂赋、歌诗
　　兵书略：兵权谋、兵形势、阴阳、兵技巧
　　数术略：天文、历谱、五行、蓍龟、杂占、形法
　　方技略：医经、经方、房中、神仙

　　六分法产生之后，首先继承这一体系的就是东汉班固的《汉书·艺文志》。班固编《汉书·艺文志》时，将《辑略》分散在其他六类之下，作为类序。而六略的部类设置，完全仿照《七略》的分类体系。

（2）七分法

　　七分法是对《七略》和《汉书·艺文志》六分法改进的结果。魏晋南北朝以后，反映封建门阀制度内容的谱牒文献和宗教内容的佛道文献有了显著增长，文献分类体系也有了相应的变化。南齐王俭作《七志》，仿《七略》旧例，将文献分为经典志、诸子志、文翰志、军书志、阴阳志、术艺志、图谱志七大部类，其中增设的"图谱"一类，适应了谱牒文献数量增长的需要；南梁阮孝绪编《七录》，分内外两篇：内篇有经典录、纪传录、子兵录、文集录、术技录；外篇有佛法录、仙道录，共七大部类五十五个子类，其中增设的佛、道文献类目，反映了南朝佛教、道教文献数量迅速增长的实际情况。隋代许善心又仿《七录》之例，作《七林》，仍是将文献分为七大部类，其分类体系如下：一曰经典录，纪六艺；二曰记传录，纪史传；三曰子兵录，纪子书、兵书；四曰文集录，纪诗赋；五曰术技录，纪数术；六曰佛法录；七曰仙道录。《七录》从当时学术发展、图书数量的实际情况调整类目，较之于《七志》又有了新的进步。

（3）四分法

　　魏晋以后，各种官修的文献分类目录不断涌现，分类方法也不断改进，出现了"四分法"。首先，三国时魏秘书郎郑默曾编有宫廷藏书目录《中经》。西晋时，"秘书监荀勖又因《中经》，更著《新簿》，分为四部，总括群书"①，故称《中经新簿》，又名《晋中经簿》。它将"六略"改为"四部"：甲部纪六艺及小学等书；乙部纪古诸子百家、近世子家、兵书、兵家、数术；丙部录史记、旧事、皇览簿、杂事；丁部录诗赋、图赞、汲冢

---

① （唐）魏徵等．隋书·经籍志［M］．北京：中华书局，1973：906.

书。甲、乙、丙、丁四部,对应的分别是后来的经部、子部、史部、集部,奠定了四部分类法的基础。东晋后,时任大著作郎的李充负责搜集整理藏书,又据荀勖的《中经新簿》编成《晋元帝四部书目》。该书目适应了魏晋以来私家著述特别是史学著述激增的现实状况,将子部和史部的类目顺序进行对调,确立了经、史、子、集的顺序,只是还没有启用经、史、子、集的类名,而是采用"五经""史记""诸子""诗赋"的名目。唐初修《隋书·经籍志》,正式启用经、史、子、集的类名,从此确立了"四分法"在我国古代图书分类法中的主导地位。四部分类法发展至清乾隆时期,随着《四库全书总目》的编成而趋成熟。表10-1展示了它的分类体系。《四库全书总目》代表了我国古代图书四部分类法的最高成就,直到今天仍然有很多图书馆采用它来类分古籍。

表10-1 《四库全书总目》的分类体系

经部	易类、书类、诗类、礼类(周礼、仪礼、礼记、三礼通义、通礼、杂礼)、春秋类、孝经类、五经总义类、四书类、乐类、小学类(训诂、字书、韵书)
史部	正史类、编年类、纪事本末类、别史类、杂史类、诏令奏议类(诏令、奏议)、传记类(圣贤、名人、总录、杂录、别录)、史钞类、载记类、时令类、地理类(宫殿疏、总志、都会、郡县、河渠、边防、山川、古迹、杂记、游记、外纪)、职官类(官制、官箴)、政书类(通制、典仪制、邦计、军政、法令、考工)、目录类(经籍、金石)、史评类
子部	儒家类、兵家类、法家类、农家类、医家类、天文算法类、术数类(数学、占候、相宅、相墓、占卜、命书、相书、阴阳、五行)、艺术类(书画、琴谱、篆刻、杂伎)、谱录类(器物、饮馔、草木禽鱼)、杂家类(杂学、杂考、杂说、杂品)、类书类、小说类(杂事、异闻、琐记)、释家类、道家类
集部	楚辞类、别集类、总集类、诗文评类、词曲类(词集、词选、词话、词谱词韵、南北曲)

综上所述,从目录学的视角看,中国古代官方的文献分类方法可以粗略地划分为两大体系,即"七分法"(前期为"六分法")和"四分法"(后期为"五分法")。两者以初唐为界,之前"七分法"占据主导地位,之后"四分法"一统文献分类领域。

(4)五分法

五分法是对四分法的改进。明代祁理孙编写《奕庆藏书楼书目》时,在经、史、子、集之外又加"四部汇"一类,此为五分法之始。清代张之洞、缪荃孙撰《书目答问》,定名为经、史、子、集、丛五部。运用五分法最具影响的书目当属《中国古籍善本书目》。20世纪80年代,中国大陆各省、市、自治区图书馆在文化部图书馆事业管理局的领导下合作编纂《中国古籍善本书目》,对《四库全书总目》的类目体系作了改进和调整(如表10-2所示),并在四部的基础上增设"丛部",完善了五分法。2009—2012年编纂出版的《中国古籍总目》也采用了五分法。五分法已成为当下大型古籍书目通行的分类方法。

表10-2　　　　《中国古籍善本书目》的分类体系

经部	总类、易类、书类、诗类、礼类(周礼、仪礼、礼记、三礼总义、通礼、杂礼书)、春秋类(汇编、左传、公羊传、穀梁传、春秋总义)、孝经类、四书类(论语、孟子、大学、中庸、四书总义)、群经总义类、小学类(汇编、训诂、字书、韵书)
史部	纪传类(汇编、通代、断代)、编年类(通代、断代)、纪事本末类(通代、断代)、杂史类、诏令奏议类(诏令、奏议)、传记类(总传、别传、年谱、日记、家传、宗谱、杂录、贡举、职官录)、史钞类、时令类、地理类(总志、方志、杂志、山水志、专志、游记、外纪)、职官类(官制、官箴、政纪)、政书类(通制、典礼、邦计、军政、法令、邦交、考工、科举、公牍、档册、杂录)、目录类(汇编、公藏、家藏、知见、地方艺文、杂录)、金石类(总类、金类、石类、玉类、陶类、钱币、玺印)、史评类
子部	总类、儒家类、兵家类、法家类、农家类(附兽医)、医家类(丛编、医经、本草、诊法、方论、针灸、养生、史传)、天文算法类(天文、历法、算书)、术数类(数学、占候、相宅相墓、占卜、命书相书、阴阳五行、杂术)、艺术类(书画、画谱、篆刻、乐谱、棋谱、杂技)、谱录类(丛编、器物、食谱、花草树木、鸟兽虫鱼)、杂家类(杂学杂说、杂考、杂记、杂品、杂纂)、小说类(笔记、短篇、长篇)、类书类、释家类(大藏、译经、撰疏)、道家类
集部	楚辞类、汉魏六朝别集类、唐五代别集类、宋别集类、金别集类、元别集类、明别集类、清别集类、总集类(丛编、通代、断代、地方艺文、家集)、诗文评类、词类(丛编、别集、总集、词话、词谱、词韵)、曲类(诸宫调、杂剧、传奇、散曲、俗曲、弹词、宝卷、曲选、曲谱、曲律、曲韵、曲评曲话、曲目)
丛部	汇编丛书、地方丛书、家集丛书、自著丛书

必须指出的是，传统图书分类法用今天科学的标准来衡量并不严密，因为其类目划分的标准并不统一，各部类之间交叉重复的现象突出。以《四库全书总目》为例，为了突显儒家思想的地位，破坏了整个分类体系的科学性。《尚书》《春秋》记述的明明是历史的内容，却放到了经部；工具书《尔雅》也放在经部；《论语》《孟子》等本应入子部，却也放到了经部；史部的类目，按现代学科分类来看，既包括历史，也涵盖政治、法律、经济、地理等内容，成了一锅大杂烩；子部也是如此，既容纳诸子百家的学术思想，也有自然科技方面的内容。所以说，中国古代的文献分类不是按照形式逻辑的概念划分原则来进行的，而是听命于统治者对意识形态的控制，受制于中国古代"史外无学"①的学术传统，服从于社会实用的法则。而且，在类目设置上，没有为西学图书留设类目，西学图书处于无类可分的尴尬境地；在编制技术上，传统分类法虽有互著、别裁等揭示图书内容的方法，但在标记符号的使用、仿分、复分、组配、索引等方法和技术的运用方面一概付之阙如。

（5）新式普通图书分类法

由于传统分类法先天存在的缺陷，有学者主张采用新式分类法来给古籍分类，而在实际工作中，不少图书馆也是这么做的。据调查，中华人民共和国成立以来全国范围内各大图书馆为给古籍分类，先后采用的新式分类法有王云五的《中外图书统一分类法》、皮高品的《中国十进分类法》、刘国钧的《中国图书分类法》《东北图书馆图书分类法》（简称《东图法》）、《中国人民大学图书馆图书分类法》（简称《人大法》）、《中国科学院图书馆图书分类法》（简称《科图法》）、《中小型图书馆图书分类表》（简称《中小型表》）、《中国图书馆图书分类法》（简称《中图法》）等。新式分类法破除了传统分类法中儒家经典一家独尊的地位，摒弃了大量反映封建道统观念以及设置不妥的辨体类目（即按体裁而不是内容设的类目），运用了大量现代图书分类法的编制技术，有其先进性的一面，但也存在一定的问题。由于不是专为古籍分类而编制的，新式分类法难以反映古代学术的发展流变；对于一些专类古籍而言，可能存在类目粗放和类属不清的问题。

（6）专为古籍编制的新式分类法

现实中，古籍收藏大多进入稳定状态，数量不会有太大的变化。而新式分类法是针对现代普通图书编制的，为了适应新的学科门类的发展，总是处于不断修订、再版的状态中。以不稳定的分类法来类分相对稳定的古籍藏

---

① 梁启超. 中国历史研究法 [M]. 北京：东方出版社，2012：33.

书，容易造成混乱。另外，分类法不仅能组织古籍书目，还能组织古籍排架。古籍因其特有的形式和内容，都是单独存放的。如果古籍和普通图书采用相同的分类法，那么分类排架的古籍必然会出现分类号跳跃、不连贯和类目设置不平衡等问题，为古籍典藏和利用带来不便。因此，专门为古籍编制一部新式分类法就显得特别有必要。

1993年，北京大学信息管理系承担了国家教委人文社会科学研究"八五"规划项目《中国古籍分类法》的研制任务。以姚伯岳先生为首的课题组调研了全国近20所大中型图书馆，参考了数十种古籍分类目录，以及近现代各种图书分类法和相关研究论著，经过三年的努力终于编制成功。《中国古籍分类法》在分类体系上，摈弃了传统的四库分类法，也没有采用十进分类的方法，而是尽可能向图书馆界普遍使用的《中图法》靠拢，按照人文社会科学、自然科学、综合性图书的序列，分为20个大类：

A	语言	K	宗教
B	经部	N	术数
C	子部	P	历算
D	政部	Q	格致
E	军事	R	医药
F	史部	S	农业
G	地志	T	工艺
H	集部	X	金石
I	说部	Y	目录
J	艺术	Z	丛部

以上大类中，A~N类大致属于人文社会科学范围，P~T类属于自然科学范围，X~Z类属于综合性图书。在类名设置上，该分类法保留了"经部""史部""子部""集部"等传统类名，但其下的类目却作了相应的删改和调整，如将原来隶属经部的"小学"抽出，另设"语言"大类；像"艺术""格致"等大类类名的选用，是为了使某些细小的类目相应地集中，并符合古人的说法；其他如"说部""丛部"等大类的名称，也都体现了古籍分类的特色。更值得一提的是，《中国古籍分类法》在标记制度上采用了和《中图法》一样的混合制号码，字母后的数字严格按层累制原则，表示大类下各级类目的划分。同位类超过10个时，采用八分制或双位制的编号方法。同时，运用了复分（包括总论复分表、中国时代表、国际时代表、中国地

区表、世界地区表等5个通用复分表和2个专类复分表)、仿分、参见等分类技术和注释、说明等方法，作为分类的辅助手段。《中国古籍分类法》的最大特色就是将现代图书分类技术与传统分类法相结合，既照顾了现代人的思维方式，又尽可能地保持了传统，适用于古代的中、西图书的分类。

2. 古籍的分类标引

目前，中国还没有作为国家标准的古籍分类法，各个图书馆在对古籍分类时，使用的分类法可谓五花八门，有的用传统的四库分类法，有的用民国时期编制的各种十进分类法，有的用图书馆自编的分类法，还有的用中华人民共和国成立后编制的各种新式分类法，极不规范。下面仅以有代表性的《四库全书总目》分类法和《中图法》为例，介绍它们分类古籍的一般原则。

(1)《四库全书总目》的分类原则

《四库全书总目》总序、凡例及按语对其分类原则均有所阐释，可归纳如下：

第一，按等级分类。总的来看，《四库全书总目》充满了崇儒重道的偏见。如凡例第三条云："前代藏书，率无简择，萧兰并撷，珉玉杂陈，殊未协别裁之义。今诏求古籍，特创新规，一一辨厥妍媸，严为去取。其上者，悉登编录，罔致遗珠。其次者，亦长短兼胪，见瑕瑜之不掩。其有言非立训，义或违经，则附载其名，兼匡厥缪。至为寻常著述，未越群流，虽咎誉之咸无，究流传之已久，准诸家著录之例，亦并存其目，以备考核。"① 由此看来，《四库全书总目》将图书分为四等：一曰上者；二曰次者，率"万世太平"之需，当入著目；三曰言非立训，义或违经者；四曰流传已久之寻常著作，均入存目。

第二，依内容归类。如汉扬雄《太玄经》，乃拟《易》而作，并不解释易义，而是术数，旧入儒家，今改入术数。《易外别传》一书，作者俞琰后序说"盖谓丹家之说虽出于《易》，不过依仿而托之者，非《易》之本义"②，所以不能依《易》归类，而是根据书中参同契炉火之说，归入道家类。再如《孝经集灵》，专门收辑孝经灵异之事，宣扬神怪因果之说，并非注释《孝经》之作，因此不能归入孝经类，而该入小说类。

第三，不循名分类。这条原则与依内容归类是相对应的，即不按书名字

---

① (清) 纪昀等. 钦定四库全书总目·凡例 [M]. 北京：中华书局，1997.
② (清) 纪昀等. 钦定四库全书总目·卷146 [M]. 北京：中华书局，1997：1950.

面意思分类。如《倪石陵书》一书，从书名上看似是子书，实乃宋倪朴个人文集。之所以称"书"，是因为书中有一篇《上高宗书》，被认为是全书的重点。再如宋人陈埴《木钟集》，书名取的是"善问者如攻坚木，善待问者如撞钟义"之意，故名《木钟集》。该书虽有"集"之名，但并非个人诗文集，而是有关儒家思想的语录，因此入儒家类。

第四，尊重著书主旨。有的古籍，是作者为了汇辑某一类资料而编成的，这时就不能单看其内容，也要看作者著书的目的。如《左传类对赋》《六经类聚》《春秋内外传类选》等，是作者为方便封建时代的士子查找阅读儒家经典而编的，其内容并不直接注释原书，而是分类编排资料，如《六经类聚》摘录《六经》之语，分为十八门；《春秋内外传类选》以《左传》《国语》各标题目分为二十三门，作者编这类书的主旨是"但取俪辞，无关经义"，仅供翻检资料之用，因此应归入子部的类书类。

第五，明确类目义例。如农家类序云："农家条目，至为芜杂……今逐类汰除，惟存本业，用以见重农贵粟。"按照这条原则，"龙团凤饼之制，银匙玉碗之华，终非耕织者所事。今示别入谱录类，明不以末先本也。"①又食谱类案："今于近似农家者并改隶谱录，俾均不失其实焉。"②像《齐民要术》这样易与农家类义例相混淆者，则另以谱录类归之。

第六，二次著述依原著归类。注解、校勘等是对原著的二次著述，对于这类古籍的分类，《四库全书总目》将其与原作归为一类。如正史案："注释诸史之书，皆各从其类。"③按照这条原则，《史记集解》《史记索隐》《史记正义》《史记疑问》等随《史记》入正史类；《班马异同》随《史记》和《汉书》入正史；《两汉刊误》随《汉书》和《后汉书》入正史；《三国志辨误》随《三国志》入正史，如此不一而足。

第七，内容两涉者依重点归类。当一书内容涉及两个类目之义者，据其主要，作重点归类。如小学类序："惟以《尔雅》以下编为训诂，《说文》以下编为字书，《广韵》以下编为韵书，庶体例谨严，不失古义。其有兼举两家者，则各以所重为主。"④ 又如，李焘《说文五音韵谱》，实以字形类

---

① （清）纪昀等．钦定四库全书总目·卷102［M］．北京：中华书局，1997：1322.
② （清）纪昀等．钦定四库全书总目·卷115［M］．北京：中华书局，1997：1539.
③ （清）纪昀等．钦定四库全书总目·卷46［M］．北京：中华书局，1997：641.
④ （清）纪昀等．钦定四库全书总目·卷40［M］．北京：中华书局，1997：526.

分汉字，并加以解释及研究的字书，兼带韵谱，故入字书类。

第八，综合归类。当一书内容庞杂，涉及三个以上之类目者，则将之作为综合性图书，归入《四库全书总目》为之设定的"杂家类"。如杂考案："考证经义之书，始于《白虎通义》，蔡邕《独断》之类沿其支流，至唐而《资暇集》《刊误》之类为数渐繁，至宋而《容斋随笔》之类动成巨帙。其说大抵兼记经史子集，不可限以一类，是真出于仪官之杂家也。今汇而编之，命曰杂考。"①

以上为《四库全书总目》的一般分类原则，但并非不能有所变通，如《四库全书总目·凡例》云："文章德行，自孔门既已分科，两擅厥长，代不一二。今所录者，如龚诩、杨继盛之文集，周宗建、黄道周之经解，则论人而不论其书；耿南仲之说易、吴开之评诗，则论书而不论其人。凡兹之类，略示变通。一则表章之公，一则节取之义也。至于姚广孝之《逃虚子集》、严嵩之《钤山堂诗》，虽词华之美足以方轨文坛，而广孝则助逆兴兵，嵩则怙权蠹国，绳以名义，匪止微瑕。凡兹之流，并著其见斥之由，附存其目，用见圣朝彰善瘅恶，悉准千秋之公论焉。"② 以上这段话，归结起来就是三条：

第一，"论人而不论其书"。乾隆四十一年（1776年）钦定的《胜朝殉节诸臣录》，列出明代历朝抗节死难人物3787人，其中"立身始末，卓然可传，而又取义成仁，揩挂名教"的人物33人，给他们以"专谥"；"平生无大表见，而慷慨致命，矢死靡他"的人物1505人，汇为"通谥"；"至于微官末秩，诸生韦布及山樵市隐，名姓无征"的人物2249人，用"并祀于所在忠义祠"③ 的办法予以表彰。对于这些所谓"忠节"之士，《四库全书总目》对他们的著作另眼相看，略示变通，即使镠辖于经典之外，也破例列入经部。如明黄道周之《礼记》注五篇，意原不主于解经，而是借以纳谏，本不该入经部，但编目者强调他"不失圣人垂教之心，故虽非解经之正轨，而不能不列之经部焉"④。

第二，"论书而不论其人"。有的作者在编目者看来，其人品不可取，但其书颇有可采之处，也可以破例收录。例如，《四库全书总目》著录宋耿

---

① （清）纪昀等. 钦定四库全书总目·卷119 [M]. 北京：中华书局，1997：1600.
② （清）纪昀等. 钦定四库全书总目·凡例 [M]. 北京：中华书局，1997.
③ （清）纪昀等. 钦定四库全书总目·卷58 [M]. 北京：中华书局，1997：815.
④ （清）纪昀等. 钦定四库全书总目·卷21 [M]. 北京：中华书局，1997：270.

南仲《周易新讲义》，提要称耿"与吴开沮战、守之说，力主割地"，其"经书之偏，祸延国事"①；著录吴开《优古堂诗话》，提要中说他"与耿南仲力主割地之议，卒误国事。又为金人往来传通意旨，立张邦昌而事之。"像这种人品不足道的奸臣，政治上予以批判，但其"所作诗话，乃颇有可采"②，可以略其所短，取其所长。

第三，"著其见斥之由，附存其目"。对于那些被视为离经叛道，颠倒是非，蛊惑世人的著作，即便辞章华丽，也要打入存目。如姚广孝《逃虚子集》、严嵩《铃山堂集》，"虽词华之美，足以方轨文坛"③，然而姚广孝助朱棣叛逆起兵，严嵩则怙宠擅权，触犯了为人臣者的底线，"究非他文士有才无行可以节取者比，故吟咏虽工，仅存其目"，并注明见斥的理由，以"昭彰瘅之义焉"④。

(2)《中图法》类分古籍的原则

用《中图法》类分古籍和类分现代图书，两者基本原则是一致的。现就用《中图法》类分古籍应注意的事项加以说明。

第一，与四库分类法一样，不能循名分类。有的古籍书名并不能完全反映图书内容，如清余集《秋室百衲琴》，虽以"琴"为名，但并不是琴书，而是收集六朝人诗句的诗集，应据其内容归入文学类，而不入艺术类。唐张鷟《龙筋凤髓判》，从书名上看，似与法律判案有关，但从其编纂体例看，实为隶事之书，应入类书类，而不入法律类。

第二，析出篇章依内容归类。就一书中的某些篇章单独进行研究的著作，应就该篇章本身的内容分类，而不随原书所属类目分类。例如，《夏小正》本是《大戴礼记》中的一篇，其内容按一年12个月，分别记载物候、气象、星象以及有关重大政事，特别是农业生产方面的大事，是我国现存最早的农事历书，因此应归入时令类，而不随《大戴礼记》分入礼制类。

第三，哲学家的非哲学类著作，依其内容分，不入哲学家专类。如葛洪为东晋道家代表，其所作《抱朴子内外篇》为哲学著作，入哲学类。但他还有其他著作，如《肘后备急方》为医书，《神仙传》是一部志怪小说集。

---

① (清)纪昀等. 钦定四库全书总目·卷2 [M]. 北京：中华书局，1997：13.
② (清)纪昀等. 钦定四库全书总目·卷195 [M]. 北京：中华书局，1997：2741.
③ (清)纪昀等. 钦定四库全书总目·凡例 [M]. 北京：中华书局，1997.
④ (清)纪昀等. 钦定四库全书总目·卷176 [M]. 北京：中华书局，1997：2414.

这两部著作就不该入哲学类，而应分别归入医学和文学类。哲学类某哲学家的专类，其下只收哲学著作，不收个人文集，如唐柳宗元《柳河东集》、明李贽《焚书》和《续焚书》入文学类，而不入哲学类。

第四，各代三体史书（编年体、纪传体、纪事本末体）先入各代史，再按体裁分类。如《汉书》先入汉史，再依体裁分入纪传体；《宋史纪事本末》先入宋史，再依体裁分入纪事本末体。通过评论史书而阐述作者自己历史观点的著作，不入各代史，一律入史评类，如晋何琦《论三国志》、宋范祖禹《唐鉴》、清王夫之《读通鉴论》和《宋论》等。

第五，文集不全入文学类。文集通常都是诗文集，但不排除有的专类文集，其内容与文学无关。例如，唐代名臣陆贽的《陆贽集》实际上是个人奏议集，分制诰十卷、奏草六卷、中书奏议六卷，内容涉及唐德宗时期政治、经济、军事、财政等重大决策的出台经过；表彰功勋、弹劾污吏、抚恤安民等各项措施的推行情况；官员任免、王妃册封、大赦改元等有关史事的记载等，是研究中唐历史不可多得的第一手资料。该书就不能分在文学类，而应归入唐代历史。类似的还有很多以"集"为名的书，并不属文学类，如《疗马集》《痊骥集》是兽医著作；《黄门集》《隆平集》是历史著作；《根黄集》《诸律武库前后集》是类书；《卫生集》是医学著作；《中都四子集》《眉公十集》是丛书；《敬止集》《循沧集》是地理著作；《疑狱集》是法律著作①。

第六，注释类作品依作者时代分类。注释是对原著的二次著述，但阐述的是注释者自己的学术思想和见解，因此在采用《中图法》对注释类古籍分类时，应依注释者入各代的相关类目，而不随原著归类。例如，戴震《孟子字义疏证》、王夫之《读四书大全说》入清代哲学，而不随《孟子》《四书》归类。这与四库分类法是不同的。

第七，考证类作品依研究专题分类。历史上有许多就某书某一方面内容进行考证的著作，如就《诗经》而言，历史上有宋王应麟《诗地理考》、明林世陛《诗经人物考》，清洪亮吉《毛诗天文考》等著作。依《中图法》的分类原则，这三种古籍都不能随《诗经》归入文学类，而应分别归入地理类、历史类和天文类。

第八，纬书随原书归类。历史上附会儒家经义的纬书，不单独设类，均依原书分，如《易纬坤灵图》随《周易》归入哲学类；七经纬中的《尚书

---

① 北京大学图书馆学系，武汉大学图书馆学系. 图书馆古籍编目. 北京：中华书局，1985：276.

纬》《春秋纬》随《尚书》和《春秋》入历史地理类，《诗纬》随《诗经》入文学类，如此等等。

第九，按类将某书中的资料（如典故、名物、词句等）抄纂在一起，按类编书的性质归类，不随原书分，如《四书类典赋》入类书，不入哲学；综合编述群书中的某一类资料，则按编述的内容归类，亦不按原书归类，如《六经天文编》，是将《六经》中的天文记载辑录出来，并逐条札记，以先儒著述为主，旁注史志，尤以采录宋儒之说为多，带有一定的研究性质，故入天文类，而不入综合性图书。

3. 古籍分类目录的编排

古籍著录和分类标引后，接下来就是将大量的各种款目按一定顺序组织起来，使内容性质相同或相似的款目编排在一起。分类目录的编排不仅可以组织古籍目录，也可组织古籍的排架。如果采用《四库全书总目》的分类体系，可直接依类目名称的顺序排列款目；如果采用《中图法》等新式分类法，则按代表类目名称的分类号的先后顺序排列款目。

需要说明的是，一个类目名称或一个分类号，所集中的是同一类性质的书，而不是代表一种具体的书。因此，当同一类目名称或同一分类号下性质相同的书不止一种时（多数情况如此），它们也要有自己的排列方法。同类书的排列方法，各个图书馆不尽相同，可根据本馆的实际情况来制定一种方法，然后始终严格遵守，这样就不会发生前后矛盾或混乱的现象。

目前，全国图书馆古籍分类采用四库分类法的居多，古籍分类目录也多是按照《四库全书总目》的体系来组织的，其一般规律是先按著作类型排，再按著者时代排。我们可以借鉴《四库全书总目》同类书的排列方法，但不能完全照搬，因为它毕竟是旧时代的产物，如诏令奏议类，《四库全书总目》将清朝皇帝的圣训居于历代诏令之首，这明显有违基本体例。下面按经、史、子、集的顺序，简单介绍同类书的排列方法。

（1）经部同类书的排列

对于经部古籍而言，其同类书的排列方法大体是白文在前，注本在后；注本之中，单注本在前，注疏合一本、注疏释文合一本在后；最后是其他研究、阐发经义之作。同一类型的经书按著者时代前后排列，下以经部礼类仪礼属为例：

经部
　礼类
　　仪礼属

仪礼十七卷
　　（汉）郑玄注
仪礼疏五十卷
　　（唐）贾公彦疏
仪礼注疏十七卷
　　（汉）郑玄注（唐）贾公彦疏（唐）陆德明音义
仪礼图十七卷
　　（宋）杨复撰
仪礼要义五十卷
　　（宋）魏了翁撰
仪礼逸经传二卷
　　（元）吴澄撰
仪礼节解十七卷
　　（明）郝敬撰
仪礼郑注句读十七卷附监本正误石经正误二卷
　　（清）张尔歧撰

(2) 史部同类书的排列

史部内同类古籍的排列相对复杂一些，不同类别的书，其排列方法不同：①纪传类、编年类、纪事本末类、别史类、杂史类：这些类目下所收同类书按所纪史事的朝代顺序排；同朝代的史书，再按著者时代的先后排。②诏令奏议类：诏令按朝代顺序排，奏议按著者时代排。③传记类：按所记人物的时代顺序排；年谱和日记按谱主生年和日记记事年月排。④地理类：总志按成书年代排，方志按行政区划的层级排；同一地方历次所修志书，按纂修、补修年代顺序排；山水志、物产志、风俗志等，先按地区排，地区之下再按著者先后顺序排。⑤职官类：按书中所指时代排；时代相同的，再按作者先后顺序排。⑥政书类：通制按内容时代排，先通代，后断代；典礼按著者时代排；邦计先按内容性质排，如盐政、漕运财赋、税收、救荒等，再按各项中的著者时代排；法令、军政、考工等，按著者或记事时代先后排。⑦目录类、史评类：按著者（或收藏者）时代排。

(3) 子部同类书的排列

子部中的儒家类、兵家类、法家类、农家类、医家类、天文算法类、术数类、杂家类、小说家类、类书类等，按著者或编者时代先后排；编者不明的，参照所收诸子时代排。艺术类："书画"先按内容分为"书画合编"、单纯的"书"或"画",三项依次排列,各项中再按著者时代先后排;"画谱"按绘者或编者时代,排在"画"后;琴谱棋谱、篆刻按著者时代先后排;杂技先按内容分项目排(如打马、投壶等),再按著者时代排。谱录类:先按内容分项目排,如器物分鼎彝、石谱、陈设等,再依著者或编者时代先后顺序排。

(4) 集部同类书的排列

集部中各个类目下的同类书排列方法也不一致。楚辞类:白文在前,注文在后。有注者,以作注人的时代顺序排;研究或考证者紧接注者之后,按著者时代依次排列。别集类:各代别集按著者时代(科第先后)顺序排,同时代无科名者,排在科第之后。总集类:先按通代、断代分,各以所收入作品时代为序,并参照编辑者及版刻年代排;通代、断代内选集,诗文俱收者在前,其次是单纯的诗选,再次是单纯的文选。诗文评类、词曲类:皆依著者时代排。

对于设有丛部的分类法而言,丛部同类书的排列也有其规律可循,如汇编类丛书,可按编者(或作者)时代先后排;地方性丛书,可先按地区排。同一地区内,再按编者时代排;家集类丛书,按所收作品的著者时代排,所收作品属于通代者,以最晚的时代为准;自著类丛书,按著作时代先后排。

采用《中图法》等新式分类法来给古籍分类,同一分类号下相同性质款目的排列方法大致有以下几种:

第一,同一分类号下不同著者的古籍,通常按著者姓名排。著者姓名按笔画笔形、拼音顺序或四角号码排。也有的图书馆按著者时代排,著者时代相同再按姓名字顺或生卒年排。同一分类号下相同著者的书,再按书名字顺排列。

第二,同一分类号下的古籍,可按到馆或分类编目的先后顺序排列。即在每一分类号下的每种书给一个顺序号,或直接用到馆先后的财产登记号的顺序排列。

第三,同一分类号下的古籍,可按书名顺序排列。书名顺序可按笔画笔形、拼音顺序或四角号码排。

第四,对于某些专题书目而言,同一分类号下的古籍还可以按出版时代、出版地区、版本类别等方式排列,如地方志目录就适合按地区排列,古籍版刻目录可按出版时代或版本类别排列。

二、古籍字顺目录的组织

字顺目录是在已著录的古籍款目中,选取其中一种著录项目(如著者、书名等),将之按一定的检字法排列起来,以此来组织古籍款目次序。因为汉字的排检方法有多种,所以古籍的字顺目录也有多种。汉字排检法是根据汉字的形体结构和声韵规律排检单字或复词的方法①,可以分为形序法、音序法和号码法。

1. 形序法

形序法是根据汉字的形体结构,按照字形的某一共同特征将汉字有序化的排检方法,包括部首法、笔画笔形法。

(1) 部首法

部首法是从汉字字形入手,将具有部分相同结构的字归纳在一起,作为一部,如"蚊、虾、蚕、蛙、蛤、蚌、萤、蛀"等字,都有一个相同的结构"虫",就以"虫"为部首,将这些字归入"虫"部。排检时,先按部首的笔画多少排。同一部首内,再按除部首以外的笔画的多少排。笔画少的在前,多的在后。部首法历史悠久,东汉许慎著《说文解字》,将9353个篆体汉字,按字形和字义归纳为540部,首创部首法。部首检字法的优点是比较容易掌握,缺点是有的汉字部首难以确定,导致查检速度比较慢。

(2) 笔画笔形法

笔画笔形法有两种排序方式:第一种是先按汉字笔画的多少排,同笔画数再按笔形排。笔画少的在前,多的在后。笔画数相同的,再按起笔的笔形排。笔形的排列顺序也有多种,如有的按点(、)、横(一)、竖(丨)、撇(丿)的顺序排,有的按点(、)、横(一)、竖(丨)、撇(丿)、捺(乀)的顺序排,还有的按横(一)、竖(丨)、撇(丿)、点(、)、折(𠃍)的顺序排。这里要强调的是,无论采用何种笔形顺序,只要确定了,就得自始至终严格遵循,否则会导致混乱。第二种是先按笔形顺序排,笔形相同者再按笔画数的多少排,同样是少的在前,多的在后。笔画笔形法是图书馆组织古籍目录较普遍采用的一种方法。

2. 音序法

音序法是根据汉字的发音规律,按照一定的语音符号将汉字有序化的排检方法,主要有韵部法、汉语拼音字母法等。

(1) 韵部法

韵部法是按照古汉语韵部次序编排单字或复词的一种排检方法。汉魏六朝时期,由于反切的盛行及四声的发现和归纳,先后出现了按五音和韵部编排的韵书,如魏李登《声类》、隋陆法言《切韵》等。之后出现了大量按韵

---

① 詹德优. 中文工具书导论 [M]. 武汉:湖北教育出版社,1994:61.

编排的韵书，其中以宋代陈彭年等编《广韵》、丁度等编《集韵》的206韵和《平水新刊礼部韵略》的106韵较为通行，尤以"平水韵"106韵对后世影响较大。韵部法大致有三种排检形式：一是先按声调分为上平声、下平声、上声、去声、入声五类，再在每一声调下分韵部，每一韵部按同音字或字的难易分组排列，如《广韵》《集韵》和《佩文韵府》；二是先分韵部，每一韵部内再按声调阴平、阳平、上声、去声分开，然后在每一声调内按同音字分组排列，如《中原音韵》；三是先分韵部，每一韵部内再按声类划分，每一声类的字再按等第或声调平声、上声、去声、入声分开排列，如《五音集韵》。

(2) 汉语拼音字母法

汉语拼音字母法是按照《汉语拼音方案》规定的26个拉丁字母顺序排列的检字法。其基本方法是：汉字按拼音字母顺序（从 a 到 z）排列；每一个字母下按音节顺序排列，如字母 a 下，按 a、ai、an、ang、ao 的顺序排列；同一音节下再按声调（阴平、阳平、上声、去声、轻声）排列，如 a 音节下的排列顺序依次是 ā、á、ǎ、à、·a；音节（即声母、韵母和声调）完全相同的，再按汉字的笔画笔形排列。汉语拼音字母法的优点是排检速度快，准确率高，不受简繁字体的影响。缺点是，由于汉字不是音素文字，加上各地方言复杂，读不出或读不准的字，便难以排检。《汉语拼音方案》是1958年才制定的，因此早期古籍目录不可能采用。

音序法还有声部法、民国时期采用的注音字母法，因为用得较少，此不一一介绍。

3. 号码法

号码法是用数字号码来表示汉字的字形结构，再依号码的大小顺序来排检汉字的一种方法，常见的有四角号码法、庋撷法等。

(1) 四角号码法

四角号码法于1925年由商务印书馆王云五等发明，商务印书馆1928年出版的《四角号码学生字典》首先采用。《中国丛书综录》和《四库全书总目》辅助索引的编制均采用了四角号码法。四角号码法是将汉字的笔形归纳为10种类型，分别用0~9的十个数字表示。每个汉字按四角笔形取号，其顺序为左上角、右上角、左下角、右下角。将所取的四个数字依次连写成一个四位数，再将数字由小到大排列。四角号码的取号歌诀是："横一竖二三点捺，叉四插五方框六，七角八八九是小，点下有横变零头。"例如"端"字，左上角（点下有横）取0，右上角（竖）取2，左下角（横）取1，右下角（竖）取2，连起来就是0212，这就是"端"字的四角号码。四角号码法也是图书馆古籍目录组织常用的一种方法。

(2) 中国字庋撷法

庋撷二字,分别是放入和取出的意思,借用为排检之意。中国字庋撷法是由燕京大学引得编纂处洪业发明的,它是根据四角号码的方法加以变化而成,只是变化方法更为复杂。首先,把汉字字形分为五种体:"中"(单体)、"国"(包托体)、"字"(上下体)、"庋"(左壳体)、"撷"(左右体),分别用数字1~5表示。其次,把汉字的笔形分为十种,即将"庋撷"二字的笔形拆分为"、一丿十又扌系厂目八",分别用数字0~9表示。最后,同体同号的字再以附号为序,附号数以该字的方格数计算。也就是说,一个庋撷号码由6位数组成,第一个数字用1~5表示字形,第二至第六位数相当于王云五的四角号码,第六位数表示字里的方框数。但由于庋撷法取号规则繁琐,除燕京大学引得处用它编了64种索引外,几乎无人采用。

在确定选用某种汉字排检方法之后,就可以用它来组织古籍目录了。下面简单介绍一下书名字顺目录和著者字顺目录的组织方法。

所谓书名字顺目录,是指选用古籍著录款目中的书名项作为排检项,严格按照汉字排检法组织而成的目录。除了遵守汉字排检法本身的规则外,还要注意以下事项:

①书名项是取书名的第一个汉字,依所采用的排检方法排序。如果第一个字相同,则取第二个字;第二个字相同,则取第三个字,一直类推下去;

②如果书名项完全相同,则取著者姓名依上述方法排序;

③同一种古籍的不同版本,按出版年代的先后排序;

④书名冠词不参与书名项的排检,如书名项"新镌经苑二十五种",从"经"字开始排检;"御纂周易折中二十二卷",从"周"字开始排检。这样便于同种书的集中。

所谓著者字顺目录,是指选用古籍著录款目中的责任者项作为排检项,严格按照汉字排检法组织而成的目录。它的组织方法与字顺目录基本相同,具体如下:

①取责任者项中的著者姓名的第一个汉字,按字顺排检法编排。首字相同,则取姓名的第二个字,以此类推;

②同一著者的书,按书名字顺排,排列方法与上同;

③同一著者同一书的不同版本,依出版年代排;

④著者重名,按书名字顺排,或按著者时代排;

⑤外国著者的著作,用统一后的译名排。

早期的古籍目录可印刷成书本式,也可以制成卡片式。书本式目录可一次编成，大量印制，具有传播广泛、便于携带的优点，但不能及时反映最新补充古籍的情况；卡片式目录可依照读者的需要灵活组织，随排随用，及时更新，但体积庞大，需占用大量空间。随着计算机编目的兴起，20世纪90年代我国图书馆逐步取消了卡片式目录。

第三节　古籍计算机编目

计算机技术在中文古籍编目中的应用，大致经历了两个阶段，一是书目记录阶段的 MARC 格式，二是网络信息资源描述阶段的 DC 元数据格式。

一、MARC 格式

早在20世纪60年代，美国国会图书馆就尝试设计馆藏图书目录的机读格式，开发出 LC-MARC（Machine Readable Catalog）系统。70年代，该系统被国际图书馆协会联合会（IFLA）接受成为国际标准格式，即 UNIMARC。80年代末，美国加州研究图书馆组织（RLG）提出一项计划，拟将中国清代嘉庆以前的印本及抄稿本编制成计算机可读形式的中国古籍国际联合目录，初期的工作是将台湾地区"中央图书馆"的编目磁带转录到"美国研究图书馆信息网络（RLIN）"数据库中，为此成立了一个由古籍研究专家组成的国际顾问委员会，负责起草编目规则，并由专门的古籍编目人员及 RLIN 的 CJK（Chinese, Japanese and Korean）编目人员进行试编目。1989年2月，第一次国际顾问委员会会议在美国国会图书馆召开，上海图书馆馆长顾廷龙、台湾地区"故宫博物院"副院长昌彼得、芝加哥大学教授钱存训出席会议。之后，中国大陆派出5名编目人员（4名来自北京大学图书馆，1名来自中国科学院图书馆），参与了哥伦比亚大学和普林斯顿大学东亚图书馆的古籍编目实验。自1991年9月"中国古籍国际联合目录"项目正式启动，至1996年4月暂告一段落，共为7495种中国古籍进行了编目，并输入 RLIN 数据库。参与其事的中方图书馆有北京大学图书馆、中国科学院图书馆、辽宁省图书馆、复旦大学图书馆、湖北省图书馆①。

中国机读目录的研制始于20世纪70年代末。1979年，全国信息与文献标准化技术委员会成立，并设立北京地区机读目录研制小组。1982年，中国标准总局公布了参照 ISO2709 制定的国家标准《文献目录信息交换用磁

---

① [美] 艾思奇. 中国古籍与21世纪的研究图书馆 [J]. 津图学刊, 1996（4）: 8-13.

带格式》（GB2901—82）。1987年1月，我国颁布《古籍著录规则》（GB3792.7—87），使古籍编目从著录项目的设置、排列顺序和标识符号三个方面，直接与《国际标准书目著录》（ISBD）编目原则接轨，这些都为我国古籍进入中外文献书目信息交流体系创作了条件。1989年，国家图书馆自动化发展部编制的《中国机读目录通讯格式》（CNMARC format）出版第一版，除个别地方作了追加与修改外，其设计原则、功能单元、格式结构、字段设置等与UNMARC基本相同。

CNMARC的每一条用于交换的标准记录结构，由记录头标区、地址目次区、数据字段区、记录结束符四部分组成。

（1）记录头标区

由24个字符构成的定长数据区，位于每条记录的开始部分，也是每条记录必备的。通过字符位置标识记录的某些特征，主要用来满足记录处理的需要。其数据元素有：①记录长度；②记录状态；③执行代码；④指示符长度；⑤子字段标识符长度；⑥数据基地址；⑦记录附加定义；⑧地址目次区款目结构。

（2）地址目次区

位于记录头标区之后，用来标识记录中每个字段的字段号、字段长度、字段的起始位置三部分内容。其中用3位数字（3个字符位）标识字段号，4位数字表示字段长度（4个字符位），5位数字表示字段起始位置（5个字符位），12个字符描述一个目次项，每个目次项描述一个数据字段（见图10-15）。记录中有多少个数据字段，就有多少个目次项，后加一字段分隔符。通过地址目次区，可以找到记录中每一个字段的位置。在信息描述过程中，目次区将由计算机自动生成。

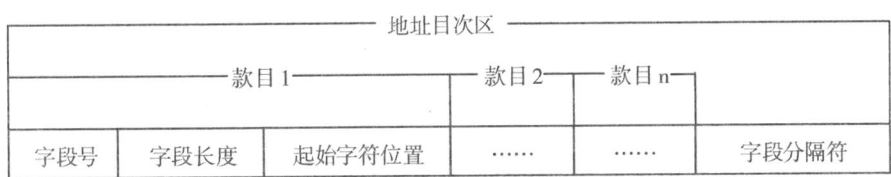

图10-15　地址目次区

（3）数据字段区

记录中除记录头标区和字段号以外，其余的数据内容包括字段指示符、子字段标识符、字段结束符，均填入数据字段区。每个字段之间由字段分隔符隔开。数据字段区所含的数据有以下两种形式：①定长数据字段。主要包括"001记录标识号"和"005记录处理时间"等以"00-"标识的字段，不设指示符和子字段，直接由数据和字段分隔符组成。②变长数据字段。包括除了定长字段以外010～999的所有字段，其结构如图10-16所示：

| 指示符1 | 指示符2 | 子字段标识符 | 数据 | 子字段标识符 | 数据 | …… | 字段分隔符 |

图10-16 数据字段区

（4）记录结束符

即在每一条MARC记录的最后，设置一个专门的符号，用以表示该条记录的终止，与下一条记录区分开来。

1995年，国家古籍整理出版规划小组决定筹建中国古籍书目数据库。同年下半年，国家图书馆着手古籍书目数据库建设的调研工作，12月出版《中国机读目录格式使用手册》（2001年3月又出版了"修订版"）。1998年，国家图书馆开始实施"中国数字图书馆工程"，1999年编制《古籍机读目录格式字段表》，并开始采用MARC格式建设古籍书目数据库。2001年国家图书馆编制出版《汉语文古籍机读目录格式使用手册》。该手册选用适合于汉语文古籍的字段和子字段，并对各个字段作了详细的描述和说明，提出了通用格式注释和古籍的主要类型样例，以适应古籍的多样性和复杂性。手册后列出了古籍传统编目项目与MARC字段对照表（见表10-3）。

为推动古籍联合编目及文献资源共享，CALIS（中国高等教育文献保障系统）于2003年12月正式启动古籍联合编目系统。该系统采用CNMARC格式和四部分类法，著录字段与中文普通图书基本一致，只是根据古籍的特点，变动了部分字段，如把105字段换成了193编码数据字段，以著录古籍内容特征；把307字段载体形态项名称改成行款版式附注，以著录行款、版框尺寸、用纸、字体等；把316字段在编复本附注项变成了藏本附注，以著录藏本特征，如钤印、残缺及未著录于305字段的非名人的批校题跋等；把512字段封面题名改为书衣题名，513字段附加题名页改为内封题名，515字段逐页题名改为版心题名，516字段书脊题名改为书根题名；增加了609字段，以著录古籍的学科主题，696作为必著字段，以著录四库分类名[1]。

同时，CALIS联机合作编目中心根据《汉语文古籍机读目录格式使用手册》及《中文文献编目规则》第4章"古籍部分"的内容，制定了《CALIS古

---

[1] 雷顺利.CALIS古籍联机合作编目的特点［J］.山东图书馆季刊，2008（1）：54-55，61.

籍联机合作编目规则》（2005年修订），以供各成员馆共同遵守执行。

表 10-3　　古籍传统编目项目与 MARC 字段对照表①

古籍传统编目		MARC 格式			手册页码
大项	小项	字段	子字段	子字段名称	
书名项	卷端书名	200	$a	正题名	39
	交替书名	200	$a	正题名	39、126
	著者相同的合刻书名	200	$a	正题名	40
	著者不同的合刻书名	200	$c	另一责任者的正题名	40
	书名的其他语种文字	200	$d	并列题名	40
	副书名	200	$e	副题名	40
	附录等题名	200	$e	其他题名信息	40
	种（卷）数	200	$e	其他题名信息	40
著者项	主要著者	200	$f	第一责任说明	41
	其他著者	200	$g	其他责任说明	41
	合刻书名的相同著者	200	$f $g	第一、其他责任说明	41
	合刻书名的不同著者	200	$f $g	第一、其他责任说明	41
	附录等著者	200	$g	其他责任说明	41
书名项	写刻、出版年	210	$d	出版发行、写刻日期	46
	写刻主持、出版者	210	$c	出版发行、写刻主持者名称	46
	写刻、出版年	210	$a $b	出版发行、写刻地区及地址	45、46
	印刷年	210	$h	印刷日期	47
	印刷者	210	$g	印刷者名称	47
	印刷地	210	$e $f	印刷地、印刷者地址	46
	版本类型	205	$a	版本说明	43
	套印、丝栏、版次等补充说明	205	$b	版本附加说明	43
	批校题跋	305	$a	（版本与书目史）附注	57

---

①　鲍国强，程有庆主编. 汉语文古籍机读目录格式使用手册［M］. 北京：北京图书馆出版社，2001：184-185.

续表

古籍传统编目		MARC 格式			手册页码
大项	小项	字段	子字段	子字段名称	
稽核项	册数	215	$a	文献数量及单位	48
	插图等	215	$c	其他形态细节	48
	书型尺寸	215	$d	尺寸	48
项丛书	丛书名	225	$a	丛编题名	50
	丛书名的其他语种文字	225	$d	并列丛编题名	50
	种（卷）数	225	$e	其他题名信息	50
	丛书著者	225	$f	责任说明	50
	附属丛书编号	225	$h	分丛编号	51
	附属丛书名	225	$i	分丛编号	51
	丛书内部编号	225	$v	卷册标识	51
附注项	附注	300	$a	（一般性）附注	53
	书套、书匣、书架和附件等附注	303	$a	（著录信息的一般性）附注	55
	书名、著者附注	304	$a	（题名与责任说明）附注	56
	批跋、行款、避讳、用纸、字体、伪改和版框尺寸等附注	305	$a	（版本与书目史）附注	57
	牌记、校勘者、刻工、藏版地址、序跋等附注	306	$a	（出版发行等）附注	59
	存佚、补配、附件责任者	307	$a	（载体形态）附注	60
	丛书附注	308	$a	（丛编）附注	61
	装订、来源附注	310	$a	（装订及获得方式）附注	62
	作者小传等附注	314	$a	（知识责任）附注	67
	藏书章附注	317	$a	（出处）附注	70
	含书目、索引的附注	320	$a	（书目、索引）附注	74
	丛书子目等附注	327	$a	（内容）附注	80
提要项	提要	330	$a	提要、文摘附注	81

续表

古籍传统编目		MARC 格式			手册页码
大项	小项	字段	子字段	子字段名称	
目录组织	书名统一标目	500	$a	统一题名	117
	书衣、书签书名参见	512	$a	封面题名	121
	卷端书名参见	514	$a	卷端题名	123
	版心书名参见	515	$a	逐页题名	125
	书根、序跋、目次等书名参见	517	$a	其他题名	126
	主要个人著者标目	701	$a	个人名称——等同知识责任	158
	次要个人著者标目	702	$a	个人名称——次要知识责任	160
	主要团体著者标目	711	$a	团体名称——等同知识责任	163
	次要团体著者标目	712	$a	团体名称——次要知识责任	165
	类目或分类号标目	696	$a	汉语文古籍分类法分类号	156
业务注记	个别登录号	905	$b	登录号	176
	索书号（第一排）	905	$c	排架区分号	176
	索书号（第二排）	905	$d	分类号	176
	索书号（第三排）	905	$e	书次/种次号	176
	复本部次	905	$z	复本部次	177
其他项目	装订形式	010	$b	限定（装订形式）	13
	来源	010	$d	获得方式	13
	价格	010	$d	定价	13
	附件	215	$e	附件	49

MARC 格式是目前适用于书目数据系统的最完善、字段最复杂、标准最严密的元数据格式，在推动我国古籍书目库建设和古籍文献资源共享方面起了重要的作用。但不可否认的是，MARC 格式也存在一些不足，比如它单独地以数据库或文件形式进行管理，与其描述的对象本身是分离的，可读性较差，在进行数据处理时对软件平台的依赖性较强等。

二、DC 元数据格式

数字图书馆建设的兴起，要求对动态性、分布性、多元性和无序性的网络信息资源进行准确、规范的描述和组织。而读者对古籍文献资源的表现形式也有了更高的要求，即能在互联网上阅读和浏览，这对于采用传统书目描述方式的 MARC 格式来说，就有点力不从心，于是一种新的资源描述方式——DC 元数据格式就孕育而生了。

DC 是都柏林核心元数据（Dublin Core）的简称，因 1994 年创始于美国俄亥俄州首府都柏林而得名。它包括 15 个核心元素，即题名（Title）、创建者（Creator）、主题或关键词（Subject）、描述说明（Description）、出版者（Publisher）、其他责任者（Contributor）、日期（Date）、资源类型（Type）、格式（Format）、标识符（Identify）、来源（Source）、语种（Language）、关联（Relation）、时空范围（Coverage）、权限（Rights）。以上 DC 元素，可划分为三大类：一是内容描述元素，如题名、主题或关键词、描述说明、来源、语种、关联和时空范围；二是外形描述元素，如日期、资源类型、格式和标识符；三是知识产权元素，如创建者、出版者、其他责任者和权限。DC 还引进修饰词的概念，如体系修饰词、语种修饰词、子元素修饰词，进一步明确元数据的特性。特别是通过体系修饰词，可把 MARC 的优点和各种已有的分类法、主题词表等控制语言吸收进去。

由于 DC 具有简练、易于理解、可扩展、能与其他元数据形式进行桥接等特性，能较好地解决网络资源的发现、控制和管理问题，使之成为一个较好的网络资源描述元数据集，并正在逐步发展成为世界公认的标准①。2003 年 2 月 26 日，ISO TC46/SC 4 将 DC 元数据标准批准成为国际标准 ISO 15836：2003 Information and Documentation—The Dublin Core Metadata Element Set。我国国家图书馆发布的《中文元数据方案》、科技部发布的《我国数字图书馆标准与规范建设》中的元数据标准和规范，以及各地方图书馆和高校图书馆制定的元数据方案（如广东中山图书馆的《数字式中文全文文献通用格式》和北京大学的《中文元数据标准框架》等），均使用 DC 元数据标准或以 DC 元数据标准为核心集②。

2002 年，科技部委托国家科技图书文献中心协调，中国科学院文献情报中心、中国科学技术信息研究所、国家图书馆、CALIS 管理中心、北京大学图书馆、上海图书馆等 21 家单位，采用 DC 元数据格式，联合进行数字图书馆相关标准规范的研究。2004 年 5 月，北京大学图书馆正式公布了

---

① 吴建中，吴建明主编．OCLC——全球在线计算机图书馆中心 [M]．北京：华艺出版社，2002：113．

② 王松林主编．资源组织 [M]．北京：国家图书馆出版社，2014：108．

《古籍描述元数据著录规则》。作为科技部科技基础条件平台工作重大项目《数字图书馆标准与规范建设》的研究成果，《古籍描述元数据著录规则》确立了17个元数据核心元素，其中13个与Dublin Core相对应，4个是新增加的古文献类型核心元素（版本类别、载体形态、收藏历史、馆藏信息）。这17个元数据核心元素分别是：

（1）题名（Title）

著录古籍各种题名及正题名的有关文字说明。题名包括卷端题名（正题名）、并列题名、版心题名、内封题名、书衣题名及其他题名等。映射CNMARC中的200字段、510字段、512字段、514字段、515字段、517字段中的$a和$A。

（2）主要责任者（Creator）

著录古籍主要责任者名称、责任方式，及所处的时代、身份或国别等责任者说明，其中责任方式的限定词有撰、修、纂修、注、编、辑、译、书、绘及其他。映射CNMARC中200字段的$f，701字段、711字段和721字段。

（3）其他责任者（Contributor）

著录古籍其他责任者名称、责任方式及所处的时代、身份或国别等责任者说明。映射CNMARC中200字段的$g，702字段、712字段和722字段。

（4）日期（Date）

著录古籍版本抄写或刻印的年代。映射CNMARC中210字段的$d、$h。

（5）出版者（Publisher）

著录古籍版本抄写或刻印的地点、责任者。映射CNMARC中210字段的$a、$b、$e、$f、$g。

（6）版本项（Edition）

著录古籍的版本类别以及对版印情况的补充说明，规范档有北京大学图书馆自编的《古籍版本类别表》。映射CNMARC中的205字段。

（7）载体形态项（Physical Description）

著录古籍的装订方式、数量、图表、尺寸、行款版式、附件等。映射CNMARC中010字段的$b、215字段。

（8）附注（Description）

对古籍的内容形式各方面的注释说明。映射CNMARC中的3××字段。

（9）收藏历史（Collection History）

著录古籍的收藏沿革、题跋印记、获得方式、购买价格等。映射

CNMARC 中的 317 字段。

（10）相关资源（Relation）

著录相关资源的链接。映射 CNMARC 中的 4××字段。

（11）主题（Subject）

著录与古籍内容有关的主题词和四库类名，采用《汉语主题词表》或《四库全书总目》类名。映射 CNMARC 中的 600~608 字段、610 字段、696 字段。

（12）时空范围（Coverage）

著录古籍内容涉及的古今地名和时代。时代采用年号纪年附公元纪年。映射 CNMARC 中的 660 字段、661 字段。

（13）语种（Language）

著录古籍内容的语种，参见国家图书馆编制的《世界语种代码表》和北京大学图书馆自编的《中国少数民族文字表》。映射 CNMARC 中的 101 字段。

（14）类型（Type）

著录文献资源形式，在著录完成提交记录时，古籍著录系统自动填写此项为"古籍"。映射 CNMARC 中的 099 字段。

（15）标识符（Identifier）

著录古籍标识符号。此为所著录古籍的系统唯一识别符号，由系统提交记录时自动生成。映射 CNMARC 中的 099 字段。

（16）权限（Rights）

包括一个对资源的权限的声明，或者是对提供这一信息的服务参数，如"馆内阅览""提供复制品阅览"等。映射 CNMARC 中 920 字段的 $z。

（17）馆藏信息（Location）

著录古籍的馆藏地址、典藏号等。映射 CNMARC 中的 920 字段。

《古籍描述元数据著录规则》是在 MARC 格式在图书馆机读目录中占据主导地位，特别是古籍采用 MARC 格式编制机读目录在我国才刚起步的情况下制定的。它与传统的图书馆编目有较大不同，不但包括对资源自身的描述，还包括资源管理、保存结构、质量评价等诸多信息。它有以下几个优点：一是基于先进的网络技术和最通用的 XML 网络传输语言，用户不必安装任何软件，即可实现 Web 界面的联机编目；二是配备有强大的图文管理功能，从而方便地实现目录、图像、全文之间的链接和管理；三是抛弃了 MARC 中各种大量繁琐的定长字段，使编目界面变得直观而简洁，无论是专业编目员还是非专业编目员，都可以参与古籍编目工作；四是除了主题和分类之外，它一般不再另行设置为检索而用的字段，最大限度地将著录与检索结合在一起①。正是因为上述优点，《古籍描述元数据著录规则》在多数图书馆得到了较广泛的应用。

2009年7月，随着"中国数字图书馆工程"的大规模展开，国家图书馆将《国家数字图书馆工程专门元数据标准与著录规范——古籍》项目以单一来源采购的方式，与拓片、舆图等古文献类型元数据标准规范一起，交由北京大学图书馆负责研制。2014年，项目成果以《国家图书馆古籍元数据规范与著录规则》的形式出版。在《古籍描述元数据著录规则》的基础上，《国家图书馆古籍元数据规范》的元数据核心元素增加到了21个，包括15个核心元素和6个古文献类型核心元素。这15个核心元素是：①题名；②主要责任者；③其他责任者；④日期；⑤出版者；⑥附注；⑦相关资源；⑧主题；⑨时空范围；⑩语种；⑪类型；⑫格式；⑬标识符；⑭来源；⑮权限。6个古文献类型核心元素是：①版本类型；②载体形态；③收藏历史；④文献保护；⑤馆藏信息；⑥其他复本信息。以上元素，如有特别需要，可遵循《国家图书馆元数据总则》中的扩展原则进行本地扩展。

除《国家图书馆古籍元数据规范与著录规则》之外，2014年作为国家数字图书馆工程标准规范的成果出版的还有《国家图书馆舆图元数据规范与著录规则》《国家图书馆拓片元数据规范与著录规则》《国家图书馆家谱元数据规范与著录规则》和《国家图书馆甲骨元数据规范与著录规则》等。这些规范和著录规则将有力地推动我国古籍计算机编目的标准化。

---

① 姚伯岳等.古籍元数据标准的设计及其系统实现［J］.数字图书馆论坛，2003（1）：17-21.

第十一章 古籍的编纂

所谓古籍编纂,是指为了满足读者某一方面的文献需要,按照选题及体裁的要求,对已有古籍的内容进行搜集、筛选、审核、加工、编排、评价,形成新的内容集合体的过程。研究古籍的编纂包括两方面的内容:一是研究中国古代已有文献的编纂类型、体例和方法,总结其历史经验;二是研究今天该如何对遗存的古籍进行编纂整理,以满足当代读者对古籍的文献信息需求。

第一节 古籍编纂的功用和价值

古籍之所以需要编纂,是由古籍的存在状况决定了的。首先,如前文绪论所言,我国现存古籍不下 19 万种,且绝大多数未经整理,而人的时间和精力十分有限,不可能也没有必要全部阅读。即使以单部书而论,有的卷帙浩繁,动辄几十万字,甚至上百万、千万字,人们也很难通读。其次,现存古籍的内容质量和价值良莠不齐,有的是民族精华,有的是封建糟粕;有的重要,有的不重要或不怎么重要。即使在同一部书中,也存在部分内容可取,部分内容不可取的情况。再者,有的古籍内容质量很高,但限于体例,内容割裂零散,缺乏可读性,影响了人们的阅读兴趣。最后,古籍中记载的内容十分广泛,且又极其分散,同一性质或专题的资料,往往散见于不同书中,或同一书的不同章节中,查找利用起来十分困难。

正是由于以上种种原因,造成了人们有书很难读、有书不想读、有书不能读的现状,严重影响了古籍的利用价值。为了改变这种状况,我们有必要对现存古籍的内容进行系统化的编纂,使之以一种新的形式呈现在读者面前。与编纂之前相比,重要的、有价值的内容得以从鱼龙混杂的古籍群中挑选出来,节约了读者的时间;分散的同类性质的资料得以集中,方便读者查找；原来割裂的体例得以修复，可读性得到增强。这就好像厨师做菜一样，从地里拔出来的蔬菜，要经过分拣、洗净，剔去烂根腐叶，削皮剥壳，甚至剁块切片，最后才能做成一道美味的菜肴。由此可见，古籍经过编纂之后，较之原书有以下三个优点：

一、古籍的内容更为精粹

古籍编纂具有披沙拣金、集腋成裘的作用。正如《四库全书总目》所说："四库之中，惟子史最为浩博，亦最为芜杂。盖纪传编年以外，凡稗官野记，皆得自托于史。儒家以外，凡异学方技，皆得自命为子。学者虽病其冗滥，而资考证广学问者，又错出其中，不能竟废，卷帙所以日繁也。或寒门细族，艰于购求；或僻壤穷乡，限于耳目，则涉览有所不能遍。或贪多务得，不别瑕瑜；或嗜异喜新，偏矜荒诞，则持择有所不能精。于是删纂之学兴焉。"① 传统的经、史、子、集之中，每部都有这类"删纂"而成的作品，特别是史部的"史钞类"、子部杂家类中的"杂纂之属"、集部的总集等。"删纂"的结果就是去伪存真、去粗取精，因而这类作品在中国文化史上产生过深远的影响，如《诗经》《文选》《唐诗三百首》《古文观止》等，甚至直到今天仍发挥着巨大的影响，其重要性绝不可等闲视之。

二、古籍的内容更为集中

中国古代的文史研究，是建立在大量的文史资料的发掘整理的基础之上的。从传说中的孔子整理六经到清代《四库全书》的编纂，从汉儒的注经到清代乾嘉诸老的考据，一部中国古代学术史的发展过程同时也是文献的不断整理和重新编纂的过程。整理和编纂的结果，使得一门学问的基础和核心，往往建立在几部主要的资料书之上。例如，研究甲骨文，离不开《甲骨文合集》《甲骨文合集补编》和《小屯南地甲骨》；研究早期散文，离不开《全上古三代秦汉三国六朝文》；研究唐代文学，离不开《全唐诗》《全唐文》和《全唐五代词》；研究宋代文学，离不开《全宋词》《全宋文》和《全宋诗》。这些都是古籍编纂整理的结果。

三、古籍的内容更为有序

中国古代文献编纂创立了多种体例。以史书为例，有以时间为线索，按

---

① （清）纪昀等. 钦定四库全书总目·卷136·御定子史精华 [M]. 北京：中华书局，1997：1796.

年、时、月、日顺序编排史料的编年体；有以人物传记为中心叙述史实的纪传体；有随事立目，具载一事始末的纪事本末体；有以职官为纲，以事类为中心，记载历朝典章制度的典制体；有以世系为纲，以宗族人物为中心，记载家族历史的谱牒体；有按学术流派区分门类，类下为学者立传的学案体，等等。这些各不相同的体例，从不同的视角把史料组织得井井有条，从多个维度满足了人们不同的文献需求。为了更有效地组织和利用古籍，古人还发明了索引编制法，如我国现存最早的人名索引——明末傅山编纂的《两汉书姓名韵》，实现了对《汉书》《后汉书》中历史人物的姓名的排检。

　　综上所述，通过编纂可以对古籍的原始内容加以筛选、提炼，将那些冗余的、与选题不相关的内容剔除掉，提高了有价值的内容的浓缩度；经过加工之后重新排序的内容，在既定的体例下形成了一种新的稳定的结构，其内在品质、整体功能、传播效能等各方面都得以提升，从而使古籍内容在学术性、易检性、可读性等诸多方面，都得到了不同程度的增强。因此，古籍编纂是一项提高古籍内容质量、优化古籍资源利用效果的创作性劳动。罗竹风曾说："真正做学问的人，他最喜欢两种书，一是经过认真研究、具有真知灼见的论著；一是下过功夫，切实整理过的资料书。"他以《洋务运动》《中国丛书综录》等资料汇编和工具书为例，说这样的书，"少数人付出了劳动，可以使多少人避免再从尘封的原始资料中翻来查去"①，是一项功在当代、利在千秋的事业。

　　对前代遗存下来的古籍文献进行编纂整理，是一项持续性的浩大工程。千百年来，无数学者为之付出了辛勤的劳动，留下了丰硕的成果，为后人从事学术研究提供了有效的工具。但是相对于古籍整体数量而言，经过编纂整理的古籍还只是其中很小的一部分，还有许多古代文献尚待编纂；有的虽经编纂，但随着时代的发展已不合今用，需要重新修订；还有许多新发现的古籍文献也亟须编纂，这些都需要当代古籍整理者付出持续不懈的努力。

第二节　古籍编纂的类型

　　根据前文对古籍编纂的定义，可以明确古籍编纂是对已有古籍内容的加工整理。又如前文绪论第三节所述，任何文献的产生方式不外乎著作、编述和抄纂这三种方式。除原创性的著作之外，编述与抄纂都是对已有文献的加工。因此，古籍编纂实际上包含了古籍的编述和抄纂两大类型。所不同的

---

① 罗竹风.材料和观点的统一［J］.学术月刊，1961（7）：5-7.

是，编述是用编者自己的语言去复述、解释、引申原作的内容，而抄纂是原文抄录古籍的内容。

一、编述

编述是将已有文献的内容，用新的体例重新加以组织改造和融会贯通，编成适合于需要的新的文献。前提是必须有现成的文献，特点是编者用自己的话去复述、解释、引申原作的内容。原作的内容虽然被融会贯通到新著之中，但字句不会原文呈现。编述而成的古籍主要有三大类型：

1. 史书类

史书的编述与文学作品创作的凭空想象完全不同，它必须要以现成的史料（包括起居注、日历、实录等档案史料及其他史著）为基础，然后将来自不同时间和空间的纷繁杂乱的史料，加以融合提炼，将之改编成整齐划一的文体。如司马迁编述《史记》，除采用《六经》中的资料外，还博采《世本》《国语》《战国策》《楚汉春秋》之类的古书。依据《尚书》写成夏、商、周《本纪》；依据《左传》和《国语》写成列国《世家》；依据《论语》写成《孔子世家》《仲尼弟子列传》。其他如《孟荀列传》《老庄申韩列传》，也都是从诸子百家的书里，通过提要钩玄的工夫总结出来，用裁剪、熔铸的方式加以改编，成为贯通古今的通史。我们今天将《史记》看作史学名著，赞之为"无韵之《离骚》"，但在当时看来，却并非如此。司马迁在《太史公自序》中说："余所谓述故事，整齐其世传，非所谓作也。"这与孔子将自己编订《六经》的行为定性为"述而不作"是一个道理。

2. 注释类

对原有古书中隐晦的道理进行阐释和发挥，就是注释。注释在中国古代有很多别称，如传（集传）、注（集注）、解（集解）、说、训、诂、笺、章句、音义、义疏、正义、直解等（详见第八章"古籍的注释"）。注释不仅是古籍加工方式，也是新古籍产生的重要方式。儒家著述汗牛充栋，几乎都是祖述六经的产物，著名者如《十三经注疏》。其他史部、子部、集部古籍，也有大量注释类作品，有的还是历史名著，如裴松之的《三国志注》、郦道元的《水经注》、刘孝标的《世说新语注》和李善的《文选注》，被称为"四大名注"。

3. 翻译类

翻译是将一种语言的文献转换成另一种语言的文献，包括佛经翻译、学术翻译和文学翻译等。佛教传入中国后，对佛经的翻译属编述范畴。如东汉时期的安世高、安玄、支娄加谶、支谦等，魏晋南北朝时期的朱士行、竺法护、释道安、鸠摩罗什、法显、觉贤、昙无谶、求那跋陀罗、菩提留支、真谛等，唐代的玄奘、义净、实叉难陀、菩提流志等，都是历史上著名的译经师。据统计，从印度、西域译成汉文的佛教经、律、论、集、传等，共有1692部6241卷①。学术翻译主要指西方科学技术和人文社会科学书籍的汉译。它始于明末，如万历间徐光启和意大利传教士利玛窦合作翻译了古希腊名著《几何原本》和《测量法义》。文学翻译出现则更晚，如林纾（字琴南）于光绪二十三年（1897年）与精通法文的王寿昌合作翻译了法国小仲马的《茶花女》（译名《巴黎茶花女遗事》）。

二、抄纂

古籍的抄纂，是"将过去繁多复杂的材料，加以排比、撮录，分门别类地用一种新的体式出现"②。它的特点是对原文不加改窜地照抄，新作中可以明显地看到原作的字句。由于抄纂目的和侧重点不同，抄录出来的内容有不同的组织方法。根据这些内容组织方法，抄纂还可以划分为以下八种形式③：

1. 选编

所谓选编，就是从现有的古籍中，选取其中最精粹的篇章，按新的体例重新编排成书。这类书也叫选本。我国最古老的诗歌总集《诗经》，现存最早的诗文总集《文选》，其实都是选编的作品。选编是一种较常见的抄纂方式，可以在很大程度上为读者筛选古籍内容，节省读书时间。

选本的体例还可作如下细分：①按来源分，有的选自单种书，如《左传选》《史记选》之类；有的选自多种书，如《唐宋八大家文钞》。②按文体分，有的只选一种文体，如《全上古三代秦汉三国六朝文》《元曲选》；有的则选多种文体，如《文选》《唐文粹》。③按作者分，有的只选一人之作，如《陶渊明诗选》《苏轼文选》；有的则选多人之作，如《三曹诗选》《苏门六君子文粹》。④按时代分，有的只选一个时代的作品，如《宋文鉴》；有的则选多个时代的作品，如《古诗源》《唐宋名家词选》。⑤按地域分，有的只选一个地区的作品，如《吴都文粹》《全蜀艺文志》；有的则不限于一个地区，如《诗经》中的《国风》。

---

① 杜泽逊. 文献学概要 [M]. 北京：中华书局，2001：49.
② 张舜徽. 中国文献学 [M]. 上海：上海古籍出版社，2005：27.
③ 刘琳，吴洪泽. 古籍整理学 [M]. 成都：四川大学出版社，2003：294-305.

2. 节编

所谓节编，是将古籍中的主要章节、段落节录下来，按原书的体例编排。它用于对大型古籍的内容进行删节，但保持原有的基本框架和结构不变。节编和选编同样要"选"，但有所不同。节编是就一种书删削浮文，存其精要，而选编是从一种或多种书中取其优秀的篇章；节本仍保留整书的基本格局与次第，读者从中还可以看到原书的概貌，但其中的单篇作品则是经过删削、不完整的；选本则相反，它看不到原书的概貌，但凡是被选中的篇章，其内容都是完整无缺的。

早在先秦时期就有节本了，如刘向《别录》叙述《左传》的传授源流说："左丘明授曾申，申授吴起，起授其子期，期授楚人铎椒，铎椒作《钞撮》八卷授虞卿，虞卿作《钞撮》九卷授荀卿，荀卿授张苍。"① 这里所说的"钞撮"就是节录。汉代这类节本也很多，如西汉戴德删儒家学者之礼学论文 204 篇为 85 篇，是为《大戴礼记》；戴圣又删《大戴礼》为 49 篇，是为《小戴礼记》。东汉郑众有《春秋删》19 篇。蜀郡杨终为校书郎，受诏删《太史公书》为十万余言。魏晋以后，这类书数量更多更广。

经、史、子、集四部书中，以史部节编本最多，其次是经、子二部，而集部则几乎没有。这是因为，史书通常篇幅较大，最适宜于节编。诗文主要是看重文学水平，适宜选编。

3. 摘编

所谓摘编，就是按读者的需要将古籍中精要的语句、隽永的文辞摘录出来，编次成书。与节编保持古籍内容的整体性不同，摘编出来的语句、文辞是零散的、不连贯的。

摘编具体又分以下三种方式：①仅摘录一书，如《隋书·经籍志》著录东汉卫飒的《史要》，"约《史记》要言，以类相从"②，就是其中较早的一部。其他如宋苏易简《文选双字类要》、洪迈《史记法语》和《南朝史精语》、吕祖谦《西汉精华》和《东汉精华》、林越《汉隽》、杨侃《两汉博闻》、清沈名荪等《南北史识小录》，等等，都是摘录一书中字句或事迹。编排时或按原书顺序，或重新分类编排。②摘录同类书为一书。即选择四部中的某个类目，专门摘编该类下所收之书，如南梁庾仲容取周秦以来诸子之书凡 107 家，摘其要语，汇为《子钞》30 卷。每家或取数句，或一二百言。唐代马总仿《子钞》之例，摘录晋代以前子书最多，且更为精严。其后如

---

① 王树民. 史部要籍解题 [M]. 北京：中华书局，1981：12.
② （唐）魏徵等. 隋书 [M]. 北京：中华书局，1973：961.

宋曾慥《类说》，摘录汉代以来百家小说；洪迈《经子法语》，摘录经书、子书中的要语；钱端礼《诸史提要》，取诸史之文可资辞藻者，按部采摘，汇辑成编。以上这类书都属摘编。③摘录群书，集为丛书。如元陶宗仪《说郛》，所摘内容自汉迄宋，包括经史杂著、诸子论说、稗官野史、传奇志怪、地理博物、诗话文论等。除《潭子化书》《毛诗草木鸟兽虫鱼疏》《孙公谈圃》《大唐创业起居注》等少数几种全收外，其余皆仅选录若干条，如何光远《鉴戒录》10卷，《说郛》摘录为1卷；彭乘《墨客挥犀》10卷，《说郛》摘录为1卷。明李栻《历代小史》专辑历代野史，自《路史》《汉武帝故事》至《复辟录》，依所记史实先后顺序排列。

4. 汇编

所谓汇编，是围绕选定的主题全面搜集、汇录相关资料，编辑成书的过程。汇编与选编的区别在于，选编重点是按既定的标准去筛选单篇完整的作品，汇编是根据与主题的相关性去汇集资料，这些资料可能是单篇文献，也可能是其中的章节、段落或句子，因此选编是全录的方式，而汇编可以是全录，也可以是节录或摘录的方式。汇编中所用的摘录法也与摘编不同，摘编是以书为对象，按书摘录字句；而汇编中的摘录是围绕主题进行，分题采摘群书。

中国古籍中汇编类的文献数量极多，根据主题的不同可分为很多类型，略举数例：①汇录古今经学著作的序跋论说，如清朱彝尊《经义考》、谢启昆《小学考》。②汇录六经中的天文记载及后人论说，如宋王应麟《六经天文编》。③汇录典章制度，如历代会要，其中有录自一书者，如徐天麟《西汉会要》《东汉会要》；有录自群书者，如王溥《唐会要》、杨晨《三国会要》。④汇录帝王兴衰的事迹，如魏徵等《群书治要》。⑤汇录某一文献类型，如宋宋敏求《唐大诏令集》、明黄淮等《历代名臣奏议》。⑥汇录历代名人言论，如宋佚名《历代名贤确论》。⑦汇录前贤之嘉言善行，如宋赵善璙《自警编》、元张光祖《言行龟鉴》。⑧汇录箴言警句，如宋司马光《徽言》、元吴亮《忍经》。总而言之，只要确定了主题，都可以围绕主题去汇录古籍资料。

5. 类编

所谓类编，就是分门别类地纂录古籍中的相关资料，以供人们寻检。虽然它也有汇集资料的功能（可辑录整部、整篇著作，也可辑录段落、词句），但其最大的特点在于按知识分类体系抄纂古籍原文。

类编又分以下几种形式：①类书。这是类编最为典型的形式，详见本章第三节类书体，此不赘述。②类编杂钞。如清潘永因（一说李宗孔）《宋稗类钞》，采录宋人野史、笔记、诗话中事迹，分类辑纂成君范、吏治、词品、工艺等59门。类似的还有近人徐珂编纂的《清稗类钞》。③类编丛书。以类编的形式编纂的丛书，包括经部丛书、史部丛书、子部丛书、集部丛书四类。经部丛书如清任大椿辑《小学钩沉》，收录《仓颉篇》以下历代小学著作39种；史部丛书如明毛晋汲古阁刊本《十七史》，收录《史记》以下至《五代史》等17种史书；子部丛书如明冯梦祯辑《先秦诸子合编》，分儒家、道家、法家、名家、墨家五类，排列先秦诸子著作；集部丛书如明张溥辑《汉魏六朝百三名家集》，按汉、三国、晋、南北朝、隋的次序，编排所收103家文集。④对一书的分类改编。实际上就是用编类书的方法对古籍进行改编，如南宋沈枢《通鉴总类》，取材司马光《资治通鉴》，仿《册府元龟》之例，区分事类为271门，每门各以标题，略依时代前后为次；清邵远平《元史类编》，以《元史》为基础进行改编，列传部分仿王光鲁《元史备忘录》之例分类；沈元沧《礼记类编》，取《礼记》47篇分类编排。

6. 全编

全编是相对选编而言的。选编强调的是按一定的标准，择其精要；全编强调的是收罗的广泛性和全面性，只要在题目范围内，就不加选择地全面收录。历史地看，全编性作品多见于诗文类，结果是形成一种汇编性的总集（参加前文"汇编总集"）。

宋代以前的几乎所有总集，包括《文馆词林》《文苑英华》这样的大型总集，都是"选编性的总集"。宋代以后开始有了汇编性的总集，如郭茂倩的《乐府诗集》，总括历代乐府，上起陶唐，下迄五代。蒲积中《古今岁时杂咏》汇录古今时令类诗作2700余首。以上这些书虽具有汇编性质，但还只限于诗中的某一体或某一类。直到明代后期，开始出现了网罗全部诗文的汇编性总集，如冯惟讷的《古诗纪》、梅鼎祚的《历代文纪》。清代以后，汇编总集之风大盛，如康熙朝有御定的《全唐诗》《全金诗》《历代赋汇》；乾隆中有李调元编成的《全五代诗》；嘉庆中，又有官修的《全唐文》。同时，严可均以个人之力，历27年，编成《全上古三代秦汉三国六朝文》；道光初，张金吾完成《金文最》。20世纪也出了不少这类编纂作品，其中较重要的有唐圭璋《全宋词》、逯钦立《先秦汉魏晋南北朝诗》《全宋文》《全宋诗》《全元文》等。

7. 合编

所谓合编，就是把内容相近或相关的书抄合在一起，成为一种新书。

古籍合编大致有两种类型：①抄合同类之书为一书。如刘向编《战国策》，就是把当时战国时期的策士在各国之间的游说之辞合编在一起。这些策论名称不一，内容各异，但性质相近，"或曰《国策》，或曰《国事》，或曰《短长》，或曰《事语》，或曰《长书》，或曰《修书》"，刘向将它们加以校勘整理，除其重复，合编成一书，题为《战国策》。南宋朱熹编纂《仪礼经传通解》，以《仪礼》为经，而取《礼记》及诸经史杂书所载与礼相关者，附于本经之下。明末清初李清编《南北史合注》，以宋、齐、梁、陈四史参定《南史》，以魏、齐、北周、隋四史参定《北史》，广采《通鉴》、类书、杂史文集，略加增删改正，大体仍属合编。清沈炳霞以新、旧《唐书》各有长短，乃费十余年精力，合抄两书为一书。本纪、列传以《旧唐书》为纲，分注《新唐书》为目；诸志《旧唐书》多缺略，则以《新唐书》为纲，分注《旧唐书》为目。②抄合经文和经注为一书。经文和经注最早是分开的，如《周易》开始只有经文，即卦辞、爻辞上下二篇。战国后始有解说经文的"传"十篇（即十翼），各自都是单行本。到了西汉，经师们才将经文两篇与"十翼"合为一书，统称《易经》，故《汉书·艺文志》著录"《易经》十二篇"。同样的，晋代以前的《春秋左氏传》是在《春秋》经文之外单独流传的，至杜预始"分经之年，与传之年相附"，合编成一书。再如，《史记》有刘宋裴骃《集解》、唐司马贞《索引》、张守节《正义》三家注，本也是各自单行，至宋时，刻家将它们与《史记》正文合编在一起。类似的还有《六臣注文选》，宋人将唐李善、吕延济、刘良、张铣、吕向、李周翰六家注释与《文选》正文合编在一起。经文和注文在书写排版时有特定的格式，经文大字单行、注文小字双行排列。

8. 改编

所谓改编，是就原书的内容，改变其体例，另行编次。如汉许慎《说文解字》本来是按部首编排的，宋李焘取其内容，按《集韵》的韵部重新编排，另取书名《说文解字五音韵谱》。清彭定求等编纂的《全唐诗》本来是按作者编排的，《全唐诗类编》将之改为分类编排。以上改编是对全书进行的，对原文内容无所损益。此外，还有一种改编不仅变其体式，还对原文内容有所取舍，如前文提到的袁枢《通鉴纪事本末》，将编年体的《资治通鉴》改为纪事本末体，同时对其所载重大事件进行融合提炼，篇幅大为缩小。还有前文提到的沈枢《通鉴总类》，取《资治通鉴》所载事迹，仿《册府元龟》之例分为271门，把编年体史书改编成了类书，内容相对原书也有所裁减。

以上8种抄纂方式的区分并不是泾渭分明的，彼此之间存在交叉和融合，如类编就是一种特殊的汇编，具有汇集资料的性质；同样，类编也可以是对另一书的改编。我们在抄纂古籍时，应从满足读者的文献需求和服务于学术研究的目标出发，根据不同古籍的体裁特点和内容性质，选择最恰当、最有效的抄纂方式。

第三节 古籍编纂的体例

所谓编纂体例，是指古籍编纂过程中，其内容组织和结构设计所遵从的成规、惯例。如上节所述，古籍编纂有编述和抄纂两大类型，它们在各自的文献整理范围内，又形成了具体的编纂体例。编述在史书的整理范围内，形成了编年体、纪传体、纪事本末体、典制体、方志体、谱牒体、传记体、学案体、笔记体等；抄纂在对单篇文献、单行图书和零散语句段落的抄集过程中，形成了文集体、丛书体和类书体等。下分别叙述之。

一、编年体

编年体是按照时间发展顺序记叙历史的一种史学体裁，其基本特征是排比史料时严格以年、时（季）、月、日为序，以叙事为主，兼载人物和言论。叙事方法以顺叙为主，间或追叙或插叙。

编年体是中国最古老的一种史体，早在殷商时期的刻辞记事就是按照时间顺序编排的。先秦时期，编年体在史书中占据主要地位，著名的《春秋》及其《三传》《竹书纪年》等都是编年体。汉晋以后，虽出现了纪传体的《史记》，但仍有大量编年体的史家和史书出现，如荀悦的《汉纪》、张璠的《后汉书》、袁宏的《后汉纪》、干宝的《晋纪》等，其地位一度与纪传体不相上下。隋唐以后，由于禁止私人修史，由宰相监修国史，而官修国史都是以纪传体为主，导致这一时期未能出现有影响的编年史籍。经历了隋唐的沉寂之后，编年体随着宋代司马光编纂《资治通鉴》的成功再度复兴，证明了它长久的生命力，直至今天仍是一种重要的编纂体例。

编年体有三个优点：一是适宜考察一时之大势。因为以时间为叙事主轴，编年体对一段时期内发生的各种历史事件编排得井然有序，便于考察一个时期内的政治、经济、文化等发展的总体态势；二是"文省而事丰"，即以较少的篇幅叙述更多的内容。这主要是因为，与纪传体相比，它可以避免将同一事件在不同的人物传记里重复叙述，从而节省篇幅；三是便于保存史料。按时间顺序来组织史料，只要历史事件发生的时间明确，每条史料都可以各得其所。我们今天流行的"大事记"，实际上就是编年简史；还有个人的"年谱"，实际上就是个人的编年史，都是借鉴了编年体便于保存史料的优点。

不过，编年体也有自身的不足：一是对于时间线索不清的史料，则无从编排，势必造成重要史料的遗漏；二是采取分年记事的形式，不便把人物、事件叙述得完整、集中，虽然可以采取连载法、追叙法、插叙法来补救，但还是不能从根本上克服编年体固有的这个缺陷。

二、纪传体

纪传体，初创于西汉司马迁的《史记》，是一种通过为人物立传记的方式叙述历史的史书体例。纪传体也叫"纪表志传体"，严格地说，它除了以人物为中心的纪、传之外，还有按时间编年的"表"、以事类为中心的"志"（《汉书》以后将《史记》的"书"改为"志"）。因此，它实际上是一种综合体例，只不过以人物纪传为主，所以叫纪传体。

《史记》的结构分为五部分：本纪12篇，记载历代帝王世系（《项羽本纪》例外）与国家大事；表10篇，记载帝王、诸侯、贵族、将相大臣的世系、爵位与简要的政治事迹，分为世表、年表、月表三种；书8篇，分别记述天文、历法、礼、乐、封禅、水利、经济等方面的情况；世家30篇，主要记述西周、春秋、战国时期诸侯的世系和历史，以及汉代丞相、功臣、宗室、外戚（《孔子世家》和《陈涉世家》例外）的事迹；列传70篇，是全书的主要部分，记述社会各个阶层、各个领域的重要人物及各少数民族和邻国的历史。另外，全书各篇后还有"太史公曰"，是作者对历史事件、历史人物的评论和一些史实的补充。以上五种形式，分别从时间顺序、人物活动，以及制度专题三个方面作了较系统的记载，比编年体只按时间顺序记事而言，应该说是一大进步。

《史记》的体例对后世的影响非常大，以后的历代所谓正史都是模仿《史记》的体例而作的，并在结构上又有所发展和变化。主要表现为三个方面：一是去掉世家，这样只剩下纪、传、志、表四体；二是改"书"为"志"，并增设了更多名目和内容，如《汉书》的礼志、律历志、天文志、食货志、刑法志、百官志、艺文志、经籍志、选举志、兵志等，内容大为增加；三是增加了表的内容，如《汉书》增写了《百官公卿表》《古今人表》。由于"志"和"表"的写作难度较大，后世作史者或避而不作，唯本纪和列传为不可或缺的部分，故通称为纪传体。纪传体这种体例的包容性非常大，汉代以后历代史家都有官私编修的纪传体史书。

清代乾隆年间编纂《四库全书》，诏定"二十四史"为正史，并规定，凡不经"宸断"（皇帝批准）的不得列入正史。这"二十四史"分别是：汉司马迁《史记》、汉班固《汉书》、刘宋范晔《后汉书》、晋陈寿《三国志》、唐房玄龄等《晋书》、南梁沈约《宋书》、南梁萧子显《南齐书》、唐姚思廉《梁书》和《陈书》、北齐魏收《魏书》、唐李百药《北齐书》、唐令狐德棻等《周书》、唐魏徵等《隋书》、唐李延寿《南史》和《北史》、后晋刘昫等《旧唐书》、宋欧阳修等《新唐书》、宋欧阳修《新五代史》、宋薛居正《旧五代史》、元脱脱等《宋史》《辽史》和《金史》、明宋濂等《元史》、清张廷玉等《明史》。1921年，北洋政府总统徐世昌下令将近人柯劭忞《新元史》列入正史，合称"二十五史"。但也有人不认可，主张将赵尔巽《清史稿》列入"二十五史"，或将这两部史书都列入正史，并称"二十六史"。

纪传体的优点在于：一是结构包容性强，能容纳丰富的历史素材，正如唐刘知几评论说："《史记》者，纪包举大端，传以委屈细事，表以谱列年爵，志以总括遗漏，逮于天文、地理、国典、朝章，显隐必该，洪纤靡失。此其所以为长也。"① 二是人物刻画饱满、细腻，记言、记事进一步结合，同时又能兼顾典章制度的历史沿革；三是大多取材宫廷实录档册和国史，具有较强的权威性。

纪传体史书的不足在于，由于以人物为中心来编排史料，这样就不可避免地把有关同一历史事件的史料分散于不同的人物传记之中，使得人们难以对事件的前因后果有一个完整的认识；在记述人物活动时以帝王将相为中心，宣扬君权神授的天命史观和个人英雄史观，把推进历史进程的功劳归于少数人物身上；为了突出所谓的"正统"史观，对封建帝王和历代圣贤往往采取文过饰非的笔法。

三、纪事本末体

纪事本末，顾名思义就是记载历史事情的始末，是以记述历史事件的发展经过为顺序的一种体例。它由南宋袁枢首创，与纪传、编年并称我国史籍的三大体例。

纪事本末这种形式起源很早，如《尚书》专记地理的《禹贡》、专记五行灾祥的《洪范》，已开专篇记事之始。编年体的《左传》《资治通鉴》也不止一次地运用追叙法、补叙法来弥补其记事分散割裂的缺憾，带有纪事本末的性质。但作为一种独立的体例，则是由南宋的袁枢改编《资治通鉴》时创立的。司马光编纂的《资治通鉴》虽说达到了通代编年体的顶峰，但由于字数达300多万字，篇幅庞大不便阅读。《宋史·袁枢传》说："枢常

---

① （唐）刘知几著；张固也注译. 史通 [M]. 郑州：中州古籍出版社，2012：39.

喜诵司马光《资治通鉴》，苦其浩博，乃区别其事而贯通之，号《通鉴纪事本末》。"具体编纂方法是：把《资治通鉴》所记1362年的史实，按条目分类，以类相从，一共分了239个小专题，上自"三家分晋"，下至"周世宗征淮南"，每事各具首尾，叙事齐全，详述事件的原委经过。

袁氏的这种做法不过是摘抄、改编，本身并不具备历史价值，但他客观上创立了一种新的史体——纪事本末体。这种体例以历史事件为中心，标题列目，独立成篇，各篇又以事件发生的时间为序排列，便于人们了解历史事件的全貌和经过。袁枢之后，纪事本末体得到了很大的发展，又分化出一些不同的体例。

按所记内容，纪事本末体可分为：①朝代纪事本末。如《绎史》《左传记事本末》《通鉴纪事本末》《续通鉴纪事本末》《金史纪事本末》《宋史纪事本末》《辽史纪事本末》《元史纪事本末》《明史纪事本末》《清史纪事本末》等，从上古至清代已形成本末体系列全史。②专史纪事本末。又叫方略或纪略，按专题记事，举凡军事、外交、藩镇、会党、少数民族和农民起义等都可入书，如《绥寇纪略》《三藩纪事本末》《台湾郑氏始末记》等。

按编纂方式，纪事本末体可分为：①改编一书的纪事本末。如袁枢改编司马光《资治通鉴》为《通鉴纪事本末》；杨仲良改编李焘《续资治通鉴长篇》为《皇宋通鉴纪长篇事本末》。②博采群书的纪事本末。此类本末多是在官修正史之前完成的，如清谷应泰《明史纪事本末》编于《明史》成书之前，当时没有一部可供改编的完整的明史，只能博采群书。③钞书与著述相结合的纪事本末。本末体发展到清代已经成熟，从单一的编纂事件本末，到"辨章学术，考镜源流"，形成了编纂与学术研究相结合的本末体。如清高士奇《左传纪事本末》，正文取材于《左传》，这和传统的本末体没什么区别，但不同的是，正文以外增加了"补逸""考异"等内容，近似于本末体注释的专书，带有研究的性质。

四、典制体

典制体史籍也叫政书，是以事类为中心，分门别类记载各种典章制度的工具书。所谓典章制度，指的是某一朝代的政治、经济、文化等各方面的法规、章程、制度等。历史上最著名的政书是"十通"。它们分别是唐杜佑的《通典》、南宋郑樵的《通志》、元马端临的《文献通考》，这三部书被称为"三通"。清代在"三通"的基础上，又编修了《清通典》《清通志》《清文献通考》和《续通典》《续通志》《续文献通考》。加上前面的"三通"称为"九通"。清末民初刘锦藻又编了《清续文献通考》，加起来就成了"十通"。此外还有历代会要、会典等。

典制体起源于先秦，最初依附于经书，如《尚书》中的《吕刑》专述刑制；《周礼》按天、地、春、夏、秋、冬六官所掌，记述典章制度；《仪礼》系统记述了古代冠、婚、丧、祭、朝、聘、射、乡、燕、饮等礼仪形式。西汉初年，司马迁编纂纪传体的《史记》，专设"八书"，即《礼书》《乐书》《律书》《历书》《天官书》《封禅书》《河渠书》《平准书》，分门别类记载从古代到汉初有关礼乐、天文、地理、经济等典章制度的沿革。班固《汉书》以后，改"书"为"志"，从此纪传体史书大多设有"志"以专记典制。但史志附于正史之中，依然没有独立成为一种书体。

典制体的确立以唐杜佑编纂《通典》为标志。《通典》是我国第一部典章制度专史。它上起传说中的唐虞，下迄唐肃宗、代宗时期，以事类为中心，食货居首，次以选举、职官、礼、乐、兵、刑、州、郡、边防，每类又各分子目，按朝代顺序，分别叙述各类典章制度的历史沿革和源流，如食货典记土地、户籍、赋税等财政制度；选举典记选举士官、考核官吏及爵位制度；职官典记历代官制源流，等等。《通典》的史料来源，唐以前的主要来自正史中的"书""志"材料，兼采其他史书及经、子、集中的有关资料；唐代的则取自实录、国史、政府档案。全书取材严谨，脉络清楚，分类编述，条贯古今，为史籍编纂创立了一种新的史体。自《通典》之后，典制体史书便如雨后春笋一样涌现出来，如《唐六典》《稽典》《太宗政典》等。

典制体史书按其所记朝代，可分为通代的和断代的。通代的，即会通古今典章制度的通史，如前面提到的"三通"以及后来的续作；断代的只记一朝典章制度，它又分为会要和会典。会要与会典的区别是：会要是综合性质的，内容范围总括一代重要典制，兼叙重要事迹，如北宋王溥所编《唐会要》《五代会要》，清人徐松所辑的《宋会要辑稿》；会典则以六部官署为纲，着重记述法令典章，而不详备史实，近似于专类政书，如《唐六典》《元典章》《明会典》《清会典》等。

五、方志体

方志是以某一地域为中心，系之以一方史实，内容兼及自然、历史、人文、社会等各方面的历史与现状，是地方性的百科全书。

方志的起源很早，《周礼·春官》："外史掌书，外令掌四方之志。"对于周王朝来说，四方之志就是地方志。秦统一天下，实行郡县制，为地方志的产生和发展奠定了基础。东汉班固《汉书·地理志》按行政区划记述各地区户口、山脉、河流、关塞、祠庙、物产等，虽然记载范围限于地理，较少涉及人文，但对后来地方志地理部分的编写产生了重要影响，开创了全国性区域志的体例规模。魏晋南北朝时期，产生了大量体例不同、内容不同的志书。据《隋书·经籍志》的记载，以三国吴顾启期所撰《娄地记》为最早，此后有《洛阳记》《吴郡记》《华阳国志》等数十种。此时的方志多以"记""志"名之，而且都是后世府、州、县志一类的作品。另外还有山水志、风俗志、人物志、寺观志、物产志等，如《游名山志》《北荒风俗记》《交州先贤传》《洛阳伽蓝记》《凉州异物志》等，以及记述土地、户口、冢墓、宫观、建筑之类的专门性志书。隋唐以后，开始了全国性区域志的编纂，编有《诸郡物产土俗记》《括地志》《元和郡县图志》等。宋代方志在体例和内容上有新的发展，如《太平寰宇记》承袭《元和郡县图志》的体例，新增了人物、风俗、艺文等内容，使方志超越了地理的范围，扩大到了人文历史方面。元明清三代是我国方志发展的繁荣时期，产生了以宏博见称的全国性区域志，如《大元一统志》《大明一统志》《大清一统志》。据《中国地方志综录》及《中国地方志联合目录》著录，全国190多个主要图书馆所藏的方志，有8 000余种11万卷。

方志体的最大特点就是横排门类，纵贯时间。从门类上讲，举凡山川地理、行政区划、人口物产、贡赋物产、风土人情、名胜古迹、人物著述等等，都有全面记载；从时间上讲，方志的编纂是连续性的，一代一代持续下去，从不间断。总的来讲，就是横不缺项，纵不断线。至于在具体内容安排上，有的将内容分成若干类，平行排列，无纲统摄；有的先设总纲或大类，纲下或类下再分细目，以纲统目；有的效仿史书纪传体，采用图、表、纪、志、传等体裁为统类，再立纲分目；也有诸体皆用的混合式体例，不一而足。

六、谱牒体

即家谱、宗谱、族谱所具的体例。它以世系为纲，以人物为中心，记载一个家族的历史，兼有纪传、编年的性质。北宋欧阳修和苏洵编纂族谱时分别著有《谱例》，他们吸收了纪传体和编年体的某些特点，采取以图表标世系，以"志""纪"记人物，以"例""记"发议论的编纂方法。元明以降，私人修谱皆仿其例。

清人所修谱牒，每一部几乎都由谱系、朝廷恩荣、祠宇、家墓、传记、艺文等构成。如要细分，大致包括以下17种形式：①谱序。包括序言、谱例、修谱相关人员情况等。②朝廷恩荣。又称恩论录、敕书诰命等，记载封建国家和地方政权对该家族及其成员的表彰情况，如敕书、诰命、御制碑文、上谕、匾额等。③像赞。描绘祖先遗容的画像及记述先人事迹的赞词。④宗规家训。即族规家范、宗约、族范等，内容十分广泛。⑤世录。亦称世表、世系表、世系图，反映宗族成员之间血缘关系的图表。⑥世系录。亦称世序、世系考，记述族人履历，包括本人及妻室子女情况等。⑦派语。又称字辈、行辈，是表示家族辈分的字。⑧宦绩考。家族中为官的、有功名的先人传记、科第表等。⑨传记。有善行义举的族人成员的传记，或辑录正史、方志中的列传，或载以墓志、祭文、行述、年谱、寿序等。⑩祠堂。记宗祠的基本情况和历史，如祠堂图、记文、捐资人名单、祠堂规制、神位世次、配享和祭祀情况。⑪祠产。记宗族经济情况，如祠田、义庄、义塾等。⑫坟茔。记宗族祖先坟茔所在，有的还绘有坟茔图，说明墓地风水，各房分墓地的情况。⑬先世考辨。考始祖及得姓始末，记家族产生的渊源、分支流派、迁移始末等。⑭著述。又称艺文，辑录和说明族人的著述情况，或开列书目，或辑录原文。⑮五服图。绘出5个等级（包括斩衰、齐衰、大功、小功、缌麻）丧服的形制、款式。⑯余庆录。谱末书"余庆录"字样，留几页空纸，表示子孙绵延不绝之意。⑰领谱字号。给所印总谱编号，分发族人，以便日后核对。

七、传记体

传记体与纪传体不同。如前文所言，纪传体实际上是"纪表志传体"，除纪、传之外，还有按时间编年的"表"、以事类为中心的"志"。而传记体是更为单纯的人物传记，以时间线索记载一人之事迹，或一代人、一族人、一地人、一类人之事迹。因此，传记体基本可以分为专传和类传两种。

1. 专传

所谓专传，就是专为一人立传。它又有自传、别传、外传、家传、杂传、年谱等不同形式。自传是作者给自己写的传，如陶渊明《五柳先生传》；别传是相对正史中的本传而言，如《赵云别传》；外传是人物为正史所不载，或虽有记载，而另为作传以记其逸闻轶事，如《赵飞燕外传》；家传是叙述家人事迹以传示其子孙的传记，如《王朗家传》；杂传，因名目繁杂，内容多虚妄之说，而别为一类，以区别于正史的纪传；年谱，是按时间顺序记载谱主个人生平的大事记，如《孔子年谱》等。专传还有一种比较特殊的形式，那就是为逝者所作的墓志铭、神道碑。

2. 类传

所谓类传，是按照朝代、地域、身份、品行、事迹等共同特性，为某一类人立的传。如按人物的朝代立传,有《宋名臣言行录》《元朝名臣事略》等;按人物的地域立传,有《襄阳耆旧记》《百越先贤志》《中州人物考》等;按人物的身份(职业)立传,有《畴人传》《高僧传》《文士传》《历代循吏传》《历代名儒传》等;按人物的品行立传,如单行的《列女传》,《史记》中的《酷吏列传》和《佞幸列传》等,按人物的事迹立传,如《史记》中的《刺客列传》和《滑稽列传》,《汉书》中的《游侠传》等。

八、学案体

学案体实际上就是学术类传,专门记述学术发展的源流。这种体例首创于明末清初思想家黄宗羲的《明儒学案》。后继者有清代全祖望《宋元学案》、江藩《汉学师承记》和《宋学渊源记》、唐鉴《国朝学案小识》等,以及近人徐世昌《清儒学案》、梁启超和钱穆的同名之作《中国近三百年学术史》等。以上系列作品按时间连在一起,就构成了中国自宋代以来的完整学术史。

所谓学案,就是学派。如《明儒学案》共立17个学案,收录明代学者210人。其体例是:按学术流派区分门类(学案);每个学案之前,先作一案序,概述该学派的师承渊源、主要代表人物、学术宗旨等内容;案序之后就是学者传记。首列学派创始人作为案主,然后按照师承或地域胪列本派学者个案,传记内容除介绍学者生平事迹外,还重点介绍其著作、学术思想和论学宗旨;传记之后摘录学者的主要学术著作或言论之精华,编成《语录》,间或撰有按语加以评论。按时代顺序述其人事、论其流变,力求全面客观地反映出每个学案的学术风貌。时至今日,学术文化史著述,体裁均不离其宗。

九、笔记体

笔记,顾名思义就是随笔记叙。作为一种史体,始于北宋宋祁的《笔记》,该书即为随笔杂录之作。此后,这类作品一般谓之笔记,亦有用笔谈、笔录、随笔、偶笔、杂记、杂录等为书名的,一般书目列于子部。

笔记的起源也可以追溯到先秦两汉时期。先秦诸子引喻设譬之作,大多是优秀的笔记小品;汉应劭的《风俗通义》已是笔记性的专著了。魏晋南北朝则为笔记的兴起时期,大量笔记异军突起,开始进入文坛和史坛,著名者如《世说新语》;唐宋时期则是百花齐放,各种类型笔记已经具备,到了明清时期,笔记进入了极盛时期,已经成为史学领域不可缺少的一个门类。

关于笔记的体例和分类,因其内容和形式都很灵活,很难严格地对它进行归类。谢国桢《明清野史笔记概述》按所记内容将笔记分为十类，但收罗范围似过于宽泛，把不少其他类型的图书也归入笔记类，如《徐霞客游记》《天下郡国利病书》《读史方舆记要》为地理类，钱谦益《列朝诗集小传》应入传记类。一般来说，笔记应是零散记叙的积累，如果是系统的研究，则属学术论著，即使以札记的形式出现，也不当视为笔记。因此，笔记大体上可以分为两类：一是历史杂记类笔记：内容大抵为历史旧闻，文献掌故、朝野佚事、风土人情等，如晋葛洪（旧题汉刘歆）《西京杂记》、宋司马光《涑水纪闻》、元陶宗仪《南村辍耕录》、明沈德符《万历野获编》、清昭梿《啸亭杂录》等；二是考辨评论类笔记，内容涉及经史、辨析名物、注疏校勘、评论辨伪等方面，如宋沈括《梦溪笔谈》、宋洪迈《容斋随笔》、宋王应麟《困学纪闻》、宋黄震《黄氏日钞》、明焦竑《焦氏笔乘》等。

十、文集体

文集是将前代单篇的诗、文汇抄在一起，集中编排而成的书。我国早期的诗文作品都是以单篇的形式传世的，当积累到一定数量时，很不便于后人保存和阅读，于是有人将这些数量众多的单篇作品按照一定的体例进行归类排列，结成文集，并取一个总书名，这就是人们通常所说的"结集"或"编集"。它是事先由编者自行拟定体例，将原作者散乱的单篇作品按设定的结构组织起来，照录单篇原文，因此文集的编纂属于抄纂之列。

1. 总集

所谓总集，指的是汇集两位以上作者的作品的合集。总集之名始于南朝梁代阮孝绪的《七录》，其"文集录"下设"楚辞部、别集部、总集部、杂文部"四个类目。早在《七录》之前就有了总集的编纂，如公元前6世纪编成的《诗经》是我国最早的单体总集，三国曹魏时期曹丕编纂的《建安七子集》是我国最早的多体总集，其后影响较大的还有晋人挚虞编的诗文总集《文章流别集》。我国现存最早的文学总集是南朝梁武帝之子萧统编选的《文选》。

总集的类型可按文体、年代、编集方式进行细分，如按文体可分为单体总集和多体总集，按年代可分为通代总集和断代总集，按编集方式可分为汇编总集和选编总集。以上划分标准交叉组合，又产生了以下6种总集类型：①通代单体汇编总集。即通代的不加选择的专门收集一种体裁的全部作品的总集。如清人严可均编纂的《全上古三代秦汉三国六朝文》，全书共746卷，按年代顺序分为15集，网罗先秦至隋代3 497位作者的单篇文章一万八千余篇，是迄今为止收录唐以前散文最全面的一部总集。今人逯钦立所编

《先秦汉魏晋南北朝诗》也属此类。②通代单体选编总集。即通代的有选择的专门编集一种体裁的作品总集。如南朝梁代徐陵编纂的《玉台新咏》,选集了汉魏至南梁的诗歌700多篇,是继《诗经》《楚辞》之后最古的诗歌总集。它通常被认为是一部宫体诗专集,但也收录了很多表现社会生活、家庭生活和婚姻爱情生活的优秀作品,如《饮马长城窟行》《日出东南隅行》《古诗为焦仲卿所作》等。③通代多体选编总集。即通代的有选择的编集多种体裁的作品总集。比如南梁萧统编纂的《文选》,收录周代至六朝约800年间130位作者的作品700多篇,按体裁分为赋、诗、骚、七、诏、册、令、教、文、表、上书、启、弹事、笺、奏记等38体,然后在卷数较多的体下再按事分类。《文选》的编纂对后世产生了深远的影响,历代都有人模仿它、注释它,形成了专门的"文选学",宋代甚至有"《文选》烂,秀才半"的说法。④断代单体汇编总集。即断代的不加选择的专门收集一种体裁的全部作品的总集。这类总集在清代编纂较多,如康熙间,彭定求等奉敕编纂《全唐诗》,汇集唐诗48 900余首,涉作者凡2 200余人。郭元釪以一己之力编成金源一代诗歌总集《全金诗》,巨细不遗;乾隆中,李调元奉敕编纂《全五代诗》100卷;嘉庆间董诰领衔编纂《全唐文》,收录唐五代作者3 042人的单篇文章18 000多篇;道光间张金吾完成编纂《金文最》120卷,搜集有金一代之成文,后删并为60卷。由于此类总集能系统、全面地搜罗某个朝代某种体裁的所有作品,资料性很强,因而深受学术界的欢迎。后世又续编了很多此类总集,如1930年唐圭璋编成《全宋词》。20世纪90年代以后,国内各大高校古籍所掀起了一个编纂断代单体汇编总集的高潮,如复旦大学古籍所编《全明诗》,北京大学古文献研究所编《全宋诗》,四川大学古籍所编《全宋文》,北师大古籍所编《全元文》,南京大学古典文献研究所编《全清词》等。此外,还有徐征、张月中等主编的《全元曲》。⑤断代单体选编总集。即断代的有选择的专门编集一种体裁作品的总集。如清人孙洙(蘅塘退士)编集的《唐诗三百首》,选收77家唐代诗人的诗作共311首。由于该书体裁完备,作品风格各异,富有代表性,又通俗易懂,刊行后广为流传,几至家置一本。⑥断代多体选编总集。即断代的有选择的编集多种体裁的作品总集。如宋人姚铉编集的《唐文粹》100卷,收录有唐一代的诗文作品2 000篇,分古赋、诗、颂、文、论等16类。类似的还有宋人吕祖谦编集的《宋文鉴》。这里的"文鉴""文粹",不仅仅是狭义的文,而是诗赋文兼收。

此外,总集还可以按地域群体、作者身份、师承关系、文学流派等来编集。按地域群体,如宋人郑虎臣编《吴都文粹》,只收吴郡(今苏州)遗文；按作者身份，如南宋陈起编《江湖集》，只收身份卑微的布衣或下层官吏的作品，以标榜江湖习气；按师承关系，如不知名氏编（一说为陈亮所辑）《苏门六君子文粹》70卷，选录苏轼的六大得意弟子黄庭坚、秦观、晁补之、张耒、陈师道、李廌的单篇文章；按文学流派，如北宋杨亿编集《西昆酬唱集》，收集杨亿与刘筠、钱惟演等17人在秘阁编纂《册府元龟》的闲暇之余的唱和之作200多首，都是些律诗绝句，其声律和谐、对仗工整、辞藻华丽，但内容空虚贫乏，脱离现实，被后人誉为"西昆体"。类似的还有五代后蜀赵崇祚编纂的《花间集》，因其所选作品以描写上层贵妇美人的日常生活和容貌装饰为主，故其作者均被冠以"花间派"词人。

总集的编纂从不同视角对古代诗文进行了编集，满足了专业研究者对古代文学作品的多重需要，这就是它的文献价值。正如《四库全书总目·总集类序》所指出的："一则网罗放佚，使零章残什并有所归；一则删汰繁芜，使莠稗咸除，菁华毕出。是固文章之衡鉴、著作之渊薮矣。"①

2. 别集

所谓别集，是指单个作者的作品的结集。将一个作者的作品集合在一起，汉魏之时就已蔚然成风，如萧绎《金楼子》云："诸子兴于战国，文集盛于两汉，至家家有制，人人有集。"② 东汉的张衡，"所著诗、赋、铭、七言、《灵宪》《应间》《七辩》《巡诰》《悬图》，凡三十二篇。"③ 三国时期的王粲，"著诗、赋、论、议垂六十篇。"④ 可见，他们的作品是经编集了的，只不过尚无"文集"之名罢了。《汉书·艺文志》将这些个人作品的编集收入"诗赋类"，共著录106家。晋代以后，文集之名方始出现，如《晋书·束皙传》："其《五经通论》《发蒙记》《补亡诗》、文集数十篇，行于世云。"⑤《晋书·郭澄之传》亦云："所著文集行于世。"⑥ 南北朝以后，文集盛行，梁阮孝绪《七录》始设"别集"之目，以后历代书目都仿效之。《宋史·艺文志》著录别集已近千种，而且别集的数量越到后来越多，明清以后的文人学者几乎人人有集。《明史·艺文志》所载别集约有1 188种。日本山根幸夫编《增订日本现存明人文集目录》（东京女子大学东洋史研究室

---

① （清）纪昀等. 钦定四库全书总目（整理本）[M]. 北京：中华书局，1997：2598.
② （梁）萧绎撰；许逸民校笺. 金楼子·卷4 [M]. 北京：中华书局，2011：852.
③ （南朝宋）范晔. 后汉书·卷59 [M]. 北京：中华书局，1965：1940.
④ （晋）陈寿. 三国志·卷21 [M]. 北京：中华书局，1959：599.
⑤ （唐）房玄龄. 晋书·卷51 [M]. 北京：中华书局，1974：1434.
⑥ （唐）房玄龄. 晋书·卷92 [M]. 北京：中华书局，1974：2406.

1978年版）著录明代近2 000人的文集，版本达数千种。李灵年、杨忠主编的《清人别集总目》著录近2万名作家所撰约4万部别集。柯愈春著《清人诗文集总目提要》收清代有别集者19 700多家4万余种①，其中不含生平有集而未见传世者。

别集的类型可按收录范围、编集方式、文体多寡、编排方式等进行细分：①按收录范围，别集可分为全集和选集。全集是不加选择地将一个作者的所有作品汇集在一起，如宋人周必大编的《欧阳文忠公全集》153卷，清人王琦注本《李太白全集》30卷。当然，所谓的"全"只是编者的主观愿望，实际操作过程中难免有所遗漏。选集是按一定标准将一个作者的部分作品选编在一起，如唐代刘禹锡在自编全集40卷外，另有自选集《刘氏集略》10卷；晚唐皮日休因为自己的文稿过于繁多，于是精加选择，编成《皮子文薮》；明末清初的文人周亮工有全集《赖古堂集》24卷，另有他自己删定的《删定赖古堂诗》。②按编集方式，别集可分为自编和他编两种。早在三国时期就出现了自编别集，据《三国志·魏文帝纪》载，魏文帝曹丕"好文学，以著述为务，自所勒成垂百篇"②。他编别集出现的时间更早，东汉时期就有朝廷为大臣编别集的记载，如《后汉书·东平宪王苍传》载，宪王刘苍卒后，"诏告中傅，封上苍自建武以来章奏及所作书、记、赋、颂、七言、别字、歌诗，并集览焉"③；也有作者亲属代为编集的记载，如《后汉书·列女传·曹世叔妻》载：世叔妻班昭"所著赋、颂、铭、诔、问、注、哀辞、书、论、上疏、遗令，凡十六篇"，其死后，"子妇丁氏为撰集之，又作《大家赞》焉"④。后来的他编别集也多由作者的门人故旧、亲友后人越俎代庖，如韩愈的《昌黎先生文集》是由其学生兼女婿李翰编纂的；柳宗元的《河东先生集》是其好友刘禹锡遵其遗嘱编纂的；杜牧的《樊川文集》是其外甥裴延翰编集的。③按文体多寡，别集也可分为单体别集和多体别集。单体别集只收录一个作者一种文体的作品，通常收录都较全，如文渊阁《四库全书》本《孟浩然集》，收录孟浩然诗作217首，编为4卷。多体别集收录一个作者多种文体的作品，如唐人沈亚之的《沈下贤集》，"集凡诗赋一卷，杂文、杂记一卷，杂著二卷，记二卷，书二卷，序

---

① 张可礼. 别集述论［J］. 山东大学学报（哲学社会科学版），2004（6）：12-17.
② （晋）陈寿. 三国志·卷2［M］. 北京：中华书局，1959：88.
③ （南朝宋）范晔. 后汉书·卷42［M］. 北京：中华书局，1965：1441.
④ （南朝宋）范晔. 后汉书·卷84［M］. 北京：中华书局，1965：2792.

二卷,策问并对一卷,碑文、墓志、表一卷,行状、祭文一卷"①。通常来讲,全集一般都是多体的,而选集有多体的(如唐代刘禹锡自选集《刘氏集略》),也有单体的(如南宋罗椅的《涧谷精选陆放翁诗集》)。④按编排方式,别集可分为三种形式:一是分类别集。即按作品的内容主题分类编排,如《门类增广十注杜工部诗》25卷,宋刊残本6卷,"今存卷一、卷二纪行、述怀门;卷七居室、邻里、题人居室、田圃门;卷八皇族、世胄、宗族、外族、婚姻门;卷九仙道、隐逸、释老、寺观门;卷十四时门。"② 二是分体别集。即按作品的体裁类别编排,如《四部丛刊》本《鲍氏集》共十卷,第一、二卷为赋,第三卷为乐府诗,第四至八卷为诗,第九卷为表、启、疏和书等,第十卷为颂、铭等。三是编年别集。即按作品的创作时间依次编排,如赵幼文的《曹植集校注》,将已知创作时间的作品按建安、黄初、太和三个时期分别系年排列,创作时间不确定者则置于最后。以上三种体例以分类别集和分体别集较为常见,编年别集相对较少,这主要是因为作品的具体创作时间很难考证。分类别集和分体别集也有一定的时代性,如宋人所编别集以分类居多,而明人所编别集以分体为主。宋代类书编纂非常发达,《宋史·艺文志》著录类书278部、10 526卷,清人倪灿《补志》又增补类书2 341卷,这些类书都是按内容主题分类编排的。受类书编纂的影响,宋人所编唐诗别集也多采用分类编排,如《韦苏州集》分燕集、寄赠、送别、酬答、逢遇、怀思、行旅、感叹、登眺、游览、杂兴等。明代前后"七子"掀起的文学复古运动,提倡"文必秦汉,诗必盛唐",他们对于各种诗体的特点和写作方法尤为关注,对其思想内容反而淡化了。为迎合这种社会风气,明人所编别集多因体而编,如明本《岑嘉州集》将内容编为五古、七古、五律、五言长律、长短五七言、七律、五绝、七绝等;明本《钱考功集》将内容编分为五古、七古、五律、五言长律、七律、五绝、七绝等。

别集对于研究古典文学文献具有很高的史料价值。一则因其数量巨大,保存了历代大量分散的文学作品;二则为后人研究前代具体某一位作家的生平经历、学术思想、文学成就以及他所处时代的社会风貌等提供了直接的依据。同时,从编纂学来讲,别集也是总集和丛书的编纂基础。

十一、丛书体

所谓丛书,是指将多种文献按照一定的编纂目的和体例编排在一起,并

---

① (清)纪昀等.钦定四库全书总目[M].北京:中华书局,1997:2016.
② (清)瞿镛.铁琴铜剑楼藏书目录·卷19[M].北京:中华书局,1990:276.

冠以一个总书名，用统一的版式和装帧形式印行的集群式文献，又名丛刊、丛刻、丛编、汇抄、汇刻、类编、全书等。最早以"丛书"作为书名的图书是唐代陆龟蒙的《笠泽丛书》，但该书只是陆龟蒙的个人诗文别集，并非真正意义上的丛书。关于丛书的起源，一说始于六经，一说始于南朝萧齐陆澄所编《地理书》。现在学界一般认为，南宋俞鼎孙、俞经辑抄的《儒学警语》是我国最早的丛书，汇辑了有关"举子之事业、人事之劝惩"的7种著作。稍后，南宋咸淳九年（1273年）左圭汇编的《百川学海》内容更为丰富，收录了100多种唐宋时期的野史杂说、宋代诗话及六朝著作，成为我国综合性丛书的先声。

丛书的类型依其内容可分为综合性丛书、专科性丛书。综合性丛书的内容包罗万象，著名者如《四库全书》《四部丛刊》等。清代乾隆年间编纂的《四库全书》，据文津阁藏本统计共收经、史、子、集3 503种，79 337卷，是我国历史上规模最大的一部丛书。综合性丛书还有一种特例，即专门收录丛书的丛书，如1935年上海商务印书馆开始编印的《丛书集成初编》选择宋代至清代较为重要的丛书100种，得子目约6 000种，去其重复，实存约4 100种，后因抗战爆发，实际印行3 000多种。专科性丛书即专门收录某一学科、某一文体、某一类别的丛书。例如，清代阮元所辑《皇清经解》和王先谦所辑《皇清经解续编》专收经学著作，明代毛晋编印的《六十种曲》专收元明以来的戏曲作品，清代何文焕编辑的《历代诗话》专收《诗品》以来的诗话作品，中华书局自1959年以来编印的《历代史料笔记丛刊》专收唐宋以来的笔记小说作品。

丛书对于保存和研究古代文献均具有重要价值。历史上有很多单行本文献，随着时间的推移逐渐不为人知，但在相关的丛书中仍可以找到它们。比如，宋代唐积的《歙州砚谱》和米芾的《砚史》，虽然前者有明华氏刻本，后者有宋刻本，但已难觅影踪，而在《百川学海》《学津讨原》《说郛》《美术丛书》中都可以查到。丛书无论规模大小，其所辑录的文献之间一般都具有某种联系，或某一地域，或某类作者，或性质相近，或主题相关，这对于学者集中查找某类文献很有帮助。例如，要研究浙江宁波地区的先贤著述，可查看《四明丛书》；要研究我国古代语言文字学，可查看《音学五书》《泽存堂五种》《楝亭五书》《小学汇函》《许学丛书》这五部丛书。有的丛书专收翻刻的宋元旧本，如《士礼居丛书》《古逸丛书》，仿刻精美，具有很高的版本价值；有的丛书注重校勘，如《抱经堂丛书》《经训堂丛书》《岱南阁丛书》，考析详明，订正了不少古籍中的讹误。要了解我国历代丛书编纂的情况，可查阅上海图书馆编《中国丛书综录》、施廷镛编《中国丛书综录续编》、阳海清编《中国丛书广录》。

十二、类书体

类书是我国古代分类式的资料汇编性质的工具书，采集古籍中有关典故史实，或名物制度、或诗文词语等方面的各种资料，分门别类编排，每一门类下又分若干子目，以供读者读书写作时查阅、征引。由于它所包含的内容非常广泛，又被称为中国古代的百科全书。我国最早的类书是魏文帝曹丕时编的《皇览》（失传）。唐代著名的类书有《北堂书钞》《艺文类聚》《初学记》《白氏六帖》；《太平广记》《太平御览》《册府元龟》《文苑英华》被称为宋代的"四大类书"；明代的《永乐大典》是我国古代最大的类书；清代著名的类书有《古今图书集成》《渊鉴类涵》等。类书具有保存古代文献的功能，许多已经失传的单行本凭借类书得以保存下来。

类书的编纂有多种形式：①按内容性质分，有综合性类书和专科性类书。综合性类书内容无所不包，如《艺文类聚》《太平御览》《永乐大典》等；专科性类书则只限于某一领域，如《册府元龟》只收历代君臣事迹，而不涉及自然事物。《格致镜原》只收博物、工艺，而不涉及社会人事。《全芳备祖》只收花卉植物方面的资料。《法苑珠林》只收佛教的经、律、论、传。②按文献类型和文体分，有兼收各类文献与各体文章的类书和专收某类文献与某体文章的类书。前者如《艺文类聚》《太平御览》《永乐大典》；后者如明顾起元《说略》专取说部之书，明俞安期《诗隽类函》专取唐代以前之诗，王志庆《古俪府》专取骈体足供辞藻之用者。③按征引内容分，有征引事类为主的类书，如《华林遍略》《太平御览》；有征引诗文的类书，如《诗隽类函》《古俪府》；有既征引事类又兼收诗文的类书，如《艺文类聚》《初学记》《事文类聚》；有征引词汇的类书，如隋杜公瞻《编珠》、清《佩文韵府》；有汇辑图表的类书，如宋唐仲友《帝王经世图谱》、明章潢《图书编》等。④按编排方式分，有分类编排的类书，有按韵编排的类书。前者为绝大多数类书的编排方式，如《艺文类聚》《太平御览》等都属此类。后者取其主题词中的一字（首字或尾字）分韵编排，如《永乐大典》《佩文韵府》《骈字类编》等。

十三、索引体

索引，又称索隐、引得、备检、通检、玉键、针线等，是将古籍中的人名、地名、篇名、书名、职官名、年号、词句等分析出来，用一定的检字方法编排它们的次序，并标明它们在古籍中的位置（卷次、页码等），而形成的一种文献检索工具。索引其实就是一种目录（目录体也是编述的产物，前已有专章讲述古籍编目，此不赘述），但由于它可以单独编纂成书，而成为一种独立的文体。

我国最早见于文献记载的索引是宋代无名氏编纂的《群书备检》，它以检索群籍篇目为基本内容，惜亡于元明之际；明末傅山所编的《两汉姓名韵》是现存最早的人名索引；专书专科索引当以清代蔡烈先所编《本草万方针线》为权舆；1792年，章学诚在武昌编纂的《历代纪元韵览》，是为《历代纪年经纬考》所编的年号索引；1837年，李兆洛编成的《历代地理韵编今释》，是我国第一部历史地名索引①。20世纪30年代，哈佛燕京学社引得编纂处在洪业的带领下，编印经、史、子、集各类古籍引得多达64种81册，还出版了索引理论著作，影响颇大。尔后至今，海峡两岸乃至国际汉学界所编此类工具书层出不穷。60年代后，计算机技术被运用于古籍索引的编制，使得索引编制理论、技术、索引载体形式等都发生了深刻的变革。

索引体著作通常由三部分组成：叙例、检字、索引。有的索引体著作有简称表，或单列一项，或包括在叙例中。如黎永椿《说文通检》有叙例、笔画检部目、通检正文、笔画检疑字四部分；叶绍钧《十三经索引》有述例、笔画检字、篇目简称、索引正文四部分，书首还有自序说明编纂经过。哈佛燕京学社引得编纂处所编引得一般有序、叙例、中国字庋撷、检字、引得五部分，如《仪礼引得》《礼记引得》《庄子引得》等都是如此。有的索引体著作除了上述各项内容外，还附有被检古籍原文，如哈佛燕京学社引得编纂处所编《毛诗引得》《周易引得》《春秋经传引得》等。周钟灵等编的《韩非子索引》也附有《韩非子》原文②。

十四、图表体

图和表本是两种不同的编纂形式，为叙述方便，将之合为一体。图是指古代的各种地形图、圣迹图、攻防图、物状图等，表是指各种序列人、事、物的表格。图表以形象、直观的形式表现古代的人类历史和自然状貌，并辅之以文字说明，适合于记载文字难以详述的内容。图表既可以作为一种附文，穿插在正文中，如《营造法式》中的大量插图；也可以单独成书，成为独立的一种文体，如宋杨甲《六经图》、明代王圻、王思义父子《三才图

---

① 黄恩祝. 中国古代索引述略 [J]. 辞书研究, 1983 (1): 54-60.
② 冯浩菲. 中国古籍整理体式研究 [M]. 北京：北京图书馆出版社, 1997: 363.

会》等。

中国古代史籍的编纂形式和体例是十分丰富的，以上所举只是大概。应说明的是，以上各体的区分并不是绝对的，往往是你中有我，我中有你，彼此渗透，如纪传体就吸取了编年记事和表的方式；方志体就综合了纪、传、图、表等多种形式。其次，无论编纂形式和体例如何变化，它总是与特定的内容相适应的，各有其用途。因此，我们在从事古籍编纂时，应根据选题和内容的特点，选择最恰当的表现形式。

第三节　古籍编纂的程序和方法

古籍编纂有一套相对稳定的程序和方法，尤其对于古籍抄纂而言，大致包括选题策划、拟定凡例、资料搜集、文献选材、正文转录、辅文编写、文献编排等环节。古籍编述与之稍有不同，因为它是编者对古籍内容进行分析、综合、归纳等抽象思维的加工之后，用自己的语言将对古籍内容本质性、规律性的认识条理化，使之以一种更易为读者所理解的形式表现出来，因此不涉及对原文的加工，其编纂程序相对简化一些，没有正文转录和加工、辅文编写等环节，而代之以内容撰述。本节重点讲述古籍抄纂的程序和方法。

一、选题的策划

围绕特定选题开展古籍编纂，相当于以定题服务的形式满足学术研究对专类文献的需求，这符合学术研究的一般规律，也深受人文社会科学研究者的欢迎。

古籍编纂选题在历史上是有很多经验教训的，如南梁昭明太子萧统组织文人编纂的《文选》就是一个成功的案例。由魏、晋到齐、梁，是中国文学史上各种文学体裁发展并趋于成熟定型的时期，作品数量之多远超前代，对它们进行品鉴别裁、芟繁剪芜，就成为当时的社会需要。《文选》按赋、诗、骚、七、诏等38种文体类别，选录从东周至南梁七八百年间的文学作品700多篇，多为著名作家的名篇佳作，反映了从先秦到南梁的文学发展轨迹，成为后世士子们的必读书。清康熙间编纂的《全唐诗》，将当时数量巨大但极其分散的唐代诗作一网打尽式的汇编在一起，为后人研究唐诗提供了便利，保护了璀璨的唐诗文化。相反，有的选题就不是很成功，如明俞文龙《史异编》，专录古代史书中的灾祥神怪为一编，宣扬封建迷信，"既非占验之书，又无与学问之事，徒见其好怪而已。"① 又如，明项笃寿辑《全史论赞》80卷，汇录《史记》至《元史》中的论赞成书，正如四库馆臣所批评的："然读史者必先知事之始末，而后可断其人之是非。今笃寿惟存其论，使称善者不知其所以善，称恶者不知其所以恶，仍于读史者无益也。"②

我们判断一项古籍编纂的选题是否有价值，可从以下五个方面入手：一是学术价值。即看古籍编纂的来源文献，它们在古代哲学、史学、文学、艺术、科技等各自的领域内反映古人在学术文化和科学技术方面的思想、主张和达到的成就，以及它们在古代学术史中所处的地位。二是艺术价值。这主要针对古代文学艺术作品而言，看它们在文艺创作方面达到的高度，是否有艺术代表性。三是资料价值。特别是对那些史料汇编、丛书、总集、类书等资料书的选题而言，要对它将来收录文献的全面性、丰富性作出判断。此外，是否有新出土、新发现的手稿、日记等原始档案材料入选，也是判断资料价值的一个重要方面。如清抄本《南征日记》（又名《援黔纪事》），作者未详，但从内容看当是湖南九溪协某将领之子，逐日记载了从雍正十三年（1735年）至乾隆二年（1737年）九溪协的官方派往贵州镇压苗民暴动的情况，涉及将领之间的关系、治兵方法及贵州苗民的风土人情等，其中的资料没有人引用过，史料价值很高，1994年全国公共图书馆古籍文献编纂委员会将之影印出版。四是教育价值。古籍编纂不仅承担着传播文献信息的任务，同时还兼具社会教育的功能，在继承传统文化的精华，塑造民族精神方面具有不可替代的作用。五是实用价值。即看它对当前社会实际需要的满足程度，如中医药古籍的编纂就关系到人们切身的健康需求。当然，这五个方面的价值是有交叉的，如资料价值高的，学术价值自然也不低。我们不必要求每个选题同时具备这五项价值，只需在某一方面或某几个方面比较突出就可以了。

为提高古籍编纂选题的价值，编者在提出选题之前，可围绕以下几方面作一些调查研究：一是读者的文献需求。重点在文、史、哲传统学术领域进行调研，了解人文社会科学研究者近期和中远期的研究规划，掌握他们对专业文献（特别是与古文献相关的）的需求动向；二是古籍资源的状况。古籍编纂是一项对古籍资源进行有目的性的开发利用工作，因此编者首先要对

---

① （清）纪昀等. 钦定四库全书总目·卷65·史异编 [M]. 北京：中华书局，1997：901.

② （清）纪昀等. 钦定四库全书总目·卷65·全史论赞 [M]. 北京：中华书局，1997：899.

古籍各类资源的分布范围、特点、内容价值要做到心中有数，尤其要善于利用馆藏古籍联合目录，如《中国古籍善本书目》《中国丛书综录》《中国地方志联合目录》等。三是古籍出版物（注：严格地讲，古籍经编纂出版之后，不能再称为古籍）。为了避免选题重复，必须对已经编纂出版的古籍出版物进行调研，分析前人的编纂成果中还存在哪些空白点。这类调研可直接向古籍专业出版社咨询，也可通过对《古籍整理出版简报》《社科新书目》等古籍出版信息的分析获得。只有通过全面的调研、分析，才能有针对性地提出有价值的选题。

二、凡例的拟定

"凡例"一词起源于晋杜预《春秋左氏经传集解序》："其发凡以言例，皆经国之常制，周公之垂法，史书之旧章。"① 所谓"凡"，指编纂大纲、概要、一般性规定。"发凡"，就是确定全书总的体裁，阐发全书的要旨；"例"指具体编写体例、格局、规则，"起例"就是创立、举出可供作为操作样板的实例。所谓"凡例"，用今天的话讲，就是书前说明全书内容大旨和编写体例的介绍性文字，同时也是在编纂之前制定的，供编者在编纂过程中遵守的操作条例。

古籍编纂凡例的拟定要明确以下几个问题：①内容范围。选题一旦确定，后面所有的古籍搜集、整理加工活动都必须在选题的主题范围之内展开。但由于古籍编纂往往是大型工程，由多人参与，每个人对选题的理解可能存在一些偏差，因此必须事先明确选题的内容范围，统一大家的认识，以防"越界"。②文献来源。说明收录古籍的起讫年代、文献类型、馆藏出处等情况，让读者对古籍编纂的价值有所认识。③版本选择。版本是古籍的重要属性，古籍编纂时尤其要明确同书异本选用的基本原则和依据。④选材标准。对于汇编、全编类的选题而言，只要围绕特定主题或某种文体搜集文献就行，选材标准相对单一，就是判断它与主题的相关性或是否属于某种文体。但对于选编来说，选材标准就显得非常重要了，它体现了编者的价值取向，直接关乎编纂质量和社会影响。在拟定选材标准时，既要有一定的学术高度，也要有一定的可操作性。⑤加工方法与形式。对于不同体裁的古籍编纂而言，加工方法与形式是不一样的。为了体现"起例"的作用，凡例中可以举例的方式说明加工的方法和形式。⑥编排体例。说明抄纂方式和内容

---

① （晋）杜预注；（唐）孔颖达等正义. 春秋左传正义 [M]. 北京：北京大学出版社，2000：16.

组织形式，如是按分类编排还是按时代顺序编排。

现举国家清史编纂委员会典志组制定的《清史·民族志》编纂凡例①为例：

一、编纂《清史·民族志》，应遵循《清史编撰总则·撰述宗旨》《清史编纂则例（试行）》和《清史典志编纂细则》的原则规定和技术要求。本凡例系据民族志的基本特点，为贯彻以上原则和要求而制订的补充规定。

二、《清史·民族志》根据清代民族分布状况和相关特点，共分为六篇，即：蒙古族篇、藏族篇、满族及东北其他少数民族篇、维吾尔族及新疆其他少数民族篇、回族及甘宁青其他少数民族篇、南方少数民族篇。

三、各篇应包括以下基本内容：引言、历史源流、政治结构、经济生活、文化生活、社会生活。对于文献资料掌握较少的民族，可适当归并简省，有多少材料，说多少话，不必面面俱到。

四、在综合各篇的基础上，《民族志》应写"概述"。"概述"起统摄全志、沟通各篇、突出特点的作用。各篇"引言"与民族志"概述"相互配合，各有侧重。

五、各篇叙述时，应注意体现不同少数民族的特点。在宏观把握的前提下，应反映少数民族在不同地区、不同环境条件下历史活动的多样性、复杂性与不平衡性。

六、写作中应遵循国家关于少数民族文字表述方面的法规。

七、《清史·民族志》标题中称呼少数民族，应采用国家民族识别后的正式称呼。在"民族源流"部分，应对该民族的源流及清代的称呼予以说明。在行文中，可采用已说明的清代称呼。凡原文称呼为反犬旁者（如带反犬旁的苗字），引用原文时无须改动；行文中若有无引号的此类称呼，一律改为人字旁。

八、各篇若有两种以上的少数民族，在叙述详略安排方面，应遵循对人口较多、影响较大的少数民族适当详述，反之则适当简述的原则。内容详略的安排应基本得当。

九、各篇下设章，章以下不再设节，其各级标题，分别以一、

---

① 国家清史编纂委员会典志组.《清史·民族志》编纂凡例［J］.史苑，2005年第4期（总第11期）.

（一）、1、①、……等加以标识。

十、资料长编及考异的撰写，或按内容分类，或按年代顺序，由研究者根据情况自行决定。

十一、各篇之间以及各篇与《清史》其他部分应力求避免交叉、重复。必须坚决舍弃那些已明确由其他篇、志或其他门类撰写的内容。对一些界限不明或暂时无法协调的内容，由各篇根据需要自行决定取舍。

十二、《清史·民族志》所涉及的地名、行政区划，暂以目前所掌握的清代资料为准；待新编《清史·地理志》编成后，再据以校订。

十三、凡译名，包括人名、地名、国名、民族名、机构名、书名、武器军械名及其他术语，采用清代通行的译法；与当今国内通行译法相差过远者，参照辛华编辑《世界人名译名手册》，并随文夹注说明。

十四、鉴于少数民族的生活方式、习俗、宗教信仰等改变迟缓，在相关资料缺乏和确有把握的情况下，可酌用民国或稍后时期的资料补充说明清代的情况，但采用时应十分慎重。

又例，《三洞拾遗》（黄山书社2005年版）的编纂凡例①：

一、本书收录明《道藏》未收的道教文献二百余种，编为二十册。

二、本书收录的道教文献以中国社会科学院世界宗教研究所图书馆原藏的珍稀本为主体，亦有部分从其他图书馆或个人处得来的珍贵文本。

三、本书的收录限于篇幅，或尽量避免重复，有些篇幅较大且解放后有过影印出版的藏外道书没有收入，如《道藏辑要》中的一一四种藏外道书、《道书十二种》等。

四、本书的编纂体例未采用传统的三洞四辅分类法，而是按照现代人的阅读习惯分为：经典善书类、性命修炼类、道法科仪类、道史仙传类、丛刊类五大部类。每个部类下的道经按时代先后顺序编排。

五、原文献自身有分卷者，一律在题名下著录其卷数。原文献不分卷，或分作篇章者，则题名下一般不予著录卷数。

六、本书收录文献的版本年代清楚者，则注名为"某某年刻本""某某年石印本"等，年代不甚清楚者，则只标明为"明刻本""清刻

---

① 王卡.《三洞拾遗》编纂凡例［J］.世界宗教文化，2006（3）：61.

本""民国刻本""明抄本""清抄本""民国抄本""旧刊本"等情况。

七、本书依据道教典籍常称为"三洞经书"的通常叫法,取名为《三洞拾遗》。

三、资料的搜集

选题和凡例确定后,下一步就是围绕选题展开资料的搜集工作。资料搜集过程中,编者应有意识地遵循"全面查找""宁多勿漏""博约得当"的原则。

所谓"全面查找",大致包括下面四层含义:一是就古籍内容来讲,凡是与选题有关的内容信息都要进行查找。查找文献单元的大小,取决于选题的大小。选题越小,它对内容信息的要求越具体、专指度越高,比如选编、摘编,它们的取材对象可能是古籍中分散的篇章、段落和词句,这就要求全面、深入研读古籍,分析其局部内容与选题的关系。相反,一些比较宏大的选题,它对内容信息的要求比较宽泛,可能是以整部古籍为查找、收录的文献单位,通过一般书目的浏览就能作出判断,是否属于选题范围之内。

二是就古籍来源来讲,应尽可能拓宽古籍内容获取的渠道。除编者所属单位的古籍馆藏之外,其他图书馆或文献收藏机构(如档案馆、博物馆、资料室等),甚至民间收藏的古籍,都应尽力去查找。

三是就古籍类型来讲,查找范围不能局限于某种单一类型的古籍。通常而言,某个选题确定后,与其相关的内容都是极为分散的,各种类型的古籍可能都会涉及,因此查找的范围经、史、子、集不能有缺漏。这方面古人给我们作了很好的示范,如宋司马光编纂《资治通鉴》时提出一个观点:"其《实录》、正史未必皆可据,杂史、小说未必皆无凭。"① 也就是说,官修的实录、正史未必都是可靠的,也要加以鉴别,而民间私人修撰的杂史、小说未必都是不足凭据的,有的也有宝贵的内容可供选用。因此他注意旁取杂收,广泛取证,除实录正史之外,杂史野史、文集小说、谱牒传记、碑碣志铭,几乎无所不有。

四是就古籍检索途径来讲,纸质文献和电子文献要兼顾。对于传统的纸质文献而言,前人已编制了大量的书目、索引、表谱、辞典等检索工具,可以实现对古籍的书名、篇名、字词句、历史人物、历史事件、诗文典故、法

---

① (宋)司马光撰;李文泽,霞绍晖校点. 司马光集 [M]. 成都:四川大学出版社,2010:1743.

规制度、地理名称等资料的检索，必须熟练掌握和运用（参看詹德优等编著《中文工具书使用法（增订本），商务印书馆1996年版》）。同时，对于古籍数字化成果，特别是古籍全文数据库，也要擅加利用，如《文渊阁四库全书》《四部丛刊》《二十四史》《全唐诗》《全宋词》等大型古籍的电子版，还有诸如《中国基本古籍库》《国学宝典》等古籍数据库，通过全文检索往往能起到事半功倍的效果。

所谓"宁多勿漏"，就是在选题范围内，尽可能多地收集相关的古籍文献，而事先不要考虑古籍出版物的篇幅限制。这也是从司马光编纂《资治通鉴》中借鉴来的经验。《资治通鉴》编纂的最大特点是将史书编述与史料抄纂结合起来。其编纂程序大体分为三步：先作丛目，次作长编，最后删削定稿成正文。所谓丛目，由事目和附注两部分组成。事目是按时间顺序排列的重要史实，相当于我们现在所说的"选材提纲"；附注是在各事目下对全部有关史料所作的著录，相当于现在的"史料索引"。事目在内容上对选材起着要求和限定的作用，附注则对查找史料起着指引的作用。丛目完成后，再依据丛目的规范和指引，将事目下附注的全部史料全部检阅一遍，斟酌详略，比较异同，作出取舍，然后抄录下来加以排列，便成为长编。司马光特别强调，"大抵长编，宁失于繁，毋失于略"，无论是列事目，作附注，还是编写注文，都要求贯彻这一原则。对于那些年月事迹不相吻合的记载及其他异辞或说，不惜失之繁冗也要保留下来，以免遗漏重要史料。因此，长编引书数量和篇幅远在《资治通鉴》之上，这样就为正文删削润色提供了较大的余地。《资治通鉴》之所以"网罗宏富""一事用三四出处纂成"，很大程度上得益于长编的编纂贯彻了"宁多勿漏"的原则。

全面查找、宁多勿漏也不是绝对的，而是相对的，要掌握一个度。所谓"博约得当"，就是在查找资料时也不是漫无边际、毫无原则地广收博录，而是必须在选题限定的内容范围之内有所选择，尤其是对于选编、节编、摘编等编纂类型，还要注意典型材料的选取，对于作伪的材料，要善于鉴别。同时也要遵守凡例对古籍收录范围、起讫年代等方面的限定，不能无限制地扩大所要查找资料的范围。如唐刘知几就特别强调搜集材料要广博："盖珍裘以众腋成温，广厦以群材合构。自古探穴藏山之士，怀铅握椠之客，何尝不征求异说，采摭群言，然后能成一家之言，传诸不朽。"[1]同时他认为

---

[1] （唐）刘知几撰；黄寿成校点.史通·内篇·采撰第十五[M].沈阳：辽宁教育出版社，1997：34.

"远古之书，其妄甚矣"①，因此要在鉴别真伪上下功夫，即所谓"书有非圣，言多不经，学者博闻，盖在择之而已。"② 如果对搜集到的材料不加鉴别，一味贪多求全，势必造成真伪混淆，是非参错，这样编成的史料，就好像"镂冰为璧，不可得而用也；画地为饼，不可得而食之。是以行之于世，则上下相蒙；传之于后，则示人不信。"③ 可见，"博收"与"约取"是一种辩证的关系。对于所收资料的时间断限，也应遵从凡例的约定，"夫立书之约，其来尚矣。如尼父之定《虞书》也，以舜为始，而云'粤若稽古帝尧'；丘明之传鲁史也，以隐为先，而云'惠公元妃孟子'。此皆正其疆里，开其首端。因有沿革，遂相交互，事势当然，非为滥轶也。过此已往，可谓狂简不知所裁者焉。"④

四、文献的选材

通过全面查找获得的古籍资料，并不是最终都能收录到出版物中去。经真伪的鉴别、版本的比较、学术价值的审核等一系列甄选活动之后，剩下的部分还需要经过选材的环节。必须强调的是，选材并不仅仅是针对选编、节编、摘编而言的，包括汇编、全编、类编在内的几乎所有编纂形式都需要对汇集的材料进行筛选，博中求精。只不过相对于选编而言，选材尤显重要而已。

选材是否得当，关键在于选用文献的标准，而选用标准正确与否则取决于编纂宗旨。例如，明代"后七子"之首的李攀龙编纂了一本《古今诗删》，但他因袭李梦阳的复古观点，认为"文自西京（西汉），诗自天宝（唐玄宗年号）而下，俱无足观"（《明史·李攀龙传》），因此宋元两代的诗一首都没有选用。唐宋诗歌的优劣可以讨论，但怎能说宋元之诗一无可取呢？显然，根据这样错误的宗旨来选诗，其失败也就可想而知了。今天从事古籍编纂，该采取什么样的选材标准？与衡量一个选题的价值类似，我们可从材料的思想性、艺术性、学术性、典型性、针对性五个方面来进行综合评

---

① （唐）刘知几撰；黄寿成校点. 史通·外篇·疑古第三 [M]. 沈阳：辽宁教育出版社，1997：113.

② （唐）刘知几撰；黄寿成校点. 史通·内篇·杂述第三十四 [M]. 沈阳：辽宁教育出版社，1997：84.

③ （唐）刘知几撰；黄寿成校点. 史通·内篇·载文第十六 [M]. 沈阳：辽宁教育出版社，1997：38.

④ （唐）刘知几撰；黄寿成校点. 史通·内篇·断限第十二 [M]. 沈阳：辽宁教育出版社，1997：28.

价与选择①。

所谓思想性，是指编者在古籍编纂过程中秉持的立场和价值观，这也是我们选材的主要依据。任何文献编纂活动都体现了一定的思想性，历朝历代无有例外。如孔子说："《诗》三百，一言以蔽之，曰：思无邪。"（《论语·为政》），这个"思无邪"就是选诗的标准。唐代的权德舆编《陆宣公奏议》，是为了树立陆贽这个封建朝臣的楷模，"俾后之君子览公制作，效之为文、为臣、事君之道。"② 宋代理学家真德秀所编《文章正宗》，选录历代诗文依据的首要标准是所谓的"天理人欲"的教条，"以理"为宗，以"防淫正俗"为旨，导致很多优秀作品落选。明末陈子龙等编《皇明经世文编》，选材专"取其关于军国济于时用者"，如书牍、奏议等为主的经世致用之文，企图总结明朝两百多年统治的经验教训。今天我们编纂古籍当然仍要讲思想性，但必须用辩证的观点，全面、历史地看问题，切不可偏执于一隅。具体来讲，古籍编纂应坚持科学的唯物史观，以保护和弘扬民族优秀的传统文化为己任，以培养读者高尚的精神情操为目标，以满足人文社会科学研究的文献需求为动力。

所谓艺术性，主要是针对古代文学作品的选材而言的。像《文选》《古文观止》《唐诗三百首》《千家诗》等优秀的诗文选本，之所以能传诵至今、经久不衰，主要是因为它们所选出的诗文作品具有很高的艺术价值，是一个时代的艺术精品。古人云：言而无文，行之不远。也就是说，没有艺术性的作品，其生命力是不会长久的。因此，当一篇思想性很高的作品和一篇艺术性很高的作品放在一起，两者必选其一时，应该选艺术性更高的作品。当然，这只是针对文学作品而言。不过，衡量一篇作品艺术性的高低是一件主观性和专业性都很强的事情，要求编选者具有很高的文学素养和艺术鉴赏能力，最好是专业的人做专业的事，不妨请专家来选。

所谓学术性，是指选用的材料所提供的内容信息对于未来学术研究的影响程度，能否满足某一领域学术研究的基本文献需要，能否推动学术研究活动的深入开展，甚至填补学术空白。如郭沫若主编的《甲骨文合集》选收甲骨41 956片，包括中央研究院殷墟发掘所得及国内外收藏的甲骨和拓本，其中有一部分在当时属首次发表。它选收甲骨有严格的标准：甲骨保存完整，面积较大者；刻辞比较完全或字数较多者；虽属小片残字，但卜辞内容对古文字或殷商社会史研究颇有价值者。该书以资料宏富著称，是甲骨文发现以来

---

① 刘琳，吴洪泽. 古籍整理学［M］. 成都：四川大学出版社，2003：312.
② （唐）陆贽撰；郎晔注. 陆宣公奏议·权德舆序［M］. 北京：中华书局，1991.

的甲骨文资料总汇和甲骨文研究的总结,对古文字研究和殷代社会史研究,作出了相当完备的学术贡献。再如,武汉大学古籍所编纂的《故训汇纂》广泛收录古代经、史、子、集,包括训诂专著和笔记中的古训资料,共收字头近2万个,引据的训诂资料50万条,引用古书273种,是反映先秦至晚清这一漫长历史时期训诂研究成果的集大成者,是对清阮元所编《经籍纂诂》的继承和发展,书中汇集了大量训诂资料,基本涵盖了每一个字头的所有训诂资料,对于训诂学研究具有重大学术意义。对于单篇文献的选材而言,衡量其学术价值一是看其内容反映问题的深度,二是看其内容的完整程度,三是看新颖程度,这里的新颖是指该材料是否首次发现,首次编纂公布。

所谓典型性,是指被选中的文献在它所属的类别中是否具有代表性,即能反映某一时代、某一文体、某一流派、某类著作或某个人、某种风格的作品的共性和特色。例如《诗经》,从体裁来说,有"风""雅""颂"三种形式;从修辞手法来说,有"赋""比""兴";从作者来说,既选录了王侯之诗,也选录了士大夫、庶民的诗作,广泛反映了当时社会各阶层的生活、风俗与思想感情;从地区来说,"十五国风"收录的是周南、召南、邶、鄘、卫、王、郑、齐、魏、唐、秦、陈、桧、曹、豳等十五个地区的乐调,反映了这些地区不同的民风。《诗经》之所以能影响至今,其中一个重要的原因就是它所选的诗歌具有广泛的代表性。

所谓针对性,是指在选材时要考虑读者对象的区别和材料本身的特点。不同的读者群体对古籍资料的需求特点是不一样的,比如社会上的一般读者,只是出于对传统文化的兴趣和喜好,选材时就要考虑它的普及性,内容不能太过专深,但覆盖的面应有一定的宽度;而对专业研究者而言,材料的新颖性和研究性是要重点考虑的。编纂各类文献也要考虑文献本身的特点,例如编纂史籍,应主要看史料的真实性和对于选题的重要性;选编诸子之书,应挑选那些最能代表诸子思想的作品;选编文学书籍,则主要看作品的思想性和艺术性。明代的张墉,编了一部《廿一史识余》,摘录二十一史佳事隽语,分类排纂,略仿《世说》之体,每条下皆注原史之名。《四库全书总目》批评说:"其发凡讥何氏《语林》滥及稗官。然《世说新语》古来本列小说家,实稗官之流。而责其滥及稗官,是犹责弓人不当为弓,矢人不当为矢也。且所重乎正史者,在于叙兴亡,明劝戒,核典章耳。去其大端而责其琐事,其去稗官亦仅矣。"[①] 于史书中专采隽语逸事,这类著作不少,

---

① (清)纪昀等. 钦定四库全书总目·卷65·廿一史识余 [M]. 北京:中华书局,1997:901.

虽不可全盘否定，但终非编纂之正途。

五、正文的转录和加工

转录，也称原文转达、迻录，是指编者将经过选材后的古籍的原文内容如实转移到新的载体之上，并根据现代出版规范的要求，对其字体、格式、符号等进行必要的技术性处理。

出于保护古籍的目的，我们不可能直接在古籍上进行加工，只能将其内容转移到新的载体上，比如纸张、电脑等。古籍原文的转录有三种方式：①抄入。即将古籍原文手工抄写在稿纸上。在这个编纂过程中，通常要经过两次转录：一是加工前对古籍原文的抄录和复制，这时形成的抄件或复制件是用作加工的底稿；二是加工完成后，要对加工稿进行誊清，誊清稿作为定稿送交出版社。②录入。即通过计算机键盘或其他输入方式，将古籍原文的内容输入到计算机的储存载体上，通过显示器将古籍内容显示出来，并可在显示屏幕上直接进行校对及后续加工，最终由计算机排版并提供印刷。③摄入。即影印出版，通过给古籍照相的方式，把古籍的内容、版式、字体等都保存下来，然后制版印刷。这是原迹传真的一种转录方式，能最大程度保存古籍的原貌。影印依其技术发展顺序，分为珂罗版影印、石印、胶印三种方式。

正文转录过程中，必须保证转录件与被转录件原文的高度一致，包括初次转录所形成的抄件或复制件与古籍原文的一致，最后的誊清稿与加工完成稿的一致。为了做到这一点，要求编者精心抄录，防止因粗疏草率而抄漏、误衍或颠倒原文。另外要精心辨认文字，防止因不识繁体字、异体字、俗体字而将原文转录致误。抄录完成之后，应仔细校对。

古籍转录的同时要完成对正文的加工，包括字体的规范、标点、分段等，个别单篇文献没有标题的，还要为之拟定标题。凡是编者所拟，而非原来就有的篇名，编者应为之作题解说明是编者所加。我们今天编纂出版的古籍不必照搬古籍原有的版式行款，字体或统一用繁体，或统一用简体，但不能简繁混杂。面向社会上大多数普通读者的古籍，可采用简体横排的规范字式，标点符号使用国家标准《标点符号用法》（GB/T 15834—2011）；而对于那些以文史专业研究者为读者对象，学术性、专业性很强的古籍，可采用繁体竖排的仿摹字式，但行款不必依照原有的版式，标点符号可遵照中华书局点校本《二十四史》的标点方法（见前文中华书局编辑部1983年草拟的《古籍点校通例》）。

六、辅文的编写

辅文是正文以外编者所加，帮助读者理解和使用正文的部分。辅文的编写最能体现编者的编纂水平，是影响编纂质量的重要因素。辅文按其在古籍出版物中的具体位置，可以分为以下三种：

1. 提示性辅文

它是放在出版物之首、古籍正文之前，使读者对整部古籍出版物的总体状况有一个完整的把握，起提纲挈领的作用。提示性辅文主要有序言、编辑说明、目录三种形式。

（1）序言

序言，也叫序、叙、前言、引言、弁言等，最早起源于《诗经》。《诗经》的序有大序、小序之分。概论全经的大段文字为大序，列在各诗之首解释各篇主题的为小序。郑玄认为大序为子夏所作，宋以后学者或以为大序为东汉卫宏所作。汉代的序，多按写作时间的顺序放在书后，如《淮南子·要略》《史记·太史公自序》《汉书·序传》《说文解字·叙》等，都是放在书后的。汉代以后，抄书者或刻书者把序言前移至书首，让读者方便了解全书内容。我们今天看到的古籍，大多数序是在前的。古籍序言的内容很复杂，有的解释书名、交代卷数；有的介绍作者生平、成书经过；有的评述学术源流、指点得失；有的详察刊刻经过、考订版本源流；有的以上几方面兼而有之。

作为古籍编纂出版物的序，其性质不同于古籍的原序，它是今人完成编纂整理之后所撰写的，置于书首的全面综合性的书评文章，主要用于说明全书的编纂目的、与编纂相关的事项，揭示古籍出版物的内容主旨及编纂意义，评述作者及相关选题的研究历史与现状等。序言可由编纂者撰写，也可请该选题相关领域内的专家撰写。这里需要指出的是，序言和绪言、导言是不同的。序言是全文的辅文，而绪言、导言则是全文正文的开始部分。

（2）编辑说明

编辑说明也称编者的话、出版说明等，是向读者介绍编纂事项以供查考的说明性文字。读者在阅读古籍编纂出版物之前，通常需要了解该书的编纂经过、编纂原则与方法，以及在利用该书的过程中需要注意的问题等背景性知识，这样便于读者更好地利用该书。兹举一例，逯钦立编《先秦汉魏晋南北朝诗》，正文之前有中华书局编辑部所撰"出版说明"①：

---

① 逯钦立辑校．先秦汉魏晋南北朝诗·出版说明［M］．北京：中华书局，1983．

《先秦汉魏晋南北朝诗》百三十五卷，逯钦立（1911—1973）纂辑。钦立先生字卓亭，笔名祝本，山东钜野人。1939年毕业于昆明西南联大，随即考入北京大学文科研究所，专门研习汉魏六朝文学。此后在前中央研究院历史语言研究所、广西大学（桂林）、东北师范大学任职，谢世前为东北师大中文系教授，兼古典文学教研室主任。

逯先生对于汉魏六朝文学造诣殊深，撰述很多。1940年，他感到明人冯惟讷所辑《诗纪》、近人丁福保所辑《全汉三国晋南北朝诗》，虽然"搜括靡遗"，有功于世，但仍存在严重缺失，遂在前书基础上，重新捃摭上古迄隋末的歌诗谣谚，另谋新编。工作时断时续，直至1964年，始编定《先秦汉魏晋南北朝诗》这部百卷巨帙，历时长达二十四年。其间焚膏继晷之勤苦，爬梳剔抉之艰辛，校雠编辑之谨严，略见于书末《后记》中。可惜本书出版时，逯先生已不及见，但是他对古典文学研究所作的贡献，本书在学术上的价值，我们相信是经得住时间考验的。

纂修总集，其准则大抵有两条："一则网罗放佚，使零章残什，并有所归；一则删汰繁芜，使莠稗咸除，菁华毕出。"（《四库全书总目·总集类》）以此考核《诗纪》，可以看到冯惟讷的气力主要是用在"网罗放佚"上，凡孤章浩帙、片辞只韵，无不蒐录，而在"删汰繁芜"方面则用力甚微，致使全书真伪错杂，时见舛漏牴牾之处。再以此考核《全汉三国晋南北朝诗》，又会觉得丁福保的功夫主要是用来"删汰繁芜"。他以《诗纪》为蓝本而进行增删，又依据清人冯舒的《诗纪匡谬》改正了原来的不少错误，这是《全汉三国晋南北朝诗》后来居上，得以广泛流传的原因。但是，丁书不录先秦的歌谣逸诗，已较《诗纪》为逊色，又剿袭冯舒《匡谬》的按断，不加细审，也造成了一些新的错误。另外，全书所录各诗均不注明出处，尤使人难以信据。今日编纂新的隋前诗歌总集，理当著力纠正冯、丁二书的偏颇。

可以说《先秦汉魏晋南北朝诗》正是冯、丁二书的纠偏补阙之作。相比较而言，逯书有着五项明显的优点：（一）取材广博。隋前歌诗谣谚，除《诗经》《楚辞》而外，悉数编入。此虽取法《诗纪》，而引书近三百种，已超出《诗纪》三分之一以上。又如阮籍四言《咏怀诗》十三首，第三首以下皆冯、丁二书所未见，现在也据明刻本补入。（二）资料翔实。书中每一首诗都详细标著出处，既有利征引亦备覆查，大大提高了本书的科学价值。（三）异文齐备。凡各书异文，或一书不同版本的异文，甚至前人校勘成果，均予记录。为便于研究，不避繁琐，间亦指摘他本误字。（四）考订精审。如所谓苏武、李陵的一组别诗，古人已有疑辞，而冯、丁二书仍以为苏、李自作，系诸前汉卷内。逯先生就其内容题旨和修辞用语等方面分析，判定为后汉文士所作（详见所著《汉诗别录》一文，载《历史语言研究所集刊》第十六本）。在前汉卷内仅录《汉书》本传所载"径万里兮度沙漠"歌一首，其余《李陵录别诗》二十一首统编入后汉卷。又如宋刻《陆云集》有《从事中郎张彦明为中护军》诗，割"奚世都为汲郡太守"以下六十一字为序，并在题下注"并序"二字。冯书以为欠妥，将"奚世都"以下移至下文《赠汲郡太守》诗下为序，丁书从其例。逯先生则以诗和序互证，认为"奚世都为汲郡太守"以下六十一字当与《从事中郎张彦明为中护军》诗题相接，勘正了宋刻陆集和冯、丁二书的淆乱。似此类辨伪订讹之事，书中多有，说明本书不止是资料丰赡，而且在学术研究上也能给人以不少启迪。（五）编排得宜。本书不取《诗纪》分为前集、正集、外集、别集的体例，与《全汉三国晋南北朝诗》各代必以帝王宗室为首卷大不相同，而是严格按照作者卒年的先后加以编次。这样做不仅能显示同期作者之间的联系和影响，也易于比较不同的诗风和流派，为文学发展史的研究提供了方便。

《先秦汉魏晋南北朝诗》囊括千余年诗歌篇什，引用数百种子史文集，个别考辨上的失当、校勘上的疏漏，都是难以避免的。譬如北周庾信卷有《重别周尚书诗二首》，王褒卷有《别王都官诗》，庾作第二首与王诗末四句全同，考《文苑英华》当是王褒作，其误实源出明人所辑《庾信集》，所以庾信卷应删第二首。至于取材上的遗漏，也偶有发现。如《晋诗》卷十五湛方生下未收《神仙集》："爰有逸客，栖迹幽穴。仰超千里，夷此九折。"此诗载《北堂诗钞》卷百五十八。查本书已据《书钞》百五十四录入湛方生"仲秋有秋色"诗，惟此《神仙诗》遗落，大概是由于钩稽失察。我们见闻有限，不能重加辑校，只能略举一二示例。

作为一部遗著，本书原稿还曾有过其他一些缺点，像体例上前后有时矛盾，标注出处往往误书卷数，凡此我们都在读稿时作了改正。原稿上的断句有欠精当，不少篇章未加点断，已有的断句偶见破读，为了便于使用,我们已全部重新点过。出于对原著的尊重,凡属学术观点上的问题,即如上面所列举的疏失,一律不加改动,读者在检读时当可自行辨别。

中华书局编辑部
一九八二年十二月

需要说明的是,有的古籍出版物也将编纂凡例置于书首,相当于编辑说明的作用。这时候的编纂凡例就是一种提示性辅文,与编纂之前制定的供编者遵守的操作条例的性质是完全不同的,虽然两者内容差不多。前者是帮助读者了解古籍编纂过程及相关事项的,是古籍编纂完成之后置于书首的;而后者是古籍编纂之前就已经制定好的,是供编者参考的。

另外,序言和编辑说明都是放在正文之首,在内容上存在一定的交叉,但两者还是有明显区别的。序言主要是对古籍出版物的内容进行介绍和述评,而编辑说明侧重对编纂过程中涉及的一些需要读者了解的编纂事项进行说明。但在实际编写过程中,当其中一项比较简略不便单独成文的时候,可将两者合并,或叫序言,或叫编辑说明。当两者都有适当的篇幅时,则分别成文。

(3) 目录

这里所说的目录是指古籍出版物的目录,也称目次或书前目录。它是置于古籍出版物全部正文之前,依序列明古籍出版物内部各构件、各类项、各章节、各条目、各篇目、各部分的名称、标题及所在页次的清单。

根据所列名目的详略程度,古籍出版物的目录可分为详细目录和简要目录。所谓详细目录,就是把古籍出版物中各层次大小名目、标题及所在页次均列出目录。简要目录则仅列出上、中层次名目及所在页次,而不列出下层名目及所在页次。在编纂过程中,应根据古籍出版物的体裁和读者的需要,以及文献的自身条件,来确定是采用详细还是简要目录。例如,对于选编、全编而言,比较适合采用详细目录,因为它们抄纂的文献单元是单篇作品;而对于摘编来说,则适合采用简要目录,因为摘录的文献单元是古籍中的段落和语句,内容零散而又琐碎,没有必要为每一段或每一句话列出小标题,否则必然导致篇幅过大。

根据所列名目涉及的范围,可分为总目和分目。这主要是针对大部头的多册本古籍出版物而言。总目是著录整部古籍出版物内容的目录,一般置于第一册之首;分目是仅著录本册内容的目录,置于其所对应的册次之首。总目可以是详细目录，也可以是简要目录。如果总目是详细目录，则第一册不需要另行编写分目。如果总目是简要目录，第一册总目之后还需要编写作为分目的详细目录。

序言、凡例、目录作为提示性辅文，它们在内容和功用上各有侧重，各有特点，但又相互补充，对于读者了解和使用古籍出版物，起到了重要的提示作用。

2. 插入性辅文

提示性辅文是针对整部古籍出版物编制的，而插入性辅文是针对收录在古籍出版物中的单篇文献，或单篇文献中的某些文字内容编制的，穿插在正文中出现，帮助读者理解正文，获取相关知识背景信息。插入性辅文主要有题解、按语、注释、插图等形式。

（1）题解

题解，也叫解题、题注。是对古籍出版物中收录的单篇作品的篇名所作的解释和说明，也可补充交代单篇作品的创作背景、产生经过、来源出处、主要内容和历史意义等。古籍的书名、篇名大多能反映图书、文章的内容性质，但总有例外，有的就难免引起读者的误会，如明方以智有一部名叫《药地炮庄》的书，是阐释庄子思想的作品，如果望文生义，容易把它当作中药方面的书籍。又如，有一篇谈汉赋的文章，很容易让读者联想到是讲汉代辞赋的内容，但事实上却是一篇谈汉代赋税的文章。题解的作用就在于帮助读者避免这种误会。中国古代书目有着非常悠久的解题传统，从汉刘向《别录》，到宋陈振孙《直斋书录解题》、晁公武《郡斋读书志》，再到清《四库全书总目提要》，都是书目解题的代表作。古籍出版物的题解可以借鉴古代书目的解题方法。题解的形式一般是在篇名末尾及题解文字之前用＊号表示，题解文字置于单篇文献标题所在页的脚注线下。如果是竖排版，则题解文字置于标题后第一个双码页的边注线后。

（2）按语

按语，又叫编者按，或简称按，是编者在古籍出版物中的一篇、一组或一类文献的正文之前所加写的评介性文字，古时也叫按语。它起源于古代文献中的"小序"。明代徐师曾《文体明辨序说》曰："按小序者，序其篇章之所由作。"也就是说，小序是交代其篇章的写作缘由的。按语从其内容来看，可就单篇文献形成时的作者情况、写作目的、史料价值等向读者进行介绍，这是传统序言的内容，只不过序言（大序）是针对整部书写的，而按语（相当于小序）是针对古籍出版物中收录的单篇作品写的；可就单篇作品的内容实质，或某方面需要向读者特别强调、推荐、警示的内容进行说明和评论；还可就史料的来源、史实或版本等方面的特殊价值进行评价。因此，相对题解而言，按语的评论性更加突出。按语的位置和格式，安排在单篇文献的标题或编名、类名之下，古籍出版物正文之前。其字体与正文有所区别，字号与正文相同，或略大于正文。起首用黑体字"编者按"或"按"。

（3）注释

前面已有专章讲述古籍注释的源流和方法。古籍编纂过程中，也需要对古籍的文字、内容进行注释，这就是前文所讲的文字注释和内容注释两大类型，此不赘述。除此两大类型之外，古籍编纂过程中还有一种注释类型，那就是编务注释。所谓编务注释，是指编者就对古籍篇名进行修改或重拟，对单篇文献的作者、成文时间、版本、真伪等进行考订，对古籍正文进行删节等情况所作的说明。古籍编纂过程中，要求凡是对古籍原文所作的任何改动、考订，都必须用注释的方式向读者交代清楚，如"此文标题为编者所拟""原文无作者，所标作者系编者考订后所加""以下删节×段（或××字）"等。编务注释和其他注释类型一样，通常采用脚注的形式。在注释用语方面，力求准确、简明、规范、统一。

（4）插图

在编纂类的古籍出版物中，编者可以结合具体的文字内容配以一些相关的插图，如地形图、器物图、形势图、示意图、统计图等。它对于突出古籍出版物的主题，加深读者对关键性内容的理解，能起到文字起不到的作用。插图选排得当，可以使古籍出版物图文并茂，增色不少。插图可以选用古籍中原有的图片进行扫描、复印或翻拍，也可由编者根据客观资料、实物加以拍摄或绘制而成。需要说明的是，插图的说明性文字通常是置于图的下方（与表格的说明性文字正好相反），在编排时应考虑制版、用纸、印刷方面的特殊要求。

3. 补充性辅文

补充性辅文是放在古籍出版物的正文之后，帮助读者更好地利用编纂成果，向读者提供更多的检索途径、更广的研究资料以及更多的背景信息，为读者编写的辅助性工具，包括索引、年表、参考书目、附录、跋文等。

（1）索引

前文所讲的"索引体"是一种独立的文体，可以单独作为一种文献类型编纂出版，如《唐五代五十二种笔记小说人名索引》（中华书局1992年版）、《李贺诗索引》（齐鲁书社1984年版）等。而这里所讲的索引，是一种附在古籍出版物正文之后，帮助读者检索利用古籍出版物的检索工具，以补充目录检索功能的不足。给古籍出版物编制的索引大致可以分为三类：一是字句索引，它又可分为逐字索引、字词索引和句子索引；二是专名索引，如人名索引、地名索引、职官索引、篇目索引和书名索引等；三是主题索引，其下又可分为关键词索引和分类索引。以上三类综引，可视具体需要编制。

（2）年表

年表，也叫大事记、大事编年、大事纪年等，是严格按照时间顺序编排重大历史事件的一种体裁。殷商时期的甲骨文采用干支记日，日下记占卜之事，是最早的编年记事形式。孔子编定的《春秋》既是我国第一部编年体史书，也是现存最早的大事记。司马迁撰《史记》，编《十二诸侯年表》《六国年表》《汉兴以来诸侯王年表》等，首次将年表附于正史之中，于纪、传之外，再从编年的角度组织专题史料。古籍编纂也可以借鉴这种方法，对于采用非编年体的史书，可在书后编制大事年表；对于个人文集，可在书后附上作者的个人大事记（年谱）。年表的编纂有两个特点：一是"一事一条"原则，即每一条目只记一件事情，自成段落；二是有选择性地记事，用语精要。不是凡事都记，而是比较重要的"大事"才记。记述用语简略，如《春秋》记载自公元前722年至公元前481年间共242年的鲁国历史，全书统共才用了18 000多个字。每年记事最多不过20来条，最长的条目才47个字，最短的甚至只有一个字，如鲁隐公八年只记一"螟"字。后来的年表编纂继承了这些特点。

（3）参考文献

古籍编纂完成之后，可将在编纂过程中采用过的文献编成书目附在书后，一是可供读者查考来源出处、核实原文，二是可为读者进行深度研究提供更多的文献线索。有必要的话，还可将在资料查找过程中搜集到的与选题有关，但最终没有录用的材料，编成未收篇名目录、未收书名目录，以提供更广范围的资料给读者参考。参考文献的著录主要包括作者年代、作者姓名、书名、卷数、篇名、出版时间、出版地、出版者、版本类型、收藏单位等项目。

（4）附录

附录是指将与编纂选题的题材、性质相关，具有一定联系和参考价值的材料，置于古籍出版物之后，以备查阅的补充性辅文。它可以是一种材料，也可以是几种材料，可帮助读者了解相关文献产生的历史背景和当时所处的社会环境。古人编集多有附录，或附后辈作品，如明钟复《云川文集》末附其子钟同遗文四篇；或附同辈著述，如元《丁鹤年集》末附其长兄诗九首、次兄诗三首；或附长辈文字，如宋王楙《野客丛书》末附其父《野老纪闻》；或以上几种情况兼而有之，如宋罗愿《鄂州集》卷末附其兄罗颂、其弟罗顗、其侄罗似臣之文，以及明代罗氏后裔所著《月山录》一卷。还有的在正文之后附上作者生平资料，如明高攀龙《高子遗书》卷末附录志状年谱一卷；有的在卷末附上与正文相关的内容，如清喻昌《医门法律》卷末附《寓意草》四卷，皆是作者本人亲见临床病例。我们今天从事古籍编纂，也应继承这一好的传统。

(5) 跋文

跋文，也叫后记、后序、编后记，是置于全书正文之后的评述性文章。它最早起始于南北朝时期的书画题跋，如唐李绰《尚书故实》载："《清夜游西园图》，顾长康（晋代画家顾恺之的字）画，有梁朝诸王跋尾处云，图上若干人，并食天厨。"[①] 书跋大约始于唐代，至宋时已大量出现，或叙述作者身世，或详察学术源流，或考订版本原委，足资参考。跋与序不同之处有三：一是跋在书尾，序在书首；二是跋一般为"后览者"所写，是在图书流传过程中添加的，而序通常是在成书时就有的；三是跋的篇幅通常小于序言，写作相对自由、随性一些。作为补充性辅文的跋记与一般的书跋稍有不同，它主要是编者就古籍出版物的图书内容、学术观点、编纂得失等与读者交流看法，以加强读者对编纂主题的认识。

七、文献的编排

在对正文、辅文加工完成之后，就可以将以上古籍出版物的各个构件，按照既定的体例纂合成书。其编排顺序依次为：提示性辅文（序言、编辑说明、目录）——正文（插入性辅文：题解、按语、注释、插图等）——补充性辅文（索引、年表、参考书目、附录、跋文等）。

以上纂合成书的程序，以正文的编排为重点，主要依据凡例设定的体例来进行。如果凡例设定的是编年体的话，就严格按照年、季、月、日的时间顺序编排；如果是纪事本末体，就按照历史事件发展的始末经过编排。这里要重点谈下分类编排的问题，因为古籍中按类编排的文献类型很多（如政书、类书、类传、丛书、文集、方志、奏议集等），涉及的分类标准也很复杂，还存在分类层级的问题，因此需要进行类编设计。所谓类编设计，就是根据所要编纂的古籍出版物的内容特点，选择合适的类编形式，是选择单层

---

① (唐) 李绰. 尚书故实 [M] //唐五代笔记小说大观. 上海：上海古籍出版社，2000：1160.

设类还是多层设类,第一层级的分类选择什么标准,多层设类是采用二级分类还是三级、四级分类,各级分类采取什么分类标准,都是需要事先考虑的问题。

  类编设计一要考虑选题的客观内容,二要考虑入选文献的特点,三要考虑读者的阅读习惯。比如,从研究专题的角度提出的选题,在编排上就适合按基本问题设类;从空间范围提出的选题,适合按地域分类;以古典文学为主的文献,适合按文体或题材分类;以典章制度为主的文献,适合按职官或事类分类;多人传记的总集,可按人物身份设类;所收录的文献来源众多,可按文献类型设类;为方便读者考察历史发展之大势,还可考虑按朝代顺序设类,等等。分类层级视收录文献的数量而定,如果单层分类就足以完成对文献的组织编排,就不必再设类目。同一层级类目下收录的文献是按时间顺序排,还是按重要程度排,也必须统一标准。历史上有的编纂类文献因为设类不当,受到了后人的诟病,如宋沈枢《通鉴总类》共分271门,《四库全书总目》批评它:"所分门目,颇有繁碎。如赏罚门外又立贬责、功赏二门,外戚门外又立贵戚一门,近习门外又立宠幸一门,隐逸门外又立高尚一门,积善门外又立阴德一门者,不一而足。又如安重荣奏请逾分不过骄蹇,乃以此一条别立僭窃一门,则配隶不确。东周下迄五代,兴废不一,乃独取'申彻论燕必亡''黄泓论燕必复'二条,立为兴废一门,则疏漏太甚。"①

  完成类编设计之后,接下来就是对单篇文献的内容进行分析,准确归入相应的类目。归类时前后标准必须统一,不能一篇文献同时归入好几个类目。隋柳䛒曾批评《华林遍略》一书,同一事归入几类,如引用梁吴筠《咏宝剑诗》"我有一宝剑,出自昆吾溪。照人如照水,切玉如切泥","剑"一类尽录为剑事,"溪"一类下又取为溪事,"玉"一类又编入玉事②,这就属于归类不当。原诗的主题是咏宝剑,全诗应统一归入"剑"类。

  经过以上一系列的加工整理程序之后,需将完成加工的底稿重新誊清,形成定稿,然后就可以送交出版社了。出版社再组织专门的编辑人员对稿件进行审核,然后就可以安排编辑排版、装帧设计、印刷清样、校对,最后完成书稿的印刷、装订,古籍的编纂出版就算最终完成了。

---

① (清)纪昀等. 钦定四库全书总目·卷65·通鉴总类 [M]. 北京:中华书局,1997:894.

② 刘琳,吴洪泽. 古籍整理学 [M]. 成都:四川大学出版社,2003:311.

余论：古籍知识的数据化整理

20世纪70年代以来，计算机技术逐渐被应用到古籍整理领域。如1975年，德国汉堡大学的吴用彤首次用计算机编制了英文版的《诗经》索引，1978年美国人 P. J. Ivanhoe 运用计算机编制了《朱熹大学章句索引》等经书索引；之后人们尝试为单种古籍建立研究和检索工具，如1983年彭昆仑运用电子计算机分析统计《红楼梦》中的时间进程和人物年龄问题，1984年深圳大学建成《红楼梦》多功能检索系统；随着机读目录的出现，各大图书馆开始着手古籍书目数据库的建设，紧接着古籍影像数据库、古籍全文数据库也陆续出现。与此同时，人们开始探索用计算机来替代传统古籍整理的部分工作，如20世纪90年代，北京大学计算语言研究所和古文献研究所合作开发了"古诗研究计算机支持系统"，通过条件概率计算、互信息计算、规则匹配等方法，实现了对诗文的自动注音[1]；东吴大学陈郁夫教授主持《古今图书集成》数字化项目时，根据类书中"艺文"和"选句"句法严整、兼有押韵，非常适合自动标点的特点，对这两部分共1 700余万字的韵文进行了自动标点[2]；黄建年运用自动分词、模式识别、句法分析等中文信息处理技术，研究了计算机技术在农业古籍断句标点、分词标引中的应用[3]；常娥研究了古籍自动校勘、自动编纂技术，同时还对自动注释功能进行了探讨，设计出古籍整理平台，并利用该平台完成了《齐民要术》四个

---

[1] 刘岩斌等. 古诗研究的计算机支持环境的实现［J］. 中文信息学报，1997（1）：27-36.

[2] 陈郁夫. 中文智能处理技术：古文标点自动化——以《古今图书集成》艺文与选句为始作［EB/OL］.［2015-04-15］. http：//www.yyxx.sdu.edu.cn/content/guojihuiyi/guojihy-cyf.htm.

[3] 黄建年. 古籍计算机断句标点与分词标引研究［M］. 芜湖：安徽师范大学出版社，2011.

版本的校勘①。

显然，计算机介入古籍整理领域，起初只是作为一种技术工具来使用，并未对传统古籍整理范式产生根本性的影响和冲击。比如，在古籍实体的保存性整理领域，计算机被应用于古籍典藏的系统管理、古籍修复档案的规范管理；在古籍文本的复原性整理领域，计算机被应用于古籍的自动校勘，比较和发现同书异本之间的异文；在古籍语义的阐释性整理领域，计算机被尝试应用于古籍的自动标点、自动注释和自动翻译；在古籍内容的组织性整理领域，计算机被广泛地应用于编制古籍索引、建立古籍书目数据库，以及尝试对古籍内容进行自动编纂等。也就是说，尽管计算机技术极大地提高了古籍整理的效率，但它还没有根本改变古籍整理千百年来一直在沿用的四种范式，即古籍实体的保护、古籍文本的复原、古籍语义的阐释和古籍内容的组织。

但随着以计算机技术、互联网技术为核心的现代信息技术与传统人文社会科学研究的深度融合，一个新的领域——数字人文（Digital Humanities）诞生了。它发端于20世纪50年代文学与语言学领域的人文计算（Humanities Computing），后随着计算机与互联网技术的快速发展而扩大到人文社会科学研究的各个领域，其研究方法也从最初的文本录入、索引编制、语词统计，发展到综合运用数据库、互联网、超文本、语义分析、知识挖掘、可视化计算等各类信息技术。人们的古籍整理理念开始发生了超越性的变革，并且在整理路径和方法上有了更多的选择。大家逐渐意识到：以计算机技术、互联网技术为核心的现代信息技术不仅仅是一种技术工具，还有可能是一种新的研究方法、新的思维方式。在文学、史学、哲学、艺术学、社会学等领域是如此，在崇尚经世致用的古籍整理领域同样是如此，表现在人们对古籍整理的需求已不再停留在文本和内容层面，而是开始触及更深的知识层面。

按照吉姆·格雷（Jim Grey）提出的科学研究的"第四范式"理念，古籍数字化初始阶段产生的海量数据（包括各种古籍书目数据、影像数据和文本数据），不仅是古籍整理的初步结果，更是下一阶段——古籍知识数据化整理的对象和素材。人们可以对这些数据进行深度加工，通过语义解析、数据关联分析等方法，实现知识挖掘、知识发现、知识地图构建等新的功能。这不同于以往任何古籍整理的方法和原理，而是一种全新的古籍整理范

---

① 常娥.古籍计算机自动校勘、自动编纂与自动注释研究［M］.芜湖：安徽师范大学出版社，2013.

式——古籍知识的数据化整理。因此,在数据的驱动下,古籍整理方式将发生深度变革,由此给人文社会科学研究产生的影响是不可估量的。

首先,随着古籍数据量的快速增长,原有针对文献本身的书目索引及文献内字词的全文检索已不能满足用户需求,而针对某个信息点或知识元素的语义检索成为一种新趋势。因此,对于超大规模的古籍数据库而言,除了实现古籍的一般性检索功能外,语义检索功能已成为一种现实需要。可利用语义分析工具将古籍文本解析成碎片化、语义化的知识元,在此基础上进行本体构建和语义标注,通过语义识别建立人物、职官、年号、地点、事件等史籍知识元之间的语义关联。例如,针对"正史"纪传体因人记事造成同一史实散见于不同人物传记的弊端,肖怀志等选取《三国志》为例,通过构建历史年代本体建立的语义关联来聚集相关历史年代的知识元,达到聚集同一或相关史实的目的①。马创新等为了实现经典古籍和注疏文献中的知识的自动组合和聚类,提出使用结构化的知识表示方法来组织经典古籍和注疏文献中的知识,并结合经典古籍注疏文献知识网络的基础框架结构,探讨了经典古籍注疏文献知识网络中的知识组织方式和应用价值②。丁侃梳理了"基于知识元的中医古籍计算机知识表示方法"这一理论体系的形成和发展过程,系统表述了中医古籍元数据规范体系,通过对中医古籍元数据的研究,构建了以知识元结构为标准的中医古籍元数据分类体系,并列举了六种类型的中医古籍知识元实例,示范了中医古籍语义元数据在知识元标引中的应用③。范佳认为,古籍数字化应充分占有和利用数字人文研究的成果,从文本挖掘、GIS 技术、文本可视化和古籍语料库四个方面,对古籍数字化之后的数据进行深度开发④。夏翠娟、张磊指出,数字人文是数字图书馆建设达到一定规模后的必然发展方向。云计算、大数据、语义技术提供了很好的方法,可以对大规模、多种类的数字资源进行内容分析和基于数据间内在逻辑关联的知识组织,进而提供面向内容和知识的精准服务。他们以上海图书馆

---

① 肖怀志,李明杰.基于本体的历史年代知识元在古籍数字化中的应用——以《三国志》历史年代知识元的抽取、存储和表示为例 [J].图书情报知识,2005 (3):28-33.

② 马创新等.经典古籍注疏文献的知识网络研究与设计 [J].图书情报工作,2013 (9):124-128.

③ 丁侃.基于知识元信息技术的中医古籍元数据研究 [D].北京:中国中医科学院,2009.

④ 范佳."数字人文"内涵与古籍数字化的深度开发 [J].图书馆学研究,2013 (3):29-32.

所藏《上川明经胡氏宗谱》和历史上的大规模移民运动"湖广填四川"为例，详细展示了关联数据在知识组织中的应用，并利用可视化工具将之直观呈现出来①。欧阳剑认为传统的古籍开发与应用模式已难以适应人文科学研究的需要。他从古籍深层次开发的角度出发，以大规模古籍文本为对象，对古籍文本数据进行格式规范、标注、自动分词等处理后，运用词频分析统计、数据降噪、基于窗口时间单位的统计分析计算、滑动窗口预测等分析与挖掘方法，采用可视化分析技术对古籍文本进行挖掘，创建了一个可辅助学者进行语言学、历史文献学、历史地理学等人文科学研究的古籍实时统计分析平台②。

在实践方面，2009年由李铎教授牵头、北京大学和国家图书馆古籍馆联合研发的"中国历代典籍总目分析系统"，首次在文献领域采用实体关系分层描述古籍书目并构建古籍文献知识本体，"实现了数字图书馆从数据服务向知识服务的转变。它借助北京大学研发的'中国古代人物、地点、时间、职官、机构本体知识库'，可以对中国古代学术流变、中国文化发展史进行全方位的知识扫描"。鉴定委员会的专家认为，"该系统的研制成功，标志着文科领域的研究和工作模式将转向采用语义本体技术以定量分析为基础的科学模式"③。中华书局已完成"二十四史"基于本体的知识检索模型的建设，不仅能够实现时间、地点、人物的知识关联检索，还可通过可视化的形式展示人物、时间、地点和事件之间的语义关系。在此基础上，2014年中华书局启动"中华基本史籍知识库"建设项目，据称该知识库将能提供传统纸质图书无法实现的知识检索、类聚、链接以及知识提示等服务功能④。

其次，随着古籍数据细粒化程度的加深，还可对古籍作者及其作品的相关情况，比如作者的籍贯郡望、家族成员、求学交游、科举仕宦，作品的文体构成、遣词习惯、语言风格、用典情况、后人评价等虚化的信息进行量化标注，为考证某些佚名作品的作者和创作年代，或评价某个朝代某类体裁作

---

① 夏翠娟，张磊．关联数据在家谱数字人文服务中的应用［J］．图书馆杂志，2016（10）：26-34．

② 欧阳剑．面向数字人文研究的大规模古籍文本可视化分析与挖掘［J］．中国图书馆学报，2016（2）：66-80．

③ 马海燕．当代国史e文志：中国历代典籍总目分析系统问世［EB/OL］．人民网，2009-11-01［2017-06-18］．http：//culture.people.com.cn/GB/10296933.html．

④ 顾青．真正的古籍数字化是建立一套综合的知识服务体系［N/OL］．新出版日报，2013-07-18［2015-05-16］．http：// www.cdpi.cn/xzx/chanyedongtai/fazhanqushi/201．

品的创作水平提供全面、准确的数据。举例来说，古人用典的历史，依靠传统方法虽然可以考辨，但往往只限于一人一时之局部问题。而基于古籍的大数据分析，则可对历朝历代文学作品中的所有用典情况进行宏观而精准的分析，这便于从整体上比较不同朝代之间文学作品风格倾向的差异。在古代作品的评价方面，武汉大学的王兆鹏教授曾选用现存词作篇数、现存宋词别集版本种数、历代词话中被品评次数、20世纪被研究评论的论著篇（种）数、历代词选中宋代词人入选词作篇数、20世纪词选中两宋词人入选的词作篇数等六大指标对两宋词人进行统计排名，总结出了宋词创作的系列规律与质量评级方法①。他还采用类似的方法，统计出了"唐诗名篇排行榜"。另外，古籍中的图像材料及特定文学作品的押韵、平仄、对仗等文体信息也可进行样本标注和智能识别，这些非文本信息转化为文本信息后，再通过信息集成和数据分析可以实现知识发现的功能。

  再者，随着读者用户知识需求的个性化越来越强，利用大数据开展交互式、个性化的知识服务也是未来数字古籍整理的方向。它既能满足科学研究者的专业需要，也能满足普通读者的一般文化需求。比如，用户在数字古籍系统中输入某一历史人物的姓名、字号、室名等，即可获得该人物的传记、墓志及后世评价等方面的资料；输入同一时代或多个时代的多个人物的姓名字号，则可通过海量数据的关联分析，发现他们之间横向或纵向的社会关系，并生成人际网络图；输入百家姓中的某个姓氏，就能用地理信息系统的方式展示该姓氏的起源、世系图谱、历代名人、地理分布、家族迁徙等情况；输入某个朝代年号，即可获知当时的社会风尚、热门话题、审美标准，甚至是当时流传最广的新闻八卦；输入一个地名，就能获知该地的地理名称沿革、行政区划、民俗物产、名胜古迹、地方人物、地方著述等情况；输入某个职官名称，就能知道该职官的历史沿革、职责范围和上下级关系；输入某个主题词和对应的体裁，即可检索历史上已有的文学作品，甚至可由电脑自动生成合乎主题和体裁要求的作品。基于数据分析和处理的古籍知识组织还有很多不可预知的应用领域，有待人们去深入研究和开发。可以预见的是，古籍知识的数据化整理将是未来古籍整理研究的热点之一。

---

① 王兆鹏. 宋代词人历史地位的定量分析[M]//唐宋词史论. 北京：人民文学出版社，2000：81.

参考文献

1. 曹之. 中国古籍版本学 [M]. 3版. 武汉：武汉大学出版社，2015.
2. 张三夕. 中国古典文献学 [M]. 2版. 武汉：华中师范大学出版社，2007.
3. 刘琳，吴洪泽. 古籍整理学 [M]. 成都：四川大学出版社，2003.
4. 许逸民. 古籍整理释例 [M]. 北京：中华书局，2011.
5. 黄永年. 古籍整理概论 [M]. 西安：陕西人民出版社，1985.
6. 时永乐. 古籍整理教程 [M]. 保定：河北大学出版社，2003.
7. 曹林娣. 古籍整理概论 [M]. 北京：北京大学出版社，2007.
8. 冯浩菲. 中国古籍整理体式研究 [M]. 北京：北京图书馆出版社，1997.
9. 北京大学图书馆学系，武汉大学图书馆学系. 图书馆古籍编目 [M]. 北京：中华书局，1985.
10. 王世伟. 图书馆古籍整理工作 [M]. 北京：北京图书馆出版社，2000.
11. 潘美娣. 古籍修复与装帧 [M]. 上海：上海人民出版社，1995.
12. 童芷珍. 古籍修复技术 [M]. 上海：上海古籍出版社，2014.
13. 刘家真. 古籍保护原理与方法 [M]. 北京：国家图书馆出版社，2015.
14. 王国强. 中国古代文献的保护 [M]. 武汉：武汉大学出版社，2015.
15. 黄宗忠. 文献采访学 [M]. 北京：北京图书馆出版社，2001.
16. 程千帆，徐有富. 校雠广义·典藏编 [M]. 济南：齐鲁书社，1998.
17. 任继愈主编. 中国藏书楼 [M]. 沈阳：辽宁人民出版社，2001.
18. 傅璇琮，谢灼华. 中国藏书通史 [M]. 宁波：宁波出版社，2001.
19. 范凤书. 中国私家藏书史 [M]. 郑州：大象出版社，2001.
20. 谢灼华. 中国图书和图书馆史（修订版）[M]. 武汉：武汉大学出版社，2005.
21. 李希泌，张椒华. 中国古代藏书与近代图书馆史料 [M]. 北京：中华书局，1982.

22. 骆兆平. 天一阁藏书史志 [M]. 上海：上海古籍出版社，2005.
23. 徐雁. 中国旧书业百年 [M]. 北京：科学出版社，2005.
24. 卢子博. 南京图书馆志：1907—1995 [M]. 南京：南京出版社，1996.
25. 浙江省图书馆志编纂委员会. 浙江省图书馆志 [M]. 北京：中国书籍出版社，1994.
26. 张舜徽. 中国文献学 [M]. 上海：上海古籍出版社，2005.
27. 张舜徽. 广校雠略 [M]. 上海：上海古籍出版社，2013.
28. 张舜徽. 文献学论著辑要 [M]. 西安：陕西人民出版社，1985.
29. 吴枫. 中国古典文献学 [M]. 济南：齐鲁书社，2005.
30. 杜泽逊. 文献学概要 [M]. 北京：中华书局，2001.
31. 刘青松. 中国古典文献学概要 [M]. 长沙：湖南大学出版社，2002.
32. 黄永年. 古籍版本学 [M]. 南京：江苏教育出版社，2005.
33. 陈垣. 校勘学释例 [M]. 北京：中华书局，1959.
34. 张元济. 校史随笔 [M]. 上海：上海古籍出版社，1998.
35. 张舜徽. 中国古代史籍校读法 [M]. 昆明：云南人民出版社，2004.
36. 倪其心. 校勘学大纲 [M]. 北京：北京大学出版社，2004.
37. 钱玄. 校勘学 [M]. 南京：江苏古籍出版社，1988.
38. 戴南海. 校勘学概论 [M]. 西安：陕西人民出版社，1986.
39. 朱谦之. 老子校释 [M]. 北京：中华书局，1984.
40. 黄灵庚. 离骚校诂 [M]. 郑州：中州古籍出版社，1996.
41. 王天海. 荀子校释 [M]. 上海：上海古籍出版社，2005.
42. 徐震堮. 世说新语校笺 [M]. 北京：中华书局，1984.
43. 吴树平. 风俗通义校释 [M]. 天津：天津人民出版社，1980.
44. 申利校注. 文彦博集校注 [M]. 北京：中华书局，2016.
45. 左洪涛. 高似孙《纬略》校注 [M]. 杭州：浙江大学出版社，2012.
46. 杨树达. 汉书窥管 [M]. 长沙：湖南教育出版社，2007.
47. 梁启超. 古书真伪及其年代 [M]. 上海：中华书局，1936.
48. 梁启超. 中国历史研究法 [M]. 北京：东方出版社，2012.
49. 梁启超. 中国近三百年学术史 [M]. 武汉：崇文书局，2015.
50. 余嘉锡. 目录学发微 [M]. 成都：巴蜀书社，1991.
51. 余嘉锡. 余嘉锡论学杂著 [M]. 北京：中华书局，2007.
52. 王重民. 中国善本书提要 [M]. 上海：上海古籍出版社，1983.
53. 彭斐章. 目录学教程 [M]. 北京：高等教育出版社，2004.
54. 李致忠. 宋版书叙录 [M]. 北京：书目文献出版社，1994.

55. 王树民. 史部要籍解题 [M]. 北京：中华书局，1981.

56. 李一氓著；吴泰昌辑. 一氓题跋 [M]. 北京：三联书店，1981.

57. 张之洞著；范希曾补正. 书目答问补正 [M]. 上海：上海古籍出版社，1983.

58. 程金造. 史记索隐引书考实 [M]. 北京：中华书局，1998.

59. 鲍国强，程有庆主编. 汉语文古籍机读目录格式使用手册 [M]. 北京：北京图书馆出版社，2001.

60. 王力. 古代汉语（修订本）[M]. 北京：中华书局，1981.

61. 周大璞. 训诂学初稿 [M]. 武汉：武汉大学出版社，1987.

62. 袁晖. 汉语标点符号流变史 [M]. 武汉：湖北教育出版社，2002.

63. 杨树达. 古书句读释例 [M]. 北京：中华书局，1954.

64. 周祖谟. 周祖谟语言文史论集 [M]. 杭州：浙江古籍出版社，1988.

65. 余冠英. 诗经选译 [M]. 北京：作家出版社，1956.

66. 郭沫若编. 卷耳集 [M]. 上海：泰东图书局，1923.

67. 吴其宽，吴瑞华. 古文今译技巧 [M]. 上海：上海人民出版社，1996.

68. 王世舜. 尚书译注 [M]. 成都：四川人民出版社，1982.

69. 逯钦立辑校. 先秦汉魏晋南北朝诗 [M]. 北京：中华书局，1983.

70. 曹之. 中国古籍编撰史 [M]. 2版. 武汉：武汉大学出版社，2015.

71. 詹德优. 中文工具书导论 [M]. 武汉：湖北教育出版社，1994.

72. 曹喜琛. 档案文献编纂学 [M]. 北京：中国人民大学出版社，1990.

73. 李明杰. 中国古代图书著作权研究 [M]. 北京：社会科学文献出版社，2013.

74. （汉）司马迁撰；（南朝宋）裴骃集解，（唐）司马贞索隐，（唐）张守节正义. 史记 [M]. 北京：中华书局，1959.

75. （汉）班固撰；（唐）颜师古注. 汉书 [M]. 北京：中华书局，1962.

76. （汉）高诱. 淮南子注 [M]. 上海：上海书店出版社，1986.

77. （汉）许慎撰；（清）段玉裁注. 说文解字注 [M]. 上海：上海古籍出版社，1988.

78. （三国吴）韦昭注. 国语 [M]. 上海：商务印书馆，1937.

79. （晋）陈寿撰；（南朝宋）裴松之注. 三国志 [M]. 北京：中华书局，1959.

80. （晋）杜预注；（唐）孔颖达等正义. 春秋左传正义 [M]. 北京：北京大学出版社，2000.

81. （南朝宋）范晔. 后汉书 [M]. 北京：中华书局，1965.

82. （南梁）萧绎撰；许逸民校笺. 金楼子［M］. 北京：中华书局，2011.

83. （南梁）萧统选；（唐）李善注. 文选［M］. 上海：上海古籍出版社，1986.

84. （北齐）颜之推. 颜氏家训［M］. 天津：天津古籍出版社，1995.

85. （唐）魏徵等. 隋书［M］. 北京：中华书局，1973.

86. （唐）房玄龄等. 晋书［M］. 北京：中华书局，1974.

87. （唐）刘知几撰；黄寿成校点. 史通［M］. 沈阳：辽宁教育出版社，1997.

88. （宋）王应麟. 困学纪闻［M］. 清嘉庆十八年（1813）扫叶山房刻本.

89. （宋）洪兴祖. 楚辞补注［M］. 北京：中华书局，1983.

90. （宋）朱熹集注；郭万金编校. 论语集注［M］. 北京：商务印书馆，2015.

91. （宋）朱熹. 诗集传［M］. 上海：上海古籍出版社，1980.

92. （宋）陈振孙. 直斋书录解题［M］. 上海：上海古籍出版社，1987.

93. （明）胡应麟. 少室山房笔丛［M］. 上海：上海书店出版社，2001.

94. （明）祁承㸁. 澹生堂藏书约［M］. 上海：上海古典文学出版社，1957.

95. （明）吴讷. 文章辨体序说［M］. 北京：人民文学出版社，1962.

96. （明）徐师曾. 文体明辨序说［M］. 北京：人民文学出版社，1962.

97. （清）纪昀等. 钦定四库全书总目［M］. 北京：中华书局，1997.

98. （清）钱大昕. 十驾斋养心录［M］. 南京：江苏古籍出版社，2000.

99. （清）王鸣盛. 十七史商榷［M］. 上海：上海书店出版社，2005.

100. （清）顾广圻. 思适斋书跋［M］. 上海：上海古籍出版社，2007.

101. （清）阮元校刻. 十三经注疏附校勘记［M］. 北京：中华书局，1980.

102. （清）阮元. 研经室集［M］. 清道光间刻本.

103. （清）王念孙. 读书杂志［M］. 南京：江苏古籍出版社，1985.

104. （清）王引之. 经义述闻［M］. 南京：江苏古籍出版社，1985.

105. （清）顾广圻. 思适斋书跋［M］. 上海：上海古籍出版社，2007.

106. （清）孙从添. 藏书纪要［M］. 上海：上海古典文学出版社，1957.

107. （清）姚际恒. 古今伪书考［M］. 北京：中华书局，1985.

108. （清）叶德辉著；李庆西标校. 叶德辉书话［M］. 杭州：浙江人民出版社，1998.

109. （清）叶德辉. 郋园读书志［M］. 上海：上海古籍出版社，2010：53.

110. （清）叶德辉撰；刘发等校点. 书林清话附书林余话［M］. 沈阳：辽宁教育出版社，1998.

111. （清）叶德辉撰；湖南图书馆编．湖南近现代藏书家题跋选［M］．长沙：岳麓书社，2011．
112. （清）叶昌炽著；王欣夫补正．藏书纪事诗［M］．上海：上海古籍出版社，1989．
113. （清）蒋骥．山带阁注楚辞［M］．上海：上海古籍出版社，1958．
114. （清）焦循．诸子集成·孟子正义［M］．北京：中华书局，1954．
115. （唐）李白著；（清）王琦注．李太白全集［M］．北京：中华书局，1977．
116. （清）俞樾等．古书疑义举例五种［M］．北京：中华书局，2005．
117. 许荻．略谈临沂银雀山汉墓出土的古代兵书残简［J］．文物，1974（2）．
118. 吴树平．新本"二十四史"的校勘［J］．读书，1979：（9）．
119. 傅璇琮等．两唐书校勘拾遗［J］．文史，1981年（第12辑）．
120. 曹书杰．《四库全书》采辑"永乐大典本"数量辨［J］．图书馆学研究，1986（1）．
121. 李致忠．中国书史研究中的一些问题（之二）：古书梵夹装、旋风装、蝴蝶装、包背装、线装的起源与流变［J］．图书馆学通讯，1987（2）．
122. 冀叔英．明代宫廷的图书采访［J］．文献，1989（4）．
123. 李致忠．《无垢净光大陀罗尼经》译刻考［N］．新闻出版报，1996-12-25．
124. 沈津．《美国哈佛大学哈佛燕京图书馆中文善本书志》后记［J］．中国典籍与文化，1997（3）．
125. 王承略．论《孔子家语》的真伪及其文献价值［J］．烟台师范学院学报（哲学社会科学版），2001（3）．
126. 姚伯岳等．古籍元数据标准的设计及其系统实现［J］．数字图书馆论坛，2003（1）．
127. 杜伟生．古籍修复原则［J］．国家图书馆学刊，2007（4）．
128. 李致忠．十三经注疏版刻略考［J］．文献，2008（4）．
129. 李致忠．中国古籍保护与利用［J］．山东图书馆学刊，2009（1）．
130. 李明杰．数字环境下古籍整理范式的传承与拓新［J］．中国图书馆学报，2015（4）．

后　记

　　古籍整理是中国传统学术中的一项基本技能，不光研究文学、史学、哲学等人文科学的学者要用到它，研究图书馆学、社会学、政治学等社会科学的人也要用到它，就是研究科技史的人也要用到它，因此学习和掌握这一技能十分重要。但大家在选用古籍整理的教材时，往往感到无所适从。因为很长一段时期以来，人们从不同的视角看到的古籍整理是不一样的。比方说，在高校古籍所设立的古典文献专业看来，古籍整理是讲授古籍的版本、校勘、辨伪、辑佚和训诂知识的学问；而在图书馆实际工作看来，古籍整理是指古籍的编目、分类、目录组织和典藏；在有的古籍专业出版社看来，古籍整理就是古籍的编纂、标点、今译和影印。由于学科彼此之间、学科与业界之间存在隔阂，编写出来的古籍整理教材也是面目各异、各守一隅，颇有隔行如隔山的感觉。

　　另一方面，当今学科呈现出彼此交叉和融合的趋势，学科的界限越来越模糊，专业教育越来越重视"厚基础、宽口径"的通才培养模式。因此，打破学科之间的壁垒，从学理上疏通古典文献学、图书情报学、编辑学在古籍整理方面的联系，将它们讲授的古籍整理知识融合为一体，编写出一部普遍适用的古籍整理教材就迫在眉睫。《简明古籍整理教程》的编写，正是基于这样一种初衷和努力。

　　本教材在编写时，笔者有意识地按照古籍整理范式分化、演进的路径，将它分为"古籍实体的保护性整理""古籍文本的复原性整理""古籍语义的阐释性整理""古籍内容的组织性整理"四编。这样做的结果，使得之前看似纷繁、杂乱的古籍整理知识各归其所、条理井然，而且揭示出不同学科、不同机构所理解和从事的古籍整理在本质上并无区别，只是整理方法与路径的不同。同时，本教材密切关注以计算机、互联网为核心的现代信息技术在古籍数字化整理中的应用，适时引入"第四范式"的概念，指出古籍知识的数据化整理是未来古籍整理的新趋势。

本教材借鉴和吸收了同类教材的优秀成果，在出版过程中得到了武汉大学信息管理学院和武汉大学出版社的大力支持，研究生李瑞龙、于晓婷参与了校对工作，在此一并致以谢意！因本人学识所限，错讹不周之处难免，恳请专家批评指正！以待来日修订。

李明杰

2017 年 11 月 12 日

于武昌珞珈山